深圳市史志办公室 整理编辑

嘉庆 新安县志

〔清〕舒懋官 修 王崇熙 纂

华南理工大学出版社
SOUTH CHINA UNIVERSITY OF TECHNOLOGY PRESS
·广州·

图书在版编目（CIP）数据

嘉庆新安县志 / 深圳市史志办公室整理编辑．—广州：华南理工大学出版社，2020.12

ISBN 978-7-5623-6479-5

Ⅰ．①嘉…　Ⅱ．①深…　Ⅲ．①新安县－地方志－清代　Ⅳ．①K296.54

中国版本图书馆 CIP 数据核字（2020）第 179542 号

Jiaqing Xin'an Xianzhi

嘉庆新安县志

深圳市史志办公室　整理编辑

出 版 人：卢家明
出版发行：华南理工大学出版社
（广州五山华南理工大学 17 号楼，邮编 510640）
http://www.scutpress.com.cn　E-mail: scutc13@scut.edu.cn
营销部电话：020-87113487　87111048（传真）
选题策划：王魁葵
责任编辑：李巧云　王魁葵
印 刷 者：雅昌文化（集团）有限公司
开　　本：787mm × 1092mm　1/16　印张：24.75　字数：364 千
版　　次：2020 年 12 月第 1 版　2020 年 12 月第 1 次印刷
印　　数：1～3000 册
定　　价：380.00 元

庆祝深圳经济特区建立 40 周年
暨宝安建县 1690 年

整理编辑委员会

主　　任　杨立勋

副 主 任　黄　玲　王地久　张妙珍

委　　员　（按姓氏笔画排序）

王地久　毛剑峰　杨立勋　张妙珍　周　华

岳　颖　莫金鸣　黄　玲　詹延钦

主　　编　杨立勋

副 主 编　黄　玲　王地久

点　　校　何孝荣

工作人员　周　华　黄瑞栋　张　伟

目　录

前　言

编纂地方志是中华民族独有的延续两千多年的优秀文化传统。习近平总书记一直十分重视关心地方志工作。他曾指出："我无论走到哪里，第一件事就是要看地方志。""一切向前走，都不能忘记走过的路；走得再远，走到再光辉的未来，也不能忘记走过的过去。"为贯彻落实习近平总书记有关读志用志的指示精神以及中共中央国务院《粤港澳大湾区发展规划纲要》和《关于支持深圳建设中国特色社会主义先行示范区的意见》，以方志文化"涵养同宗同源的文化底蕴，不断增强港澳同胞的认同感和凝聚力"，为"双区驱动"提供历史智慧和资政服务，深圳市史志办公室与南开大学共同成立博士后创新实践基地，合作开展嘉庆《新安县志》整理和研究。

深圳 1979 年撤县建市，但有着源远流长的历史。深圳市前身为宝安县，早在 6700 年前的新石器时代中期就有人类繁衍生息。公元前 214 年，秦始皇统一岭南并设置南海、桂林、象三郡，深圳隶属于南海郡番禺。东晋咸和六年（331 年），分南海郡，置东官郡，辖宝安、兴宁、海丰等六县，宝安为六县之首，郡、县治所设于城子冈（今深圳南头）。此为宝安建县元年。隋开皇九年（589 年），废东官郡，宝安县改属广州。唐至德二年（757 年）宝安县并入东莞县。明万历元年（1573 年），析东莞县置新安县，其名取"革故鼎新，去危为安"之义，治所设于南头。清道光二十二年（1842 年），中英签订不平等条约《南京条约》，新安县的香港岛被英国占领。咸丰十年（1860 年），新安县的九龙半岛南部（今香港界限街以南）也因中英《北京条约》的签订而被割让给英国。光绪二十四年（1898 年），英国通过与清廷签订《展拓香港界址专条》及其他一系列租借条约，强制租借九龙半岛北部、新界和邻近的两百多个离岛，但九龙寨城除外，租期 99 年。至此，英国强占及强租了本属新安县的约 1066 平方公里的土地。1914 年，因与河南省新安县重名，复称宝安县，县治仍在南头。1949 年 10 月 16 日，宝安县城南头解放。1979 年 1 月 23 日，中共广东省委决定将宝安县改为深圳市；同年 3 月 5 日，国务院批复同意。1980 年 8 月 26 日，全国人大常委会批准在深圳设立经济特区。深圳因改革开放而生，因科技创新而强，已经发展成为我国影响最大、建设最好的经济特区，成为中国改革开放和社会主义现代化建设的精彩缩影。

深圳地区的地方志编纂始于元朝，明清两代曾六次奉谕编修县志。千百年来，中原及各地人士迁入这块土地聚居、繁衍生息，创造了绚丽多彩、特色浓郁的历史文化，在志书中都有所记载。深圳与香港山水相依，历史上本为一体。清康熙、嘉庆年间先后编纂的《新安县志》记载着深港两地共同的社会经济与历史文化，是维系深港两地情感的精神文化纽带。清嘉庆《新安县志》编纂于 1819 年，是古代最完备地记录新安县即包含今深圳、香港地区历史沿革、经济状况、社会变迁和人文风物等内容的宝贵文献，是深港文化同宗同源的明证，是深圳地区最后一部古县志，也是中国古代最后一部记载包括深圳、香港地区“全史”的官修县志。

在深圳经济特区建立 40 周年暨宝安建县 1690 年之际，对清嘉庆《新安县志》进行整理和点校具有非常重要的历史意义和现实意义，有利于深化对深圳古代史、香港史和深港关系史的研究，有利于涵养深港两地同宗同源的文化底蕴，不断增强香港同胞对祖国的认同感和凝聚力，为推进粤港澳大湾区和中国特色社会主义先行示范区建设提供历史智慧和资政服务。

《嘉庆新安县志》整理编辑委员会

2020 年 6 月

点校说明

嘉庆《新安县志》二十四卷、卷首一卷，舒懋官修，王崇熙纂，是一部清代嘉庆年间修纂的广东新安县（即今广东省深圳市、香港特别行政区地域）县志。

一、嘉庆《新安县志》的修纂

编纂地方志是中华民族独有的优秀文化传统。《周礼·春官》记载："小史掌邦国之志，外史掌四方之志。"地方志详细记载各地方政治、军事、经济、文化、地理、风俗、物产、人物、吟咏等各方面情况，是治理地方乃至国家的重要依据，也是传承文化的重要载体，章学诚称之为"一方全史"。秦汉至明朝万历以前，深圳、香港地域隶属于番禺县（宝安县、东莞县），其方志内容包括在元、明时期先后修纂的近十种宝安、东莞县志中。万历年间析置独立的新安县后，新安县志修纂十分频繁，至清末先后有万历《新安县志》（知县丘体乾修）、崇祯《新安志》（知县李玄修）、崇祯《新安志》（知县周希曜修）、康熙《新安县志》（知县李可成修）、康熙《新安县志》（知县靳文谟修）、嘉庆《新安县志》（知县舒懋官修）六部。不过，后世存者仅最后二部。[1] 因此，嘉庆《新安县志》也是中国古代最后一部记载包括深圳、香港地域"全史"的官修新安县志。

舒懋官，字长德，号蓂房，江西靖安县人。生于科举仕宦世家，乾隆五十七年（1792 年）中举人，次年中进士。嘉庆五年（1800 年），部选广东英德知县，能断疑狱，保护民众。五载而丁母忧，在乡修宗祠、族谱，主婺源紫阳书院，作育人才。嘉庆十七年（1812 年），再选广东丰顺知县，练壮勇，清逋赋，以贤称。调署潮阳知县，催粮劝民，惩治棍徒，扭转当地好

[1] 参阅黄玲《从深圳历次修志看深圳历史》，载《广东史志》2002 年第 2 期。

械斗之风。嘉庆二十一年（1816 年），调新安知县。旋实调香山知县，审释邻邑良民被诬为海盗者，缉获澳门抢匪，“犯赃全获抵法”。嘉庆二十三年（1818 年），“改回”新安知县。他不惧烦难艰险，“下乡办案，驶帆于鲸波海浪中”，勤于调研，“查踏内外洋，界址海境，了然于胸”，主修《新安县志》，“莅新两载，政成事举”。上峰以其能治，命兼署佛冈厅同知。但是，他渐厌政务，再上章而辞官。归乡后，养亲训子，襄助县邑工程，年七十卒。“综计生平，行谊出处，大节无亏”。[1] 诗文有《道泉山房诗文遗稿》。

早在初署新安知县时，舒懋官翻阅靳文谟所修康熙《新安县志》，即有感于历经百余年后，新安各方面已有较大变化，而该志又存在体例不精当、记载不准确、详略欠周全等缺点和不足，准备重修县志。但不久，他实调香山知县，遂作罢。嘉庆二十三年（1818 年），他再任新安知县，“即殷然以此为念”。适逢朝廷修《大清一统志》，粤省修《广东通志》，“饬令采访事实，以备选录”。于是，他决定借机“一新县志”。他聘请同乡、江西南城县副贡生、候选直隶州州判王崇熙为总纂，“考碑碣，收图籍，遐稽博览，广采兼收”，参考康熙《新安县志》，“其中讹者正之，冗者汰之，缺者补之，悉举其体例，而变通焉”[2]，编成嘉庆《新安县志》。对此，王崇熙也说，“嘉庆己卯仲春上浣”，即嘉庆二十四年（1819 年）二月上旬，舒懋官聘其担任重修县志“总纂”，二人“悉心商确，列门类，定凡例”，采访者“勤于搜罗”，纂校者“不遗余力”，再经王崇熙“斟酌其间”，舒懋官“就正得失”，“以三阅月而成”[3]。五月，嘉庆《新安县志》修成。

二、嘉庆《新安县志》的价值和版本

嘉庆《新安县志》在参酌康熙《新安县志》（书中称为“《旧志》”）的基础上修纂而成，因此它除了在叙事上增补康熙至嘉庆年间内容以外，又对康熙《新安县志》存在的缺点和不足进行修正删补。首先是康熙《新安县志》

[1] 同治《靖安县志》卷十《人物·舒懋官》。
[2] 本志舒懋官序。
[3] 本志王崇熙序。

体例不精当，如“沿革”为全书纲领，仅附在“地理志”中；“海防”是岭表要务，却不列专条；立“宫室志”，记述官署、学校、坛庙等。嘉庆《新安县志》则首立“沿革志”，缕述新安县上千年行政沿革；设“海防略”，介绍“防海形势”“寨船”等，揭示新安的重要军事地位和海防举措；改“宫室志”为“建置略”，叙述城池、廨署、学校、坛庙、津、梁、坊表等；其他如将“田赋志”省入“经政略”，改“《旧志》”将“名宦”附“人物”卷内做法，而专列“宦迹”卷目等。时人称其“分类树义”，“精且密”[1]。其次是康熙《新安县志》内容不全面，叙事无康熙至嘉庆年间内容且不论，再如“内洋岛屿，下有居民，与他所不同；管辖市墟，又有土著、客籍之分，《旧志》亦略而不著”[2]。嘉庆《新安县志》查漏补缺，内容全面详实，篇幅比康熙《新安县志》多出近一倍。再次是康熙《新安县志》叙事不乏舛误，如新安县境与东莞县犬牙相错，“其四至八到，《旧志》不能核实”，多有错者。嘉庆《新安县志》广泛采访，纠谬补正，记述准确。最后是康熙《新安县志》有详略失当之误，叙事“多缺而不备，而词句既欠剪裁”，如“南头一寨，论形势者以为全广门户，而海防之事不详”[3]。嘉庆《新安县志》则要者必书，详略有致。总之，嘉庆《新安县志》是一部体例精当、内容全面详实、叙事准确的县志。著名学者、时任两广总督阮元称其“酌古征今，繁简有法”[4]，是一部高质量的县志。

嘉庆《新安县志》正文二十四卷，分为“沿革志”“舆地略”“山水略”“职官志”“建置略”“经政略”“海防略”“防省志”“宦迹略”“选举表”“胜迹略”“人物志”“艺文志”等十三个部类，另有卷首“训典”，合计十八万余字，“凡山川、城郭、户口、土田、官制、兵防，及夫庶事之废兴，旧章之沿革，百产之衰旺，人物、艺文之增踵，无不粲然具陈”[5]，比较全面、详实地记述了鸦片战争以前广东新安县即今深圳市、香港特别行政区

[1] 本志卢元伟序。
[2] 本志阮元序。
[3] 本志王崇熙序。
[4] 本志阮元序。
[5] 本志舒懋官序。

地域的政治、军事、经济、文化、地理、风俗、物产、人物、吟咏等各方面内容，为研究深圳、香港地区古代历史提供了第一手珍贵可信的史料，具有较高学术价值。如，有学者指出，嘉庆《新安县志》反映出“深圳的历史源远流长”“深圳的境域几经变化”“深圳的山川美景”“深圳的民俗朴拙成风”[1]，对研究深圳古代历史具有重要意义。还有学者肯定其是研究香港古代历史的珍贵史料，尤其是志中海防图，“将香港等大小县属海上诸岛尽入县志的版图之中，确认了香港乃中国领土不可分割之部分”；卷二“舆地略”下“都里”中“官富司管属村庄”记载有“香港村”，“今之香港、深圳二处的地名，除英国人所取的洋名中译之外，大都汉文地名都可于此县志中觅得出处”，“二十多年之后，香港就被英国强占，这部新安县志也为中国近代史这一重大的历史事件留下最有力的证据”[2]。另一方面，嘉庆《新安县志》还具有重要的现实意义。该志记载深圳、香港地区源远流长的古代历史和文化，有利于增强两地人民历史自信、文化自信，打破长期以来深圳、香港“历史虚无”“文化沙漠”等错误论断，从而对培育两地人民同宗同源的文化认同和对祖国的凝聚力、向心力，促进两地经济、文化建设和发展以及粤港澳大湾区建设等，都具有重要意义。

作为一部有重要学术价值和现实意义的县志，嘉庆《新安县志》修成后迅速刊刻印行，当代亦有多部影印及整理重印者。迄今可见以下版本：

（1）嘉庆二十四年（1819年）新安县署初刻本。现存二部，分藏于天津图书馆、上海图书馆，均为残本。

（2）嘉庆二十四年（1819年）凤冈书院刻本。有文字错误。现存七部，其中完本五部，分藏北京大学图书馆、上海辞书出版社资料室、广东省博物馆、广东省立中山图书馆（二部）；残本二部，分藏于中国科学院南京地理研究所资料室、上海图书馆。当代出版的嘉庆《新安县志》，多据广东省立中山图书馆所藏此版本影印，包括：“广东历代方志集成·广州府部”（岭南

[1] 黄玲《从深圳历次修志看深圳历史》，载《广东史志》2002年第2期。

[2] 孙立川、郭杰《再造古籍还原历史——清嘉庆二十四年刊<新安县志>景印本后记》，载《深圳大学学报》2008年第5期。

美术出版社 2007 年版）第 26 册收录影印本，“中国地方志集成·广东府县志辑”（上海书店出版社 2013 年版）第 18 册收录影印本，香港学者孙立川等重印本（中华书局［香港］有限公司 2017 年版，广东教育出版社 2017 年版）。

（3）嘉庆二十五年（1820 年）刻本。多文字错误。当代有“中国方志丛书·华南地方”（台湾成文出版社有限公司 1974 年版）第一七二号收录影印本，1979 年香港新界乡议局陈日新重新排印本。[1]

（4）民国十九年（1930 年）广东光东书局重排嘉庆二十四年（1819 年）新安县署初刻本。错讹较多。1979 年香港赵树勋重印。[2]

（5）张一兵校点《深圳旧志三种》（海天出版社 2006 年版）之《嘉庆新安县志》、张一兵《嘉庆新安县志校注》（中国大百科全书出版社 2006 年版）。作者以嘉庆二十四年（1819 年）凤冈书院刻本为底本，以嘉庆二十四年新安县署初刻本及其他重印本等作对校、他校，加以标点注释，对错讹衍脱多有校正。[3]

三、《嘉庆新安县志》点校凡例

《嘉庆新安县志》点校，我们遵循以下凡例：

（1）以“广东历代方志集成·广州府部”第 26 册收录嘉庆二十四年（1819 年）凤冈书院刻本的影印本为底本，以“中国方志丛书·华南地方”第一七二号收录嘉庆二十五年（1820 年）刻本的影印本为对校本，参考张一兵《嘉庆新安县志校注》，借助 Microsoft Word 2010 版便捷的“查找”功能作本校，以“广东历代方志集成·广州府部”第 26 册收录康熙二十七年（1688 年）刻康熙《新安县志》的影印本以及其他相关典籍进行他校，一些字句运用理校。

［1］参阅孙立川、郭杰《再造古籍还原历史——清嘉庆二十四年刊<新安县志>景印本后记》，载《深圳大学学报》2008 年第 5 期。

［2］参阅张一兵校点《深圳旧志三种》前附《深圳现存古代方志版本考》，海天出版社 2006 年版，第 25 页。

［3］张一兵《嘉庆新安县志校注》前言，中国大百科全书出版社 2006 年版，第 20 页。

需要说明的是，我们原拟再利用天津图书馆或上海图书馆藏嘉庆二十四年（1819 年）新安县署初刻本（残本）作对校，但 2019 年底以来突发的新冠肺炎疫情致使全国处于疫情防控状态，迄今人员跨省流动困难，天津图书馆历史文献部一直闭门不开，使我们难以利用二书。好在我们的点校底本为嘉庆二十四年（1819 年）凤冈书院刻本的完本影印，且收入“广东历代方志集成·广州府部”时经过“蒙碧玉整理”。在对校时，我们发现张一兵《嘉庆新安县志校注》中校出的一些错讹在我们的底本中已经被“整理”修改。因此，我们的点校底本可以说是目前最完善的本子。

（2）本志应作“《（嘉庆）新安县志》”或“嘉庆《新安县志》”，因课题立项名“嘉庆新安县志”，故点校后书取名“《嘉庆新安县志》”，此亦为当代旧志整理的通行做法。书中指称原志则仍作“嘉庆《新安县志》”，其他方志名同。

（3）运用现行标点符号对全书加以断句、标点，对长文进行分段。需要指出的是，对一些确定的书名简称，如本志称康熙《新安县志》为“旧志”，自称“新志”，均加以书名号，泛称而不专指某书者则不加书名号。书中征引其他文献或人物言语，往往为节略文字，而非原文原话，是亦古代通例，故仍加引号。

（4）异体字、俗体字径改为正体字（人名除外），不出校注。避讳字可明显判别者，如年号“崇正”“宏治”“萬歷”，人名“唐元宗”“左邱明”“邱体乾”等，径予改正，不出校注；对疑似避讳而有对校、他校证据者，如“弘”“元”“玄”“邱”等字，予以校改而出注，无证据者不改不注。通假字不改。缺字而难以校补者，以□标示。

（5）征引收录他人诗文语句，凡删改节略后仍通顺而文意无改者不予校改，惟影响或改变文意且有二种以上或更早更直接以典籍为证者加以校改并出注，一般孤证不改而出注。一些诗文，尤其是诗歌，经对校、他校而确知字句改动，改动不多者加以校改并出注，改动多者则不加校改，而仅于起首处加注说明其他典籍收录者与本志多有异处，否则校改、校注多则影响全篇阅读。

（6）凡原本不误，他本有异文而误者，不出校。

（7）原书目录简略而不规范，各卷卷名、卷目亦不能与正文对应。现于原书目录基础上重新制作目录，并调整改正各卷卷名、卷目，以使其与全书内容契合。目录及各卷卷名、卷目文字调整不出校，惟卷目讹误之校改则出校。

（8）原书卷二“舆地略”有“舆图”十四幅，因图幅大而当时难以整幅刻印、装订，故拆分为二十八个半幅，颇不便观览。我们请技术人员进行处理并用数字化手段接合为十四整幅，置于书中，可使舆地形势一览无遗。

《嘉庆新安县志》整理编辑委员会

（执笔：何孝荣）

2020年6月

嘉慶己卯鐫

新安縣志

鳳岡書院藏板

序

新安，汉博罗县地。晋咸和六年，置东官郡，治宝安县。隋废郡，属南海。唐至德二年，改名东莞。明万历元年，析东莞，置新安县。国初，省入东莞。康熙八年，复置。当分析时，县境与东莞犬牙绣错，其四至八到，《旧志》不能核实。广东沿海州县，皆抵海而止。唯新安一县，内洋岛屿，下有居民，与他所不同。管辖市墟，又有土著、客籍之分，《旧志》亦略而不著。此县志所以当重为编辑也。

我朝重熙累洽，政教覃敷，举凡经政、海防、风俗、人物，久道化成，日新月盛，而记载阙如，非守土者之责欤！昔者昌黎至始兴，即索图经；朱子守南康，先征郡志，岂非为政者之先务乎！

元蒙恩节制两粤，有重修《广东通志》之役。于是新安舒令懋官，与邑之绅士，重辑县志，聘西江王明经崇熙为总纂。书成，缮写呈阅。是志于疆域、道里、土客户籍，以及山川、人物，了如指掌，校之《旧志》綦详焉。李吉甫《元和郡县志》序云："古今言地理者，凡数十[1]家。尚古远者，或搜古而略今；采谣俗者，多传疑而失实。"斯编酌古征今，繁简有法，可免于吉甫之诋诃矣。

赐进士出身、诰授光禄大夫、太子少保、兵部尚书兼都察院右都御史、总督两广等处地方、提督军务兼理粮饷、加三级仪征阮元序。

[1]"十"原讹"千"，据（唐）李吉甫撰、（清）孙星衍校、张驹贤考证《元和郡县志》原序改。

序

嘉庆二十有三年春，宫保阮节帅设局修粤东省志，命余总司其事。于是讨轶搜遗，各府、州、县志悉取而寓目焉。新安舒大令适以所辑《续新安县志》示余，细绎数遍，窃讶其分门详晰，取义谨严，迥超凡手。夫志者，与史书相表里者也。省志既举其纲，邑志乃详其目。凡制度之沿革，人材之登进，以及忠孝廉节之代兴，皆宜随时增收，以资考核。若历久不加编辑，则文献无征，观感无自，所关非细。然则举废修坠，其亦守土者之责欤?

新安分自东莞，晋时曾建为郡，领海壖诸邑，宋、齐时为保安军。《明史·地理志》注:“新安，本东莞守御所。万历元年，乃置为县。”我朝文教覃敷，薄海内外，咸隶版图。《一统志》所载:“新安，初省入东莞。康熙八年，复置为县，隶广州。”邑虽弹丸，山海错峙，民蜑杂居，实沿海之要区也。《旧志》修于康熙戊辰，迄今已百余年矣。舒君适宰斯土，慈惠之师，催科不事，甫下车，即留心邑志，暇则亲履四境，延访故老。而同乡王明经崇熙，时适游斯地，因延聘总纂，相与考订润色，凡山川之扼塞，财赋之盈虚，户口之登耗，莫不胪举备陈，使览者如指诸掌。

《旧志》体例既乖，采访未实，如“沿革”为全书纲领，《旧志》仅附“地理[1]”;“海防”为岭表要务，《旧志》不列专条。况邑之疆域，东至三管笔海，西至矾石海，南至担杆山，沙水浩漫，番彝出没，极为险要。《新志》皆绘图列考，八到分明。复为附籍客民，详其氏族;洲居村落，补入“舆图”。言边防者，可即一隅而知岭海全势焉。他若“宫室志”改为“建置略”，“田赋志”省入“经政略”，“名宦”旧附“人物”，今则专列“宦迹”一门。苟非娴于史裁，曷克分类树义如此其精且密耶!

余与舒、王二君既同里，又宦游同方。舒君之力学爱民，王君之殚闻洽

[1]“理”原讹“里”，据康熙《新安县志》卷三《地理志·沿革》改。

见，雅所素稔。今得此志而读之，益叹其学之宏、识之大焉。昔朱紫阳甫至南康，即征郡志，盖表微阐幽，司教者藉是以流示斯民，俾默化于法所不行、政所不及者，皆于是乎在。览是志者，其勿以为空文也可。

赐进士出身、中宪大夫、广东督粮道、分巡广州府、南野卢元伟序。

重修新安县志序

古无郡县也，而邦国四方，莫不有志。子夏得百二十国宝书。墨子云："吾见百国《春秋》。"古志如此其备也。汉袁汤为陈留太守，作《耆旧传》，褒善叙旧，以劝风俗。其事在圈称所撰以前，是即今郡县志之权舆矣。昔朱子甫至南康，即征郡志，论者以为知所先务，余尝深体此意焉。

丙子，官斯土，检阅《旧志》。自康熙戊辰，前令靳公修纂后，迄今百数十年。其间因革损益，几经变易矣，当议重修。旋以交卸，未果。戊寅，复任此邦，即殷然以此为念。适承宪檄，以接奉部咨应入《大清一统志》事宜，如有遗漏，造册补送。大府即乘此纂修《广东通志》，饬令采访事实，以备选录。余奉命惟谨，而亦可藉此一新县志，是固余之本愿也。然终以簿领殷凑，不能一手成之。爰谋之邑人士，聘吾乡王明经崇熙为总纂，考碑碣，收图籍，遐稽博览，广采兼收；因即近闻，参诸《旧志》，昔之详者不敢略于今，今之详者不得不加于昔，其中讹者正之，冗者汰之，缺者补之，悉举其体例，而变通焉；事本为因义，不嫌创举，凡山川、城郭、户口、土田、官制、兵防，及夫庶事之废兴，旧章之沿革，百产之衰旺，人物、艺文之增踵，无不粲然具陈，而非以矜博洽也。

昔江文通论："史之难，无出于志。"诚以志者，宪章之所系，事该而核，体正而严，足以信今而传后，斯足述耳。是书之成，不惟存一方之掌故，且以备省志之取裁，并以供史馆之采择，庶使海隅遐陬，不外声教之讫，而同登风俗之书，谓非厚幸欤！是为序。

时嘉庆二十四年己卯闰四月下浣，赐进士出身、知新安县事、前署佛冈厅直隶同知、南州舒懋官莫房氏自识于邑署之双柳轩。

序

嘉庆己卯仲春上浣，新安邑侯舒萸房先生将重辑县志，以总纂属余。余自惟学殖荒落，深惧弗胜纪载之任，而又窃叹萸房明府之识所先务，且重以谆谆之命，余故不容以弇鄙辞也。然志固未易言矣。成周职方氏掌天下之图，小史掌邦国之志，外史掌四方之志。秦有《图书》，汉有《舆地图》，唐有《元和郡县志》，宋有《元丰九域志》、乐史《太平寰宇记》，则地志一书，由来尚焉。

新安自明万历元年置县，此后或并或析，且有迁界之举。《旧志》纂自康熙戊辰岁，其时邑地初复，运会方新，故其书多缺而不备，而词句既欠剪裁，体例亦未完善。即如县治沿革，莫辨源流；四至八到，悉皆舛错。且南头一寨，论形势者以为全广门户，而海防之事不详，此固不能不重加编辑也。盖以百数十年，因革损益，日新月异。况值圣天子久道化成，休养生息。邑虽僻处海滨，而天时地利，风俗民情，户口土田，山川人物，固已寖昌寖盛，一道同风。使未能缕析条分，繁称博引，使之粲然大备，秩然修明，斯亦秉笔者之陋也。

因与萸房明府悉心商确，列门类，定凡例，以示同局，俾得共襄厥事。而是书以三阅月而成，非率尔也。以采访者之勤于搜罗，而在局诸君子复纂校不遗余力，余相与斟酌其间，又幸赖萸房明府以就正得失，故得迅速蒇事。独是词人修史，曾见议于刘知几，况其下焉者乎！乃萸房明府以是书呈之大宪，猥蒙制府阮芸台先生、观察卢西[1]津先生许可，且赐弁言，而是书藉以并传不朽。此又不独邑人士之所欢忻而鼓舞者也。是为序。

嘉庆二十四年岁在己卯五月，南城王崇熙撰。

---

[1]“西”原讹“两”，据本志前载卢元伟《序》后印文、本志嘉庆二十五年刻本、同治《南康县志》卷八《人物·卢元伟》改。按同治《南康县志》，卢元伟，字特夫，号西津，乾隆进士，嘉庆年间曾官广东督粮道，“五摄臬篆”，后官至山西按察使。

修志姓氏

主修

赐进士出身、敕授文林郎、新安县知县、前署佛冈同知、加六级舒懋官，江西靖安县人。

总纂

候选直隶州州判、副贡生王崇熙，江西南城县人。

分纂

恩贡生曾省，廪生廖鸿，廪生黄大醇，廪生陈棠，廪生邓培泰，附生陈藻新。

参校

增生郑震川，附生陈登元，附生黄凤鸣，附生黄其焜，附生杜道周。

重修新安县志凡例

一、我朝列圣相承，纶音宣播，诏谕频颁，以惩戒之深心，寓典谟之精义。《旧志》纂自康熙戊辰年，未及恭录登载。今特敬谨编辑，增入简端，以昭法守焉。

一、县治之沿革，为全书之纲领。《旧志》列入“地理[1]”门，其中或析[2]或并，尚欠分明。今特详加考证，立为“沿革”门。

一、占星虽验之天，而分野乃因乎地。《旧志》“天文”一门，今统列入“舆地略”内。

一、地志必系以图，固已。新邑三面环海，则海防为尤急。今于《旧志》各图外，增入“海防图”，所以备省览、重扼塞也。

一、《旧志》中之“宫室志”，今改为“建置略”。

一、《旧志》所载“田赋志”“典礼志”“兵刑志”，今统列入“经政略”。

一、新邑濒海重地，今虽幸际升平，鲸波永静，然前事不忘，而慎固封守，有备所以无患也，故特立“海防”门。

一、《旧志》“名宦”俱列入“人物志”，今特立“宦迹”门。

一、志自首卷外，别为十三门。首卷恭列“训典”，不敢系以前序。其余十三门，皆有小引，以明别类分门之意。

一、《旧志》繁芜已甚，讹缺尤多，其体例亦未尽善。今特酌定门类，另为编辑。事增文简，惟取达意而止。

一、《旧志》自康熙戊辰年续修后，迄今百数十载，应采事迹甚多。而是书以三阅月而成，缺略之讥，知未能免。

[1]“理”原讹“里”，据康熙《新安县志》卷三《地理志·沿革》改。

[2]“析”原讹“晰”，据文意及本志前载王崇熙《序》“或并或析”改。

新安县志卷首

训典[1] 世祖章皇帝、圣祖仁皇帝、世宗宪皇帝、高宗纯皇帝、今上皇帝

世祖章皇帝

卧碑

顺治九年二月，礼部题奉[2]钦依[3]刊立卧碑，晓示生员：朝廷建立学校，选取生员，免其丁粮，厚以廪膳，设学院、学道、学官以教之，各衙门以礼相待，全要养成贤才，以供朝廷之用。诸生皆当上报国恩，下立人品。所有教条，开列于后：

一、生员之家，父母贤知者，子当受教；父母愚鲁，或有非为者，子既读书明理，当再三恳告，使父母不陷于危亡。

一、生员立志，当学为忠臣清官。书史所载忠清事迹，务须互相讲究，凡利国爱民之事，更宜留心。

一、生员居心忠厚，正直读书，方有实用，出仕必作良吏。若心术邪刻，读书必无成就，为官必取祸患。行害人之事者，往往自杀其身，常宜[4]思省。

[1]“训典”后原有“恭见《凡例》第一条”，据本志本卷正文删。

[2]“奉”前原衍“定”，据《钦定热河志》卷七十四《学校二》、《清朝文献通考》卷六十九《学校考七》等各收录该诏谕删。

[3]“依”原讹“作”，据《钦定热河志》卷七十四《学校二》、《清朝文献通考》卷六十九《学校考七》等各收录该诏谕改。

[4]“宜”原讹“当”，据《钦定热河志》卷七十四《学校二》、《清朝文献通考》卷六十九《学校考七》等各收录该诏谕改。

一、生员不可干求官长，交结势要，希图进身。若果心善德全，上天知之，必加以福。

一、生员当爱身忍性。凡有官司，衙门不可轻入。即有切己之事，止许家人代告，不许干与。他人词讼，亦不许牵生员作证。

一、为学当敬先生。若讲说，皆须诚心听受。如有未明，当从容再问，毋妄行辩难。为师者亦当尽心教训，勿致怠惰。

一、军民一切利病，不许生员上书陈言。如有一言建白，以违制论，黜革治罪[1]。

一、生员不许纠党多人，立盟结社，把持官府，武断乡曲。所作文字，不许妄行刊刻。违者，听提调官治罪。

圣祖仁皇帝

上谕十六条 康熙九年[2]

敦孝弟以重人伦，笃宗族以昭雍睦，和乡党以息争讼，重农桑以足衣食，尚节俭以惜财用，隆学校以端士习，黜异端以崇正学，讲法律以儆愚顽，明礼让以厚风俗，务本业以定民志，训子弟以禁非为，息诬告以全善良，诫窝[3]逃以免株连，完钱粮以省催科，联保甲以弭盗贼，解仇忿以重身命。

---

[1]“黜革治罪”原脱，据《钦定热河志》卷七十四《学校二》、《清朝文献通考》卷六十九《学校考七》等各收录该诏谕补。

[2]“康熙九年”原讹“康熙十八年”，据清圣祖《圣祖仁皇帝圣训》卷六《圣治一》、清圣祖《圣祖仁皇帝御制文集》卷二《敕谕》、《清圣祖实录》卷三十四康熙九年九月癸巳条等各收录该诏谕改。按，雍正《江西通志》卷首之二《谕兴教化》、雍正《浙江通志》卷一百《风俗》、乾隆《福建通志》卷首一《典谟一》、雍正《山东通志》卷一之二《典谟二》等亦均记载颁此诏谕于康熙九年，惟雍正《河南通志》卷一《圣制》、雍正《广东通志》卷一《典谟志》记载颁于康熙十八年。本志当沿袭雍正《广东通志》之误。

[3]“窝”原讹“匿”，据清圣祖《圣祖仁皇帝圣训》卷六《圣治一》、清圣祖《圣祖仁皇帝御制文集》卷二《敕谕》、《清圣祖实录》卷三十四康熙九年九月癸巳条等各收录该诏谕改。

御制训饬士子文 康熙四十一年

国家建立学校，原以兴行教化，作育人材，典至渥也。朕临御以来，隆重师儒，加意庠序。近复慎简学使，厘剔弊端，务期[1]风教修明，贤才蔚起，庶几《棫朴》作人之意。乃比年士习未端，儒效罕著。虽因内外臣工奉行未能尽善，亦由尔诸生积锢已久，猝难改易之故也。兹特亲制训言，再加警饬，尔诸生其敬听之：

从来学者，先立品行，次及文学。学术事功，源委有序。尔诸生幼闻庭训，长列宫墙，朝夕诵读，宁无讲究？必也躬修实践，砥砺廉隅，敦孝顺以事亲，秉忠贞以立志。穷经考业，勿杂荒诞之谈；取友亲师，悉化骄盈之气。文章归于醇雅，毋事浮华；轨度式于规绳，最防荡轶。子衿佻达，自昔所讥。苟行止有亏，虽读书何益！若夫宅心弗淑，行己多愆，或蜚语流言，胁制官长；或隐粮包讼，出入公门；或唆拨奸猾，欺孤凌弱；或招呼朋类，结社邀盟。乃如之人，名教不容，乡党勿齿。纵幸脱褫扑，滥窃章缝，返之于衷，宁无愧乎？况乎乡、会科名，乃抡才大典，关系尤巨。士子果有真才实学，何患困不逢年？顾乃标榜虚名，暗通声气，夤缘诡遇，罔顾身家；又或改窜乡贯，希图进取，嚣凌腾沸，网利营私。种种弊端，深可痛恨。且夫士子出身之始，尤贵以正。若兹厥初拜献，便已作奸犯科，则异时败检逾闲，何所不至！又安望其秉公持正，为国家宣猷树绩，膺后先疏附之选哉！

朕用嘉惠尔等，故不禁反复惓惓。兹训言颁到，尔等务共体朕心，恪遵明训，一切痛加改省，争自濯磨，积行勤学，以图上进。国家三年登造，束帛弓旌，不特尔身有荣，即尔祖、父，亦增光宠矣！逢时得志，宁俟他求哉！若仍视为具文，玩愒勿儆，毁方跃冶，暴弃自甘，则是尔等冥顽无知，

[1]“期”原讹“令”，据清圣祖《圣祖仁皇帝圣训》卷十二《文教》、清圣祖《圣祖仁皇帝御制文集第三集》卷二十五《碑文》、《清圣祖实录》卷二百八康熙四十一年六月戊午条等各收录该诏谕改。

终不能率[1]教也。既负栽培，复甘罪戾，王章具在，朕亦不能为尔等宽矣。

自兹以往，内而国学，外而直省乡校，凡学臣师长，皆有司铎之责者，并宜传集诸生，多方董劝，以副朕怀[2]。否则职业勿修，咎亦难逭，勿谓朕言之不预也。尔多士尚敬听之哉！

世宗宪皇帝

谕知州、知县 雍正元年

朕惟国家首重吏治。尔州牧县令，乃亲民之官，吏治之始基也。贡赋狱讼，尔实司之。品秩虽卑，职任綦重。州县官贤，则民先受其利；州县官不肖，则民先受其害。膺兹任者，当体朝廷惠养元元之意，以爱民为先务，周察蔀屋，绥辑乡里。治行果有其实，循卓自有其名。非内聚贿而外干誉，谓之名实兼收也。全省吏治，如作室然：督抚其栋梁也，司道其垣墉也，州县其基址也。《书》云："民惟邦本，本固邦宁。"夫所以固邦本者在吏治，而吏治之本在州县。苟州县之品行不端，犹基不立，则室不固，庸有济乎？皇考临御六十一年，灼知州县之重，特行引见，咨询明试，至详至慎。其有廉能之员，每不次超擢，以示鼓励。今海内群黎，皆皇考所怀保也。

朕膺宗社重寄，思缵皇考之治功。惟尔州县诸臣，具有父母斯民之责，其为朕立之基址，以固邦本焉。诚能洁己奉公，实心尽职，一州一县之中，兴仁兴让，教孝教忠，物阜民安，刑清讼简，朕将升之朝宁，用作股肱。如或罔念民瘼，恣意贪婪，或朘削肥家，或滥刑逞虐，或借刻以为清，或恃才而多事，或谄媚上司以贪位，或任纵胥吏以扰民，或徇私逞欲以上亏国帑，

[1]"率"原脱，据清圣祖《圣祖仁皇帝圣训》卷十二《文教》、清圣祖《圣祖仁皇帝御制文集第三集》卷二十五《碑文》、《清圣祖实录》卷二百八康熙四十一年六月戊午条等各收录该诏谕补。

[2]"怀"原讹"望"，据清圣祖《圣祖仁皇帝圣训》卷十二《文教》、清圣祖《圣祖仁皇帝御制文集第三集》卷二十五《碑文》、《清圣祖实录》卷二百八康熙四十一年六月戊午条等各收录该诏谕改。

王章具在，岂尔贷与！更有任州县时，私肥己橐，而漫云“且俟显要，方立名节”者，其与初市清名、晚而改操之人，何以异哉？至于钱粮，其关系尤重。丝毫颗粒，皆百姓之脂膏，增一分则民受一分之累，减一分则民沾一分之泽。前有请暂加火耗、抵补亏空帑项者，皇考示谕在廷，不允其请，尔诸臣共闻之矣。

今州县火耗，任意加增，视为成例，民何以堪乎？嗣后断宜禁止。或被上司察核，或被科道纠参，必从重治罪，决不宽贷！夫欲清亏空之源，莫如节俭正直。节俭则用无不足，正直则上官不可干以私。若朘小民之生，以饱上官之贪欲；冒不测之罪，以快一时之奢侈，岂砥砺廉隅、为民父母之道乎？尔州县等官，其恪共乃职，勿贻罪戾，毋谓地远官卑，朕不及察其贤否也。特谕。

谕开垦 雍正元年

谕：朕临御以来，宵旰忧勤，凡有益于民生者，无不广为筹度。因念国家承平日久，生齿殷繁，土地所出，仅可赡给，偶遇荒歉，民食维艰，将来户口日滋，何以为业？惟开垦一事，于百姓最有裨益。但向来开垦之弊，自州县以至督抚，俱需索陋规，致垦荒之费浮于买价，百姓畏缩不前，往往膏腴荒弃，岂不可惜？嗣后各省凡有可垦之处，听民相度地宜，自垦自报。地方官不得勒索，吏胥亦不得阻挠。至升科之例，水田仍以六年起科，旱田以十年起科，着著为定例。其府州县官能劝谕百姓开垦地亩多者，准令议叙；督抚大吏能督率各属开垦地亩多者，亦准议叙。务使野无旷土，家给人足，以副朕富民阜俗之意。特谕。

禁现任官立生祠、书院 雍正元年[1]

上谕：人臣膺命效职，果能实心爱民，清白自矢，则官去民思。《甘棠》留咏，有愈久而不能忘者，从古有之。若今之生祠、书院，不知始自何人。自督抚、提镇，以及监司、守令，所在多有。究其实，不过官员在任之时，或系下属献媚逢迎，或地方绅衿逢迎，甚至[2]有出入公门、包揽词讼之辈，倡议纠合，假公派费，占地兴工，甚至园囿亭台，穷极华丽，劳民伤财，一无顾惜。及其后，或为宴会游玩之场，或本官竟据为产业。考其年月，则官员去任之后，百姓追思而特为兴造者甚少。此事向曾禁止，而踵弊如故，当再为严饬。嗣后如有仍造生祠、书院者，或经告发，或被纠参，即将本官及为首之人严加议处。其现在之生祠、书院，如果系名宦去任之后，民间追思盖造者，准其存留。其余俱着地方官查明，一概改为别用，或为义学，延师授徒，以广文教。如此，则以无用为有用，以惜民财力，杜绝虚浮，于地方风俗大有裨益。特谕。

谕劝农 雍正二年

上谕：朕惟抚养元元之道，足用为先。朕自临御以来，无刻不廑念民依，重农务本，业已三令五申矣。但我国家休养生息，数十年来，户口日繁，而土田止有此数，非率天下农民竭力耕耘，兼收倍获，欲家室盈宁，必不可得。《周官》所载巡稼之官，不一而足。又有保介、田畯，日在田间，皆为课农设也。今课农虽无专官，然自督抚以下，孰不兼此任也？其各督率有司，悉心相劝，并不时咨访疾苦。有丝毫妨于农业者，必为除去。仍于每

---

[1]“雍正元年”原讹“雍正二年”，据清世宗《清世宗宪皇帝圣训》卷二十六《厚风俗》、《清世宗实录》卷十一雍正元年九月乙巳条等各收录该诏谕改。按，乾隆《福建通志》卷首一《典谟一·谕旨》记载颁此诏谕于雍正元年，而雍正《江西通志》卷首之三、雍正《广东通志》卷一《典谟志》则记载颁于雍正二年。本志当沿袭雍正《广东通志》之误。

[2]“逢迎，甚至”原脱，据清世宗《清世宗宪皇帝圣训》卷二十六《厚风俗》、《清世宗实录》卷十一雍正元年九月乙巳条等各收录该诏谕补。

乡中择一二老农之勤劳作苦者，优其奖赏，以示鼓励。如此，则农民知劝，而惰者可化为勤矣。

再舍旁田畔，以及荒山不可耕种之处，度量土宜，种植树木。桑柘可以饲蚕，枣栗可以佐食，柏桐可以资用，即榛楛杂木亦足以供炊爨。其令有司督率指画，课令种植。仍严禁非时之斧斤、牛羊之践踏、奸徒之盗窃，亦为民利不小[1]。至孳养牲畜，如北方之羊、南方之彘，牧养如法，乳字以时，于生计不无裨益。总之，小民至愚，经营衣食，非不迫切，而于目前自然之利，反多忽略。所赖亲民之官，委曲周详，多方劝导，庶使踊跃争先，人力无遗，而地利始尽。不惟民生可厚，风俗亦可还淳。尔督抚等官，各体朕惓惓爱民之意，实心奉行。倘视为具文，苟且涂饰，或反以扰民，则尤其不可也。

谕沿海居民敬神 雍正二年

上谕沿海居民人等：朕思天地之间，惟此五行之理，人得之以生全，物得之以长养。而主宰五行者，不外夫阴阳。阴阳者，即鬼神之谓也。孔子言："鬼神之德，体物而不可遗。"岂神道设教哉？盖以鬼神之事，即天地之理，故不可以偶忽也。凡小而丘陵，大而川岳，莫不有神焉主之，故皆[2]当敬信而尊事，况海为四渎之归宿乎！使以为不足敬，则尧舜之君，何以望[3]秩于山川；文武之君，何以怀柔百神，及河乔岳？今愚民昧于此理，往往信[4]淫祀，而不信明神，傲慢亵渎，致干天谴。夫善人多，而不善人少，则天降之

[1]"小"原讹"少"，据清世宗《清世宗宪皇帝圣训》卷二十五《重农桑》、清世宗《世宗宪皇帝御制文集》卷三《敕谕》、《清世宗实录》卷十六雍正二年二月癸丑条等各收录该诏谕改。

[2]"皆"原脱，据清世宗《清世宗宪皇帝圣训》卷八《敬天》、清世宗《世宗宪皇帝上谕内阁》卷二十三、《清世宗实录》卷二十三雍正二年八月甲申条等各收录该诏谕补。

[3]"望"前原衍"柴"，据清世宗《清世宗宪皇帝圣训》卷八《敬天》、清世宗《世宗宪皇帝上谕内阁》卷二十三、《清世宗实录》卷二十三雍正二年八月甲申条等各收录该诏谕删。

[4]"信"原脱，据清世宗《清世宗宪皇帝圣训》卷八《敬天》、清世宗《世宗宪皇帝上谕内阁》卷二十三、《清世宗实录》卷二十三雍正二年八月甲申条等各收录该诏谕补。

福，即稍有不善者，亦蒙其庇；不善人多，而善人少，则天降之罚，虽善者亦被其殃。

近者江南奏[1]报：上海、崇明诸处，海水泛溢。浙江又奏[2]报：海宁、海盐、平湖、会稽等处，海水冲决堤防，致伤田禾。朕痛切民隐，忧心孔殷。水患虽关乎天[3]数，或亦由近海居民平日享安澜之福，绝不念神明庇护之力，傲慢亵渎者有之。夫敬神固理所当然，而趋福避祸之道，即在乎此。能敬则谓之顺天，不敬则谓之亵天。亵天之人，顾可望绥宁之福乎？《诗》曰："敬天之怒，无敢戏豫[4]。"又曰："畏天之威，于时保之。"朕固当朝乾夕惕，不遑宁处，以敬承天意。亦愿尔百姓共凛此言，内尽其心，外尽其礼，敬神如神在，以[5]至诚昭事，而不徒尚乎虚文。人意即神意，一念之感格，自足以致休祥，岂独一家一乡之被其泽哉！尔百姓果能人人心存敬畏，必获永庆安澜。著该督抚将此谕旨，令该地方官家谕户晓，俾沿海居民一体知悉。特谕。

谕教士子责成学臣、教职 雍正四年

谕：为士者，乃四民之首，一方之望。凡属编氓，皆遵之奉之，以为读圣贤之书，列胶庠之选，其所言所行，俱可为乡人法则也。故必敦品励学，谨言慎行，不愧端人正士，然后以圣贤《诗》《书》之道，开示愚民，则民必听从其言，服习其教，相率而归于谨厚。或小民偶有不善之事，即怀愧耻

[1]"奏"原脱，据清世宗《清世宗宪皇帝圣训》卷八《敬天》、清世宗《世宗宪皇帝上谕内阁》卷二十三、《清世宗实录》卷二十三雍正二年八月甲申条等各收录该诏谕补。

[2]"奏"原脱，据清世宗《清世宗宪皇帝圣训》卷八《敬天》、清世宗《世宗宪皇帝上谕内阁》卷二十三、《清世宗实录》卷二十三雍正二年八月甲申条等各收录该诏谕补。

[3]"天"原脱，据清世宗《清世宗宪皇帝圣训》卷八《敬天》、清世宗《世宗宪皇帝上谕内阁》卷二十三、《清世宗实录》卷二十三雍正二年八月甲申条等各收录该诏谕补。

[4]"豫"原讹"渝"，据清世宗《清世宗宪皇帝圣训》卷八《敬天》、清世宗《世宗宪皇帝上谕内阁》卷二十三、《清世宗实录》卷二十三雍正二年八月甲申条等各收录该诏谕改。

[5]"以"前原衍"实"，据清世宗《清世宗宪皇帝圣训》卷八《敬天》、清世宗《世宗宪皇帝上谕内阁》卷二十三、《清世宗实录》卷二十三雍正二年八月甲申条等各收录该诏谕删。

之心，相戒勿令某人知之，如古人之往事，则民风何患不淳，世道何患不复古耶？朕观今日之士子，虽不乏闭门勤修、读书立品之辈，而荡检逾闲、不顾名节者，亦复不少。或出入官署，包揽词讼；或武断乡曲，欺压平民；或违抗钱粮，藐视国法；或代民纳课，私润身家。种种卑污下贱之事，难以悉数。彼为民者，见士子诵读圣贤之书，而行止尚且如此，则必薄待读书之人，而并轻视圣贤之书矣！士习不端，民风何由而正？其间关系，极为重大。

朕自即位以来，加恩学校，培养人材，所以教育士子者，无所不至。宜乎天下之士，皆鼓舞奋兴，争自濯磨，尽去其佻达之习矣！而内外诸臣条奏中，胪列诸生之劣迹，请行严惩者甚多。朕思转移化导之法，当先端其本源。教官者，多士之仪型也；学臣者，教官之表率也。教官多属中材，又或年齿衰迈，贪位窃禄，与士子为朋俦，视考课为故套；而学臣又但以衡文为事，任教官之因循怠惰，苟且塞责，漫不加察。所以倡率之本不立，无怪乎士习之不端，而风俗之未淳也！

朕孜孜图治，欲四海之大，万民之众，皆向风而慕义，革薄而从忠，故特简督学之臣，慎重教官[1]之职。欲使自上而下，端本澄源，以收实效也。凡为学臣者，务使持公秉正，宣扬风化，于教官之称职者即加荐拔，溺职者即行参革。为教官者，训诲士子，悉秉诚心，如父兄之督课子弟。至于分别优劣，则至公至当，不涉偏私。如此各尽其道，则士子人人崇尚品诣，砥砺廉隅，且不但自淑其身，而群黎百姓日闻善言，日观善行，必共[2]生其感发之念。风俗之丕变，庶几其可望也。特谕。

---

[1]“教官”原讹“学臣”，据清世宗《清世宗宪皇帝圣训》卷十《文教》、清世宗《世宗宪皇帝上谕内阁》卷四十八、《清世宗实录》卷四十八雍正四年九月丁巳条等各收录该诏谕改。

[2]“必共”原讹“以”，据清世宗《清世宗宪皇帝圣训》卷十《文教》、清世宗《世宗宪皇帝上谕内阁》卷四十八、《清世宗实录》卷四十八雍正四年九月丁巳条等各收录该诏谕改。

谕举贡生、生员 雍正五年

谕：从来为政，在乎得人。《书》曰："野无遗贤，万邦咸宁。"盖贤才登进，在位者多，则分猷效职，庶绩自能就理，而民生无不被其泽也。朕即位以来，加意旁求，凡所以延访擢用之道，尽朕心力。如现任官员，及候补、候选科目诸人，每特令荐举，遴选引见，广开录用之途，冀收群策之力。又念各省学校之设，原以养育人才，爰命学臣，保举贤能，升闻于朝，以备任使。乃直省学臣，所举人数不多，又多草率塞责，不能副得人之实。

夫十室之邑，必有忠信。今直省府州县学贡生、生员，多者数百人，少亦不下百余，其中岂无行谊醇笃好修、自爱明达之士乎？著知州、知县官，会同各该学教官，将府州县之贡生、生员内，居家孝友、行止端方、才可办事，而文亦可观者，秉公确查，一学各举一人，于今年秋末冬初[1]，申报该上司，奏闻请旨。其或僻远中学、小学，实无可举者，令知县、教官出具印结，该督抚查实奏闻。朕因广揽人材，举此旷典，所以黜浮华而资实用。州县教职等官，为一方师长，选贤荐能，乃其专责。倘敢有轻忽之心，虚应故事，滥举非人者，定照溺职例革职。若或徇情受贿，则又加倍治罪。八旗之满洲、蒙古、汉军，亦照此例，将人品端方、通晓汉文者，著该佐领各举一人。如不得其人之佐领，亦具印结，令该都统汇齐，奏闻请旨。庶使潜修笃行之士，得以表见，而国家亦收得人之效矣。特谕。

谕闽、广百姓各务本业 雍正五年

上谕：闽、广两省督抚常称，本省产米甚少，不足以敷民食。总督高其倬亦曾具奏。巡抚杨文乾则云："广东所产之米，即年岁丰收，亦仅足供半年

[1] 按，"秋末冬初"，清世宗《清世宗宪皇帝圣训》卷十三《用人》、清世宗《世宗宪皇帝上谕八旗》卷五、《清世宗实录》卷五十六雍正五年四月癸巳条等各收录该诏谕均作"冬底"，其余文字亦稍异。另，雍正《江西通志》卷首之三、雍正《浙江通志》卷一百四十二《选举二十·国朝·荐辟》、雍正《广东通志》卷一《典谟志》等均作"秋末冬初"，惟乾隆《福建通志》卷首二《典谟二》作"冬底"。

之食。”朕思本省之米不足供本省之食，在歉岁则有之，若云每岁如此，即丰收亦然，恐无此理。或田畴荒废，未尽地力；或耕耘怠惰，未用人工；或奸民希图重价，私卖海洋，三者均未可定。昨曾面谕九卿。今广西巡抚韩良辅奏称，“广东地广人稠，专仰给于广西之米。在广东，本处之人惟知贪财重利，将地土多种龙眼、甘蔗、烟叶、青靛之属，以致民富而米少。广西地瘠人稀，岂能以所产供邻省，多令贩运”等语。此奏与朕前旨相符。可知闽、广民食之不足，有由来矣。

令二省督抚等悉心劝导，俾人人知食乃民天，各务本业，尽力南亩，不得贪利而废[1]农功之大，不得逐末而忘稼穑之艰。至于园圃果木之类，当俟有余地余力，而后为之。岂可图目前一时之利益，而不筹画于养命之源，以致缓急无所倚赖，而待济于邻省哉？假若邻省或亦歉收，则又将何如哉？该督抚等务须谆切晓谕，善为化导，俾愚民豁然醒悟，踊跃趋事，则地方不致虚耗，而米谷不致匮乏矣。特谕。

谕闽、广正乡音 雍正六年

上谕：凡官员有莅民之责，其语言必使人人共晓，然后可以通达民情，熟悉地方事宜，而办理无误。是以古者，六书之制，必使谐声会意，娴习语音，皆所以成遵[2]道之风，著同文之治也。朕每引见大小臣工，凡陈奏履历之时，惟有福建、广东两省之人，仍系乡音，不可通晓。夫伊等以现登仕籍之人，经赴部演礼之后，其敷奏对扬，尚有不可通晓之语，则赴任他省，又安能于宣读训谕，审断词讼，皆历历清楚，使小民共知而共解乎？官民上下，语言不通，必致胥吏从中代为传达，于是添饰假借，百弊丛生，而事

[1]“废”原讹“费”，据清世宗《世宗宪皇帝上谕内阁》卷五十三、乾隆《福建通志》卷首二《典谟二》、雍正《广西通志》卷九十七《艺文》等各收录该诏谕改。

[2]“成遵”原倒，据清世宗《世宗宪皇帝上谕内阁》卷七十二、乾隆《福建通志》卷首二《典谟二》、雍正《广东通志》卷一《典谟志》等各收录该诏谕改。

理之贻误者多矣。且此两省之人，其语言既皆不可通晓，不但伊等历任他省，不能深悉下民之情，即伊等身为编氓，亦必不能明白官府之意，是上下之情，扞格不通，其为不便实甚。但语言自幼习成，骤难改易，必其徐加训导，庶几历久可通。应令福建、广东两省督抚，转饬所属各府州县有司及教官，遍为传示，多方教导，务期语言明白，使人通晓，不得仍前习为乡音。则伊等将来引见，殿陛奏对，可得详明。而出仕地方，民情亦易于通晓矣。

谕人子毋毁伤肢体 雍正六年

谕：览福建巡抚常赉奏称："罗源县孝子李盛山割肝救其母病，母病愈后，李盛山伤重身故，请加旌表。"部议以割肝乃小民轻生愚孝，向无旌表之例，应不准行。朕念割肝疗疾，事虽不经，而其迫切救母之心，实难得而可悯，已加恩准其旌表矣。尝读韩愈之文曰："母疾，则止于烹粉药石以为事，未闻毁伤肢体以为养。苟不伤于义，则圣贤当先众而为之矣。"又读朱子书曰："割股固自不是，若诚心为之，不求人知，亦庶几。今乃有以此要誉者！"是先儒论及此者屡矣。

本朝顺治年间定例：割股或致伤生，卧冰或致冻死，恐民仿效，不准旌表。伏思我世祖皇帝、圣祖皇帝临御万方，立教明伦，与人为善，而于此例慎予旌表者，诚乃天地好生之盛心，圣人觉世之至道，视人命为至重，不可以愚昧而误戕；念孝道为至宏，不可以毁伤为正理。立法垂训，实有深意存焉。

但向来地方有司，未尝以圣贤经常之道，与国家爱养之心，明白晓谕，开导编氓。是以愚夫愚妇，救亲而捐躯，殉夫而殒命者，往往有之。既有其事，若不予以旌表，恐无以彰其苦志，而慰其幽魂。所以数十年来，虽定不予旌表之例，而仍许其奏闻，且有邀恩于常格之外者。仰见圣祖皇帝哀矜下民之圣心，固如是之周详而委曲也。《孝经》曰："身体发肤，受之父母，不敢毁伤，孝之始也。"《孟子》曰："事孰为大？事亲为大。守孰为大？守身为大。”此皆言人子一身，乃父母之遗体，虽一发一指，不可偶有亏损，以伤父母之所贻也。孔子曰：“父母，惟其疾之忧。”盖父母爱子之心，无所不至，偶有疾病，尚以为忧。设有不肖忤逆之子，父母且恕而矜之；其纯孝之子，而父母之怜爱又当如何也！岂有以己身患病之故，割其子之肝、肉，充饮馔而和汤药？其父母之心，断无不惊忧惨惕不安之理也。若因此而至于伤生，又岂父母所忍闻者乎？夫父母有疾，固人子所当尽心竭力之时。而孝道多端，实不容效命捐躯于一节。

孔子曰：“生，事之以礼；死，葬之以礼，祭之以礼。”是人生孺慕之诚，原通百年而无间者也。人子一身，承先启后，负荷甚巨。若舍生殒命于仓卒之间，而忘宗祀继续之重，恐非所以为孝也。况人子于亲，本乎天性。倘能尽至诚纯孝之实，则亲病虽笃，呼吁请祷，力省一身之过，誓愿为一正人，如此必能感天地、动鬼神，何须割肝刲股，以为回生之良剂乎！家庭之行，惟在至诚至敬，善体亲心。不必以惊世骇俗之为，著奇于日用伦常之外也。

至若妇人从一之义，醮而不改，乃天下之正道，而其间节妇、烈妇，亦有不同者。烈妇以死殉夫，慷慨相从于地下，固为人所难能。然烈妇难，而节妇尤难，盖从死者取决于一时，而守贞者必历夫永久；从死者致命而遂已，而守贞者备尝其艰难。且烈妇之殉节捐躯，其间情事，亦有不同者：或迫于贫窭，而寡自全之计；或出于愤激，而不暇为日后之思。不知夫亡之后，妇职之当尽者更多，上有翁姑，则当奉养，以代为子之道；下有后嗣，则当教育，以代为父之道。他如修治蘋蘩，经理家业，其事难以悉数，安得以一死毕其责乎？是以节妇之旌表，载在典章，而烈妇不在定例之内者，诚以烈妇捐生，与割肝刲股之愚孝，其事相类。假若仿效者多，则戕生者众，为上者之所不忍也。向来未曾通行晓谕，朕今特颁谕旨，著地方有司广为宣布，务期僻壤荒村，家喻户晓，俾愚民咸知孝子节妇之自有常道可行，而保全生命之为正理，则伦常之地，皆合中庸，不负国家教养矜全之德矣。倘训谕之后，仍有不爱躯命，蹈于危亡者，朕亦不概加旌表，以成闾阎激烈之风，长愚民轻生之习。思之！思之！特谕。

恩恤广东蛋户[1] 雍正七年

上谕：闻粤东地方，四民之外，另有一种，名为蛋户，即猺蛮之类，以船为家，以捕鱼为业。通省河路，俱有蛋船，生齿繁多，不可数计。粤民视蛋户为卑贱之流，不容登岸居住，蛋户亦不敢与平民抗衡，畏威隐忍，局蹐舟中，终身不获安居之乐，深可悯恻。蛋户本属良民，无可轻贱摈弃之处。且彼输纳鱼课，与齐民一体，安得以地方积习，强为区别，而使之飘荡靡宁乎？著该督抚等转饬有司，通行晓谕：凡无力之蛋户，听其在船自便，不必强令登岸；如有力能建造房屋及搭棚栖身者，准其在于近水村庄居住，与齐民一同编列甲户，以便稽查，势豪土棍不得借端欺凌驱逐。并令有司劝谕蛋户，开垦荒地，播种力田，共为务本之人，以副朕一视同仁之意。特谕。

诏禁赌博 雍正七年

上谕：游惰之民，自昔治天下者之所深恶。若好为赌博之人，又不止于游惰而已。荒弃本业，荡废[2]家资，品行日即于卑污，心术日趋于贪诈，父习之则无以训其子，主习之则无以制其奴；斗殴由此而生，争讼由此而起，盗贼由此而多，匪类由此而聚，其为人心风俗之害，诚不可以悉数也。大凡为不善之事者，虽干犯功令，犹可得微利于一时。而独至赌博，则今日之所得，明日即未必能保。若合一年数月而计之，胜者与负者同归于尽，此天下

[1]“蛋户”，清世宗《世宗宪皇帝圣训》卷七《圣治三》、《清世宗实录》卷八十一雍正七年五月壬申条等收录此诏谕均作“蜑户”，清世宗《世宗宪皇帝上谕内阁》卷八十一等则均作“蛋户”。按，“蛋户”即“蜑户”，“蛋”同“蜑”，本志中亦混用，未作校改统一。

[2]“荡废”原讹“废尽”，据清世宗《清世宗宪皇帝圣训》卷二十六《厚风俗》、清世宗《世宗宪皇帝朱批谕旨》卷一百二十六之十七《朱批田文镜奏折》、《清世宗实录》卷八十二雍正七年六月丁丑条等各收录该诏谕改。

人所共知者。而无如邪僻之人，一入其中，即迷而不悟，且甘为下贱而不辞者，大可悲矣。

数年以来，屡降谕旨严禁，而此风尚未止息者，则以制造赌具之尚有其人，而有司之禁约未曾尽力也。百工技艺之事，可以获利营生者，何事不可为？而乃违条犯法，制此坏风俗、惑人心之具，其罪尚可言乎？尝思赌博之风所以盛行者，父兄为之，子弟见而效之；家主为之，奴仆在旁见而效之；甚至妇人女子亦沉溺其中，而不以为怪。总因习此者多，故从风而靡者众也。假若严行禁止，使人不敢再犯，则日积月累，后生子弟无从而见，即无从而学，此风自然止息，无俟条教号令之烦矣！凡地方大吏有司，有化民成俗之责，而乃悠悠忽忽，视为平常，安辞溺职之咎！

今特定本地官员劝惩之法，以清其源。嗣后拿获赌博，必穷究赌具之所由来。其制造赌具之家，果审明确有证据出于某县，将某县知县照溺职例革职，知府革职留任，督抚、司道等官各降一级留任。如本地有私造赌具之家，而该县能缉获惩治者，著加二级，知府著加一级，督抚、司道等官著纪录二次。将此劝惩之法永著为例，于雍正庚戌年为始，著该督抚通行晓谕，使城邑乡村及远陬僻壤咸使闻知。特谕。

谕沿海弁兵 雍正七年

上谕：粤东三面距[1]海，各省商民及外洋番估携资置货，往来贸易甚多，而海风飘发不常，货船或有覆溺，全赖营汛弁兵极力抢救，使被溺之人得全躯命，落水之物不致飘零。此国家设立汛防之本意，不专在于缉捕盗贼已也。乃沿海不肖之弁兵等，利欲薰心，贪图财物，每于商船失风之时，利

[1]“距”原讹“皆”，据清世宗《清世宗宪皇帝圣训》卷七《圣治三》、清世宗《世宗宪皇帝上谕内阁》卷八十三、《清世宗实录》卷八十三雍正七年七月甲子条等各收录该诏谕改。按，“距”意为至、通到。惟雍正《广东通志》卷一《典谟志》作“皆”，然卷七《编年志二》收录此诏谕梗概则作“距”。本志当沿袭雍正《广东通志·典谟志》之误。

其所有，乘机抢夺，而救人之事姑置不问。似此居心行事，更甚于盗贼，无耻残恶之极，岂国家弁兵忍为之事乎！

如雍正六年八月间，有福建龙溪县人徐榜，贸易西洋，行至广东新宁县地方，遭风损船。广海寨守备邓成，同兵丁等巡哨至彼，捞获银钱，私相分取，而坐视徐榜等在危困之中，不行救护。此案现在题参候审。又闻有香山县澳门番人月旺，贸易交阯，于雍正六年十二月，在琼州府会同县遭风损船。该汛百总文秀即驾小舟，搬运货物，及至登岸，止还本人缎匹、银器数件，其余藏匿不吐。地方官现在查追。

似此贪残不法之事，广东、福建二省居多，而他省沿江滨海之营汛亦所不免。此皆该地方督抚、提镇等不能化导于平时，又不能稽查惩究于事后，以致不肖弁兵等但有图财贪利之心，而无济困扶危之念也。嗣后若有此等，应作何严定从重治罪之条，使弁兵人等有所畏惧儆戒，著沿海督抚各抒己见。议奏到时，九卿会同，再行定议。此旨颁到之时，著一面即行出示宣谕弁兵等，一面定议具奏。特谕。

谕富户 雍正七年

谕：直省各处富户，其为士民殷实者，或由于祖、父之积累，或己身之经营，操持俭约，然后能致此饶裕，此乃国家之良民也。其为乡绅有余者，非由于先世之留遗，即己身之俸禄，制节谨度，始能成其家计，此乃国家之良吏也。是以绅衿士庶中之家道殷实者，实居五福之一，而为国家所爱养保护之人，则尔等本身安可不思孳孳为善，以永保其身家乎！

夫保家之道，若奢侈靡费，固非所以善守；而悭吝刻薄，亦非所以自全。《周礼》："以乡三物教万民。"有曰："孝友、睦姻、任恤。"可知公财、行惠、任恤之义，与孝友而并重者也。盖凡民之情，贱者忌人之贵，贫者忌人之富。彼穷乏之人，既游闲破耗，自困其生，又皆不知己过，转怀忌于温饱之家。若富户复以悭吝刻薄为心，朘削侵牟，与小民争利，在太平盛世、年谷顺成之时，固可相安；从来遇歉荒之时，贫民肆行抢夺，先众人而受其害者，皆为富不仁之家也。迨富家被害之后，官法究拟，必将抢夺之贫民置之重典。是富户以敛财而倾其家，贫民以贪利而丧其命，岂非两失之道，大可悯恻者乎！

朕为此劝导各富户等：平时当以体恤贫民为念，凡邻里佃户中之穷乏者，或遇年谷歉收，或值青黄不接，皆宜平情通融，切勿坐视其困苦，而不为之援手。如此则富户济贫民之急，贫民感富户之情，居常能缓急相周，有事可守望相助。忮求之念既忘，亲睦之心必笃，岂非富户保家之善道乎？从来家国一理。若富户能自保其身家，贫民知共卫夫富户，一乡如此，则一乡永靖，一邑如此，则一邑长宁。是富户之自保其家，尤富户之宣力于国也。

朕临御以来，屡经人条奏：民间贫富不均，请行限田之法。乃至逆贼曾静，私著谤书，谓“方今轻徭薄赋，惟利于豪强兼并之家，与贫民无涉，非复行井田，不能养赡百姓”等语。朕思此等怪谬支离之说，乃理势所万不能行者。夫天下富者一，而贫者百，以一人之有余，欲济众人之不足，贫者未必便能成立，而富户无辜已受摧残矣！此乃怀欲穷天下之贼论，有此情理乎？朕既知其必不可行，若但令地方出示晓谕，阳奉阴违，朕实耻而不为。若以不能行之事，委之各省督抚，以示德于贫民，使之感朕恩意，而以奉行不力之故，归怨于各督抚等，又朕所不忍为者。是以特颁谕旨，告诫尔等富户：为富户者，当知己之得于天者甚厚，当存济人利物之心，行救困扶危之事，敦睦宗族，周恤乡邻，下逮佃户、佣工，皆加惠养，则人人感其德意，即可消患于未萌。况积善之家，必有余庆，种福果于天地之间，子孙必常享丰厚，岂不美欤！著各省督抚，将朕此旨通行该属之乡绅、士民人等共知之，料朕赤子良民必不负朕期望之诚意也。特谕。

谕开垦 雍正七年

上谕：国家承平日久，户口日繁，凡属闲旷未耕之地，皆宜及时开垦，以裕养育万民之计。是以屡颁谕旨，劝民垦种。而川省安插之民，又令给与牛种、口粮，使之有所资藉，以尽其力。今思各省皆有未垦之土，即各处皆有愿垦之人，或以日[1]用无资，力量不及，遂不能趋事赴功，徘徊中止，亦事势之所有者。著各省督抚各就本地情形，细加筹画，转饬有司，作何劝导之法。其情愿开垦而贫寒无力者，酌动存公银、谷，确查借给，以为牛种、口粮，俾得努力于南亩。俟成熟之后，分限三年，照数还项，五六[2]年后，按则起科。总在该督抚等董[3]率州县，因地制宜，实心经理，务使田畴日辟，耕凿惟勤，以副朕爱养元元之至意。特谕。

谕重农 雍正五年[4]

上谕：自古帝王致治诚民，莫不以重农为首务。《书》陈《无逸》，先知稼穑之艰难；《诗》载《豳风》，备叙田家之力作。《论语》云："百姓足，君孰与不足。"《孟子》云："民事不可缓也。"盖国以民为本，民以食为天。农事者，帝王所以承天养人、久安长治之本也。我国家抚绥寰宇，圣祖仁皇帝

[1]"日"原讹"食"，据清世宗《清世宗宪皇帝圣训》卷二十五《重农桑》、清世宗《世宗宪皇帝上谕内阁》卷八十、《清世宗实录》卷八十雍正七年四月戊子条记载该诏谕改。按，雍正《山东通志》卷一之三《典谟三》、乾隆《福建通志》卷首三《典谟三》、雍正《山东通志》卷一之三《典谟三》均作"日"，雍正《广东通志》卷一《典谟志》则作"食"。本志当沿袭雍正《广东通志》之误。

[2]"六"原脱，据清世宗《清世宗宪皇帝圣训》卷二十五《重农桑》、清世宗《世宗宪皇帝上谕内阁》卷八十、《清世宗实录》卷八十雍正七年四月戊子条记载该诏谕补。

[3]"董"原讹"统"，据清世宗《清世宗宪皇帝圣训》卷二十五《重农桑》、清世宗《世宗宪皇帝上谕内阁》卷八十、《清世宗实录》卷八十雍正七年四月戊子条记载该诏谕改。

[4]"雍正五年"原讹"雍正七年"，据清世宗《清世宗宪皇帝圣训》卷二十五《重农桑》、清世宗《世宗宪皇帝上谕内阁》卷五十四、《清世宗实录》卷五十四雍正五年三月庚寅条记载该诏谕改。按，雍正《浙江通志》卷一百《风俗》、乾隆《福建通志》卷首二《典谟二·谕旨》、雍正《山东通志》卷一之三《典谟三》、雍正《广西通志》卷九十七《风俗》等均记载颁于雍正五年，惟雍正《江西通志》卷首之三、雍正《广东通志》卷一《典谟志》记载颁于雍正七年。本志当沿袭雍正《广东通志》之误。

临御六十余年，深仁厚泽，休养生息，户口日增，生齿益繁，而直省之内，地不加广。近年以来，各省皆有收成，其被水歉收者，不过州县数处耳，而米价遂各觉渐贵。闽广之间，颇有不敷之虑，望济于邻省，良由地土之所产如旧，而民间之食指愈多，所入不足以供所[1]出，是以米少而价昂，此亦理势之必然者也。夫米谷为养命之宝，既赖之以生，则当加意爱惜，而不可存轻弃之心。且资之者众，尤当随意撙节，而不可纵口腹之欲。每人能省一勺，在我不觉其少，而积少成多，便可多养数人。若数人如此，则所积更多，所养岂不更众乎！养生家以食少为要诀，固所以颐神养和，亦所以节用惜福也。况脾主于信，习惯便成自然。每见食少之人，其精神气体未尝不壮，此显而可见者。

至于各省地土，其不可以种植五谷之处，则不妨种他物以取利；其可以种植五谷之处，则当视之如宝，勤加垦治，树艺菽粟。安可舍本而逐末，弃膏腴之沃壤，而变为果木之场；废饔飧之恒产，以幸图赢余之利乎！至于烟叶一种，于生人日用毫无裨益，而种植必择肥饶善地，尤为妨农之甚者也。小民较量锱铢，且但顾目前，不为久远之计，故当图利之时，若令其舍多取寡，弃[2]重就轻，必非其情之所愿。而地方官遽绳之以法，则势有所难行，转滋纷扰。惟在良有司勤勤恳恳，谆切劝谕，俾小民豁然醒悟，知稼穑为身命之所关，非此不能生活，而其他皆不足恃，则群情踊跃，不待督课，而皆尽力于南亩矣。

朕闻江南、江西、湖广、粤东数省，有一岁两熟之稻。风土如此，而仍乏于食者，是地上之力有余，而播植[3]之功不足，岂非小民习于怠惰，而

---

[1]“所”原脱，据清世宗《清世宗宪皇帝圣训》卷二十五《重农桑》、清世宗《世宗宪皇帝上谕内阁》卷五十四、《清世宗实录》卷五十四雍正五年三月庚寅条记载该诏谕补。

[2]“弃”原讹“移”，据清世宗《清世宗宪皇帝圣训》卷二十五《重农桑》、清世宗《世宗宪皇帝上谕内阁》卷五十四、《清世宗实录》卷五十四雍正五年三月庚寅条记载该诏谕改。

[3]“植”原讹“种”，据清世宗《清世宗宪皇帝圣训》卷二十五《重农桑》、清世宗《世宗宪皇帝上谕内阁》卷五十四、《清世宗实录》卷五十四雍正五年三月庚寅条记载该诏谕改。

有司化导者有未至耶？或者曰：“米谷太多，则价贱而难于粜卖。”昔人有谷贱伤农之说，谚云所谓“熟荒”者。此则不必过虑。假若小民勤于耕作，收获丰盈，至价贱而难于出粜，朕必多发官价以籴买之，使重农务本之良民获利，而有余资也。朕生平爱惜米谷，每食之时，虽颗粒不肯抛弃。以朕玉食万方，岂虑天庾之不给？而所以如此撙节爱惜者，实出于天性自然之敬慎，并不由于勉强。且以米谷乃上天所赐，以生养万民者。朕为天下生民主，惟有敬谨宝重，仰冀天心默祐，雨旸时若，岁获有秋，俾小民家有盖藏，人歌乐土。朕既为亿万生民计，不敢轻忽天贶。尔等绅衿百姓，独不自为一身一家之计乎？朝夕生养之需，既受上天之赐，若果加意爱惜，随时[1]撙节，则天必[2]频频赐眷，长享盈宁之福。若恣情纵欲，暴殄天物，则必上干天怒，不蒙赐赉，而水旱灾祲之事，皆所不免，其理岂或[3]爽哉！

又闻江西、广西地方，竟有以米谷饲养豚豕者。试思谷食之与肉食，孰重孰轻，孰急孰缓？而乃以上天之所赐，小民终岁勤苦之所获者，为豢养物类之用，岂不干天和，而轻民命乎？朕所惓惓训谕者，惟期天下之人，专务本业，以杜浮靡，爱惜物力，以图久远，共体朕敬迓天庥、勤恤民隐之意。则尔等家室必益至于丰饶，尔等子孙必永绵其福泽。思之！思之！毋忽朕言。着将此晓谕内外官民人等，并通行远乡僻壤，咸使闻知。特谕。

钦定训饬州县规条谕 雍正八年

上谕：牧令为亲民之官，一人之贤否，关系万姓之休戚。故自古以来，慎重其选。而朕之广揽旁求，训勉告诫，冀其奏循良之绩，以惠我蒸黎者，

[1]“时”原讹“意”，据清世宗《清世宗宪皇帝圣训》卷二十五《重农桑》、清世宗《世宗宪皇帝上谕内阁》卷五十四、《清世宗实录》卷五十四雍正五年三月庚寅条记载该诏谕改。

[2]“必”原讹“心”，据清世宗《清世宗宪皇帝圣训》卷二十五《重农桑》、清世宗《世宗宪皇帝上谕内阁》卷五十四、《清世宗实录》卷五十四雍正五年三月庚寅条记载该诏谕改。

[3]“或”原讹“有”，据清世宗《清世宗宪皇帝圣训》卷二十五《重农桑》、清世宗《世宗宪皇帝上谕内阁》卷五十四、《清世宗实录》卷五十四雍正五年三月庚寅条记载该诏谕改。

亦备极苦心矣。惟是地方事务，皆发端于州县，头绪纷繁，情伪百出。而膺斯任者，类皆初登仕籍之人，未练习于平时，而欲措施于一旦，无怪乎徬徨瞻顾，心志茫然。即采访咨询，而告之者未必其尽言无隐，此古人所以有“学制美锦”之叹也。

向以大学士朱轼、左都御史沈近思外任多年，周知地方利弊，雍正二年，曾令二臣商著规则，以为州县之南车。乃书未就绪，而沈近思物故。迩年以来，朱轼复时多病，此事遂至迟延。去年始降旨，委诸总督田文镜、李卫。今二臣各抒所见，缮录诸条以进。朕亲加披览，见其条理详明，言词剀切，民情吏习，罔不兼该，大纲细目，莫不备举，诚新进之津梁、庶官之模范也。在二臣，各就其所阅历者而言，繁简同异之间，不必一致；而慎守官方，勤恤民隐，兴利除害，易俗移风，其大指则一而已矣。爰就本文，付之剞劂，颁赐州县，官各一帙，俾置之几案间，朝夕观览，省察提撕。治效未臻，必思所以勉之；弊端未革，必思所以去之。本之以实心，行之以实力，毋始勤而终怠，毋静言而庸违。如此，则不但国家得司牧之贤，草野有父母之颂，而尔等身膺显擢，叨被荣光，福贻子孙，名标史册，岂不美欤！特谕。

禁止铁锅出洋 雍正九年

上谕：据广东布政使司杨永斌奏称：“铁器一项，所关綦重，不许出境货卖，律有明禁。乃粤东地方铁锅，凡船货买，历来禁止。臣到任后，检查案册，见雍正七、八年造报彝船出口册内，每船所买铁锅，少者自一百连至二三百连不等，多者买至五百连，并有至一千连者。查铁锅一连，大者一个，小者四、五、六个不等。每连约重二十斤不等，百连约重二千余斤。如一船带至五百连，约重一万斤；带至千连，约重二万斤。计算每年出洋之铁，为数甚多，诚有关系。臣请嗣后此项铁锅，应照废铁之例，一体严禁，毋论汉、彝船只，概不许货买出洋。违者，该商船户人等即照捆载废铁之例治罪；官役通同徇纵，亦照徇纵废铁例议处。凡遇洋船出口，仍交于海关监督，一体稽查。至于商船每日煮食之锅，应照旧置用，官役不得借端勒索滋扰。如此则外洋之铁不致日积日多，于防奸杜弊之道似有裨益。至煮食器具，铜锅、砂锅俱属可用，必非尽需铁锅，亦无不便外彝之处，于朝廷柔怀远人之德意原无违碍”等语。

铁斤不许出洋，例有明禁。而广东彝船，每年收买铁锅甚多，则与禁铁出洋之功令不符矣。杨永斌所奏甚是。嗣后稽察禁止，及官员处分、商人船户治罪之处，悉照杨永斌所请行。倘地方官弁视为具文，奉行不力，经朕访闻，或别经发觉，定行从重议处。粤东既行查禁，则他省洋船出口之处，亦当一体遵行。著该部通行晓谕，永著为例。特谕。

高宗纯皇帝

严禁四恶 乾隆元年

上谕：朕闻奸宄不锄，不可以安善良；风俗不正，不可以兴教化。闾阎之大恶有四：一曰盗贼，三代圣王所不待教而诛者也；二曰赌博，干犯功令，贻害父兄，以视《周官》之罢民未丽于法而系诸嘉石、收之圜土[1]者，罪有甚矣；三曰打架，即周公所谓“乱民”，孟子所谓“贼民”也；四曰娼妓。则自周以前，人类中未尝有此四恶者。劫人之财，戕人之命，伤人之肢体，破人之家，败人之德，为善之害，莫大于此。是以我皇考爱民之深，忧民之切，申严究禁，戒饬守土之官，法在必行，日夜捕缉。积岁月之久，然后少响马及老瓜贼，而商旅以宁；赌博及造赌具者，渐次改业，而家室以

[1]“圜土”原讹“国士”，据《清朝文献通考》卷一百九十八《刑考四·刑制》、《清高宗实录》卷十四乾隆元年三月壬寅条等各收录该诏谕改。按，“国士”意为一国中才能最优秀，或最勇敢、有力量之人，“圜土”意为牢狱。

安；聚党打架者敛迹，而城市、乡镇鲜闻[1]斗嚣；娼妓远藏，不敢淹留于客店。此皇考十有三年政教精神所贯注，而海内臣民显见其功效，实享其乐利者也。

朕自嗣位以来，蠲免租赋，豁除赔[2]累，裁革积弊，增广赦条，无非惠保小民，使得从容休息，衣食滋殖[3]。无识诸臣，误谓朕一切宽容，不事稽察，以致大小官吏日即纵弛。民间讹言，诸禁已[4]开，风闻直省四恶，皆微露其端倪。即如天津一带，私盐横行无忌，恐其他类此者相继而起。是守土之官，敢悖世宗宪皇帝之明旨，堕十有三年之成功，而戕贼善良，伤风败俗也。自后州县官有政令废弛，使四恶复行于境内者，该督抚不时访察，即行严参，督抚、司道、郡守有不能董率州县，殚心捕治，或被内外臣工核实列参，或朕访闻得知，必以溺职治罪，与通[5]苞苴、受贿赂等，决不敢贷。尔诸臣慎毋泄泄沓沓，自取殃咎。戒之！戒之！特谕。

恤教职 乾隆元年

上谕：教职乃师儒之官，有督课士子之责，素蒙皇考世宗宪皇帝加恩优待，屡次训勉，且与有司一体赏给封典。朕即位以来，念伊等官秩卑微，恐以冗散自居，不思殚心尽职，特加品级，以鼓励之。查旧例：教职两官，同食一俸，未免不敷养廉。著从乾隆元年春季为始，照各员品级，给与全俸，永著为例。钦此。

---

[1]“闻”原脱，据《清朝文献通考》卷一百九十八《刑考四·刑制》、《清高宗实录》卷十四乾隆元年三月壬寅条等各收录该诏谕补。

[2]“赔”原讹“贻”，据《清朝文献通考》卷一百九十八《刑考四·刑制》、《清高宗实录》卷十四乾隆元年三月壬寅条等各收录该诏谕改。

[3]“殖”原讹“植”，据《清朝文献通考》卷一百九十八《刑考四·刑制》、《清高宗实录》卷十四乾隆元年三月壬寅条等各收录该诏谕改。

[4]“已”原讹“以”，据《清朝文献通考》卷一百九十八《刑考四·刑制》、《清高宗实录》卷十四乾隆元年三月壬寅条等各收录该诏谕改。

[5]“通”原脱，据《清朝文献通考》卷一百九十八《刑考四·刑制》、《清高宗实录》卷十四乾隆元年三月壬寅条等各收录该诏谕补。

禁州县冒充书役 乾隆元年

上谕：朕惟州县为亲民之吏，自宜廉平不扰，懋著循声。乃狱讼、催科之际，官民情意，易致暌隔。百姓潜受苦累，而无由自诉者，则以书役之为害甚[1]剧，州县官不知所以振刷而剔除之也。朕访闻直省州县衙门，经承之外，必有贴写；正役之外，每多白役。聚此数十辈无赖之徒，假托公务，横肆贪饕，其为小民扰累，何可胜言！故有狱讼尚未审结，而耗财于若辈之手，两造已经坐困者矣；额粮尚未收纳，而浮费于催征，中饱于蠹胥，已十去二三矣。其余勾缉命盗，因缘舞弊，遇事生风，株连无辜，贿纵要犯，大率贴写、白役之为害居多。

各直省督抚务宜严饬各该州县，将所有吏役按籍勾考，其有私行充冒者，悉行裁革。设正额书役实不敷用，不妨于贴写、帮役中择其淳谨者酌量存留，亦必严加约束，毋得非时差扰。至于经承正役，务须时刻稽查。倘有坏法扰民之事，立即按律重惩，庶使若辈知所顾忌，不得肆其伎俩。倘或明知故纵，姑息养奸，又或喜其巧于趋承，受其蒙蔽，此则不爱百姓，而爱吏役，即属戕害吾民之甚者也。为民父母，其忍出此乎！且胥吏之为害，不止州县衙门已也。凡征解钱粮，上司书吏辄向州县衙门书吏索取费用，而县吏假借司费纸张名色，派索花户。又如征解漕粮时，粮道衙门书吏需索县吏规礼，因而县吏亦遂勾通本县家人，盘踞仓廒，于正额外多取耗米，稍不遂意，百般留难。远乡小民，以得收为幸，守候为艰，不得不饱其贪壑。又闻院司衙门，凡州县申详事件，每先发各房书吏，拟批送签，书吏从此作奸射利，迟速行驳之间，得以上下其手。盖衙蠹之为扰，自上及下，正不自州县始也。是在为督抚者整肃纪纲，立阖省之表率；而监司、守令各奉厥职，互相纠正，则弊绝风清，民安衽席。朕惠养元元之恩意，得以周浃闾阎矣。特谕。

[1]“甚”原讹“正”，据《清朝文献通考》卷二十四《职役考四》、《清高宗实录》卷二十一乾隆元年六月己卯各收录该诏谕改。

令出借常平谷 乾隆三年

上谕：乾隆元年六月，朕曾降旨：“各省出借仓谷与民者，旧有加息还仓之例。此在春月青黄不接之时，民间循例借领，则应如是办理。若值歉收之年，岂平时贷谷可比？至秋收后，只应照数还仓，不应令其加息。”此乃兼常平、社仓而言也。今闻外省奉行不一，凡借社仓谷石者，照此办理；而借常平仓谷者，遇歉收之年，仍循加息之例。似此则非朕降旨之本意矣。嗣后毋论常平、社仓谷石，若值歉收之岁，贫民借领者，秋收还仓，一概免其加息，俾蔀屋均沾恩泽。将此永著为例。钦此。

恤灾分数 乾隆三年

上谕：各省地方，偶有水旱，朕查蠲免钱粮旧例：被灾十分者，免钱粮十分之三；七、八分者，免十分之二；六分者，免十分之一。雍正年间，我皇考特降谕旨：凡被灾十分者，免钱粮十分之七；九分者，免十分之六；八分者，免十分之四；七分者，免十分之二；六分者，免十分之一。实爱养黎元，轸恤民隐之至意也。朕思田禾被灾五分，则收成仅得其半，输将国课，未免艰难。所当推广皇仁，使被灾较轻地亩亦得均沾恩泽。嗣后著将被灾五分之处，亦准报灾，地方官查勘明确，蠲免钱粮十分之一。永著为令。钦此。

谕免外洋商船米税 乾隆八年

上谕：朕轸念民艰，以米粮为民食根本，是以各关米税概行蠲免，其余货物照例征收。至于外洋商人，有航海运米至内地者，尤当格外加恩，方副朕怀远之至意。上年九月间，暹罗商人运米至闽，朕曾降旨，免征船货税银。闻今岁仍复带米，来闽贸易。似此源源而来，其加恩之处，自当著为常例。自乾隆八年为始，嗣后凡遇外洋货船来闽、粤等省贸易，带米一万石以上者，著免其船货税银十分之五；带米五千石以上者，免其船货税银十分之三，其米听照市价，公平发粜。若民间米多，不需粜买，即著官为收买，以补常、社等仓，或散给沿海各标营兵粮之用，俾外洋商人得沾实惠，不致有粜卖之艰。该部即行文该督抚、将军，并宣谕该国王知之。钦此。

御制正文体 乾隆十年

国家设制科取士，首重者在“四书”文，盖以“六经”精微，尽于“四子书”。设非读书穷理，笃志潜心，而欲握管挥毫，发先圣之义蕴，不大相迳庭耶？我皇考有清真雅正之训。朕题贡院诗云“言孔孟言大是难”，乃古今之通论，非一人之臆说也。近今士子或故为艰深语，或矜为俳俪辞，争长角胜。风檐锁院中，偶有得售，彼此仿效，为夺帜争标良技。不知文风日下，文品日卑，有关国家抡才巨典，非细故也。夫古人论文，以浑金璞玉不雕不琢为比，未有穿凿支离可以传世行远者。至于诗赋，掞藻敷华，虽不免组织渲染，然亦必有真气贯乎其中，乃为佳作。今于“四书”文，采掇辞华，以示淹博，不啻于孔孟立言本意相去万里矣。先正具在，罔识遵从，习俗难化，职此之由。嗣自今其令各省督学诸臣时时训饬，乡、会考官加意区择，凡有乖于先辈大家理法者，摈弃勿录，则诡遇之习可息，士风还淳，朕有厚望焉。特谕。

今上皇帝

五旬万寿恩赐诏 嘉庆十四年

朕缵承洪绪，临御寰区，思以眇躬托于兆民之上，所愿万方臣庶，同臻[1]康乐和亲。是以夙夜寅畏，不敢暇逸，以勤求郅治。今兹春秋方届五旬，秉诚执竞，惟日孜孜，曷敢稍存满假，铺饰鸿休？惟念朕继统膺图，仰

[1]“臻”原讹“蓁”，据《清仁宗实录》卷二百六嘉庆十四年正月辛酉朔条收录该诏谕改。

荷上苍眷命，列圣垂恩，虔巩亶祐，实有度越恒常者。溯自乾隆三十八年，皇考高宗纯皇帝精心付托，即以朕名，默告昊穹。嗣诣盛京，恭谒三陵，复亲率朕躬，面稽列祖。维时虽未明示建储，而大统攸属，冲漠之中，笃承佑相者，已二十余年。至丙辰，大廷授玺，恪奉训政三年，尤为千古未有之隆遇。时值承平日久，稂莠孽牙。适有三省教匪不靖之事，朕日禀睿谟，授师筹笔，知所式循。洎亲政以后，陈律旌庸，遂获剪艾渠魁，荡除群丑。今亿姓乐业，庶事咸熙。更幸四序均调，雨旸时若；三灵协祉，水土平成。朕恭受蕃釐，履盈思惧，属者内外臣工，效祝输忱，一切繁文缛节，概从屏祛。惟允怀古训，天子代天养万民，若以予一人坚执㧑抑，使德不下究，海内希恩幸泽之志，郁而弗宣，朕心歉焉。爰衹循茂典，俯顺舆情，举可嘉惠臣民者，布令推恩，靡有靳惜。前已降旨，特开恩榜，烝我髦士。兹履端肇庆，载颁纶綍，俾中外远迩，咸沾恺渥，溥迓祥和。朕用是以仰答天恩，覃敷考泽，广称仁寿斯民之意。所有应行事宜，开列于后：

一、五岳四渎等祀，应遣官致祭，著察例举行。

一、历代帝王陵寝、先师孔子阙里，应遣官致祭，著察例举行。

一、自王以下，宗室、觉罗十五岁以上者，俱加恩赐。

一、满汉大臣六十以上者，俱加恩赐。

一、内外满汉文武各官，俱加一级。

一、内外大小各官，除各以现在品级已得封赠外，凡升级及改任，著照新衔封赠。

一、国子监贡、监生及各官教习，免坐监期一月。

一、各省儒学，以正贡作恩贡，以次贡作岁贡。

一、满汉孝子顺孙、义夫节妇，该管官细加咨访，确具事实，奏交礼部，核实旌表。

一、八旗满洲、蒙古、汉军兵丁及内扎萨克、喀尔喀等蒙古，年七十、八十、九十以上者，分别赏赉；至百岁者，题明旌表。

一、军民年七十以上者，许一丁侍养，免其杂派差役；八十以上者，给与绢一匹、绵一斤、米一石、肉十斤；九十以上倍之；至百岁者，题明旌表。

一、直省有坍没田地，其虚粮仍相沿追纳者，该地方官查明咨部，奏请豁免。

一、从前各省偏灾地方，所有借给贫民籽种、口粮、牛具等项，查明实系力不能完者，著予豁免。

一、各处养济院所有鳏寡孤独及残疾无告之人，有司留心，以时养赡，毋致失所。

一、各省军、流以下人犯，俱著减等发落。

一、各省监禁人犯，著将上年秋、朝[1]审缓决至三次各犯，仍照节次查办之例，查明所犯情节，分别减等发落。其缓决一二次人犯，内有案情本轻，可与矜原者，亦著该部查明，请旨定夺。

于戏！惟一人受兹多福，用敷锡厥庶民；俾万姓怀于有仁，肆对[2]扬我光命。布告天下，咸使闻知。

谕查明实欠在民，以次降旨豁免 嘉庆二十三年

朕自丙辰元旦，仰蒙皇考高宗纯皇帝大廷授玺，寅绍丕基，兢兢业业，旰食宵衣，以勤求郅治。所愿者四海群黎，家给人足，同臻康乐。敬惟皇考临御六十年，普免天下钱粮四次、漕粮三次，湛恩汪濊，沦浃民心。朕嗣位以来，亦思广施闿惠，大赉寰区。始缘教匪不靖，军兴孔棘，继以黄河泛溢，屡举大工，十余年间，所费帑金，数逾十千万。国家财赋，岁有常经，实有入不敷出之势。是以嘉庆十四年，朕五旬正庆，虽恩纶载锡，而未能普惠闾阎。比年仰荷昊苍垂佑，稂莠荡除，万方宁谧，河流顺轨，久庆安澜，

[1]“朝”原讹“期”，据《清仁宗实录》卷二百六嘉庆十四年正月辛酉朔条收录该诏谕改。按，“朝审”为明清时期由朝廷派员复审死刑案件制度，无“期审”制。

[2]“对”原讹“四”，据《清仁宗实录》卷二百六嘉庆十四年正月辛酉朔条收录该诏谕改。

以正供所入，谨制国用，尚可无虞匮乏。朕子惠元元，深念损上益下之义，俟将来府藏充盈，仍欲覃敷渥泽。明岁嘉庆二十四年，为朕六旬正寿，宜先蠲除积逋，俾小民户免追呼，共享含哺之乐。所有各省节年正耗民欠，及因灾缓征、带征银谷，着各督抚详晰查明，按照该省所属之某州某县，实欠在民银、谷若干，速行开单具奏，以次降旨豁免。并著先将此旨誊黄，宣示城乡村镇，咸使闻知，俾官吏、胥役无从影射侵欺，以期膏泽下究，用副朕惠鲜怀保、仁寿斯民至意。该部即遵谕行。钦此。

皇上六旬万寿恩赐诏 嘉庆二十四年

朕寅承宝命，统御鸿图，惟夙夜不敢康。际春秋之鼎盛，托身元元之上，勤思业业之中，二十四年，盖如一日。洪惟昊穹祐顺，列圣垂庥，席化宇于承平，民用和睦；应昌期而笃祜，身其康强。溯昨锡庆于五旬，越今受釐者十载。朕躬膺懋眷，心切桀忱，诚百尔以咸勤，虑一夫之不获。肆劳秋狝，四方足纪律之师；率作春耕，百里最循良之吏。息牧垧[1]于紫塞，瓯脱长宁；恬汛水于黄流，尾闾直达。俾予从欲以治，敉民胥康以生。往者蘖牙伏于畿南，乃者堀堁嘘由海上。朕深思宥密，益励旰宵，方惧人事之滋愆，乃荷天心之昭鉴。震雷消沴，甘澍洗霾，甄陶太和，箫勺群慝。旸而旸，雨而雨，克臻玉烛之调；云非云，烟非烟，敢谓珍符之至。幸三灵之丕应，偕万汇以咸亨。爽惟民迪吉康，驱斯世跻仁寿。朕怀用惬，其敢自多。今岁十月令辰，为朕六旬庆节，亦既却彼珍贡，屏厥繁文，允念尔万方祝嘏之忱，宜沛朕九宇同仁之惠，先已特开庆榜，兹庸覃锡恩纶。绥万邦，屡丰年，普延祺于有众；大一统，王正月，爰布令于始和。所有应行事宜，开列于后：

一、五岳四渎等祀，应遣官致祭，著察例举行。

一、历代帝王陵寝、先师孔子阙里，应遣官致祭，著察例举行。

[1]“垧”原讹“埛”，据《清仁宗实录》卷三百五十三嘉庆二十四年正月甲午朔条收录该诏谕改。按，无“牧埛”“埛牧”词，“垧牧”意为垧外、牧场，“牧垧”为倒装用法。

一、自王以下，宗室、觉罗十五岁以上者，俱加恩赐。

一、满汉大臣年六十以上者，俱加恩赐。

一、内外满汉文武各官，俱加一级。

一、内外大小各官，除各以现在品级已得封赠外，凡升级及改任，著照新衔封赠。

一、国子监贡、监生及各官学教习，免坐监期一月。

一、各省儒学，以正贡作恩贡，以次贡作岁贡。

一、满汉孝子顺孙、义夫节妇，该管官细加咨访，确具事实，奏交礼部，核实旌表。

一、八旗满洲、蒙古、汉军兵丁及内扎萨克、喀尔喀等蒙古，年七十、八十、九十以上者，分别赏赉；至百岁者，题明旌表。

一、军民年七十以上者，许一丁侍养，免其杂派差役；八十以上者，给与绢一匹、绵一斤、米一石、肉十斤；九十以上者倍之；至百岁者，题明旌表。

一、直省有坍没田地，其虚粮仍相沿追纳者，该地方官查明，咨部奏请豁免。

一、从前各省偏灾地方，所有借给贫民籽种、口粮、牛具等项，查明实系力不能完者，著予豁免。

一、各处养济院所有鳏寡孤独及残疾无告之人，有司留心，以时养赡，毋致失所。

一、各省军、流以下人犯，俱著减等发落。

一、各省监禁人犯，著将上年秋、朝[1]审缓决至三次各犯，仍照节次查办之例，查明所犯情节，分别减等发落；其缓决一、二次人犯，内有案情本轻，可与矜原者，亦著该部查明，请旨定夺。

[1]“朝”原讹“期”，据《清仁宗实录》卷三百五十三嘉庆二十四年正月甲午朔条收录该诏谕改。

于戏！凡厥庶民归有极，协五福于用敷；暨予一人猷同心，乐万年以承叙。布告天下，咸使闻知。

除直省州县积弊 嘉庆二十四年

上谕：据御史盛唐奏请除直省州县积弊四款，所奏俱是。崇俭黜奢，为阜财善俗之先，各州县亲民之官，自当躬为倡率。乃近日[1]膺民社之责者，不以教养为亟，率先华其衣服，美其饮食，且置良田，构大厦，以预为子孙计。考其封殖之由，非侵蚀国帑，即朘削[2]民膏，甚至颠倒讼狱，贿赂公行，取非义之财，以济其侈靡。吏民相忌[3]，上有苛刻之政，下泯爱戴之忱。是治民者适以害民，国家奚赖焉？

著各督抚实力整饬，留心考察，所属中如有恣意骄奢、贪婪不法者，立即严行参办，以儆浇风。至州县衙门，不能不设吏役，以供驱使。而若辈善良者少，舞文弄法，视为惯常。且官有去留，吏无更易，盘踞一方，肆行荼毒。其新任官员不知查察，或转向其咨询利弊，无不堕其术中。各该督抚当严饬所属州县官，先自洁己勤民，严以御下。其有奸胥蠹役，惟执法重惩，毋使小民重受其害。若听断词讼[4]，尤应速审速结，以省拖累。近日地方案件，竟有迟至十余年不结，因循疲玩，莫此为甚。该督抚职司察吏，务遵照定例，设立循环二簿，以实稽考[5]。其积压多者，即官之阘茸可知，指名参劾，毋稍姑息。至征收钱粮，定制本极严密，今乃废格不行，一任州县官私立规条，巧为科敛。若非该上司不加禁约，亦何敢任意浮收？著各督抚遵照定例，严行申禁，务令官守廉朴之风，自民享清宁之福。久之，闾阎之盖藏日富，即里党之风俗还醇，邪说莠民，自可消灭矣。将此通谕知之。钦此。

---

[1]“日”原脱，据《清仁宗实录》卷三百五十嘉庆二十四年四月甲申朔条收录该诏谕补。

[2]“削”原讹“剥”，据《清仁宗实录》卷三百五十嘉庆二十四年四月甲申朔条收录该诏谕改。

[3]“吏民相忌”原讹“吏治相忘”，据《清仁宗实录》卷三百五十嘉庆二十四年四月甲申朔条收录该诏谕改。

[4]“词讼”原倒，据《清仁宗实录》卷三百五十嘉庆二十四年四月甲申朔条收录该诏谕改。

[5]“考”前原衍“查”，据《清仁宗实录》卷三百五十嘉庆二十四年四月甲申朔条收录该诏谕删。

新安县志卷之一

沿革志　县治沿革表、考 附

自昔南交之命，朔南之暨，而交州一域，由来旧矣。秦始皇略取陆梁地，为桂林、象郡、南海。汉定越地，置交州刺史，令持节治苍梧。南海郡领县六，次博罗，邑之地属焉。晋置宝安，唐更东莞，至明而新安之名始著。历代以来，兴废互异，一地之制，沿革不同。国朝康熙年间，亦并而复置。迄今百数十载，规模大定，而政教亦广被矣。志沿革。

县治沿革表

唐虞	南交
三代	扬州之南裔
秦	南海郡番禺地
汉	博罗县
三国	博罗县
晋	东官郡，治宝安
宋	宝安县，属东官郡
齐	宝安县，属东官郡
梁	宝安县。天监中，改东官为东莞，仍领宝安
陈	宝安县，属东莞郡
隋	宝安县，属广州。开皇九年，省东莞郡，以宝安属广州。大业三年，废广州总管府，属南海郡
唐	东莞县。至德二年，改属广州都督府
五代	东莞县，属兴王府
宋	东莞县，属广州都督府
元	东莞县，属广州路
明	新安县。万历元年，以东莞县守御所置，属广州府

国朝因之。康熙六[1]年，省入东莞县。八年，复置。

考附

《尚书·尧典》："申命羲叔，宅南交，曰明都。"

《尚书·禹贡》："声教讫于四海。"疏："扬州，曰淮海惟扬州。则是扬州之境，扺于南海。"

《通历》："定南海为藩服。"周武王十三年。

《汉书》："赵佗改南海为南武。"高祖十一年。"置南海郡。"武帝元鼎六年。《地理志》："南海郡，县六：番禺、博罗、中宿、龙川、四会、揭阳。"

按：邑本番禺地，至汉隶于博罗，皆属南海郡。

《晋书·地理志》："番禺县，属南海郡。成帝分南海，立东官郡。"

按：晋咸和六年，分南海，立东官郡，领县六，首宝安。而《晋书[2]·地理志》载："成帝分南海，立东官郡。"不详何年及所领县，今从《宋书·州郡志》补入。

《宋书·州郡志》："宝安县，属东官郡。"

《隋书·地理志》："宝安县，属南海郡。"

《唐书·地理志》："东莞县，属广州中[3]都督府。至德二年，改宝安为东莞县。"

《宋史·地理志》："东莞县，属广州中[4]都督府。"

《元史·地理志》："东莞县，属广州路。"

《明史·地理志》："新安县，属广州府。洪武廿七年，置东莞守御所。万历元年，改为县。"

---

[1]"六"原讹"五"，据康熙《新安县志》卷五《宫室志·文署》、嘉庆《重修大清一统志》卷四百四十一《广州府·建置沿革》、《清史稿》卷七十二《地理十九·广东》等改。按，雍正《广东通志》卷五《沿革志》记载此事作"康熙五年"。本志当沿袭雍正《广东通志》之误。

[2]"书"原脱，据《晋书》卷十五《地理下》补。

[3]"中"原脱，据《旧唐书》卷四十一《地理四·岭南道》补。

[4]"中"原脱，据《宋史》卷九十《地理六·广南东路》补。

《大清一统志》："康熙六[1]年，省新安，入东莞。康熙八年，复置新安县。新安县属广州府。"

《府志》载："《晋书》：'穆帝永和元年，置永平、新宁、新安三郡。'《地理志》：'哀帝太和中，置新安郡。'今广州属有新安县。《明史》虽无'旧曾为郡'之文，然由南海、东莞、新宁诸县推之，疑即昔之郡改置。《晋书·地理志[2]》内无此郡，惟于志末复著'太和中，置新安郡'一语。《宋书·州郡志》亦无新安。以何地置，领县几何，后于何时废，或省入何郡，或更置何县，抑今之县是否即昔之郡，皆不可考。故今于新安，《表》《考》皆阙而不书"云云。

惟查宝安自晋隶东官郡，自唐改东莞县，自明以东莞守御所置新安县。《东莞志》载："邑在晋为郡治，旧城在石子冈，即城子冈，今新安县治。唐时徙于到涌。"据此，则今之新安县地，即古之东官郡地。《东莞志》纂自元皇庆初，明经五修，其说似为有本。而"新安郡"之说，究无可考，亦存而不论可矣。

[1]"六"原讹"五"，据嘉庆《重修大清一统志》卷四百四十一《广州府·建置沿革》、康熙《新安县志》卷五《宫室志·文署》等改。

[2]"志"原讹"表"，据《晋书》卷十五《地理下·广州》改。

新安县志卷之二

舆地略一 舆图、疆域、分野、气候、风异 附[1]、月令、占候 附[2]、风俗、墟市、都里

县治既定，舆地以分。《周礼·大司徒》：“掌天下土地之图，周知九州之地域[3]、广轮之数。”而职方氏之图，复加详焉。疆界画而分野，上应乎天；封域辨而占候，下因乎地。广东特编为《月令》，海滨自成其风俗。市廛都鄙，以次而列；方产土宜，无乎不备。览一邑之形胜，可以占四境之风尚矣。志舆地。

舆图[4]

[1]“风异附”原脱，据本志本卷正文补。

[2]“占候附”原脱，据本志本卷正文补。

[3]“九州之地域”原脱，据《周礼·地官·大司徒》补。

[4]“舆图”原脱，据本志目录补。

西北至合瀾海面八十里與東莞縣缺口司分界
西至航石海面五十里與香山縣淇澳司分界
西南至三牙牌山一百二十里與香山縣澳門界
里外屬黑水大洋
新安城
南頭六舖
南山
伶仃山
聖山
大奚山
大磨刀
小磨刀
龍鼓洲
三牙牌
龍穴
帆石
合瀾海
福永司
二都
三都
四都
周家村
石家村
陽臺山
文岡山

北至羊凹山八十
東北至己鄉凹山一百五十里與歸善縣碧甲司分界止
東至三管筆海面二百二十里與歸善縣碧甲司分界
東南至沱濘山二百四十里與歸善縣碧甲司分界
南至担竿山海
梧桐山
七都
黄嶺
鹽田
大鵬城
疊福
六都
深圳
官富司
老大鵬
三管筆
雙魚各村
五都
錦田
大帽山
官富山
梅蔚山
洛格洲
急水門
長洲山
沱濘

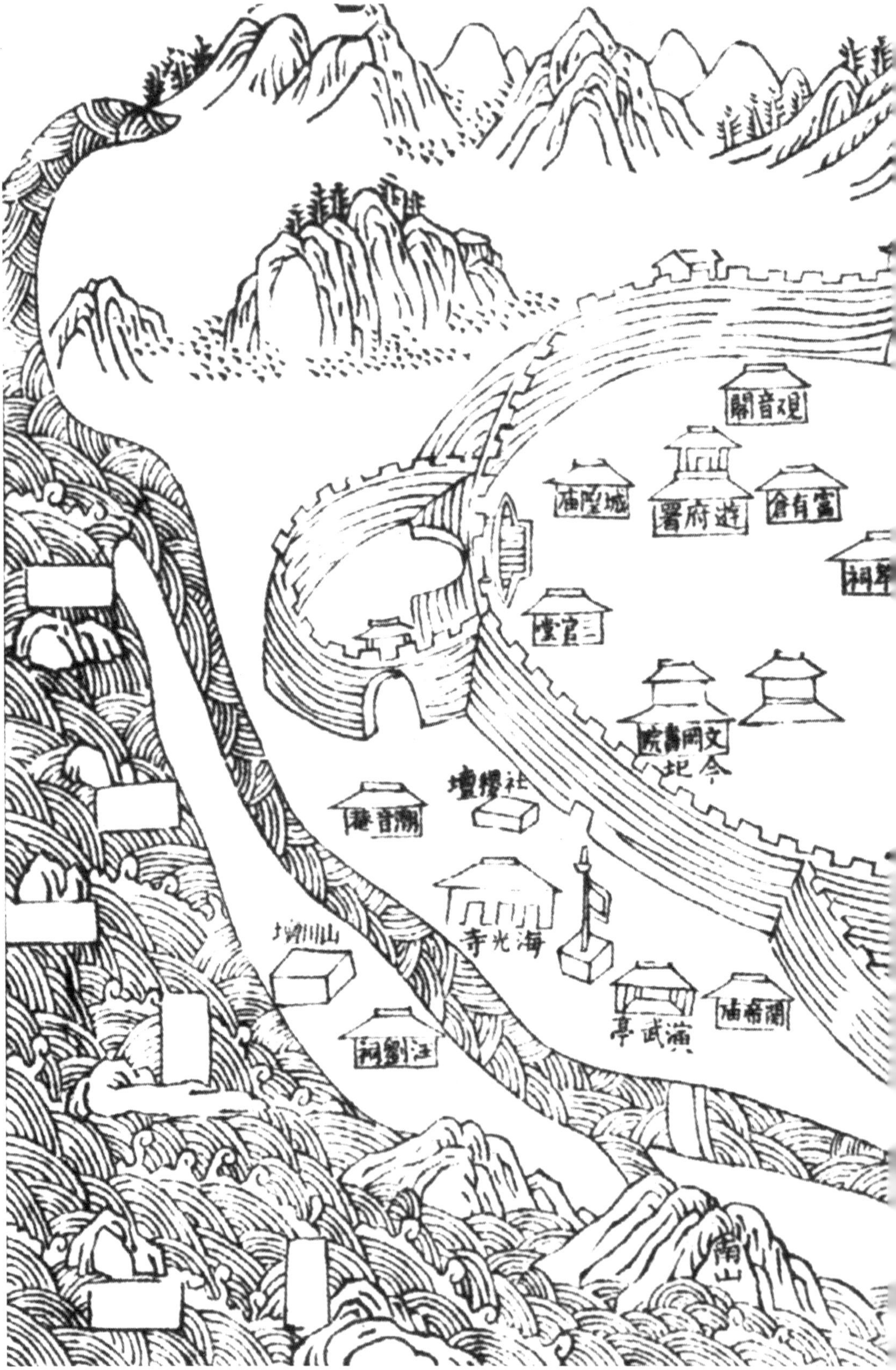
观音閣
城隍廟
游府署
富有倉
三官堂
文岡書院
社稷壇
潮音庵
海光寺
演武亭
關帝廟
汪劉祠
南山

梧桐
水仙廟
文廟
北帝廟
關帝廟
訓導署
教諭署
先農壇
培風塔
觀瀾菴
官富山
南頭鎮
杯渡山

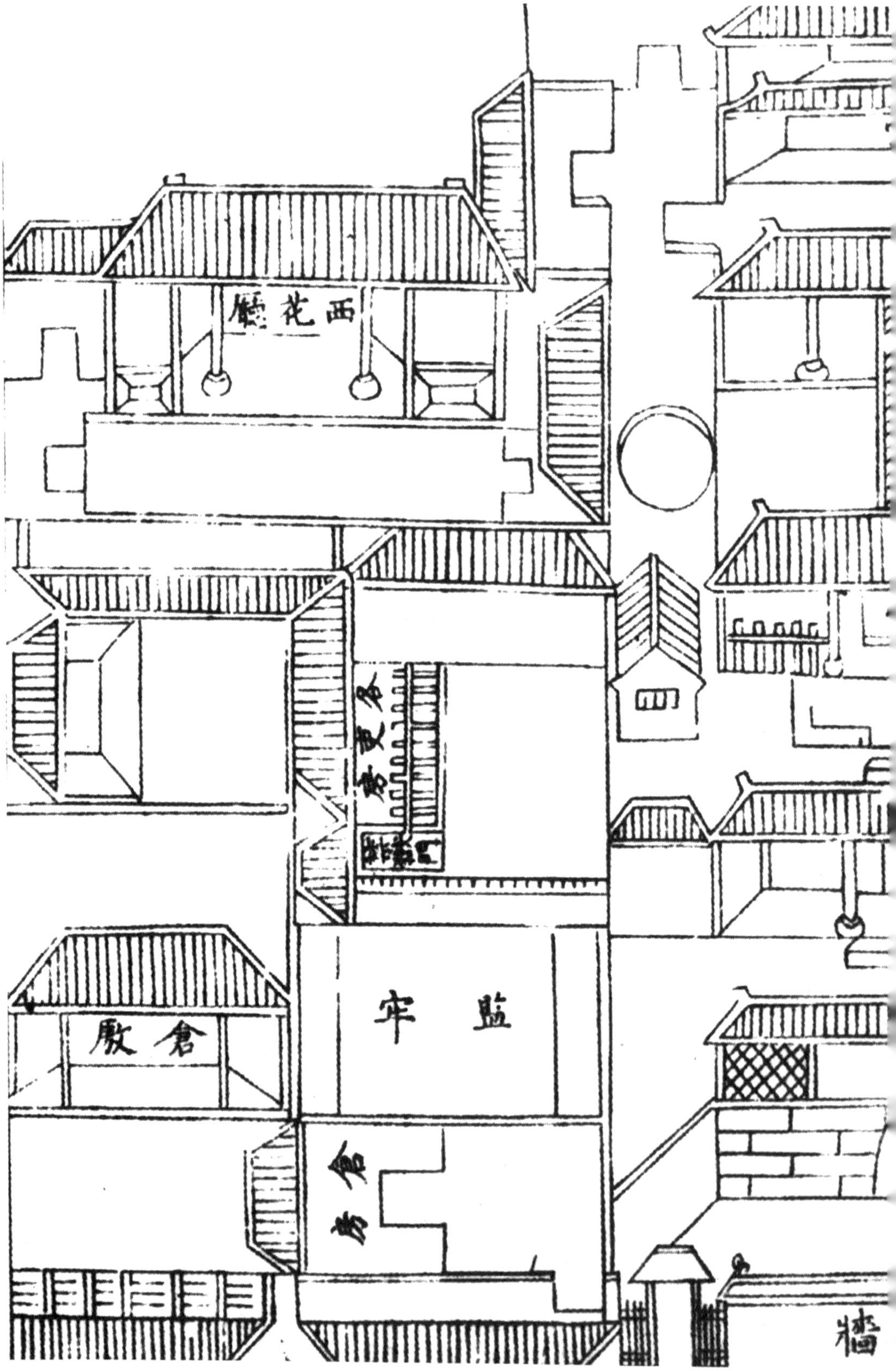
西花廳
各吏房
監牢
倉廒
倉房
牆

後堂
大堂
典史署
土地祠

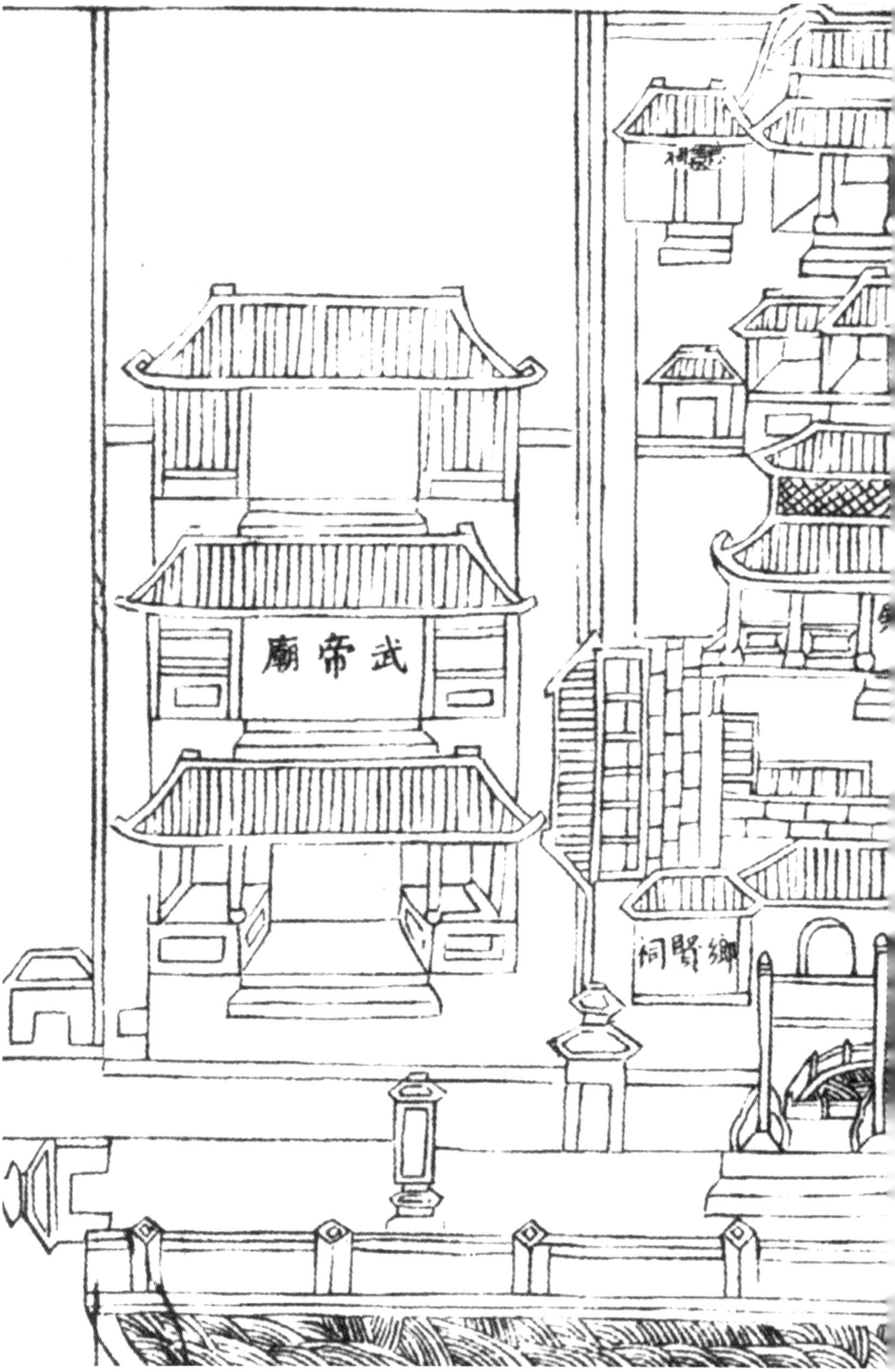
武帝廟
鄉賢祠

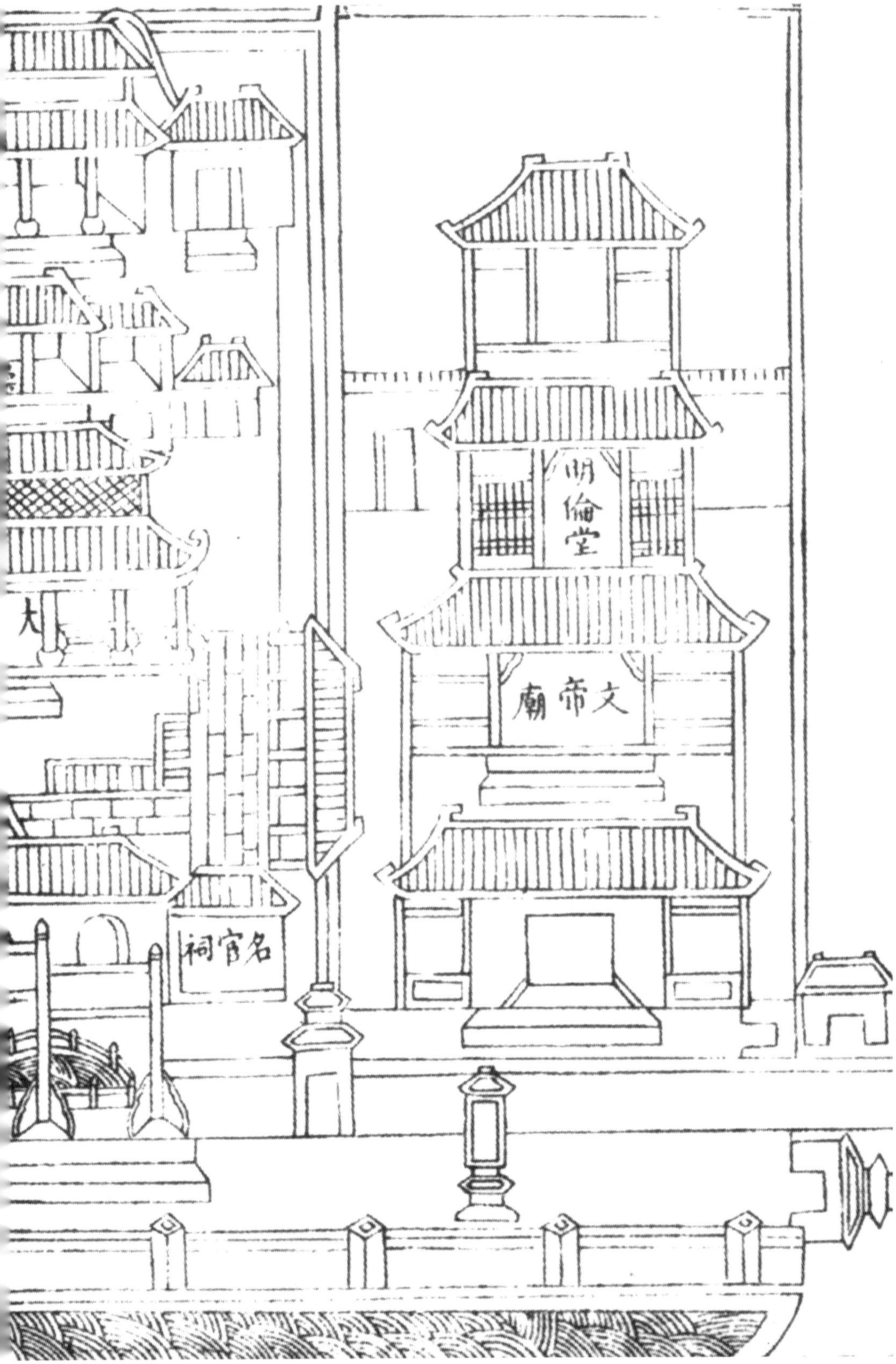
明倫堂
文帝廟
名宦祠
大

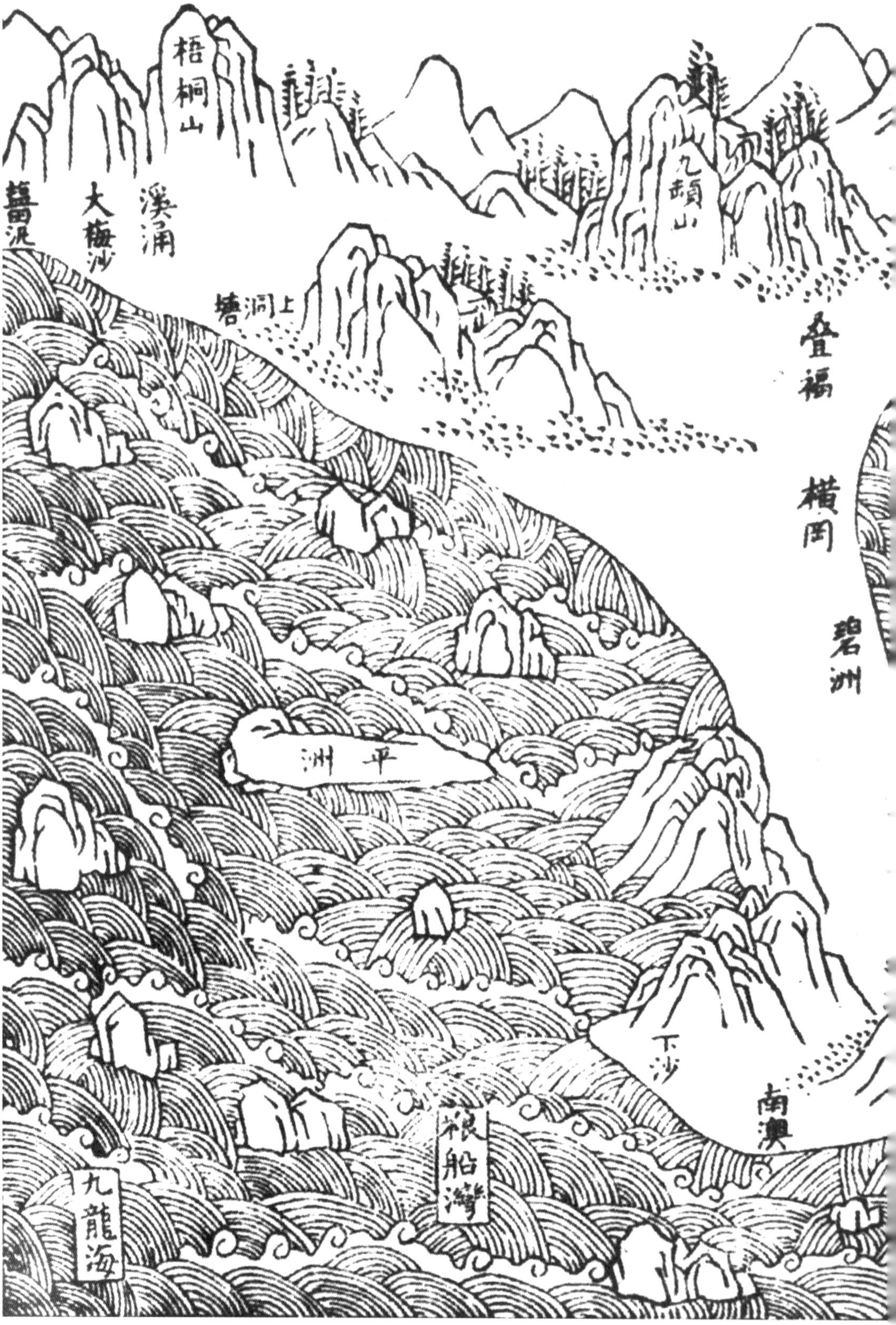
梧桐山
大梅沙
溪涌
九頭山
上洞塘
疊福
橫岡
碧洲
平洲
下沙
南澳
船灣
九龍海

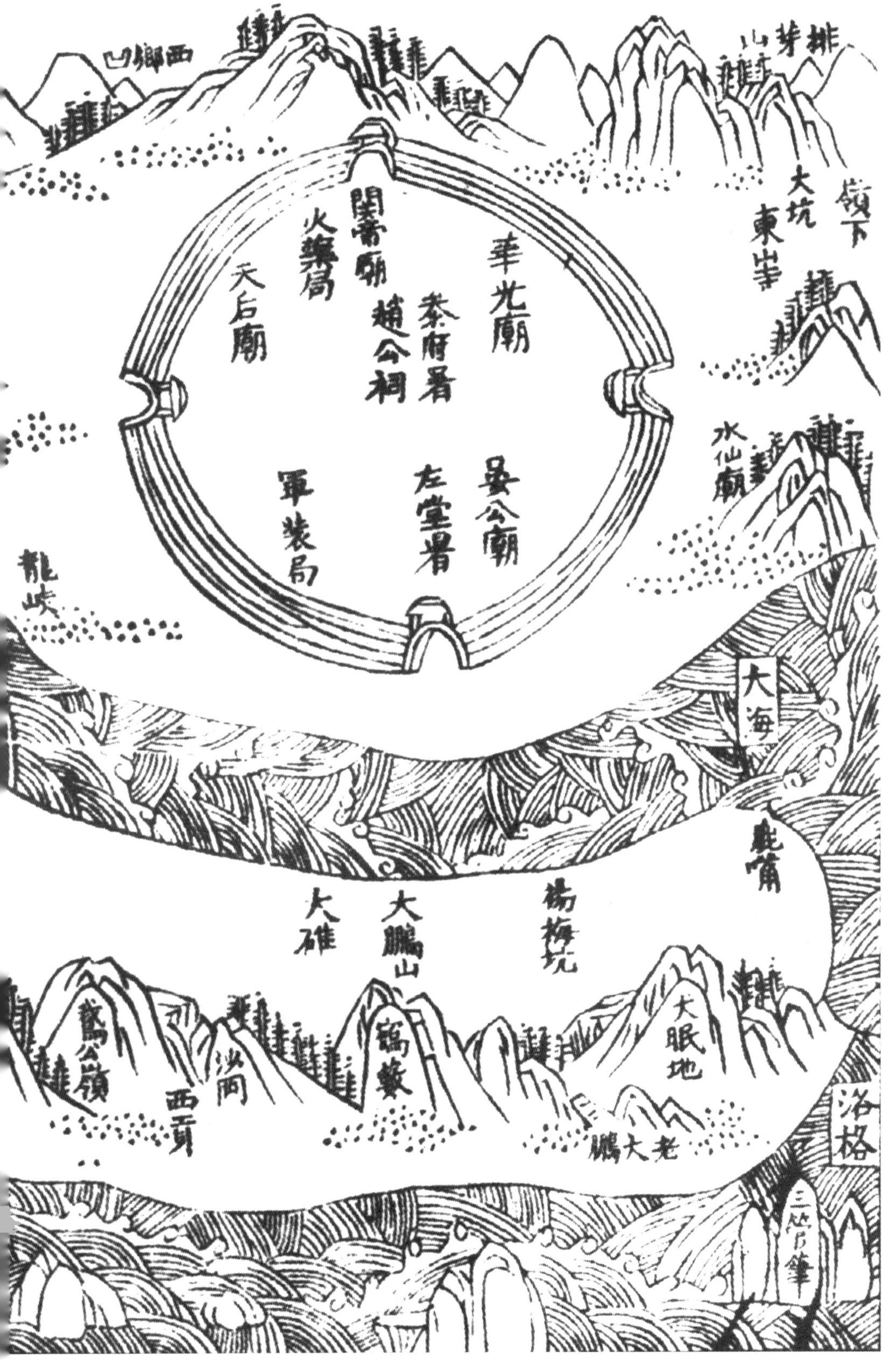
西鄉凹
排牙山
大坑
嶺下
關帝廟
火藥局
天后廟
華光廟
叅府署
趙公祠
晏公廟
左堂署
軍裝局
水仙廟
龍岐
大海
鹿嘴
楊梅坑
大鵬山
大碓
鵞公嶺
沙岡
西貢
鶴藪
大眼地
老大鵬
洛格

碧頭汛
蓮花徑
福永司署
茅洲汛
新安城
陽台山
合瀾海
南頭炮台
南山
帆石
右炮台
杯渡山
屯門汛
左炮台
龍鼓
琵琶洲
內伶仃
大奚山
急水門
雞翼角
外伶仃
外洋
長洲

梧桐山
東山
大鵬城
鹿角
鹽田汛
下沙塘
老大鵬
大埔頭汛
賴氏洲
三管筆
外平洲
燈籠洲
塔門
九龍汛
北佛堂門
小金門
釣魚翁
南佛堂門
大金門
仰船洲
福建頭
蒲台
三水門
赤柱
二門
三門

赤湾勝槩

梧嶺天池

杯渡禅踪

叅山喬木

廬山桃李

玉勒湯湖

鰲洋甘瀑

龍穴樓臺
廪生陳棠繪

疆域

邑地广二百七十里，袤三百八十里。《旧志》谓广九十里，袤一百余里，误。

东至三管笔海面二百二十里，与归善县碧甲司分界。《旧志》谓东抵旱塘凹八十里，误。

西至矾石海面五十里，与香山县淇澳司分界。《旧志》谓西抵香山县界十里，误。

南至担杆山海面三百里，外属黑水大洋，杳无边际。《旧志》谓抵佛堂门，误。

北至羊凹山八十里，与东莞县缺口司分界。《旧志》谓北抵莲花峰六十里，误。且莲花峰偏于西北，亦非正北方。

东北至西乡凹山一百五十里，与归善县碧甲司分界。《旧志》谓东北抵羊凹山九十里，误。

西南至三牙牌山一百二十里，与香山县澳门厅分界。《旧志》谓西南抵香山寨，误。

西北至合澜海面八十里，与东莞县缺口司分界。《旧志》谓西北抵虎头门，误。

东南至沱泞山二百四十里，与归善县碧甲司分界。《旧志》谓东南抵平海守御所，陆路一百五十里，误。

按：新安形势，与他处海疆不同。盖他处地以抵海而止，而新安则海外岛屿甚多，其下皆有村落，固不能不合计海面，而遗居民于幅员之外也。且以四至定县治，不能以县治定四至，故须统计海洋，开方画界。《旧志》但即县治陆地而论，此四至八到，皆不足凭。即以正南言之，《旧志》谓抵佛堂门，而佛堂外如蒲台、长洲、大屿山、担杆山各处居民，竟不得隶于新安版图乎？

《府志》亦谓：新安南抵海四十里。而新安县城外即海，则至海四十里之说亦误。今就现在形势，合计海陆，酌定里数，而海面则以极尽处之山为止。

再县境东长西缩，东南宽而西北狭，县城实偏于西北。《旧志》县境图将县城绘列中宫，亦失方位。兹皆改正，庶几疆域井然，而方隅不致舛错矣。

邑由城至府二百四十里，上至京八千余里。

分野

邑地隶广州，在汉为南越，在春秋为百越，在《禹贡》为扬州之末土。其次星纪，其星牵牛，其辰为丑。皇甫谧《帝王世纪》谓："自斗十一度，至婺女七度，曰星纪之次，于律黄钟。今吴越分野。"《新唐书[1]·天文志》："星纪得云汉下流，百川归焉。故其分野[2]自南河下流，穷南纪之曲。东[3]南负海，为星纪[4]。"《春秋元命苞》曰："牵牛流为扬州，分为越国。"晋、隋、元志皆云："吴越，其辰在丑。"蔡邕《月令章句》："自斗六度，至须女二[5]度，谓之星纪之次。为越分野。"《晋书[6]·天文志》视《世纪》加斗一度。《明史·天文志》："古言天者，皆由斗牛以纪星，故曰星纪。斗三度至女一度，星纪之次也。兹取其所配广东布政司所属之广州，亦牛女分。"

按：昔人以表景揆度，计一度可二千九百三十余里。今县去郡二百四十里，占星其在牛女，无疑矣。

[1]"新唐书"原脱"新""书"，据《新唐书》卷三十一《天文志》补。

[2]"其分野"原脱，据《新唐书》卷三十一《天文志》补。

[3]"东"前原衍"皆属之则"，据《新唐书》卷三十一《天文志》删。

[4]"东南负海，为星纪"原讹"东南负海之国，皆星纪矣"，据《新唐书》卷三十一《天文志》改。

[5]"二"原讹"三"，据《后汉书》志第三《律历下》、（宋）潜说友《咸淳临安志》卷十八《疆域三》、雍正《广东通志》卷二《星野志》等各引《月令章句》改。

[6]"书"原脱，据《晋书》卷十一《天文上》补。

气候

粤为炎服，多燠而少寒，三冬无雪，四时似夏，一雨成秋。其舒早，其肃迟。邑介归、莞之间，西南滨海，厥土涂泥，水气上蒸，春夏淫霖，庭户流泉，衣生白醭。即秋冬之间，时多南风，而础润地湿，人腠理疏而多汗。谚曰："急脱急着，强于服药。"此气候之大较也。

风异 附

六、七、八月，有飓风。其作也，断虹先兆，云凝不行，雷隐不动，海气沸腾，矶石响，水禽遁，狂飚乍起乍息，常有过夜北风。其成也，毁屋杀稼，拔木沉舟。其息也，必转东荡西而南，然后停止，谓之回南。若不回南，则间日复发。谚曰："飓母不回南，再来不待三。"其暴者不久，或数时，或一日夜；其柔者愈久，或二三夜而后息。

凡岁一鬼打节，有一飓；三鬼打节，有三飓。鬼，鬼宿也；打节者，或立春、立夏等节，逢鬼宿也。又有石尤风，作与飓风同。但飓风起止，俗谓"对时石尤"，则略异也。他如海气腥，亦暴风之兆。云脚疏直，谓之"风路"，舟人即徙舟避之。

至东南北骤作，谓之"北暴"，谓之"咸头"，又谓之"泥浪"，此则较飓风少逊，又不必回南而后息。俗人占风，有以时占者，谚云："朝发三，晚发七，昼发不过日。"有以潮占者，谚云："潮生则风起，潮退则风止。"此即泥浪之风。又云："近海多风。"

月令[1]

《广东[2]通志》广东月令：

正月，桃、李花盛，柔桑可采，二麦黄，老圃种姜剪韭，田功既兴。

[1]"月令"原脱，据本志本卷目录及正文补。

[2]"广东"原脱，据雍正《广东通志》卷五十一《风俗志·月令》补。

二月，雷发声，虹霓见，鱼苗生，蚬降于雾，木棉、橘、柚华。是月也，农功毕作。

三月，温风至，梅子熟，槟榔苞坼，催耕鸣，田蛙鼓吹。

四月，榴火明，榕成荫，紫菱照水，树兰缀珠，白雨以时至。

五月，朱荔熟，椰含浆，蝉大噪，钩割鸣年，早谷[1]登场。

六月，白雨足，西潦至，飓母乘潮，芭蕉垂[2]，荔奴[3]早熟。是月也，新谷既登，亟播晚种。

七月，秧针碧，蓊田浮，蝴蝶营茧。是月也，暑始[4]酷，烁石流金。

八月，木芙蓉花，梨、栗熟，芋可剥，秥始获，河豚乘潮至。

九月，木樨瘴发，红薯登，白榄落，嘉鱼出于峡，大秥始获，菊有黄华。

十月，岭梅开，八蚕功毕，橘、柚垂实，潮田尽登。是月也，霜始下，气乃寒。

十一月，桃始华，冬笋出，枫渐丹，鹧鸪蔽叶，山花时茂，畬田布种。是月也，农敛谷屯困，涸塘以渔。

十二月，水仙来宾，梅乃大放，风兰贺春，青阳渐畅，草木萌动。

占候 附

正月。元旦晴，有雨。谚云："干冬湿年，禾谷满田。"又谓："正月初六日晴，人民安；十六晴，有营生。二十六日晴，有蔬果。"又谓："立春晴一日，农夫耕田不用力。立春前一日有雨，则一春皆雨。"

二月。俗以春分社占丰歉。谚云："分在社前，斗米斗钱。"言谷贵也。

---

[1]"谷"原讹"禾"，据雍正《广东通志》卷五十一《风俗志·月令》改。

[2]"芭蕉垂"原脱，据雍正《广东通志》卷五十一《风俗志·月令》补。

[3]"奴"原讹"枝"，据雍正《广东通志》卷五十一《风俗志·月令》改。按，"荔奴"即荔枝奴，为龙眼别名，非荔枝。

[4]"始"原讹"益"，据雍正《广东通志》卷五十一《风俗志·月令》改。

“春分社后，斗米斗豆。”言谷贱也。又曰：“雨打惊蛰节，二月雨不歇。三月干耙田，四月禾生节。”言无水插秧也。

三月。俗谓：“清明晴，则诸物丰，蚕少。”谚云：“清明须用晴，谷雨须用雨。”

四月。谚云：“小满池塘满，不满天大旱。”

五月。夏至雨，云“洗仓水”，米贵。又以二十为“分龙日”，二十五日为“回龙日”，不雨则歉。曰：“分龙不下回龙下，回龙不下干哑哑。”又以二十六日雨为“分龙水”。是月，晴天片云，雨顷刻至者，曰“白撞雨”。谚云：“早禾望白撞，翻稿望偷淋。”“偷淋”者，夜雨也。

六月。喜初六晴，禾无虫，早稻有收。十二日多风，俗呼“彭祖忌”，无风则雨。

七月。立秋小雨吉，大雨伤禾。谚云：“天下若逢处暑雨，纵然结实也难收。”

八月。初一日风雨，谷贵，人民灾。虹见，谷贵。中秋月明，产妇安宁。

九月。谚云：“霜降值金，一晴一阴。”又云：“重阳有雨重重有，重阳无雨一冬晴。”又云：“寒露风，颖不实；霜降雨，米多碎。”

十月。朔晴，一冬暖。风雨主旱，麻子贵。俗以初一日有雾，则明年正月雨；有大风，则明年米贵；初二日有雾，明年二月雨；三、四、五、六、七、八、九、十等日皆然。此日无雾，则明年此月无雨云。

十一月。冬至晴，百物成。

十二月。小寒晴，早禾熟；大寒晴，晚禾熟；雨暗则歉云。

风俗

自永嘉之际，中州人士避地岭表，兹邑礼义之渐，所由来矣。其朴拙成风，巧饰不习，虽未尽出于正，不可谓非忠厚之遗也。

士励学术而谨仕进，其弹冠膺职者，代有贤声焉。

民多重农桑，而后商贾。农人种田，一年两收。器用取浑坚，不事淫巧。

房屋多土墙，但蔽风雨。今尚黝垩，砌以砖石。

嫁娶重门地，至贫不与贱者为婚。

邑中旧族，祠有祭田，岁或一祭、二祭。有赡学以给子孙之为诸生者，有卷资以给童试者，有路费以赠公车者。岁饥则散钱谷以周贫乏，惟子孙犯规，及为公役者，不得入祠，犹为近古。

婚姻必以槟榔、蒌叶、茶、果之属，曰“过礼”，不亲迎，昏夕即庙见。

嫁女不以妆奁相夸耀，犹尚糖梅。亲友造新婚家索饮，曰“打糖梅”。其家速客，曰“梅酌”。

俗尚巫信鬼。凡有病，或使妪持衣燎火而招于门，或延道家逐鬼，角声呜呜然，至宵达旦。谚云：“禾黄鬼出，鬼犹求食。”其气焰以取之也。

称寿必自六十一始，重一不重十，即魏叔子“大易贞元”之义也。

立春前期一日，有司以土牛、芒神，迎于南山下，次早鞭春。民间以是日有事于祖祠。元宵张灯作乐，凡先年生男者，以是晚“庆灯”。正月望后四日，俗谓“天穿日”，土人作馎饦，以针线缝其上，祷于天，谓之“补天穿”。七月十四日及冬至日祀祖，必以宰鸭为敬。重阳扫墓，与清明同。余节，大略与荆楚岁时无异。

邑地滨海，民多以业渔为生，其务农者，亦能勤力作。惟地连东、归二邑，流土杂居，或田远不得耕，辄为佃所据，至有贱售其业者。抑强扶弱，恃在有司。谨记之，以备观览焉。

墟市

城内四牌楼市、南头旧市、南头中市、南头新市、西乡大庙前市、茅洲新市、茅洲旧市、和平墟、白灰洛、今废。周家村墟、今废。蛋家萌墟、今废。沙井墟、新增。云林墟、昇平墟、新增。望牛墩墟、清平墟、在新桥村侧，新增。新墟、在沙井村内，新增。白龙冈墟、新增。黄松冈墟、桥头墟、新增。碧头墟、福永墟、下步墟、今废。月冈屯墟、圆朗墟、即《旧志》"大桥墩墟"。深圳墟、石湖墟、《旧志》"天冈"，今移石湖。大步墟、清湖墟、平湖墟、永丰墟、塘头下新墟、葵涌墟、盐田墟、清溪墟、塘勒墟、今入东莞。王母墟、新增。长洲墟、新增。碧洲墟、新增。大鹏城西门街市、新增。乌石岩墟、新增。

都里

典史管属村庄

南头镇沙、新街、寺街、子街、石桥头、第一甲、崇镇里、福源村、福庆村、田下村、关口、涌下、大石鼓、墩头村、向南村、兰围村、仓前村、北头村、南山村、西乡、隔岸村、上川村、大涌村、白石村、莘塘村、留仙洞、庵前村、平山村、新围村、珠冈头、塘蓢村、上面冈、北灶村、臣田村、铁冈村、庄边村、福洞村、西沥村、流塘村、鳌湾村、猪凹村、龙井村、关家围、文冈村、下黄里、三石下、龙冈村、东栅村、后海村、高地村、湾下村、溪西村、龟庙村、后滘村、兴隆村、黄里西头、南桂村、新兴村、黄里东头、油榨村、周田莆、维新村、茶冈村、伶仃村、福来村、蔗园村、莆心村。

典史管属客籍村庄 附

白芒村、谢山头、长岭皮、三坑、黄里西头、井坑埔。

县丞管属村庄

大鹏城内、大鹏城外、水贝村、田心围、大坑村、松山下、东村、半天云、西贡围、南社围、沙冈围、凤岗里、横冈围、大岭下、新屋仔、碧洲围、鹤薮村、坪山仔、犬眠地上、犬眠地下、古楼岭、水头村、盐田村、埔锦村、埔尾村、吉龙里、王母墟、鸭母脚、王母峒、高圳头、大梅沙、小梅沙、溪涌村、上洞、下洞、平洲村、沙鱼涌、关湖村、葵涌村、下村仔、东门村、牛唇岭、乌涌村、西山村、岭下岭、石桥头、新桥村、南坑埔、鹤寮村、柯屋围、苔涌村、芽山村、鹅公村、南澳村、高铁村、枫木潦、水头沙、油草棚、东山下、鹿嘴村。

县丞管属客籍村庄 附

黄旗塘、王母洞围、高岭、大石村、岐沙、王母洞墟、横坑、石角头、王姓、戴姓、李达春、曾姓、梁姓、张姓、辛姓、陈姓、长山下、大碓、龙岐村、犬眠地、杨梅坑、下沙、叠福、水头、新屋仔、葵涌墟、土洋、白水塘、第三溪、迳心、大岚坑、枫树头、屯围子、黄榄坑、白石冈、张屋村、高圳头、洞背、盐寮下、新屋仔、凹头、横头村、新围、深水田。

官富司管属村庄

锦田村、屏山村、屏山香元围、屏山厦尾村、厦川村、长冈村、新隆村、新围村、锡降围、锡降村、东头村、屯门村、西山村、辋川村、高莆围、英龙围、石冈围、石湖塘、圆冈村、上村村、合山围、东安围、壆头围、沙莆围、竹园围、元荫李屋、元荫南边围、元荫西边围、元荫东皋村、元荫福田村、元荫青砖围、福安村、山背村、水边围、水边村、马田村、榄口村、田寮村、木桥头、深涌村、白沙村、田心围、大塘村、山下村、港头村、大桥村、石步李屋村、石步林屋村、东新村、张屋村、大井村、横洲村、蚺蛇郁、沙冈村、鳌冚村、隔田村、广田村、鸡柏岭、新丰围、子屯围村、莆塘下、小坑村、中心巷、袁家围、石榴坑、梅窝村、牛凹村、石壁村、沙螺湾、塘福村、石头莆、石甲门、二澳村、水口村、平洲湾、由古荫、青龙头、龙跃头、河上乡、金钱村、燕冈村、丙冈围、孔岭村、上水村、莆上村、岭下村、隔田村、永安村、桥边莆、粉壁岭、松柏荫、古洞村、大岭下、石湖墟、洲头村、新田村、张屋村、唐公岭、长沥村、官涌村、米步村、军地村、黎峒村、丹竹坑、泰亨村、大步头、文屋村、大步墟、大窝陈屋、大窝黄屋、南坑村、丰园村、塘坑村、湴涌村、围头村、钟屋村、塘面村、新屋村、隆兴村、乌溪沙、樟木头、西澳村、田寮村、井头、大洞村、官坑村、上下輋、西迳村、榕树澳、马牯缆、沙角尾、黄竹洋、北港村、蠔涌村、滘塘村、大浪村、北潭村、赤迳村、樟上村、马鞍山、菱香迳、大湾村、仰窝村、积存围、田心村、迳口村、隔田村、小沥源、九龙寨、衙前村、蒲冈村、牛眠村、牛池湾、古瑾村、九龙仔、长沙湾、尖沙头、芒角村、土瓜湾、深水莆、二黄店村、黄泥涌、香港村、薄寮村、薄凫林、扫管莆、赤磡村、向西村、湖贝村、水贝村、黄贝岭、上步村、罗湖村、南塘村、向南村、湖南村、西湖村、东乡村、洲边村、福兴围、叶屋村、曹屋围、清庆村、田心村、隔塘村、田贝村、壆下墩、向东村、锦兴村、赤尾村、陈屋围、笔架山、庆田村、涧头围、凤凰湖、周田村、李屋村、平源村、大莆田、山鸡郁、塘坊村、土狗莆、罗坊村、松园下、凹下村、横冈下、木湖围、赤水洞、大迳村、牛角山、马公塘、南岸村、莇贝村、新屋边、泥冈村、笋冈村、大莆村、莆心村、田尾村、草塘围、新屋岭、彭坑村、月冈屯、上梅林、下梅林、新石下、旧石下、龙塘村、沙嘴村、东涌村、椰树下、梅林迳下、沙尾村、东坑村、西涌村、东山村、莆海村、西河村、沙头东头村、新灶村、蛟洲村、福田村、田面村、冈下村、谷田村、下新村、汉塘村、横冈村、隔涌村、岭贝村、三角村、吉田村、白石龙、乌石下、上新村、和宁墟、培风墟、田心围、泰源里、大平村、缘芬村、竹村村、清湖村、龚村村、上芬新村、平湖围、松源头村、乔头围、黄沙坑、石马旧围、述昌围、岐岭村、长表村、白泥坑、新围仔、竹山下、诸佛岭、刘家围、西莆围、塘头下新墟、双安村、黄客埠、隔水村、余庆围、振兴围、莆心湖、甲溪村、苦草洞、清湖墟、良安田、白沙澳、横塘村、炤迳村、谢坑村、珠园莆、下步村、盐田田寮下、廓下、缘分村、大坌村、大辋仔。

官富司管属客籍村庄 附

莆隔、草莆仔、大辋仔、樟树莆、大望、李萌、莲麻坑、柑坑、木古、大芬、新田子、泥围子、丹竹头、南岭了、木棉湾、松园头、水迳窝、梅子园、洞尾山、企墈头、上下坪、茅坪、梅林、泥冈、大坑塘、九龙塘、香园、莲塘、莆心、禾迳山、凤凰湖、禾坑、罗坊、平洋、万屋边、凹下、麻雀岭、乌石、盐灶下、南涌围、七木桥、鹿颈、平洋村、乌蛟田、茅田子、乌鑃涌、马尿、荔枝窝、谷埠、风坑、迳下、大林围、朝阳园、榕树凹、锁脑盘、新村、担水坑、沙井头、山嘴、迳口、鼓楼塘、凹头、黄茅田、暗迳、庵上、金竹村、大輋尾、园墩头、凹背子、龙眼园、屯围、红岗、鸭矢墩、蓝山、小莆、沙冈墟、碗窑、沙螺洞、围下、黄寓合、坪山子、丹竹坑、鹤薮、莆心排、黄鱼滩、下坑、洞子、珩溪浦、社山、下窝、莲迳、平萌、柏鳌石、梧桐寨、寨凼、大芒輋、大庵、蕉迳、莲塘、坑头、牛牯角、上下輋、横台山、马鞍冈、长莆、小莆村、沙井头、大榄、扫管郁埇、水蕉、大窝、上下塘、响石、城门、穿龙、浅湾、长沙湾、葵涌子、青衣、田富子、莲塘尾、油甘头、花山、帐顶角、樟树滩、九肚、花香炉、孟公屋、井栏树、沙角尾、上洋、槟榔湾、芋合湾、烂泥湾、大湾、荔枝庄、马油塘、沙田、大脑、中心村、黄竹山、大水坑、石湖墟、小梅沙、雪竹迳、李公迳、坑下莆、莆上村、莆上围、黄沙坑、塘迳、清溪墟、大埔围、铁场、莆草洞、羊头围、画眉凹、缘分、翟屋边、芋荷塘、松园下、福田村、西湖、冈头子、羊公塘、羊尾、马鞍堂、象角塘、泮田子、樟坑子、滑石子、冈陶下、大冚子、赤岭头、早禾坑、卢盛塘、牛地埔、深水埔、稈薮萌、白石嘴、羊头岭、姜头、萌口、石凹、蕨岭、西坑、大蠔、横萌、白芒、东涌岭皮围、赖屋山、吉澳、杯凹、甲飒洲。

福永司管属村庄

水贝村、合水口、马山头、田寮下、福德庄、荣昌围、上山门、下山门、沙莆村、溪头村、碧头村、碧头新村、江边村、江边新村、德威围、蓢下村、石冈村、豪涌村、雾冈村、茅洲山、潭头村、上头田、西山村、上莆尾、绅川村、莆尾村、山尾村、大井头、山尾新村、静安围、楼冈村、黄松冈、坑尾村、南畔村、湾尾村、桥头村、塘下涌、瓦窑头、田心围、燕村、罗田村、古蹊围、聚福围、禾屋围、李松蓢、永安围、西田村、上辇村、赤坎村、香园村、楼村田尾、下辇村、乌木杢、象岭村、东坑莆、新村、唐家村、九江围、庆南围、新庆村、甲子堂、鸭仔塘、大围、龙湾村、白沙莆、兴隆村、田心村、三祝堂、周家村、盘石围、将军围、塘尾围、福安围、大墩围、镇南围、永南庄、禾仓岭、罗群围、山头面、文屋围、周屋围、禾曲岭、根竹围、新桥村、上寮村、南洞村、黄莆村、龙头村、仁居围、永安围、白沙村、玉勒村、长圳村、水尾围、黄家庄、蓢心村、大囥村、塘下村、东山村、壆下村、洪田村、旧产冈、新产冈、镇龙村、新村、松柏山、苫田村、薯田村、大桥村、田寮村、大田村、壆头冈、沙井村、衙边村、南畔村、沙园村、后亭村、马鞍山、菱塘村、大王山、白冈村、黄竹村、造下村、湾头村、岭下村、白石村、山边村、固戍村、邓家蓢、怀德村、大步涌、沙头村、黄田村、隔田村、桥头村、冈头村、冈莆村、西联村、墩头村、涌口村、鱼涌村、公爵薮、白沙苒、巷尾村、李屋村、嘴头村、更鼓岭、岳壶村、仓边村、福永村、下莆村、东坑村、柳屋、龙溪村。

福永司管属客籍村庄 附

官田、麻莆村、塘头围、迳贝村、渭江村、泥冈、白坑、屋场排、罗租村、白芒村、黄金洞、黄家庄、黄田村、横村围、塘坑围、石隆、水坑围、丫坑围、亚婆髻、龙门村、黄麻莆、芳竹塘、蔗园莆、长坑围、草尾蓢、青山下、应人石、麻㽘围、龙冈仔、龙塘围、案山村。

按:《旧志》：邑之为乡三，为都七，为图五十有七，为村将及五百。考之各都，多有舛错。而前后无殊者，不过十之六七。至七都长山头、石潭、莆林村、莲湖一带，数十余村，仍入东莞；拈墩、角子头、鉴巷围、羊凹村等十余处，久废无存。新旧异名，亦难详辨。现查本籍村庄五百七十有奇，客籍村庄二百七十有奇，分隶于县丞、典史、两巡检属下，特一一开载，而客籍亦附后，庶都鄙井然，无难按籍而稽矣。

新安县志卷之三

舆地略二　物产

物产

谷类

《吕氏春秋》云："饭之美者，南海之秬。"[1]杨孚《南裔异物志》："交趾农者，一岁再种，冬又再熟。"

邑中宜稻，名类最多。曰早禾仔，曰海丰早，曰黄壳仔，曰红头早，曰大桂早，此头造之早禾也；曰甲子周，曰饭罗黏，曰不知春，此头造之迟禾也；曰莆菱，曰赤壳仔，曰鹧鸪来，曰白壳赤，此头造之赤米谷也；曰红糯，曰响糯，此头造之糯谷也；曰竹黏，曰冈黏，此末造之早禾也；曰白谷，曰矮苗，曰圆黏，曰乌笃黏，此末造之迟禾也；曰竹黏糯，曰羊角钮，曰乌臀糯，曰白糯，此又末造糯谷之种类也；若咸敏为咸田之谷，香杭为美谷之名，稻之大概可知矣。

稷之类有三，皆名为粟，曰鸭脚粟，曰狗尾粟，曰大粟。

麦之类三，曰大麦，曰小麦，曰荞麦。

菽之类，厥名为豆，五色皆具，曰青豆，曰黄豆，曰白豆，曰乌豆，曰赤豆，又有绿豆、眉豆、三收豆。合黍、稷、稻、麦，而总名之曰谷。此五谷之大凡也。

芋，以黄芋为最，有青芋、银芋，其茎俱甘滑可食。

---

[1] 按，《吕氏春秋》原文为："饭之美者，玄山之禾，不周之粟，阳山之穄，南海之秬。"

邑之薯类不一，有甘薯、山薯、番薯、葛薯、毛薯、红薯、白薯、大薯之别。惟番薯，土人间以之代饭，颇有补益，以其得土性厚也。

芝麻，一名胡麻，亦曰巨胜，有黄、白、黑三种。其黑者益肾，最宜人。

菜

菜之产不一。春则芥蓝、莙荙、生菜、青蒜、菠菱、蔗荽，而蒲稍后；夏则苋菜、豆角、蕹菜、凉瓜、黄瓜、节瓜；秋、冬则白菜、芥菜、萝卜、冬瓜、生姜。至葱、韭，四时皆有焉。

昆布生海中，叶如掌，大似莼苇，绿色，土人以淡水漂之，则色白如雪，可疗痰疬，一名大叶苔。

海藻，俗名马尾茜，人多采之，以油、醋拌食。

胶菜，一名鹿角菜，其色紫，生海涯石上，可为裱糊之用，工匠多珍之。

紫菜，生海涯石上，为食品所珍，故销售甚广。

茶

茶，产邑中者甚夥，其出于杯渡山绝壁上者，有类蒙山茶，烹之，作幽兰、茉莉气。缘山势高，得雾露以滋润之，故味益甘芳，但不易得耳。若凤凰山之凤凰茶、担杆山之担杆茶，消食退热，以及竹仔林之清明茶，亦邑中之最著者也。

果

荔枝，树高丈余，或三四丈。绿叶蓬蓬，青花朱实，实大如卵，肉白如肪，甘而多汁，乃果之最珍者。故苏玉局诗云：“日啖[1]荔枝三百颗，不妨长作岭南人。”其种不一，曰大荔，曰黑叶，曰小华山，曰状元红，俱于仲夏成熟。

龙眼，一名龙目，实青黄，形圆如弹，核似木梡子而不坚，肉白而多浆，其甘如蜜，丛生作穗，如葡萄然。荔枝过则龙眼熟，故又名荔枝奴，言常从其后也。

沙梨，叶如柿叶而大，二、三月开花，六、七月子熟，其大如瓶，其小如杯。肉白无渣滓，其甘如蜜，可疗热症。有青梨、黄梨、蜜梨三种，产乌石岩者佳。

橘，为树白花赤实，皮既馨香，又有佳味。

柚，橘属，其心有大、小、红、白数种。

橙子，亦柑橘之类，甘香沁齿，皮性辛温，可醒酒。

五敛子，其色青黄，皮肉脆软，味极酸。身有五棱，邑人呼棱为敛，故以为名。能解蛊毒，以蜜渍之，甘酸而美。《虞衡志》：“五棱子即五敛子，又名羊桃，亦名三敛。”

甘蕉，叶长数尺，花色如芙蓉。一名芭蕉，其子熟时，大小排比，其形如梳。唐庚[2]诗云：“西邻蕉向熟，时致[3]一梳黄。”生割之，置数日乃熟。

宜母果，似橘而酸。妇人怀孕不安，食之辄无恙，故有宜母之名，又名宜濛，俗呼林檬，制以为浆，甘酸解暑。

---

[1]“日啖”原讹“但得”，据（宋）苏轼《苏文忠公全集·东坡后集》卷五《食荔支二首》、（宋）苏轼《苏文忠公全集·东坡续集》卷二《惠州一绝》改。按，据《宋史》本传，苏轼曾官“提举玉局观”，人称“苏玉局”。

[2]“唐庚”原讹“东坡”，据（宋）唐庚《唐先生集·眉山唐先生文集》卷四《立冬后作》、（宋）唐庚《眉山集·眉山诗集》卷四《立冬后作》改。按《宋史》本传，唐庚为宋代眉州丹稜（今四川眉山市）人，官至承议郎，曾被贬“安置惠州”。清朝《四库全书·集部·别集类》收录唐庚《眉山集》二十二卷，“提要”称其“文善议论，诗亦工致，其在岭南诸作，当时太学诸生竞相传写，称‘小东坡’”。盖因苏轼（东坡）为宋代眉州眉山（今四川眉山市）人，亦“曾谪居惠州”，而唐庚为同乡，且诗文集名《眉山唐先生文集》《眉山集》，又号“小东坡”，故本志误以唐庚为苏轼。

[3]“致”原讹“置”，据（宋）唐庚《唐先生集·眉山唐先生文集》卷四《立冬后作》、（宋）唐庚《眉山集·眉山诗集》卷四《立冬后作》改。

黄皮，果大如龙眼，食荔太多，黄皮解之。

蜜望果，树高数丈，花开极繁，蜜蜂望之而喜，故名。其实黄，味酸甜，能止船晕。

万寿果，树高如桐，实在树间，如柚，味香甜可人。

西瓜，皮青，心红，核黑。五月最盛，有大如斗者。剖食之，甘凉解暑。邑燕村所产最佳，他处皆不及也。一名犀瓜。

波萝，高尺许，叶长如剑，有刺，挺地而生，每一树止结一子，至夏成熟。其色黄赤，味甚甘香。土人虑有热毒，去其皮，以盐擦之。

落花生，延蔓而生，叶碧花黄，花落而实结于泥中。仁白，炒熟清香可人，榨而成油，为利最广。一名地豆，邑中甚夥。

蔗，有二种，曰白蔗，曰竹蔗，而邑中惟竹蔗长丈余，颇似竹。有正本，有庶本，斜而种之，多庶出。庶出尤甘。冬时榨汁，煮炼成糖，其浊而黑者，曰黑片糖；清而黄者，曰黄片糖；其白而细者，曰白沙糖。

油柑子，山果也。皮滑如李，色青黄，大如弹丸，味甘而微苦，食后香留舌本。一名洋柑。

花

梅花，《罗浮志》载："广郡梅花，常与菊花相及，所谓先开岭上梅也。"

素馨花、茉莉花，皆番人自西国移种于南海。人怜其芳香，竞植之。按，素馨，原名耶[1]悉茗，南汉宫人素馨喜簪此花，故名。较茉莉更大，香最芬烈。

指甲花，树高五六尺，枝条柔弱，花开时其香与素馨、茉莉相等，亦番人自大秦国移植南海。今邑人多种之。

朱槿花，茎、叶皆如桑叶，光而厚。树高四五尺，自二月开花，仲冬始

[1]"耶"原讹"那"，据（晋）嵇含《南方草木状》卷上、卷中、（宋）吴曾《能改斋漫录》卷十五《方物·素馨花》、雍正《广东通志》卷五十二《物产志》等改。

歇。其花深红色，五出，大如蜀葵，一丛之上，日开数百朵。

拘那花，即夹竹桃花，夏开，淡红色，一朵数萼，至深秋犹有之。

史君子花，蔓生。作架植之，夏时盛放，一簇开一二十花，轻盈似海棠。

兰，为香祖，以椏兰为上。茎多岐出，其叶长至三尺，蕾尖花大且繁，常有一茎及椏，开至五十余花者。色黄，有紫点，香味甚厚，称隔山香。次则公孙偪，每一大茎辅以二小茎，若公之领孙，其花从上开下。又次曰出架白，一名素心。又次则青兰，叶长二尺，小而直。其花青碧，以白干者为上，紫干次之。又次为黄兰，叶长而稍大，花淡黄，有小红纹。又次为草兰，以短叶白干者为上，有双花、单花之别。

贺正兰，当立春及元日始开。

风兰，花从叶心抽出双朵，悬于檐间，不着水，自然繁茂，一名吊兰。

树兰，高丈许，花似鱼子，香烈过之，不能度岭。

珍珠兰，《广州志》曰暹兰，如珍珠，如金粟，一枝数串，来自暹罗，一名鸡爪兰。

菊花，当秋盛开，惟岭南则于冬始放。苏子瞻诗云："岭南气候不常。吾尝曰：菊花开时乃重阳。"[1]盖菊性凌霜愈盛，而岭南尝以冬至始有微霜也。其色有红、白、黄、胭脂数种。

吊钟花，树高数尺，枝屈曲偃蹇，正月初先作花，后开叶，一枝缀数十小钟，色晶莹如玉，杂以红点，邑杯渡山极多。

马缨花，赤如马缨，其花下垂，一条数千朵。树高丈许，有白，有桃红，而大红镶边，尤异种也。

九里香，木本，叶细如黄杨，成丛，花白，有香甚烈。又有七里香，叶

[1]"岭南气候不常。吾尝曰：菊花开时乃重阳"原讹"岭南有菊即重阳"，据（宋）苏轼《苏文忠公全集·东坡后集》卷五《江月五首并引》、（元）陈秀明《东坡诗话录》卷中等改。按，"岭南气候不常"云云，并非该诗诗句，而是诗前"引"句。检索《苏文忠公全集》等，亦无"岭南有菊即重阳"句。

小梢大，其树皆不甚高，可作盆盎之玩。

凤仙花，一名金凤花，有红、白、紫、碧数色。妇女每以花之红者捣汁染指甲，其子入药，名急性子。

石榴花，有四季常开者，于夏间既实之后，秋深复花且实，其千叶者尤艳。

草

雁来红，以雁来时盛。一名老少年。

仙人掌，枝青嫩而扁厚，有刺，人家每植于墙头，以辟火灾。其汁入目，使人失明。

蓝草，叶细小，二月种，五月收，邑人取以为靛。

三藾，根似姜而软脆，性热，消食，一名山柰。

鲜草果，人多种以为香，盖杜若，非药中之草果也。

苍耳子，俗呼痴头名，可疗疮毒。

油葱，一名芦苇，形如水仙叶，叶厚一指，花开如玉簪，从根而生，长尺余。叶中有膏，妇人每取以泽发。

木

榕树，有大叶榕、细叶榕之分。其细叶榕，叶大如麻，实如冬青，树干拳曲，不可以为器，烧之无焰，不可以为薪。以其不材，故能久而无伤。其荫十亩，藤梢入地即生根，或一大株有根四五处，而横及邻树，即成连理枝。鸟衔其子，坠于他树即寄生，久而根株蟠固。他树枯朽，竟成榕树矣。《岭南杂记》云："榕树闽、广最多，他省则无，故[1]红梅驿以北，树无有如榕大者，荫十余亩，离奇古怪，备木之异。年久者常结伽南香，焚之致鹤。植于水际，其子可以肥鱼。细枝曝干，束为炬，风雨不灭。其须制药，可以

[1]"榕树闽、广最多，他省则无，故"原脱，据（清）吴震方《岭南杂记》卷下补。

固齿。其脂乳[1]可以贴金接物，颇与漆似。人但知有用之用，而不知无用之用也。”

木棉树，大可合抱，高十数丈，叶如香樟，花瓣极厚。正、二月开，色大红而蕊黄，开时无叶，子色黑，大如酒杯，老则拆裂，有絮茸茸，土人取以为裀褥。

香树，邑内多植之。东路出于沥源、沙螺湾等处为佳；西路出于燕村、李松萌等处为佳。叶似黄杨，凌寒不落。子如连翘而黑，落地则生，经手摘则否。香气积久而愈盛，正干为白木香，出土尺许为香头，必经十余载，始凿如马牙形，俗呼为牙香。凡种香家，妇女潜取佳者藏之，名女儿香，岁时供神，以此为敬。

竹

竹之类不一。《广志》云：“云母，大竹也。𥯨竹，细而多刺；篴竹，堪作笛；篃竹，宜为屋椽；蔓竹，皮青，内白如雪，软韧可为索；汉竹，大者节受一斛，小者数升，为椑榼；利竹，蔓生，坚韧。”《岭南杂记》：“竻竹，多刺，土人以为藩篱。”大头竹，可为筏。他如紫竹、毬竹、凤尾竹、罗汉竹，同实异名，不可胜数，然非邑中所产，概不附载。

藤

藤之类不一，有黄藤、白藤、沙藤、金刚藤之殊。惟蚺蛇藤，凡遇有蚺蛇之所，即有此藤。捕蛇者以藤圈牵之，蛇不敢强。舍此藤，则不能伏。俗呼为葛藤。

冶葛，毒草也，蔓生，叶如罗勒，光而厚，一名胡蔓藤，即断肠草，食之能杀人，其叶节节对生如蒟，俗名对面蒟。

[1]“乳”原脱，据（清）吴震方《岭南杂记》卷下补。

鸟

鹧鸪，随阳鸟也，毛色赤黑，而遍斑白点。天寒则口暗，暖则对啼，啼必连转数音。飞必向南，日在南故也。早晚有霜露则不飞，飞必衔木叶以自蔽，恐霜露沾其背，声为之哑，故性绝畏霜露。鸣多自呼，曰：“行不得也哥哥。”声尤凄切。

鹌与鹑，其形相似，鹌色黑无斑，始由鼠化，终复为鼠，夏有冬无；鹑毛有斑点，始由虾蟆、黄鱼化，终以卵生，四时常有。今通呼为鹌鹑，性善斗。

画眉，产邑之画眉山，类黄莺而小，善鸣，好斗，人多珍之。

兜兜雀，其名自呼，产邑之大奚山中，出则有大风。

豁鸡，鸡头乌喙，尾长下垂，鸣声豁豁，性嗜蛇，能治骨节折伤。其哺子时，取其雏，折两足，以蛇饲之，屡折屡复，故有奇验。

江鸥，在涨海中随潮上下，常以三月风至，乃还洲屿。颇知风色，若群飞至岸，必有大风，海船每因此暂泊。

兽

虎，黄色而斑，长啸风生，百兽震恐，故为山兽之君。邑中诸山，往往有之。

猴，乃猕猿之属，能谙人性，穴处山谷中，千百为群。邑之伶仃山、担杆山等处，所产最繁，俗呼马骝。

黄麞[1]，即獐，似鹿而小，毛黄黑色，性善惊，触物则走，饮水见影辄奔。道书云：“獐鹿无魂，故动辄慞惶也。”官富、大帽、马鞍等山皆有之。

地陇猪，似猪而小，藏山麓穴中，夜则食薯芋，猎人捕之，一身皆不能伤，惟在软嘴处击之则倒。其肉可益阴虚之症。

[1]“麞”原讹“麖”，据雍正《广东通志》卷五十二《物产志》改。按，麖、麞皆为鹿之一种，麖称水鹿，又名马鹿、黑鹿，古称大麃，麞即獐。

山猪，即毫猪，身有棘刺，能振发以射人，颇为禾稼之害，俗名箭猪。

獭，水兽也，一名猵獭，类青狐而小，喙尖足骈，能知水性，高下为穴，善捕鱼。猎人于春前捕之，取其皮以为裘。

鳞

海鳅，大者长数十丈，眼大如箕，牡蛎、蚌、螺丛生背上，峍屼如山，一名鲶鱼。

鲳鱼，大者十余丈，嘴骨数尺，排齿如锯，有力善斗。《广舆记》名狼藉。谚云："海鳅虽大鲳鱼强。"

鳖鱼，重数百斤，嘴如猳喙，脊若锋刃，有乌、白二种，一作鲃。谚曰："白鲃、乌鲃，不劳频至，至则有风灾。"唐诗云："江豚吹浪夜还风。"谓此。肉甚腥，不可食。渔人捕之以煎膏，夜照读而不伤目。

鲳鱼，圆头缩尾，狭鳞扁身，肉厚细嫩，刺与骨皆脆，美味甘平，食之肥健益气。一名镜鱼，以其形如镜也。有黑、白二种，白者为良。

鲴鱼，大者长二三尺，身圆皮滑，无鳞骨脆，味甘，肉多脂，性畏姜。若以姜拌，则味失真而臭。

马鲛，即马膏鲫也，滑皮，尖嘴，长身，乂尾，以腊月出，至三、四月乃海鱼之美者。语云："第一鲳，第二鲴，第三、第四马膏鲫。"

马五,一名马母，似鲈，鳞细而肉颇粗，为马鲛之次，其甘美在头。

黄花鱼，周身金鳞，头有石，莹洁似玉，长尺许，采于大澳海中。自九月至十一月，渔者暮听其声，用罟合围以取，则曰打黄花。色白者名白花，细小者名黄花从，其胶甚美。语曰："黄、白二花，味胜南嘉。"

泥顶鱼，大者数百斤，身长，色青黑，皮厚，人取其皮曝干，烹食甚佳。

石斑鱼，身有斑点，其味甚美。又有名秤星者，身红，满缀小金星，与泥顶鱼俱出海中水深处。

鲚鱼，至冬益肥。鲈鱼、鳜鱼，至夏益肥。谚曰："寒鲚热鲈。"又曰："热鳜一以寒而美，一以热而美。"鳜有数种：白牙、黄脚、赤鳜、黑鳜，以白牙、黄脚为上。鲚，亦有红、白二种，白者尤美，其子绝佳。

鳣鱼，类鲚而小，亦至冬而美。

细鳞鱼，似鳜而鳞细，其首尤鲜。

鲱鱼，大者重数十斤，以仲春出，望之如黑云，渔者合围取之，其下堆积数十百丈。叉一鱼，次鱼饮其血复上，复刺，如是相连不断。故得其一，则源源而来。

鳓白鱼，身扁如鲥，色白，鳞软，产于季春时最盛。

贴沙鱼，一名版鱼，种类不一，色有青红、斑黑，身有长、短、大、小，鳞有粗、细，细鳞而长大者佳。喜贴沙上，即《尔雅》所谓比目鱼也。一名鲽，咸、淡水皆有之。《吴都赋》云："双则比目，片则王余。"内有一种名七日鲜，经数日，其味不变。又一种口偏左，名左口，即地鲔鱼也。

鳇鱼，大者数百斤，肉颇粗，美在头、腹、肠、脏，其胶最为坚固，今弓匠用以胶弓。

青衣鱼，大十数斤，周身青绿，头有石。天若大雾，数日即死。皮肉俱美。有鸡谷者，有鲢尖者，亦其类也，但头有红纹错采耳。

马鬃鱼，状如马鬣，长二三尺，或五六尺，扁滑无鳞，一名锡带。

虎鱼，头生丛刺，狰狞可畏，色黑肉白，皮滑如油，甜美绝伦。

蒲鱼，形如荷叶，大者围数尺，尾长，能螫人，黄色白肉、尖嘴者佳。昌黎诗云："蒲鱼尾如蛇，口眼不相营。"肉黑者曰燕斗蒲，味不佳。最大者曰角庞，面生二角，围约数十丈，牡蛎、蚌、螺杂生其上，铺水面如岛。

鲫鱼，口在背上，有纹如方印，平游水中，遇大鱼则以印粘颔下，啜其血，至大鱼毙而后脱。肉甚佳，然不可常得。

鳗，鳝鱼大者，身如椽，长数尺，尖嘴，锯齿，能噬人。饵取上船，必以刀叉伤之。滑而无鳞。

按：蟮之类不一，鳝蟮出泥滩中，黄蟮出坑田中，白蟮出咸、淡水中。此与鳔追、鱲追、骨蟮、鹤蟮、沙蟮等同出海中。

鲨鱼，种类甚夥，有犁头鲨、斑点鲨、狗螺鲨、齐口鲨、虎鹿锯鲨，皆背鬣腹翅，肉粗淡无味，美在翅。翅缕缕如金丝，称珍品焉。大者长丈余，皮有沙，圆细如珠，可以治木，能发光润。养子皆胎生，脐有孔，其子朝出口，暮入脐。

按：诸鲨惟狗螺鲨性平温，能敛汗，食之有益。而齐口鲨则凶暴物也。《菽园杂记》云："海鲨变虎。"张师正《倦游杂录》云："鲨鱼斑者化鹿。"是不但化虎也。然新邑罕见之。

飞鱼，身小翅长，色淡红，头有双角，每离水而飞。

按：《吴都赋》："文鳐夜飞而触纶。"即此。夜见渔火，争投船上，烹之甚美。

河豚，别名鯆鱼，有毒在涎与子。产于江河者，皆不盈尺。海中大者，重十余斤，俗名猪仔鳝，不熟能杀人。入秋佳，多食益胃暖人，然亦至险，究以不食为宜。

鱲追鱼，海产，蟮族也，身赤、黑斑点，大者长七八尺，味甘多脂，较鳔追更胜。

横掷、青鳞二者，鱼之下品也。横掷来，则海水皆腥，诸鱼远避；夜至处，海水放红。往来无定，或一罾数万斤，腌久可食。

海猪、海牛，皆像其形而名，此鱼而兽也，邑之海皆有之。

人鱼，长六七尺，体、发、牝、牡如人，惟背有短鬣，微红。雄者名海和尚，人首鳖身，足差长，无甲；雌者为海女，能媚人，舶行遇者，必禳解之。谚云："毋逢海女，毋见人鱼。"此盖鱼而妖者。

沙蚕，一名龙肠，形如蚯蚓，长四五寸，大如指，色淡红，处沙滩中，味清性寒。

鳔鱼，身如革囊，旁有两翼，头生八爪，大者长尺许，通体晶莹如玉，脊骨若玻璃朗澈，肉柔滑甘美。小者名鲦筒，亦名脆筒。

墨鱼，状类鲦鱼，身稍短，脊骨硬，有螵蛸。一名乌贼，恒浮水面，乌见以为死，往喙之，被卷入水。腹中有墨，常吐以隐形。

章鱼，足有八，一名章举。昌黎《初南食贻元十八协律[1]》诗，其五为章举，是也。其差小者俗名鲌，土人以线系小缶，入波中引之。

按：章鱼，亦乌贼之类，身如猪胆，无背骨。正月自食其足，足尽则腹破子出。

坑蛮，产深潭大溪中，形如鳗鲡，长丈许，遇人辄噬，凶悍异常，夜则上山食草，经过处，草为之偃。土人燃灰厚布，藏利刃于下，遇灰体涩，刃伤其腹而取之，脂膏最多，洵嘉品也。

介

鲎，大者尺余，如覆箕，甲莹滑青绿；眼在背，口在腹，足如蟹而多四，尾三棱而多刺；其血碧，子如珠，喜群游，善候风；壳两截如扇，常张以为帆。雌大雄小，雌负雄于背，虽怒涛不解。取之者，持雄则雌不去，故曰鲎媚。昌黎诗云："鲎形如惠文，背眼相负行。"是也。出沙江、赤湾洋面者佳。

蟹，族类不一，水乡皆有，扁大足阔者曰蝤蛑，两螯无毛，异于常蟹。善候潮，潮来举二螯，仰而迎；潮退折六足，俯而送。美在螯，甘在膏，膏应月为盈亏。匡初脱，柔如绵絮，通体脂凝，红黄杂糅，结为石榴子粒，俗名曰膏蟹，海产上品也。小娘蟹，惟邑独有，双螯长倍于身，甲五色，错采如锦，味稍逊，邑人贱之。其余石蟹、竹蟹、毛蟹、扁蟹等，又其次也。

蚝，出合澜海中及白鹤滩，土人分地种之，曰蚝田。其法烧石令红，投之海中，蚝辄生石上。或以蚝房投海中种之，一房一肉，潮长房开以取食，

[1]"初南食贻元十八协律"原脱"初""贻元十八协律"，据（唐）韩愈《昌黎先生文集》卷六、《全唐诗》卷三百四十一《韩愈》等各收录该诗补。

潮退房阖以自固。壳可砌墙，可烧灰，肉最甘美，晒干曰蚝豉。

水母，一名蚝，一名石镜，生海中。其形浑然凝结，腹下有物，如悬絮。有口无目，常有虾依随之，见人辄惊，此物亦随之而没。郭璞《江赋》云："水母目虾。"盖谓此也。每夏月，贾人腌而货之，名曰海蜇。

虾，类不一，有沙虾、麻虾、斑节、金钩之名。其最大者曰龙虾，重二三斤，状如龙，采色鲜耀，味甘稍腥。最美者曰明虾，其色青，鲜甜居诸错之上。极小者曰银虾，取以造酱，俗名瘖虾，味殊不恶。

螺，种类亦繁，有沙螺、田螺、丫螺、潺螺、刀蛸螺、指甲螺、青口螺、石头螺、鹦鹉螺、米仔螺、石竭螺、寄生螺，不一其名。以马颊柱为上，取柱晒干，名曰带子，味甘以柔，海错中至珍者。次则九孔螺，即石蝮也，壳有九孔，《本草》谓之石决明，边壳边肉，肉粘石上，间亦产珠，土人名为鲍鱼。又有香螺，味清香可爱，其壳雌雄异声，可应军中之用，俗谓之响螺。

海胆，状圆而扁，围寸许，周身皆刺。破其壳，内皆红膏，烹食甘香异常，腌之亦佳。

海镜，一名蚝菜，壳两片，合以成形，腹中有蟹子，其小如豆，而头、足俱备。海镜饥，蟹子即走出取食，蟹饱归腹，海镜亦饱。此即郭璞所谓"锁结腹蟹"者也。其肉名蛎黄，可为酱，其壳圆如镜，可作明瓦。

虫

石蜜，蜂属也。凡深山岩穴，野蜂巢焉，酿蜜无收，草间石罅，泛溢暴露，日久必聚蛇虺之毒；倘或得之，以其甘而过食，必大霍乱而殁。今邑人斫竹为笼，畜以为业，至四月取其酿，曰百花糖。《琼州志》云："蜂有八种，惟蜜有君臣之义，作蜜益人。"外此排蜂、黑蜂、黄蜂、道壁蜂、青育蜂，实聚毒螫人而已。

蚺蛇，大者能吞鹿食人，遇女人，虽远必追。其肉可食，其皮可备鼓韝之用，其胆为跌打妙药，有起死回生之力。其胆有二,一随所击处，皮肉蹙缩成泡而血凝者，护身胆也，功力比真胆大减，人多以此乱真，盖真胆在腹。

按：邑属山海错杂之区，物产甚繁，其耳目所习见者，概不登载。

新安县志卷之四

山水略　山、水、陂堰附[1]、潮汐、井泉

艮为山，山者宣也，宣气以散生万物者也；坎为水，水者天地之苞，五行之始，万物之所资生也。邑以梧桐山为巨镇，三峰嵯峨，矗立霄汉。其余如大鹏、杯渡诸山，层峦叠巘，屏卫环列，指不胜屈。邑三面濒海，汪洋澎湃，烟云变灭。凡浈江、端溪诸水，会珠江，屈折百余里，至蛇犀，合龙江，经虎门，汇分流湖，而注之东焉，诚一巨观也。至若唐人著海潮之赋，大《易》明井养之占，则又不可不以类而及也。志山水。

山

梧桐山，在县东六十里，三峰秀拔，周匝数十里，山阴垂距东洋，山阳延袤境内。顶有天池，深不可测，多梧桐异草。山下有赤水洞，邑之祖龙也。

阳台山，在县城北三十里，高耸青冥，顶有龙潭，祈雨即应。山下有祇园庵。由梧桐发脉，为县城座山。

文冈山，在县东北三里许，一名尖冈，高四十丈，周二百丈，阳台支山也。

南山，在县南[2]七里，滨海，上有双石塔、观音院，有石似仙人足，乡人多祈雨于此。

宝山，在城北八十余里，上有潭，潭下有石瓮二，飞瀑注之，奔响如

[1]“陂堰附”原脱，据本志本卷正文补。

[2]“南”原脱，据康熙《新安县志》卷三《地理志·山》补。

雷。昔宝安以此得名，今入东莞。

杯渡山，在县南四十里，高峻插天。原名羊坑山，一名圣山。南汉时，封为瑞应山。

灵渡山，在县南三十里，与杯渡山对峙。旧有杯渡井，亦禅师卓锡处。

零丁山，在赤湾海中。宋文天祥有诗云："零丁洋里叹零丁。"即此。

大茅山，在县城西北四十里，两峰秀峭。

参里山，在城西北五十里。《南越志》云："邑人黄舒有孝行，比于曾参，因名。"

大髻婆山，在城北三十里，近阳台山，形似大髻，因名。

羊凹山，在城北八十里。

石龙山，在城西北六十里，巨石嶙峋，状如狮踞龙蟠。有竹隐李先生精舍，在山之麓。

大钟山，在凤凰岩北，上有龙王坛，最灵异。下有黄舒孝子祠。

虎头山，在官富九龙寨之北，亦名獭子头，怪石嵯峨，壁立插天，其下凹路，险峻难行，然实当冲要道。乾隆壬子年，土人捐金，两边砌石，较前稍为平坦。《旧志》：虎头山入东莞。与此别。

大平障山，在县北七都，延袤二十里，为县疆界。

卢山，在县北八十里，上有虎头潭，潭边有线路，有田可耕。

画眉山，在县东北五十里樟坑迳侧，多画眉鸟。

西乡凹山，在县东北一百五十里。

柑坑山，在七都，周匝四十里，昔猺人居之，多产赤竹。

校杯山，在西北海中。

塘坑山，在县东四十里梅林迳。上有七娘坛，尝祈雨于此。下有云井，天将雨，先出云。山腰有石锣、石鼓，叩之有声。

黄木山，在县东三十里，三峰峭丽如笔架，亦名笔架山。

黄坑山，一名大王山。

梅沙尖山，在县东九十里，尖秀插云如笔。

葵涌山，在县东一百余里，多生水葵。

九顿山，在县东一百余里，从山麓而上，连顿九层，至顶平旷，往大鹏必由之路。监生李濬光、李绍光捐石，砌平十余里山溪，并架以桥，置有亭子，为行人栖息之所。邑令李维揄、举人侯倬云俱为记，以志其事。

大鹏山，在县东一百六十里，一名七娘山，大鹏所镇山也。昔传有仙女七人游此，以其如鹏踞海，故名。其地有龙潭、鹿湖、羊塘、石室、危石、高峰、飞瀑诸胜，龙潭石上刻有“川岳钟灵”四字。《旧志》：一百二十里。今计程改正。

陶娘山，在大鹏东南，抵惠州界，包拱如城，内容艟艨数十艘。先年寇据岛险，海道何公用乡耆欧阳景等议，垒石塞之。

马鞍山，在县东八十里，枕东洋，形如马鞍，山腰有田数十亩，旧村久废，今复有家居者。

大帽山，在城东五十里，形如大帽，由梧桐山迤逦南旋西折，高二百丈，为五都之镇，上有石塔。多产茶。

观音山，在城东南大帽山帐内，奇峰耸峙，仰干霄汉。顶有观音庙，见《旧志》。

桂角山，在县东南四十里，多产桂。两山竞秀如角，一名鳌潭山。其山有云即雨，上有仙女梳妆石。宋邓符筑力瀛书院，讲学于其下。今基址尚存。

梅蔚山，在县南一百里，前护县治，后障东洋，丛生林木。宋景炎帝常驻跸于此。

官富山，在佛堂门内，急水门之东。宋景炎中，帝舟曾幸此，殿址尚存。旧设巡司，今迁入赤尾村。

大奚山，一名大屿山，在县南百余里，为急水、佛堂门之障山，有三十六屿，周围二百余里。有异鸟见，则大风生。山中有村落，多盐田。宋以为李文简食采，今仍之。

老万山，在大奚山西南洋海中，海面属香山。其西炮台，系大鹏营拨防。林木森密，昔万贼巢此，故名。

三牙牌山，在西南海中，离县一百二十里。

南亭竹没山，在老万山南，周数十里，内有卢亭，俗传为卢循之后，能入水捕鱼鲜食，以棕叶、竹箨为衣。

大岭山，在县东上水村后。岁旱，乡人祷雨必应。

神山，在县东九十里，沥源村下，有车公古庙。山顶有石，壁立甚高，土人祈雨于此。

三管笔山，在县东海中，突起三峰，尖如笔，为大鹏分界山。

鸦洲山，在大步海中，其形如鸦。

狮子岭，在六都龙塘村侧，逶迤里许，有一石屹立峥嵘，云挂则雨。康熙年间移迁，分界在此，烟墩故址犹存，又名烟墩岭。

红水山，在城南五十里，周环十余里。昔传土人于此遇贼，歼焉，坑水尽赤，故名。上有龙船石二，各长二丈许，一覆一仰，叩之，声如洪钟。其坑流十余里，田藉灌溉。

九迳山，在县南四十里，下临屯门澳。明海道汪鋐帅土人歼佛郎机于此。

丫髻山，在县东南大井村侧，两峰并峙，相距百余丈，中平如衡，下有邓符墓。

鸡婆山，在九龙寨东南，怪石嶙峋。昔土寇李万荣驻此，以掠商舶。

浅湾山，在县南九十余里。

三杯酒山，在大步海中，如三杯浮海面，故名。

七星冈山，在城南五十里，圆秀如七星罗列，故名。其山有石如狮，中有天后、元君、禾谷夫人庙，祈雨甚灵应。

仰船洲山，在城东南洋海中，形如仰船。

龙鼓山，在县南洋海中。

凤凰山，在大奚山帐内，双峰插霄，形如凤阁，与杯渡山对峙。中有神茶一株，能消食退暑，但不可多得。土人于清明日上山采之，名曰凤凰茶。顶有小石，祈雨多应。

赤柱山，在县南洋海中，延袤数十里，诸山环拱，为外海藩篱，有兵防守。

沱泞山，在东南洋海中，离县二百四十里。

蒲苔山，在县南洋海中。

上、下磨刀山，在县南海中。

白鹤山，在九龙寨西北，上有游仙岩，岩下三小石如品字，上盛一巨石，高约六七丈，广约三丈余，壁立难升。石顶有棋枰、棋子，至今犹存。石北刻“游仙岩”三字，第年远，字稍模糊。昔常有白鹤一双，栖止石上，故名。

龙岐山，在大鹏海边。

七仙山，在县北太平障内，有一大石生成七仙，乡人祈雨多应。

平地顶山，在县西北五十里燕村侧，山上平旷，澜海特朝。中有禾花娘坛，甚灵异。

董公岭，在县东北龙井村后，高八十丈，周一里许，上有龙潭。

双鱼岭，在县东上水河上乡，两山相并，如鱼戏水。

龙跃岭，在县东五十里，高百余丈，周回十余里，林木丛生，下有溪水，相传有龙跃其间。

石马岭，在县北六十里石马村后。

雷公岭，在湾下村后。

打鼓岭，在六都，俗传风雨夜闻鼓声。

云攀岭，在珠冈村后，其巅挂云即雨，久雨挂云即晴。

真背岭，在县东四十余里，一名大头岭。康熙三年迁界，故址犹存。

横龙冈，在县东南二里许。

大龙冈，在周家村之下。

凤栖冈，在参里山之南，形如覆杓，昔传有凤栖其上。

盐田迳，在梧桐山腰，大石砌结，宽一丈许，延亘十余里。相传，元季邑人萧观庇创造，有碑记。岁久湮没，至今称亭子步。

梅林迳，在梅林村后，上有石板，有大人迹，长二尺余，宽八九寸许，宛如人脚掌痕。

樟坑迳，在画眉山侧，通七都路。

石壁迳，在七都。

黄蓢迳，在四都。

叠福迳，在七都叠福村近海。

竹头迳，在七都，抵东莞界。

莲花迳，在四都，往来官路，抵东莞界。

黎峒迳，在县东六十里，通盐田、大鹏等处。

西向迳，在大鹏东，抵归善界。

凹下迳，在小梧桐山麓，下有佛化大圣庙。《旧志》。

锦田迳，在县东南锦田村后，通蕉迳汛。

观音迳，在观音山腰，通林村、大步头等处。

大步迳，在县东六十里，通九龙、乌鸡沙等处。

九龙迳，在官富山侧。

马路迳，在六都水迳村侧，通清湖路。

莆隔迳，在莆隔村左，通平湖路。

旱堂、当风二凹，在广、惠交界处。明隆庆间，东寇连年西掠，多由二凹出没。

佛子凹，在二都、三都交界处。

公凹，在留仙洞侧，通白芒。

风门凹，一在黄田村后，一在新田村侧。

城门凹，在六都，通浅湾。

逶心凹，在大鹏凹，道险隘。监生欧阳铨捐石，砌十余里，邑令汪鼎金有“利及行人”匾额题赠。

扶地凹，上水往深圳通衢之路。

佛凹，在县东五都，往来通衢。

水

南头海，在南头一里，两粤诸水合珠江，经虎门，绕南山，逶迤而东。海中有乌、白二石，对峙中流。

后海，距城五里，通于海，东南即沙冈。其水中分沙江，水源二支，东南由大帽、红水山，汇归穿鼻嘴，折而西；东由梧桐山迤逦而来，流至白鹤洲，合流归沙冈，绕护县城。

合澜海，在县西北八十里，福永司之左。

合连海，在城南百余里，中绕大奚山。

独鳌洋，在城南二百里，左为佛堂门，右为急水门。

急水门，在官富山南。

鲤鱼门，在官富山之南。

佛堂门，在鲤鱼门之东南，又曰铁砧门。旁有巨石，长二丈余，形如铁砧。潮汐急湍，巨浪滔天，风不顺，商舶不敢行。其北曰北佛堂，其南曰南佛堂，两边皆有天后古庙。北庙创于宋，有石刻碑文数行，字如碗大，岁久漫灭，内“咸淳二年”四字尚可识。庙右曰碇齿湾，古有税关，今废，基址犹存。其南佛堂之山，乃孤岛也。康熙年间，设炮台一座，以御海氛。嘉庆庚午，知县李维揄[1]详请移建此台于九龙寨海旁。

[1]“揄”原讹“榆”，据本志卷五《职官志一·文官表》、光绪《吉水县志》卷三十《选举志·举人》改。

塘头下河，在县北，发源马路迳、樟坑迳、清湖、廓下、庄屋村等处，经大湖、田寮下，至塘头下，入东莞界。又数十里，汇龙川江，入波罗海。

滘水，在城东四十里，发源于梧桐，右莆隔，左龙跃、双鱼诸山，西流曰钊日河，北出曰大沙河。二支分流，至滘山合流而西，曰滘水，经黄冈，逶迤四十里入后海。

穿鼻滘，在城东南三十里，发源于大帽、红水诸山，由锦田、屏山十余里，西北合流，汇于穿鼻嘴，南折而入沙江海。

大沙河，在城东北数里，发源阳台、丫髻、董公诸山，历新围、大涌三十余里，至白石入后海。

南头河，发源于南山，至西门头入海。前河道淤塞，潮汐泛溢。康熙四十一年壬午，邑令金启贞疏浚九百余丈，水始畅流，至今赖之。

西乡河，在县西十里，发源于阳台，大髻婆，大、小茅诸山，至更鼓岭、铁冈合流，凡三十余里，经西乡入海。

茅洲河，在县西四十里，发源大头冈、凤凰岩诸处，至新桥之北十里许合流，经茅洲墟入合澜海。

碧头河，在县西北六十余里，发源阳台、大平、障阁、莲花迳诸处，合流经燕村、涌头、周山五十余里，至碧头河入合澜海。

三合水河，在县城西北，源有三派，其右自大髻婆，中自阳台，左自牛膝，至岭下合而为一，同归西乡河入海。

溪西湾。

屯门湾。

担杆洲，在县南海中，形如担杆，外即大洋无际，番舶入广必由此。离县治约三百里。

白鹤洲，在五都海中，潮长，群鹤俱集，望如堆雪。

勒马洲，在五都，一山横出海边，形如勒马。

蚊洲，在五都，四围咸潮绕之，中有井泉，甚甘美。

大伞、小伞洲，在城西海中。

大王洲，在城西海中。

平洲，在城西海中。

孖洲，在城西海中。

矾石，即帆石，在城西海中约五十里。

马鞍洲，在城西西乡村前海中。

龙穴洲，在城西，有蜃气，多蒸为楼观、城堞、人物、车盖往来之状，正月常见之。

媚珠池，《旧志》云："在大步海，汉时采珠于此。"今废。

长洲，在急水门外，大奚山南，长十余里，商贾多聚集于此。

平洲，在七都下沙村前洋海中，长一二里，横亘海面。

夹洲，在三都茅洲墟。

七娘滩，在七都，石蹲水中，如星列，然石罅仅容一舟，水势冲激，舟人过此危之。

甘溪涌，其水由东北来，逶迤数十里，绕学宫、县治而南，由北埠桥入于海，居民戴珍筑堤防之。

绿橘潭，在五都龙跃头，多橘树。岁旱，乡民多祷于此。

流水响潭，在五都，发源处有数石井，天造地设，深约寻丈。春夏涨如飞瀑，秋冬则琮琤细响。

沙桥嘴，长沙一湾千余丈，透海，其嘴百余丈，随流上下，潮上则湾上，潮下则湾下，飓风不能扫荡，至今不异。

新桥河，在村之西，由凤凰山逶迤而下，环绕村前，势如长带，直注永兴桥。会茅洲、碧头河，直出合澜，每日有两潮消长。

黄莆涌，在新桥村之东，由大髻婆、大头冈发源而下，环绕村后，直至堡下村前，会新桥河，合流而出。

陂堰 附

军陂，在深圳右侧，发源于梧桐、莆隔、笋冈等处，堰以灌田。

沙塘陂，在上水村后，源自水门山，流下十余里，堰以灌田。

石陂，在上水村右侧，水源自沙塘陂流下，堰以灌田。

黄保潭陂，在永安村后，源自横眉、坑漕二山涧流下，堰以灌田。

石湖陂，在石湖墟侧，水自塘坑流下，堰以灌田。

松柏蓢陂，在松柏蓢村侧，自石湖陂流下，堰以灌田。

莲塘陂，在五都水蕉村侧，源自白豪山流下，堰以灌田。

大陂头，在五都马田之右，水自南坑、水蕉诸山流下，堰以灌田。

三湾陂，在五都，风吹、罗带、红水诸山流下，堰以灌田。

罗卜山陂，在五都，山水源长，筑有一岩陂、二岩陂、三岩陂、四岩陂，堰以灌田。

黄壳陂，在黄贝岭侧。

河上乡陂，在六都，自锦田迳，水入古洞陂流下，堰以灌田。

大平陂，由大平障发源，自龙江仔至倒地银壶，堰为斜陂；自契岭至猪腰土，堰为上陂；自涧头至鲥鱼蓢，堰为苏木陂；自龟湖至丰前墩，为长塘，同灌田。

鲤鱼陂，在六都，发源上、下梅林、白凤凹、莲花山诸磵流下，堰以灌田，经莆海，历黄冈，达于海。

下陂头，在合水口村侧，其水由崖岭大江分派，从水贝村前而下，积水灌溉田亩。

鹅公陂，在六都，发源梅林迳、芒栋坑诸山流下，堰灌多田。

潮汐

朝曰潮，夕曰汐。自东南大洋，道佛堂门，至南头大海，一派而上，分五节。初一至初三，十六至十八日，夏辰冬午，春、秋巳时，潮；夏戌冬子，春、秋亥时，汐，谓之平。初四至初六，十九至二十一日，夏巳冬未，春、秋午时，潮；夏亥冬丑，春、秋子时，汐，谓之落。初七至初九，二十二至二十四日，夏寅冬辰，春、秋卯时，潮；夏申冬戌，春、秋酉时，汐，谓之败。初十至十二，二十五至二十七日，潮皆同上，惟春则巳时；汐皆同上，惟春则亥时，谓之起。十三至十五，二十八至三十日，夏卯冬巳，春、秋辰时，潮；夏酉冬亥，春、秋戌时，汐，谓之旺。与他处异。

每年五月初一至初三，十六至十八日，潮最大，俗呼龙舟水。十一月初一至初三，十六至十八夜，汐最大，俗呼夜生水。八月中，潮较大，值飓风作时，早潮阻风不得落，晚潮复至，波涛汹涌，往往漂庐舍，没禾稼，坏舟楫，谓之沓潮，或数十年一有之。

十月朔，候潮以占明年之水，以日值月。朔日潮盛，则正月大水；二日，则应二月，至十二日皆然，占之悉验。又潮长之早晚，谚云："初一、十五当朝饭，初八、二十三，水大牛归栏。"此渔人舟子俚语，然百不失一也。

井泉

城中二井，一在东门学前，一在西门街中。

观音阁井，在县治右，深十余丈，每晨汲声鞺鞳，与轳辘相应。

北门井，中有巨石，如太极形。

九架梯井，在城西门外，泉水甘美，隆冬不竭。

甘泉井，在邑南一里许，清洌甘美。

云林仙井，在参里山侧。成化间，布政陈选极赏其清洌。

沙井，在西乡村，水甘，四时汲之不竭，古传有罗隐迹。

桂角泉，在桂角山下，泉水甘美。

汤井，在玉勒村，水温暖如汤，能疗疮疾，秋、冬泉有烟气，海防周希尹命砌以石。

瓢胡石井，在七都平湖乡左，汲之，仅容一瓢，日夜不竭。

柏井，在平山村侧，井畔古柏一株，水泉甘美，累汲不竭。

鱼仔井，在南山涌口头。每潮长，则咸水浸之，常有小鱼游泳其中；潮退，味仍清冽，洵奇泉也。

仙人井，在长洲山麓，泉出石上，隆冬不竭，甘冽异常。

沙井甘泉，在沙井村北海旁。

龙井，在鹏城东山麓，横开一穴，泉流不竭，其水夏寒冬温，甘美与他泉异。

新安县志卷之五

职官志一　文官制、武官制、文官表

国家设官分职，以德诏爵，以功诏禄，以能诏事，凡以为民也。故为民父母者，抚字催科，兴利除弊，广教化，劝农桑，其责不綦重哉！至若戎行严武备之修，文学慎师儒之选，下逮丞、尉，亦有专司。是惟同寅协恭，共襄厥职，斯无负朝廷任官惟贤、位事惟能之至意焉。邑自明以前隶于东莞，故建官以分县为始。而是编之作，又非徒为任此土者纪姓氏已也。志职官。

文官制

知县一员，典吏七名，承发一名，仓吏一名，库吏一名。

大鹏县丞一员，雍正元年设。司吏一员。

儒学教谕一员，康熙三年裁，十七年复设。训导一员，司吏一名。

官富巡检司巡检一员，司吏一名。

福永巡检司巡检一员，司吏一名。

典史一员，司吏一名。

东莞场大使一员，乾隆五十四年裁。攒吏一名。裁。

归德场大使一员，乾隆五十四年裁。攒吏一名。裁。

按:《旧志》：前明有大鹏、永盈二仓大使二员，攒典二[1]名。久裁。

[1]“二”原讹“一”，据康熙《新安县志》卷四《职官志·文官制》改。

武官制

新安营，游击一员，中军一员，千总二员，把总四员，外委五员。

按：新安营自前明设参将一员，城守守备一员，千总一员，把总二员，官兵五百名。万历十四年，以总兵移镇南头，裁参将。十八年，罢移镇，复参将。国朝顺治初，裁去参将，余仍其旧。康熙三年，奉旨增设官兵五百名，共一千名。改城守守备为中军守备，添设游击一员、千总一员、把总二员。

大鹏营，参将一员，守备一员，千总二员，把总四员，外委七员。

按：洪武二十七年，置东莞守御所指挥、正副千户、百户、镇抚、幕官吏目、司吏，大鹏守御所指挥、正副千户、百户、镇抚、幕官吏目、司吏。嘉靖四十四年，置南头寨参将、把总。今业俱裁革，另行改设。

文官表

知县

明

吴大训	广西马平人	岁贡	万历元年任
曾孔志	福建闽县人	举人	万历四年任
范　经	福建松溪人	岁贡	万历七年任
邹守约	江西宜黄人	举人	万历十一年任
梁大皞	广西平南[1]人	举人	万历十二年任
丘体乾	江西临川人	举人	万历十四年任
宋臣熙	江南溧阳人	选贡	万历十七年任
喻　烛	江西新建人	举人	万历二十一年任
叶宗舜	福建人	举人	万历二十六年任
李汝祥	江西人	举人	万历二十八年任

[1]“平南”原讹“马平”，据康熙《新安县志》卷四《职官志·文官表》、雍正《广东通志》卷二十八《职官志·明·知州知县》改。

（续上表）

李时偕	江西永新人	举人	万历二十九年任
林一圭	福建人	举人	万历三十二年任
俞尧衢	湖广蕲州人	举人	万历三十五年任
邓文照[1]	江西人	岁贡	万历三十八年任
王廷钺	江南金坛人	贡生	万历四十一年任
陶学修	广西全州人	举人	万历四十六年任，升贵州昆阳州知州
陈良言	江西进贤人	举人	天启二年任
黄绳卿	福建晋江人	岁贡	天启四年任
喻承芳	湖广石首人	举人	天启六年任
陈　谷	福建同安人	举人	崇祯元年任
乌文明	浙江慈溪籍定海人	恩贡	崇祯四年任，升广州通判
李　玄[2]	福建漳平人	进士	崇祯八年任
彭允年	贵州石阡人	举人	崇祯十年任
周希曜	江南旌德人	举人	崇祯十三年任
孙文奎	浙江绍兴人	举人	崇祯十七年任
杨　昌	四川人	举人[3]	

国朝

张文煋	奉天人	岁贡生	顺治三年初任
杨美开	江南人	贡生	顺治五年任
李君柱	湖广黄冈人	贡生	顺治七年任
何中贤	山西人	贡生	顺治十一年任
马以懋	陕西人	举人	顺治十三年任
张鹏彩	山西人	贡生	顺治十八年任
张　璞	陕西甘肃卫人	拔贡	康熙二年任
李可成	辽东铁岭人	荫生	康熙九年任

[1]“邓文照”，雍正《广东通志》卷二十八《职官志·明·知州知县》作“邓文昭”。

[2]“玄”原讹“铉”，据康熙《新安县志》卷四《职官志·文官表》、卷五《宫室志·庙祠》及朱保炯、谢沛霖《明清进士题名碑录索引》中册第1207页改。按，雍正《广东通志》卷二十八《职官志·明·知州知县》作“李铉”，盖为避康熙帝名讳而改。本志当沿袭雍正《广东通志》之误。

[3]按，“杨昌”，康熙《新安县志》卷四《职官志·文官表》言其“□□二年任”，本志虽列载其名而未标示任职年份。据上文孙文奎“崇祯十七年任”，则杨昌不能在其后有明朝“□□二年任”之说。查雍正《广东通志》卷二十八《职官志·明·知州知县》，孙文奎亦为明朝末任新安知县，无杨昌任知县记载。存疑待考。

（续上表）

罗鸣珂	正红旗人	监生	康熙十四年[1]任
张明达	奉天府沈[2]阳 正蓝旗人	监生	康熙十七年任
安定枚	辽东东宁卫镶红旗人	监生	康熙二十三年任
靳[3]文谟	直隶开州人	进士	康熙二十六年任
丁棠发	浙江嘉善人	进士	康熙三十三年任
金启贞	正白旗人	监生	康熙三十九年任
赵大埔	浙江钱塘人	监生[4]	康熙五十二年任
黄廷贤	福建惠安人	举人	康熙六十一年任
徐云祥	浙江上虞人	进士	雍正二年任
段巘生	湖广常[5]宁人	进士	雍正二年任
王师旦	浙江海盐人	进士	雍正三年任
何梦篆	江南江宁人	进士	雍正八年任。至乾隆六年告致，历任十二载
汤登鳌[6]	江南人		乾隆六年任
唐若时	陕西渭南人	进士	乾隆九年任
邓　均	灵丘人	进士	乾隆十年任
汪鼎金	浙江钱塘人	进士	乾隆十一年任
赵长民	陕西兴平人	举人	乾隆十六年任
胡□□			乾隆十七年任
沈永宁	江南吴县人	监生	乾隆十八年任
王文徵			乾隆□□年署任
书□□			乾隆□□年署任

[1]“康熙十四年”，康熙《新安县志》卷四《职官志·文官表》作“康熙十六年”，雍正《广东通志》卷二十九《职官志·国朝·知州知县》则作“康熙十四年”。

[2]“沈”原讹“潘”，据康熙《新安县志》卷四《职官志·文官表》、雍正《广东通志》卷二十九《职官志·国朝·知州知县》改。

[3]“靳”原讹“蕲”，据康熙《新安县志》卷四《职官志·文官表》、雍正《广东通志》卷二十九《职官志·国朝·知州知县》等改。

[4]“监生”原脱，据雍正《广东通志》卷二十九《职官志·国朝·知州知县》补。

[5]“常”原讹“长”，据雍正《广东通志》卷二十九《职官志·国朝·知州知县》、雍正《湖广通志》卷四《沿革志·衡洲府·常宁县》改。

[6]按，据光绪《广州府志》卷二十七《职官表十一·国朝·新安县知县》引《新安志修案》记载，汤登鳌及下文胡□□、王文徵、书□□、邢屿、谭见龙、郑尚桂、李文藻、张之俊、曾璞、缪一经、高映、杨任、舒明阿、洪肇楷、朱启、陈寅、师保元、袁嘉言、陈兆熙、陆来、龚鲲、孙树新、王廷锦、田文焘、许浚、白书田、郑域轮、章予之、孙海观、吴廷扬、姚敔，均为“署事代理知县”。

（续上表）

严　源	江苏元和[1]人	副榜	乾隆二十三年任
邢　屿			乾隆二十七年任
谭见龙	江南昭文人	举人	乾隆三十二年任
郑尚桂	直隶宛平人	举人	乾隆三十三年任
李文藻	山东益都人	进士	乾隆三十六年任
杨士玑[2]	江南娄县人	进士	乾隆二十九年任，三十六年复任
富　森[3]	满洲镶黄旗人	举人[4]	乾隆三十五[5]年任
张之浚	四川射洪人	监生[6]	乾隆□□□年任
曾　璞	安徽舒城人	举人	乾隆三十九年任
缪一经			乾隆四十年任
高　映	河南商城人	监生	乾隆四十年任
杨　任	直隶长垣人	拔贡	乾隆四十一年任
舒明阿			乾隆四十一年任
苏　灿	浙江钱塘[7]人	举人	乾隆四十二年任
夏家瑜	江西新建人	监生	乾隆四十二年任
洪肇楷	江苏仪征人	监生	乾隆四十三年任
高质敬	直隶任丘人	举人	乾隆四十四年任
吴　沂	直隶沧州人	举人	乾隆四十五年任
李大根	山西榆次人	进士	乾隆四十九年任
朱　启	直隶保安人	举人	乾隆五十三年任
陈　寅	浙江海宁人	举人	乾隆五十五年任
胡传书	江苏青浦人	监生	乾隆五十六年任
师保元	山东东阿[8]人	举人	乾隆五十九年任

[1] 按，“元和”，同治《苏州府志》卷六十六《选举八・国朝贡生・府学・乾隆年》作“常熟”，元和、常熟均为清代江苏苏州府属县。

[2]“玑”原讹“机”，据光绪《广州府志》卷二十七《职官表十一・国朝・新安县知县》、道光《广东通志》卷一百三十四《建置略十・吴川县》及朱保炯、谢沛霖《明清进士题名碑录索引》中册第1686页等改。按，光绪《广州府志》注：“《县志》‘玑’作‘机’。”

[3]“森”后原衍“布”，据光绪《广州府志》卷二十七《职官表十一・国朝・新安县知县》删。光绪《广州府志》注：“案《县志》作‘富森布’，而履历、任年俱缺。”

[4]“满洲镶黄旗人。举人”原脱，据光绪《广州府志》卷二十七《职官表十一・国朝・新安县知县》补。

[5]“三十五”原脱，据光绪《广州府志》卷二十七《职官表十一・国朝・新安县知县》补。

[6]“四川射洪人。监生”原脱，据光绪《广州府志》卷二十九《职官表十三・国朝・三水县署任代理知县》补。

[7]“钱塘”原脱，据光绪《广州府志》卷二十七《职官表十一・国朝・新安县知县》补。

[8]“东阿”原脱，据光绪《广州府志》卷二十七《职官表十一・国朝・龙门县知县》补。

（续上表）

袁嘉言	江西赣县人	附贡	乾隆六十年任
陈兆熙	广西临桂人	举人	乾隆六十年任
陆　来	浙江归安人	附生	嘉庆二年任
张宗豳	浙江开化人	附监	嘉庆二年任
龚　鲲	江苏江宁人	举人	嘉庆四年任
孙树新	浙江钱塘人	举人	嘉庆五年任
王廷锦	湖北天门人	举人	嘉庆八年任
朱麟徵	江苏宜兴人	举人	嘉庆八年任
田文黍	河南固始人	举人	嘉庆十年任
许　濬	江苏武进人	吏员	嘉庆十年任
白书田	河南新郑人	增贡	嘉庆十三年任
郑域轮	河南息县人	拔贡	嘉庆十四年任
李维揄[1]	江西吉水人	举人	嘉庆十一年任，十四年复任
章予之	浙江山阴人	议叙	嘉庆十八年任
孙海观	甘肃平凉人	拔贡	嘉庆十九年任
吴廷扬	甘肃秦州人	举人	嘉庆二十一年任
舒懋官	江西靖安人	进士	嘉庆二十一年任，二十三年复任
姚　敔	安徽人	监生	嘉庆二十四年任

县丞

按：新安县丞原系大鹏守御所，雍正元年奉裁，改设县丞。

国朝

兰[2]煜	正白旗人	监生	雍正九年任
汪　城[3]	浙江人	监生	雍正十一年任
刘如向	湖南人	贡生	雍正十三年任
顾秉礼	江南人	监生	乾隆十一年任

[1]“揄”原讹“榆”，据光绪《吉水县志》卷三十《选举志·举人》改。按，本志“李维揄”“李维榆”混用，然多作“李维揄”。查光绪《吉水县志》，以“李维揄”为是。

[2]“兰”原讹“蔺”，据光绪《广州府志》卷二十七《职官表十一·国朝·新安县县丞》改。光绪《广州府志》注：“《县志》‘兰’作‘蔺’。”

[3]“城”原讹“瑊”，据光绪《广州府志》卷二十七《职官表十一·国朝·新安县县丞》改。光绪《广州府志》注：“《县志》‘城’作‘瑊’。”

（续上表）

陈逢泰	福建人	副贡	乾隆十三年任
周　澄	江南人	监生	乾隆十四年任
章忆宗	浙江会稽人		乾隆十五年任
胡　垣	江南人	监生	乾隆十七年任
王　铨	顺天人	监生	乾隆二十二年任
曾　烱	江南吴县人	吏员	乾隆二十三年任
陆元淳	江苏长洲人	监生	乾隆二十五年任
陈启元			乾隆二十六年任
郭　玮			乾隆二十八年任
高　映[1]	大兴人	监生[2]	乾隆二十九年任
陈以冲	安徽石埭人	监生	乾隆三十年任
何鹏云	江苏丹徒人[3]	生员[4]	乾隆三十二[5]年任
戴志达	湖南湘潭人	监生	乾隆三十三年任
李　咸			乾隆三十五年任
熊起腾	湖南益阳人	监生[6]	乾隆三十八年任
周继文	贵州贵筑人	吏目	乾隆三十九年任
罗映雪	江西临川人	监生	乾隆四十五年任
王　诏	直隶文安人	监生	乾隆四十六年[7]任
姜　树	江苏如皋人	廪贡	乾隆四十九年任
金　楷	安徽怀宁人	考职	乾隆五十五年任
徐廷表	江西南昌人	监生	乾隆五十七年任
李敬思	直隶宛平人	议叙	乾隆五十九年任
吴裕义	直隶大兴人	捐输	乾隆五十八年[8]任

[1]“映”后原衍“才”，据光绪《广州府志》卷二十七《职官表十一·国朝·新安县县丞》删。光绪《广州府志》注：“《县志》作‘高映才’。”

[2]“大兴人。监生”原脱，据光绪《广州府志》卷二十七《职官表十一·国朝·新安县县丞》补。

[3]“江苏丹徒人”原脱，据光绪《广州府志》卷二十七《职官表十一·国朝·新安县县丞》补。

[4]“生员”原讹“吏目”，据光绪《广州府志》卷二十七《职官表十一·国朝·新安县县丞》改。光绪《广州府志》注：“《县志》作‘吏目’。”

[5]“三十二”原脱，据光绪《广州府志》卷二十七《职官表十一·国朝·新安县县丞》补。

[6]“监生”原脱，据光绪《广州府志》卷二十七《职官表十一·国朝·新安县县丞》补。

[7]按，“乾隆四十六年”，光绪《广州府志》卷二十七《职官表十一·国朝·新安县县丞》作“乾隆四十三年”，注：“阮《通志》作‘四十六年任’。”光绪《广州府志》“王诏”前亦无“周继文”“罗映雪”。

[8]“捐输”原讹“监生”，“乾隆五十八年”原讹“乾隆五十九年”，均据光绪《广州府志》卷二十七《职官表十一·国朝·新安县县丞》改。光绪《广州府志》注：“《县志》作‘监生’，作‘五十九年’。”

（续上表）

杨俊逸	江西万安人	拔贡	嘉庆元年任
吕　潆	浙江山阴人	监生	嘉庆二年任
朱深扬	四川崇庆人	拔贡	嘉庆三年任
李永清	河南武安人	拔贡	嘉庆三年任
申继志	甘肃镇原人	吏目	嘉庆五年任
熊衣孔	直隶大兴人	议叙	嘉庆七年任
阎履元	直隶正定人	监生	嘉庆九年任
丁　纬	江苏宜兴人	议叙	嘉庆十一年任
黄宗荐	福建龙溪人	监生	嘉庆十五年任
鲍世谟	安徽青阳人	监生	嘉庆十六年任
杨　畴	直隶大兴人	监生	嘉庆十八年任
严　璋	浙江仁和人	监生	嘉庆十七年任，十九年复任
余鸣九	江西新城人	监生	嘉庆二十二年任

教谕

明

俞　香	江西永丰人	岁贡	万历元年任
蔡　澄	江南无锡人	岁贡	万历五年任
周继重	江西永新人	岁贡	万历十一年任
卢一松	福建永定人	选贡	万历十四年任
刘师尹	江西人[1]	举人	万历十八年任，升国子监学录
梁广誉[2]	惠州归善人	选贡	万历十九年任
施孔俭	肇庆阳江人	举人	万历二十年任，升平和知县
裴承衮	浙江金华人	岁贡	万历二十二年任
邹天周	邵武泰宁人	岁贡	万历二十八年任
林学贤	高州吴川人	岁贡	万历三十三年任
黄鹏飞	福建同安人	岁贡	万历三十九年任
卓有瑞	惠州长乐人	岁贡	万历四十二年任
张秉忠	潮州惠来人	岁贡	万历四十四年任
何继孔	儋州人	岁贡	万历四十四年任

[1]“人”原脱，据康熙《新安县志》卷四《职官志·文官表·教谕》补。

[2]“广誉”原倒，据康熙《新安县志》卷四《职官志·文官表·教谕》、光绪《广州府志》卷二十《职官表四·新安县教谕》改。

（续上表）

王学稷	琼山人	举人	万历四十八年任
萧鸣鷟	乐会人	岁贡	天启元年任
蔡大纶[1]	福建龙溪人	岁贡	崇祯元年任
吴国宾	江西瑞昌人	岁贡	崇祯四年任
谭拜职	韶州曲江人	岁贡	崇祯六年任
蔡　鼎	广州合浦人	岁贡	崇祯八年任
顾思义	福建永福人	岁贡	崇祯十年任
吴时化	南雄保昌人	岁贡	崇祯十二年任
许应甲	韶州翁源人	岁贡	崇祯十五年任
马光国	江南亳州人	举人	崇祯十六年任

国朝

康应星	福建人	贡生	顺治四年任
王　璧	福建人	贡生	顺治六年任
刘尔亨	福建人	贡生	顺治八年任
周之德	保昌人	贡生	顺治十五年任
梁高擢	南雄人	举人	康熙元年任
黄衮裳	石城人	岁贡	康熙二十年任
张文明	信宜[2]人	拔贡	康熙三十四年任
卢元芳	信宜人	副贡	康熙四十五年任
陈元捷	西宁人	岁贡	康熙五十八年[3]任
朱天泽	惠来人	贡生	雍正五年任
丘之聪	茂名人	举人	雍正十一年[4]任
陈国瑞	保昌人	举人	乾隆八年任
李畅馥	鹤山人	举人	乾隆八年任

[1]“纶”原讹“伦”，据本志卷十四《宦迹略·宦迹列传》、康熙《新安县志》卷十《人物志·名宦》、乾隆《福建通志》卷二十五《职官六·松溪县·明·训导》、道光《广东通志》卷三十五《职官表二十六·年次无考一百五十五人》改。惟乾隆《福建通志》作“训导”，道光《广东通志》作“教授”，皆误。

[2]“信宜”原倒，据光绪《广州府志》卷二十七《职官表十一·国朝·新安县教谕》改。查《清史稿》卷七十二《地理十九·广东》，清代广东有信宜县，无宜信县。下条“卢元芳”改同。

[3]按，“康熙五十八年”，光绪《广州府志》卷二十七《职官表十一·国朝·新安县教谕》作“康熙四十五年”。

[4]“雍正十一年”原讹“乾隆八年”，据光绪《广州府志》卷二十七《职官表十一·国朝·新安县教谕》改。光绪《广州府志》注:“《县志》作‘乾隆八年任’。”

（续上表）

钟涵白	嘉应人	举人	乾隆十年任
此下尚有教谕数员，因卷册霉烂，无从查考			
刘　楠[1]	乳源人	副榜	乾隆二十八年任
彭如槐	惠州府陆丰人	举人	乾隆三十六年任
沈廷环[2]	饶平人	恩贡	乾隆三十八年任
饶天赋	兴宁人	副贡	乾隆四十年任
李高飞	鹤山人	举人	乾隆四十九年任
梁　沂	德庆州人	廪贡	乾隆四十六年[3]任
刘世馨	阳春人	优贡	乾隆五十五年任
黄锦珠	保昌县人	恩贡	乾隆五十五年[4]任
邓　莲	英德人	廪贡	乾隆五十九年任
曾昇平	和平人	捐[5]贡	乾隆五十九年任
张　洛	翁源人	廪贡	嘉庆五年任
李观成	鹤山人	恩贡	嘉庆六年任
李树元	澄迈人	拔贡	嘉庆七年任
张钦运	乳源人	拔贡	嘉庆八年任
何　模	高明人	廪贡	嘉庆九年任
区郁如	高明人	拔贡	嘉庆十年任
黄庆云	连平州人	拔贡	嘉庆十一年[6]任
陈舒纶	广宁人	廪贡	嘉庆十四年任
陈纶会	海阳人	拔贡	嘉庆十五年任
周居逊	博罗人	廪贡	嘉庆十八年任
叶新丰	嘉应州人	副贡	嘉庆二十一年任

[1] 此条原脱，据光绪《广州府志》卷二十七《职官表十一·国朝·新安县教谕》补。

[2] 此条原脱，据光绪《广州府志》卷二十七《职官表十一·国朝·新安县教谕》补。

[3]“四十六年”原讹“五十二年”，据光绪《广州府志》卷二十七《职官表十一·国朝·新安县教谕》改。光绪《广州府志》注：“《县志》作‘五十二年’。”另，光绪《广州府志》“梁沂”前无“李高飞”。

[4]“恩贡”原讹“岁贡”，“乾隆五十五年”原讹“乾隆五十六年”，均据光绪《广州府志》卷二十七《职官表十一·国朝·新安县教谕》改。光绪《广州府志》注：“《县志》作‘岁贡’，‘五十六年任’。”光绪《广州府志》“黄锦珠”前无“刘世馨”。

[5]“捐”原讹“廪”，据光绪《广州府志》卷二十七《职官表十一·国朝·新安县教谕》改。光绪《广州府志》注：“《县志》作‘廪贡’。”

[6]“十一年”原讹“十二年”，据光绪《广州府志》卷二十七《职官表十一·国朝·新安县教谕》改。光绪《广州府志》注：“《县志》作‘十二年’。”

训导

明

雷　平	江西人	岁贡	万历元年任
龚弘[1]侨	博罗人	岁贡	万历二年任
黄应春	和平人	岁贡	万历八年任
谭一阳	湖广九溪卫[2]人	岁贡	万历十二年任
孙光祚	东莞人，信宜籍	岁贡	万历二十年任
方一清	惠来人	岁贡	万历二十七年任
宋朝史	邠州人	岁贡	万历二十七年任
邓良遇	曲江人	恩贡	万历三十五年任
潘元宰	高州茂名人	岁贡	万历四十一年任
余一议	潮州揭阳人	岁贡	万历四十五年任
谭正美	韶州仁化人	岁贡	天启元年任
姚天豪	肇庆开建人	岁贡	天启五年任
徐即达[3]	潮州澄海人	岁贡	崇祯六年任
李缵昌	化州人	岁贡	崇祯六年任
何自淑	南海人，东安籍	岁贡	崇祯九年任
万士奇	湖广随州人	岁贡	崇祯十三年任
罗通之	江西吉安人		

国朝

王廷前	福建人	贡生	顺治六年任
莫恒吉	韶州人	岁贡	康熙三年任
凌相旌	永安人	岁贡	康熙十年任
曾典学	琼州澄迈人	岁贡	康熙二十二年任
许光岳	雷州徐闻人	岁贡	康熙二十五年任
林　垣	程乡人	岁贡	康熙三十一年任

[1]“弘”原讹“宏”，据康熙《新安县志》卷四《职官志·文官表·训导》改。“弘”讹作“宏”，盖为避乾隆帝名讳而改。

[2]“九溪卫”原脱，据康熙《新安县志》卷四《职官志·文官表·训导》补。

[3]此条原脱，据康熙《新安县志》卷四《职官志·文官表·训导》、光绪《广州府志》卷二十《职官表四·新安县训导》补。按，康熙《新安县志》作“崇祯二年任”；光绪《广州府志》作“[崇祯]六年任”，注:“《府志》作‘二年’，《新安志》无。”

（续上表）

陈文光	陆丰[1]人	岁贡	康熙四十一年任
盘有光	德庆人	岁贡	康熙五十一年任
陆文振	揭阳人	岁贡	雍正元年任
徐　沆	龙川人	岁贡	雍正六年任
刘天柱	惠来人	岁贡	雍正十三年任
黄继度	陆丰人	岁贡	乾隆五年任
周　润	四会人	岁贡	乾隆六年任
黄振霄	揭阳人	岁贡	乾隆十五年任
陈王言	归善人	岁贡	乾隆十八年[2]任
此下尚有训导数员，因卷册霉烂，无从查考			
彭继尧[3]	连山人	挨贡	乾隆二十二年任
陈梦虬	陆丰人	挨贡	乾隆二十四年任
秦邦豪	感恩人	挨贡	乾隆二十七年任
吴福在	钦州人	挨贡	乾隆三十二年任[4]
谢　鸾	兴宁人	举人	乾隆三十三年任
彭如槐	陆丰人	举人	乾隆三十四年任
刘　楠			
何家煜			
吴玉振	丰顺人	岁贡	乾隆四十年任
韩　根			
刘则古	翁源人	岁贡	乾隆四十七年任
李上元	吴川人	廪贡	乾隆五十七年任
潘经宇	文昌人	岁贡	乾隆五十八年任
谭正坤	保昌人	拔贡	乾隆五十九年任
符思超	海康人	廪贡	乾隆五十九年任
黎道清[5]	石城人	岁贡	乾隆六十年任

［1］“陆丰”原讹“程乡”，据光绪《广州府志》卷二十七《职官表十一·国朝·新安县训导》改。光绪《广州府志》注：“阮《通志》作‘程乡人’。”

［2］按，“十八年”，光绪《广州府志》卷二十七《职官表十一·国朝·新安县训导》作“十九年”。

［3］此条及下文“陈梦虬”“秦邦豪”“彭如槐”各条均原脱，据光绪《广州府志》卷二十七《职官表十一·国朝·新安县训导》补。

［4］“在，钦州人。挨贡，乾隆三十二年任”原脱，据光绪《广州府志》卷二十七《职官表十一·国朝·新安县训导》补。

［5］“清”原讹“新”，据光绪《广州府志》卷二十七《职官表十一·国朝·新安县训导》改。光绪《广州府志》注：“《县志》作‘道新’。”

（续上表）

林乔松	惠来人	廪贡	嘉庆五年任
梁圣选	化州人	岁贡	嘉庆五年任
郑朝拱	恩平人	廪贡	嘉庆七年任
梁尧明	茂名人	举人	嘉庆七年任
刘文郁	陵水人	岁贡	嘉庆八年任
马　全	陆丰人	廪贡	嘉庆十年任
潘广淑	陆丰人	廪贡	嘉庆十二年任
杨俊章	大埔人	举人	嘉庆十五年任
翁振纲	高要人	岁贡	嘉庆十七年任
谭　璟	高明人	举人	嘉庆十七年任

官富司巡检

明

林云龙	福建人	万历二年任
林廷彩	福建人	万历四年任
叶　琦	福建人	万历十一年任
林禹谟	福建人	万历十五年任
李嘉材	福建人	
李崇纲	福建人	
杨登高	江西人	
万　炜	直隶人	
张　辉	直隶人	
黄　哲	直隶人	
陈国礼	浙江人	
徐朝望	浙江人	
钟应麒[1]	福建人[2]	
葛子录[3]	浙江人	
施廷光	浙江人	
程应豸	福建人	
查　校	直隶人	
余　琼	湖广人	

[1]“麒”原讹“期”，据康熙《新安县志》卷四《职官志·文官表·官富司巡检》改。

[2]“福建人”原脱，据康熙《新安县志》卷四《职官志·文官表·官富司巡检》补。

[3]“录”原讹“禄”，据康熙《新安县志》卷四《职官志·文官表·官富司巡检》改。

（续上表）

李　兰	广西人	
李大成	直隶人	
张一骥	浙江人	
黄祖乡	福建人	
朱承学	直隶人	
洪一详	浙江人	
钟应炀	福建人	
朱邦泰	浙江西安[1]人	崇祯十二年任
刘应聘	江西瑞金[2]人	崇祯十五年任
王之燮	福建莆田[3]人	崇祯十六年任

国朝

吴起渭	江西人	吏员	顺治三年任
方振纲	浙江人	吏员	顺治五年任
赵之璋	陕西人	吏员	顺治十三年任
韩三杰	山西人	吏员	顺治十八年任
蒋振元	浙江人	吏员	康熙九年任
赵锡翰	浙江绍兴会稽[4]人	吏员	康熙十六年任
廖膺宠	江西临川[5]人	吏员	康熙二十年任
茅宏仁	浙江人		康熙三十六年任
周联甲	大兴人		康熙四十四年任
窦廷玉	宛平人		雍正五年任
王君聘	山西人		雍正十三年任
何德玉	侯官人		乾隆六年任

[1]“西安”原脱，据康熙《新安县志》卷四《职官志·文官表·官富司巡检》、光绪《广州府志》卷二十《职官表四·新安县巡检》补。

[2]“瑞金”原脱，据康熙《新安县志》卷四《职官志·文官表·官富司巡检》、光绪《广州府志》卷二十《职官表四·新安县巡检》补。

[3]“莆田”原脱，据康熙《新安县志》卷四《职官志·文官表·官富司巡检》、光绪《广州府志》卷二十《职官表四·新安县巡检》补。

[4]“绍兴会稽”原脱，据康熙《新安县志》卷四《职官志·文官表·官富司巡检》、光绪《广州府志》卷二十七《职官表十一·国朝·新安县巡检》补。

[5]“临川”原脱，据康熙《新安县志》卷四《职官志·文官表·官富司巡检》、光绪《广州府志》卷二十七《职官表十一·国朝·新安县巡检》补。

（续上表）

胡逢盛	庐[1]陵人		乾隆八年任
钱　淳	余姚人		乾隆九年任
刘克恭	镶黄旗人	监生	乾隆十九年任
徐　钦	山东人	监生	乾隆二十年任
王承勋	直隶人	圆明园效力	乾隆二十三年任
张学斯	浙江萧山人	增生	乾隆二十八年任
高　映	直隶大兴人	监生	乾隆二十八年任
马颐年			乾隆□□□年任
杨学玢	陕西富平人	监生	
娄承琪			乾隆□□□年任
洪　绣	安徽祁门人	监生	乾隆四十年任
顾光涵	江苏吴县人	监生	乾隆四十一年任
顾奕榕	四川人	监生	乾隆四十二年任
方应尚			乾隆四十三年任
张应登	山东济宁州人	吏员	乾隆四十二年任，四十五年复任
涂大熙	湖南永顺人	恩贡	乾隆五十一年任
冯廷桂	浙江山阴人	监生	乾隆五十一年任
丘□□	湖北汉阳人		乾隆五十二年任
侯省方	山西浮山人	监生	乾隆五十二年任
柯　灏	山东蓬莱[2]人		乾隆五十五年任
尉良佐	浙江[3]莱阳人		乾隆五十五年任
王　熠	浙江嘉善人	监生	乾隆五十八年任
张　演	浙江嘉善人	监生	乾隆五十八年任
汤维鉞	湖南长沙人	监生	乾隆五十六年任，五十八年复任
刘瑞桐	江西安义人	议叙	乾隆五十九年任
郄　政	直隶开州人	拔贡	乾隆六十年任
段长基	河南偃师人	拔贡	乾隆六十年任
汤若鸿			嘉庆元年任

[1]“庐”原讹“卢”，据光绪《广州府志》卷二十七《职官表十一·国朝·新安县巡检》改。光绪《广州府志》注：“《县志》作‘卢陵人’，误。”

[2]“莱”原讹“阳”，据光绪《广州府志》卷二十七《职官表十一·国朝·新安县巡检》改。光绪《广州府志》注：“《县志》作‘蓬阳人’，误。”

[3]按，“浙江”疑应作“山东”。光绪《广州府志》卷二十七《职官表十一·国朝·新安县巡检》此条“莱阳”前无省名。查《清史稿》卷六十一《地理八·山东》、卷六十五《地理十二·浙江》，清代山东有莱阳县，浙江则无。

（续上表）

王纫兰	山西乡宁人	拔贡	嘉庆元年任
王　章	江苏阳湖人	监生	嘉庆四年任
蒋福基	江苏元和人	荫袭	嘉庆二年任，六年复任
宋永岳	湖南慈利人	增生	嘉庆八年任
胡宏绍	直隶大兴人	监生	嘉庆十年任
周家曮	山东济宁人	监生	嘉庆十三年任
张文景	山西临汾人	监生	嘉庆十七年任
常应魁	顺天大兴人	监生	嘉庆十八年任
欧阳淳	江西安福人	贡生	嘉庆十四年任，十八年复任
唐钦仁	四川温江人	监生	嘉庆十九年任
魏守诰	湖北江夏人	议叙	嘉庆二十一年任
许章琈	湖南益阳人	监生	嘉庆二十年任，二十二年复任
袁廷荣	顺天大兴人		嘉庆二十四年署任

福永司巡检

明

胡　芹		
陈朝枢	湖广人	
陈　颜		
刘正卿	江西永新人	万历十一年任
周文通	福建人	
郭良宝	福建人	
金钟洪	浙江东阳人	万历三十二年任
金德明	浙江缙云人	万历三十五年任
王尚进	江西庐[1]陵人	万历三十八年任
何应元	嘉定人	万历四十一年任
李承雨	贵州安化人	万历四十四年任
郭大荣	广西苍梧人	万历四十七年任
涂朝文	广西灵川人	天启二年任
郑　达	福建大田人	天启五年任
赵德昌	福建闽清人	天启七年任

[1]“庐”原讹“卢”，据康熙《新安县志》卷四《职官志·文官表·福永司巡检》、光绪《广州府志》卷二十《职官表四·新安县巡检》改。

（续上表）

刘继学	江西都昌人	崇祯元年任
范廷珣	江西丰城人	崇祯二年任
袁楚英	湖广巴陵人	崇祯四年任
林震龙	福建福清人	崇祯七年任
周正芳	福建莆田人	崇祯九年任
阳芳仪	福建晋江人	崇祯十二年任
熊文立	江西崇仁人	崇祯十六年任

国朝

何　瑜	浙江人	吏员	顺治三年任
陈光祚	福建人		顺治四年任
卢吉祥	湖广人		顺治六年任
蔡应选	浙江人	吏员	顺治九年任
高一星	北直人	吏员	顺治十七年任
袁士可[1]	浙江人	吏员	康熙元年任
薛　震	浙江人	吏员	康熙九年任
陈必识	浙江山阴人	吏员	康熙十六年任
陈　淳	江南宣城人	吏员	康熙二十二年任
樊　秀	浙江山阴人	吏员	康熙二十五年任
顾宗文	会稽人		康熙五十一年任
侯天福	密[2]县人		雍正二年任
施宏范	宛平人		康熙五十七年任，雍正八年复任
周尚贤	高陵人		乾隆二年任
孙继祖	大兴人	监生	乾隆十一年任
奚泮士	江苏阳湖人	监生	乾隆十二年任
张　现	贵州人	生员	乾隆十六年任
施　锦	吴县人	监生	乾隆十九年任
王作朋	顺天大兴人	监生	乾隆二十二年任
郭希泰			乾隆三十八年任

[1] 按，“袁士可”，康熙《新安县志》卷四《职官志·文官表·福永司巡检》作“袁可士”；光绪《广州府志》卷二十七《职官表十一·国朝·新安县巡检》则作“袁士可”，注：“张《府志》作‘可士’。”

[2] “密”原讹“蜜”，据光绪《广州府志》卷二十七《职官表十一·国朝·新安县巡检》改。光绪《广州府志》注：“《县志》‘密’作‘蜜’。”

（续上表）

陆　来	浙江归安人	附生	乾隆四十四年任
汤维钺		已注官富司	乾隆五十年任
赵兴武	直隶大兴人	吏员	乾隆五十七年任
丘志芳	福建上杭人	监生	乾隆五十七年任
喻梦琨	江西南昌人	议叙	乾隆五十八年任
彭士琦	江西庐[1]陵人	监生	嘉庆六年任
董源大			嘉庆八年署任
陈　谟	安徽石埭人	议叙	嘉庆三年任，九年复任
张家顺	安徽寿州人	监生	嘉庆十年任
沈文起	浙江乌程人	监生	嘉庆十年任
江　云	江西宜黄人	监生	嘉庆十七年任
陆　琪	浙江山阴人	供事	嘉庆十六年任，十九年[2]复任
姚楚源	浙江会稽人	供事	嘉庆二十二年任

典史

明

彭一桂	广西藤县人		万历元年任
郑　亨	福建长汀人		万历四年任
林洪训	福建莆田人		万历六年任
林一清	福建闽县人		万历十年任
林天珣	福建莆田人		万历十四年任
沈大寿	浙江兰溪人		万历十九年任
高应章	福建莆田人		万历二十二年任
吴远[3]慕	福建龙溪人		万历二十五年任
吴　寀	江南石埭人		万历三十年任
单必瑞	浙江钱塘人		万历三十四年任
章习之	慈州桂池人		万历三十八年任
王克为	浙江桐庐人		万历四十一年任
何汝洲	浙江兰溪人		万历四十八年任

[1]“庐”原讹“卢”，据光绪《广州府志》卷二十七《职官表十一·国朝·新安县巡检》改。

[2]按，“十九年”，光绪《广州府志》卷二十七《职官表十一·国朝·新安县巡检》作“十八年”。

[3]“远”原讹“达”，据康熙《新安县志》卷四《职官志·文官表·典史》改。

（续上表）

赵贤伟	浙江东阳人		泰昌元年任
顾光祚	苏州吴县人		天启四年任
朱锡元	浙江绍兴人		天启七年任
沈秉谦	浙江萧山人		崇祯二年任
刘士铉	福建上杭人		崇祯四年任
顾鸿飞	福建莆田人		崇祯五年任
龚尚仁	福建邵武人		崇祯八年任
张邦浩	浙江山阴人		崇祯十二年任
钟翔凤[1]	浙江会稽人		崇祯十五年任
陈　明	浙江人	吏员	

国朝

何彦炜	浙江人	吏员	顺治三年任
罗启龙	浙江人	吏员	顺治五年任
张宁中	浙江人	吏员	顺治七年任
蔡茂鼎	浙江人	吏员	顺治十一年任
丁梦球	浙江人	吏员	顺治十三年任
徐光斗	浙江人	吏员	顺治十八年任
段文绣	盛京人	吏员	康熙四年任
郭锐兴	山东人	吏员	康熙九年任
尹德浩	山东兖州人	吏员	康熙二十二年任
郭世巩	河南祥符人	供事	康熙二十四年任
张　易	天津卫人		康熙三十六年任
任永泰	河州卫人		康熙五十一年任
童秉芬	平山人		康熙五十九年任
鲁元臣	大兴人		康熙六十一年任
谢锡琦	宛平人		雍正五年任
李思义	大平人		雍正十二年任
周文焕	慈溪人		乾隆八年任
苏时励	石埭人		乾隆十二年任

[1]“翔凤”原倒，据康熙《新安县志》卷四《职官志·文官表·典史》、光绪《广州府志》卷二十《职官表四·新安县典史》改。

（续上表）

王宗曾	镶白旗人	监生	乾隆二十五年[1]任，至四十七年告病卸任
范臣如[2]	宛平人	监生	乾隆四十八年任[3]
秦永贵	四川隆昌人	吏员	乾隆五十一年[4]任
江德绥	江南元和人	监生	乾隆五十三年任
徐廷表	江西南昌人	监生	乾隆五十四年任
王兆麟	山东历城人	监生	乾隆五十七年任
陈　鳌	浙江会稽人	吏员	乾隆五十七年任
茹玉亭	直隶大兴人	供事[5]	乾隆五十八年任
程　榕	直隶大兴人	议叙	嘉庆五年任
武德璋	山西文水人	监生	嘉庆五年任
罗玉桂	直隶大兴人	监生	嘉庆八年任
王廷桂	直隶大兴人	监生	嘉庆八年任
郑师靖	浙江秀水人	贡生[6]	嘉庆九年任
顾亦棻	江苏元和人	监生	嘉庆十八年任
段芥[7]霖	河南光州人	监生	嘉庆十九年任
范　棠	山西介休人	监生	嘉庆二十二年任
吴有莪	浙江余姚人	吏员[8]	嘉庆二十三年任

[1]“二十五年”原讹“二十二年”，据光绪《广州府志》卷二十七《职官表十一・国朝・新安县典史》改。光绪《广州府志》注：“《县志》作‘二十二年’。”

[2]“臣如”原倒，据光绪《广州府志》卷二十七《职官表十一・国朝・新安县典史》改。

[3]“宛平人。监生，乾隆四十八年任”原脱，据光绪《广州府志》卷二十七《职官表十一・国朝・新安县典史》补。光绪《广州府志》注：“《县志》缺履历、任年。”

[4]“五十一年”原讹“五十年”，据光绪《广州府志》卷二十七《职官表十一・国朝・新安县典史》改。光绪《广州府志》注：“《县志》作‘五十年’。”

[5]“供事”原讹“议叙”，据光绪《广州府志》卷二十七《职官表十一・国朝・新安县典史》改。光绪《广州府志》注：“《县志》作‘议叙’。”

[6]“贡生”原讹“附贡”，据光绪《广州府志》卷二十七《职官表十一・国朝・新安县典史》改。光绪《广州府志》注：“《县志》‘贡生’作‘附贡’。”

[7]“芥”原讹“荷”，据光绪《广州府志》卷二十七《职官表十一・国朝・新安县典史》改。光绪《广州府志》注：“《县志》‘芥’作‘荷’。”

[8]“吏员”原讹“议叙”，据光绪《广州府志》卷二十七《职官表十一・国朝・新安县典史》改。光绪《广州府志》注：“《县志》‘吏员’作‘议叙’。”

东莞场大使 乾隆五十四年裁

明

周　行	福建惠安人
黄士钦	福建莆田人
昌迎春	四川荣昌人
蒋廷爵	广西全州人
唐　元	湖广惠阳人
叶　金	江都人
何　纲	浙江钱塘人
吴弘[1]道	浙江长兴人
汪如杜	江西新城人
陈仕节	山东聊城人
王　校	福建福清人
侯汝阳	浙江临海人
万应铨	江西南昌人
夏齐亨	高淳人
余继美	浙江余姚人
王文才	贵池人
薛克俊	福建人
樊经之	浙江会稽人

国朝

李逢春	盛京人		顺治三年任
姚经之	福建人		顺治五年任
林尚隆	三水人		顺治十一年任
罗赞炫[2]	南海人		顺治十二年任
王国宁	盛京人	吏员	顺治十三年任
王世瑞	浙江人	吏员	顺治十七年任
韩钟秀	山东人	吏员	康熙九年任
周　乾	江西南昌人	例监	康熙十六年任

[1]“弘”原讹“宏”，据康熙《新安县志》卷四《职官志·文官表·东莞场大使》改。

[2]“炫”原讹“铉”，据康熙《新安县志》卷四《职官志·文官表·东莞场大使》、光绪《广州府志》卷二十六《职官表十·国朝·东莞县仓大使》改。

（续上表）

胡大铨	浙江山阴人	吏员	康熙二十五年任
程鹏举	直隶东安人	吏员	康熙二十七年任
陈泰柱	掖县人		康熙二十九年任
周国彬	宛平人		康熙四十八年任
秦绍祖	永清人		康熙五十八年任
张若普	桐城人	监生	雍正七年任
黄　玺	大兴人	监生	雍正八年任
翟文凤	滦州人	生员	乾隆七年任
李连三	山西洪洞[1]人	监生	乾隆二十年任
王缵会	正黄旗人	举人	乾隆元年任，十三年复任，二十一年又任
王士禄			乾隆二十六年任
王尚礼	广西博白人	举人	乾隆三十二年任
张怡熊			乾隆三十五年任
王　昶	陕西三水人	监生	乾隆三十六年任
杜廷芮			乾隆三十八年任
李锡瑞			乾隆四十年任
陈康洲	福建同安人	监生	乾隆四十一年任
胡宝琏	安徽宣城人	监生	乾隆四十一年任
张士英[2]			乾隆四十二年任
郑家屏			乾隆四十五年任
赵　廓	陕西同官人	监生	乾隆四十六年任
徐金鏼			乾隆五十年任
王元凤			乾隆五十二年任
舒　介	直隶大兴人	监生	乾隆五十三年任
王　镗	浙江会稽人	监生	乾隆五十三年任

按：乾隆二十一年，奉裁归靖场，改为委缺，盐课归并东莞场征解。至五十四年，而东莞场亦裁。

［1］“山西洪洞”原讹“山东洪桐”，据光绪《广州府志》卷二十六《职官表十·国朝·东莞县仓大使》改。

［2］按，此条原倒置于“胡宝琏”条前，据光绪《广州府志》卷二十六《职官表十》改。

归德场大使 乾隆五十四年任裁

明

邓于仁	
黎　勤	
李瑞立	
宗　昭[1]	
李学忠	江西南丰人
俞有功	浙江钱塘人
李承祖	江西永新人
王成家	江南苏州人

国朝

朱玉薰	盛京人	吏员	顺治三年任
于之镇	湖广人	吏员	顺治四年任
叶　贤	浙江人	吏员	顺治九年任
俞一弘[2]	浙江人	吏员	顺治十五年任
王珍贤	盛京人	吏员[3]	顺治十七年任
周应龙	盛京人	吏员	康熙元年任
赵锡翰	浙江人	吏员	康熙八年任
徐鸿磐	福建莆田人	武生	康熙十六年任
吴之锦	顺天蓟[4]州人	吏员	康熙二十二年任
秦廷鉴	山西曲沃人	吏员	康熙二十四年任
自秦廷鉴至黄景阳，缺六十年，其官无考			
黄景阳	嘉应镇平人	举人	乾隆二十二年任
杨天德	云南赵州人	举人	乾隆二十三年任
陈尔弟	广州顺德人	贡生	乾隆二十八年任
刘华莘	乾隆二十八年任		
齐永治	直隶大兴人	吏员	乾隆二十九年任

[1]“昭”原讹“绍”，据康熙《新安县志》卷四《职官志·文官表·归德场大使》、光绪《广州府志》卷二十《职官表四·新安县仓大使》改。光绪《广州府志》注：“《县志》作‘绍’。”

[2]“弘”原讹“宏”，据康熙《新安县志》卷四《职官志·文官表·归德场大使》改。

[3]“吏员”原脱，据康熙《新安县志》卷四《职官志·文官表·归德场大使》补。

[4]“蓟”原讹“苏”，据康熙《新安县志》卷四《职官志·文官表·归德场大使》改。

（续上表）

童　璘			乾隆三十五年任
任　璋			乾隆四十一年任
李　超	四川绵竹人	举人	乾隆四十九年任
张康泰[1]	浙江海宁人	吏员	乾隆五十三年任
以后裁缺			

[1] 本条原倒置于“李超”条前，据光绪《广州府志》卷二十七《职官表十一·国朝·新安县大使》改。

新安县志卷之六

职官志二 武官表

武官表

明[1]

参将

黑孟阳		神电卫指挥	
汤克宽	直隶邳州人		嘉靖四十四年任
胡　震	浙江人		万历□□年任
方　伯	浙江绍兴卫人		万历十一年任

总兵

按：万历十四年六月，总督吴、御史汪会题："南头为全广门户，控制蛮倭，请总兵移镇，带标兵一营，遇汛驻札弹压，以据形胜、重门户也。裁革参将，添设把总一员，及左右分总。"

刘凤翔	北京金吾卫人	原镇守广东总兵	万历十五年移镇

把总

吴宗尧	江西抚州卫人	万历十五年任

[1]"明"原倒置于"参将"下，据文意改。

左右分总

王　权	广州右卫人
刘　意	浙江绍兴卫人

参将 万历十八年罢移镇，故复设

彭信古	湖广麻城[1]人		万历二十一年任
秦经国			万历二十三年署任
安如山	浙江宁波卫人		万历二十四年任
顾　臬	福建漳州卫人		万历二十七年任
黄　钟	从化所人		万历三十年任
黄　钺	浙江人		万历三十五年任
李　楷	湖广蕲州人		万历三十八年任
张万纪	福建镇东卫人		万历四十年任
刘　岳	贵州人		万历四十三年任
吕　佾	江南扬州人		万历四十六年任
方仪凤	江南池州人		天启二年任
李　相	从化所人		天启四年任
高应毓	福建晋江人	武进士	天启六年任
陈　拱	浙江上虞人		崇祯元年任
陈　炤	广海卫人		崇祯二年任
黎延庆		浙江杭州卫指挥	崇祯六年任
陆万里		直隶镇江卫指挥	崇祯十三年任

东莞所指挥

李茂才	原山西阳曲人	祖李彦忠，永乐十五年以千户调本所。至李茂才，袭指挥，又升守备

千户

袁兆龙	原南直高邮州人	
沈九江	原南直巢县人	祖沈兴，洪武二十九年以副千户调本所
王祚隆	原南直合肥县人	

[1]“麻城”原脱，据康熙《新安县志》卷四《职官志·武官表·参将》补。

百户

吴可先	原江南人	祖吴祚，洪武二年以百户调本所
孙□□	原直隶人	祖孙能，正统九年以百户调本所
徐昌胤[1]		
万　从	原江南人	祖万金，洪武二十三[2]年以百户调本所

吏目

徐文隆
蒋三益
姜世杰
徐文美

大鹏所指挥

高　宣	原河南确山人	祖高礼，永乐十五年以千户调本所。至高宣，袭升指挥

千户

刘昌允	原湖广江夏人	祖刘源，洪武二十九年以百户调本[3]所。至刘钟，阵亡。以刘昌允承袭
康仕杰	原江西泰和人	祖康宁，正统九年以副[4]千户调本所

百户

王有樑

[1]“胤”原讹“允”，据康熙《新安县志》卷四《职官志·武官表·东莞所》改。按，“胤”讹作“允”，盖因避雍正帝名讳而改。

[2]“十三”原脱，据康熙《新安县志》卷四《职官志·武官表·东莞所》补。

[3]“本”原讹“木”，据康熙《新安县志》卷四《职官志·武官表·大鹏所》改。

[4]“副”原脱，据康熙《新安县志》卷四《职官志·武官表·大鹏所》补。

吏目

郑大纲	

国朝

总兵

康熙四年移镇，标兵三千，分中、左、右三营，中营驻邑城，左营驻大鹏，右营驻东莞。康熙六年，移镇碣石卫，而总兵不驻此。

张国勋	辽东锦州人	康熙四年任，六年离任
于奋起		康熙六年任，七年移镇碣石

新安营游击 康熙三年改设

敖应春	京卫人		康熙三年任
鲁一睿	广东人		康熙三年任
邓孔璋	河南人		康熙五年署任
尹　震	京卫人		康熙五年任
苗　英	陕西人		康熙九年任
蔡　昶	京卫人		康熙十年任
王　豹	山西人		康熙十二年任
芮[1]梦龙	江南人		康熙十三年任
梁　斌	广东人		康熙十六年任
杨进忠	辽东人		康熙二十年任
欧阳嗣奭	江西人		康熙二十二年任
林　瑞	福建人		康熙二十四[2]年任
彭启贵	湖广人	行伍	康熙二十八[3]年任

［1］“芮”原讹“苪”，据雍正《广东通志》卷三十《职官志五·国朝·游击》、光绪《广州府志》卷三十《职官表十四·国朝·武职》改。光绪《广州府志》注：“张《府志》‘芮’作‘苪’。”

［2］“四”原讹“七”，据本志卷七《建置略·廨署》、雍正《广东通志》卷三十《职官志五·国朝·游击》改。

［3］“八”原讹“九”，据雍正《广东通志》卷三十《职官志五·国朝·游击》、光绪《广州府志》卷三十《职官表十四·国朝·武职》改。光绪《广州府志》注：“《新安志》作‘二十九年’。”

（续上表）

高天凤	浙江人	行伍	康熙三十七年[1]任
左世永	正黄旗人		康熙三十九年任
马世雄	陕西榆林卫人	武进士	康熙四十一年任
杨　景	福建龙溪县人	行伍	康熙四十三年任
刘　遴	山西人		康熙四十九年任
杨　彬	江南人		康熙五十年任
赵　蕙	陕西榆林卫人	行伍	康熙五十六年[2]任
李富才	福建人		康熙五十五年任
郎应箕	镶黄旗人		康熙五十六年任
韩绍正	陕西永泰县人	行伍	康熙五十八年任
胡文胜	江南人		康熙六十一年任
缪　宏	云南人		雍正二年任
王宗圣	北直人		雍正六年任
周　广	宁夏[3]人	进士	雍正六年任
林　荣	福建同安县人	行伍	雍正七年任
杨启忠	福建海澄县人		雍正十年任
黄云龙	福建诏安县人	行伍	乾隆八年任
张石美			乾隆九年署任
王廷玉	山东蓬莱县人	行伍	乾隆十年任
林　宠			乾隆十五年署任
郑世盛	福建晋江人		乾隆十六年任
黄　凤	潮阳人		乾隆二十四年任
陈□□			乾隆二十六年任
黄□□			乾隆二十七年任
林　俊	潮州潮阳人		乾隆二十九年任
陈　彩			乾隆三十一年署任
殷□□			乾隆三十二署任
黄元臣	潮州澄海人		乾隆三十二年任

[1]“浙江”原讹“山东蓬莱县”，“康熙三十七年”原讹“康熙三十五年”，均据雍正《广东通志》卷三十《职官志五·国朝·游击》、光绪《广州府志》卷三十《职官表十四·国朝·武职》改。光绪《广州府志》注：“《县志》作‘蓬莱人，三十五年任’。”

[2]“五十六年”原讹“五十一年”，据光绪《广州府志》卷三十《职官表十四·国朝·武职》改。光绪《广州府志》注：“阮《通志》作‘五十一年’。”

[3]“宁夏”原讹“陕西”，据雍正《广东通志》卷三十《职官志五·国朝·游击》、光绪《广州府志》卷三十《职官表十四·国朝·武职》改。

（续上表）

叶汉高			乾隆三十三年任
雷　鹏	福建清流人		乾隆三十四年任
吴国栋			乾隆三十五年署理
英　华			乾隆三十五年署任
朱时吉			乾隆三十六年任
许　爵	福建龙溪人		乾隆三十七年任
陈　彩			乾隆三十九年署任
陈大钺	潮州澄海人		乾隆三十九年任
覃　彪			乾隆四十一年署任
李显名			乾隆四十一年署任
李□□	江西大庾人	武举	乾隆四十二年署任
蔡兴邦	福建海澄人	世袭	乾隆四十二年任
傅　杰	廉州合浦人		乾隆四十二年署任
李际泰	邑人		乾隆四十三年护任
陈　景			乾隆四十四年署任
蔡安廷	潮州澄海人		乾隆三十七年署，四十六年任
黄　标	潮州府人		乾隆四十六年署理
陈　统			乾隆四十八年署任
陈天琳			乾隆四十八年署任
林起凤	惠州归善人		乾隆四十九年任
苏雅叨			乾隆五十年署任
崔得胜			乾隆五十一年任
周光中	江南宝山人		乾隆五十二年署任
陈澄斌	潮州澄海人		乾隆五十二年署任
陈上高	惠州归善人		乾隆五十三年任
李成林	肇庆高要人		乾隆五十四年署任
程　垣	直隶宛平人		乾隆五十五年任
丘奋飞	肇庆高要人		乾隆五十七年任
于　衡	山西大同人		乾隆五十八年署任
钟光耀	浙江瑞安人		乾隆五十九年任
潘明远	惠州归善人		嘉庆元年署任
鞠应蛟	江苏汇县[1]人		嘉庆元年任

[1] 按，“汇县”疑为“南汇县”。光绪《广州府志》卷三十一《职官表十五·国朝·武职》记载鞠应蛟于乾隆五十二年任大鹏营参将，“江苏人”；嘉庆元年任广海寨守备，“汇县人”。查《清史稿》卷五十八《地理五·江苏》，清代江苏有南汇县，无汇县。

（续上表）

叶成林	东莞人		嘉庆二年署任
吴殿高	潮州人		嘉庆五年任
许麟学	甘肃宁夏人	武举	嘉庆三年署，五年复任
许廷桂	潮州潮阳人		嘉庆八年任
曾钦选	惠州归善人		嘉庆九年署任
林　孙	潮州澄海人	投诚	嘉庆十年署任
顾大年	江南人		嘉庆十六年署任
曾　荣	邑之新桥人		嘉庆十四年署任，十六年复任
杜茂达	潮州澄海人		嘉庆十六年任
刘大受	江西新昌人	武举	嘉庆十六年署任
余时高	潮州澄海人	武生	嘉庆十七年署任
吴绍麟	罗定州人	荫袭	嘉庆十八年署任
萧国林	新宁广海人		嘉庆十八年署任
李耀扬	嘉应长乐人		嘉庆十九年任

按：乾隆二十二年，设左翼镇，驻札虎门，新安营改为左翼镇标左营。嘉庆十六年，奉旨“粤东添设水师提督一员，驻札虎门，移左翼镇驻札阳江，新安营改为水师提标左营。”

又按：郡志载：“雍正八年，改游击为参将。”但稽《新安营册》，自康熙三年设游击，此后并无“改设参将”字样。惟查雍正八年，只有新会、增城二县改游击为参将，余皆仍旧。郡志或失详核，或系错缮，俱未可定。附记于此，以俟参考。

新安营守备 康熙三年城守改设

刘正学[1]	山东人	将材	顺治四年初任
许　雄	浙江人		顺治四年任
马鸿[2]飞	浙江人		顺治五年任

[1]“正学”原倒，据康熙《新安县志》卷四《职官志·武官表》、雍正《广东通志》卷三十《职官志五·国朝·游击》改。

[2]“鸿”原讹“雄”，据康熙《新安县志》卷四《职官志·武官表》、雍正《广东通志》卷三十《职官志五·国朝·游击》改。

（续上表）

张弘[1]德	湖广人	投诚	顺治七年任
王守祖[2]	辽东铁岭卫人		顺治九年任
姜起龙	山西宣府人	武举	顺治十七年任
蒋弘[3]润	京卫人	武进士	康熙元年任，康熙三年改城守为守备中军
陈登榜	四川人		康熙五年任
张　璘	山东济宁卫人		康熙十三年任
吴守起	陕西[4]岐山人		康熙二十二年任
柳　胜	陕西人		康熙三十年任
段　招	陕西[5]人		康熙三十四年任
张弘[6]业	顺天人	武举	康熙四十年任
林　麒	江西人		康熙四十四年任
娄圣甫	浙江人		康熙四十八年任
焦耀龙[7]	陕西三水人		康熙四十九年任
张国宾	甘肃[8]宁夏人		康熙五十五年任
傅泽滋	镶黄旗人		康熙五十七年任
谢　英	潮州府程乡人		康熙六十一年任
何国文	浙江象山县人		雍正六年任
严　晃			雍正十年任
黄　升	惠州海丰人		雍正十一年任
魏元福	福建台湾县人		乾隆九年任
林宠福	福建晋江县人		乾隆十四年任

[1]“弘”原讹“宏”，据康熙《新安县志》卷四《职官志·武官表》、雍正《广东通志》卷三十《职官志五·国朝·游击》改。

[2]“祖”原讹“礼”，据康熙《新安县志》卷四《职官志·武官表》、雍正《广东通志》卷三十《职官志五·国朝·游击》改。

[3]“弘”原讹“宏”，据康熙《新安县志》卷四《职官志·武官表》、雍正《广东通志》卷三十《职官志五·国朝·游击》改。

[4]“陕西”原讹“山西”，据《清史稿》卷六十三《地理十·陕西》改。按，康熙《新安县志》卷四《职官志·武官表》作“山西凤翔府岐山县人”，雍正《广东通志》卷三十《职官志五·国朝·游击》作“山西人”。查《清史稿》，清代岐山县属陕西省。

[5]“陕西”原讹“山东”，据雍正《广东通志》卷三十《职官志五·国朝·游击》、光绪《广州府志》卷三十《职官表十四·守备》改。光绪《广州府志》注：“《新安志》作‘山东人’。”

[6]“弘”原讹“宏”，据雍正《广东通志》卷三十《职官志五·国朝·游击》改。

[7]按，“龙”，雍正《广东通志》卷三十《职官志五·国朝·游击》作“隆”。

[8]“甘肃”原讹“陕西”，据《清史稿》卷六十四《地理十一·甘肃》改。

（续上表）

曾次辰	惠州归善人		乾隆十六年任，二十一年复任
朱□□			乾隆二十四年任
谢 祥			乾隆二十七年任
张□□			乾隆三十一年任
陈□□			乾隆三十三年任
莫□□			乾隆三十五年任
吴本汉			乾隆三十五年任
陈 庄			乾隆三十六年任
陈 辉			乾隆三十八年任
陈 旦			乾隆三十九年任
王腾凤			乾隆四十年任
郭□□			乾隆四十一年任
麦 瑞			乾隆四十四年任
黄玉龙			乾隆四十五年署任
卢 鼎	东莞人		乾隆四十五年署任
蔡腾云			乾隆四十六年署任
叶正开	东莞人		乾隆四十七年署任
毛应龙	香山人		乾隆四十八年署任
马绍麟			乾隆五十年任
胡世标	新宁人		乾隆五十一年署任
高膺振	惠州陆丰人		乾隆五十三年任
何士祥	香山人	武进士	乾隆五十六年任
何 昭	香山人	武进士	乾隆五十八年署任
陆 高	惠州府人		乾隆五十九年任
方 镜	东莞人		乾隆五十九年署任
许麟学	甘肃人	武举	嘉庆元年任
许廷桂	潮阳人		嘉庆元年署任
梁鸿猷	嘉应州人	武举	嘉庆二年署任
徐 洲	邑之龟庙人		嘉庆三年任
黎智豪	东莞人		嘉庆四年署任
苏清连	东莞人		嘉庆七年署，在任八年
李海熊	嘉应长乐人		嘉庆十四年任
黎 英	新宁人		嘉庆十四年署[1]，十六年复任

[1] 按，“署”，光绪《广州府志》卷三十一《职官表十五·守备》作“任”。

（续上表）

李扳龙[1]	肇庆高要人	荫袭	嘉庆十五年署任
刘起龙	邑之大鹏人		嘉庆十七年署任
李耀扬	嘉应长乐人		嘉庆十七年任
李　扬	阳江人		嘉庆十七年署任
杨廷华	南海县人		嘉庆十八年署任
高宜勇	潮州府人		嘉庆十九年署任
彭允高	阳江人		嘉庆十九年署任
张　高	东莞人		嘉庆二十一年署任
窦振龙	吴川人		嘉庆二十二年署任
佘　清	邑之碧头人		嘉庆二十三年署任

东莞守御所千总 原东莞营调拨，今隶新安营游击辖下

徐云宾	浙江人		顺治八年任
林邦桂	福建人		顺治十四年任
张瑞书	河南人		顺治十七年任
冯元鼎	宣府人	武举	康熙元年任
王肇玺	盛京南宫人	武举	康熙九年任
田　玉	山东嵫阳人		康熙十六年任
庆抡俊	山东乐安人	兵科效劳	康熙二十一年任
韩宗孟	河南兰阳人		康熙二十二年任
陈　荣	福建海澄人		康熙二十二年任
许　华	福建同安人		康熙二十五年任
索云龙	山东人		康熙二十七年任

按：千总姓名，旧载止此，嗣后房档霉烂，无从查考。

左哨千总

材[2]开兴	福建漳州府人	乾隆十五年任
郭　升	广州香山人	乾隆二十五年任
詹朝恩	东莞人	乾隆二十九年任
冯　琏	嘉应州人	乾隆三十六年任

[1] 按，“扳”，光绪《广州府志》卷三十一《职官表十五·守备》作“攀”。
[2] 按，“材”疑为“林”之误。

（续上表）

卢　鼎	东莞人	乾隆三十九年任
陈天祥	福建福安人	乾隆四十三年任
胡世标	新宁人	乾隆四十九年任
方　镜	东莞人	乾隆五十六年任
钟声扬	东莞人	乾隆五十八年任
王朝治	东莞人	嘉庆元年任
胡卓堂	新宁人	嘉庆四年任
方定廉	东莞人	嘉庆十一年任
吴绍麟	罗定州人	嘉庆十三年任
张　高	东莞人	嘉庆二十年任

右哨千总

关德耀	香山人	乾隆二十二年任
张　超	福建诏安人	乾隆二十八年任
陈　旦	东莞人	乾隆三十六年任
陈威扬	罗定州人	乾隆三十七年任
江连升	香山人	乾隆三十九年任
黄玉龙	香山人	乾隆四十四年任
毛应龙	香山人	乾隆四十五年任
董得升	高州人	乾隆五十八年任
陈高凌	东莞人	乾隆五十八年任
冯恩露	东莞人	乾隆五十九年任
黎智豪	东莞人	嘉庆四年任
曾胜锡	惠州归善人	嘉庆十五年任
佘　清	邑之碧头人	嘉庆二十二年任

把总

蔡　科	本邑人	康熙十七年任
练必禄	曲江人	康熙十九年任
蔡贤德	福建人	康熙二十二年任
冯得功	江南人	康熙二十五年任
方　凤	潮州人	康熙二十七年任
自康熙二十七年后，至乾隆二十一年，营册霉烂，无从查考		

左哨头司把总

郑 耀	东莞人	乾隆二十一年任
朱日升	新宁人	乾隆三十一年任
林朝凤	香山人	乾隆三十七年任
何 纲	香山人	乾隆三十九年任
赵大可	阳江人	乾隆四十二年任
卢似蓉	东莞人	乾隆四十三年任
林朝国	香山人	乾隆五十二年任
苏文亮	东莞人	乾隆五十六年任
郑廷安	本邑人	乾隆五十九年任
曾连升	本邑人	嘉庆元年任
宋俊扬	新宁人	嘉庆四年任
陈大德	东莞人	嘉庆九年任
杨廷华	南海人	嘉庆十三年任
孔 昌	东莞人	嘉庆十七年任
黄成功	本邑人	嘉庆十九年任

左哨二司把总

袁国耀	东莞人	乾隆二十年任
叶汉高	香山人	乾隆三十五年任
黄镇邦	本邑人	乾隆四十年任
吴保定	福建人	乾隆四十八年任
胡金成	东莞人	乾隆五十一年任
梁佐龙	东莞人	乾隆五十六年任
李名扬	阳江人	乾隆五十九年任
卢 英	东莞人	乾隆六十年任
卢廷扬	东莞人	嘉庆三年任
陈雄彪	东莞人	嘉庆五年任
陈振凤	东莞人	嘉庆六年任
谭 安	东莞人	嘉庆九年任
翟超汉	东莞人	嘉庆十二年任
詹兴有	东莞人	嘉庆十六年任
林朝相	东莞人	嘉庆二十二年任
陈志刚	东莞人	嘉庆二十三年任

右哨头司把总

魏廷晃	福建人	乾隆二十一年任
李　全	惠州陆丰人	乾隆二十三年任
李　鹏	东莞人	乾隆三十一年任
胡上杨	新宁人	乾隆三十五年任
叶得高	东莞人	乾隆三十九年任
朱成德	东莞人	乾隆五十五年任
谢　升	阳江人	嘉庆四年任
杨廷高	东莞人	嘉庆十六年任
冯耀宗	东莞人	嘉庆二十三年任

右哨二司把总

田毓秀	福建人	乾隆十五年任
林　相	本邑人	乾隆二十四年任
任开成	新宁人	乾隆二十九年任
郭　胜	东莞人	乾隆三十四年任
朱明亮	东莞人	乾隆四十二年任
陈　荣	东莞人	乾隆四十六年任
王朝安	东莞人	乾隆四十八年任
黄观祐	东莞人	乾隆四十九年任
叶成林	东莞人	乾隆五十二年任
林　源	三水人	乾隆五十三年任
黄朝用	潮阳人	乾隆五十六年任
何超龙	东莞人	乾隆五十九年任
陈　凯	东莞人	乾隆六十年任
陈锦荣	新宁人	嘉庆三年任
李恩照	归善人	嘉庆九年任
曾国安	本邑人	嘉庆二十一年任
杨廷杰	东莞人	嘉庆二十一年任
陈卫邦	本邑人	嘉庆二十三年任

大鹏守御所千总

陈亨龙	海丰人	顺治十三年任
郭进孝		顺治十七年任

（续上表）

甘　复		顺治十八年任
杜进梅[1]	辽东人	顺治十八年任
余尔忠		康熙二年任
马四玉	盛京人	康熙五年任

按：康熙七年，营汛归并惠州协副将管辖，而新安营不辖大鹏。

大鹏营游击 康熙四十三年，将顺德镇右营游击改设大鹏营游击

邵唐清	陕西人	行伍	康熙四十三年任
林世春	福建人	由行伍	康熙四十四年任
张国兴	顺天宛平人	榜眼	康熙四十九年任
王永吉	福建人	行伍	康熙五十五年任
刘　勇[2]	陕西人		康熙五十七年任
陈祖训	福建诏安县人	行伍	康熙六十年任
王得功	山东蓬莱县人	行伍	雍正元年任

大鹏营参将 雍正四年以游击改设

李振麟	福建晋江县人	军功	雍正四年任
许国腾	福建海澄人	贡生	雍正六年任
钱志汉	浙江象山县人	行伍	雍正七年任
杨启忠	福建海澄人	行伍	乾隆五年任
吴英汉	东莞人	行伍	乾隆九年任
李高耀	福建晋江人	行伍	乾隆十一年任
刘克江	潮州海阳人	行伍	乾隆十四年任
王廷玉	山东蓬莱人	行伍	乾隆十六年任
黄锡申	福建平和人	武生	乾隆十七年任
王　宾	雷州徐闻人	行伍	乾隆十八年任
周宗旦	江南人		乾隆二十三年任
自乾隆二十三年后，至三十五年，营册霉烂，无从查考			
张　瓒	直隶人	武进士	乾隆三十五年任
陈大扬	福建泉州府人	武举	乾隆四十年任

[1]“梅”原讹“枚”，据康熙《新安县志》卷四《职官志·武官表》改。

[2]此条原脱，据雍正《广东通志》卷三十《职官志五·国朝·游击》补。

（续上表）

朱四吉			乾隆四十二年任
蔡兴邦	福建海澄人	世袭	乾隆四十七年署任
范世韬			乾隆四十八年任
谢恩诏	福建人		乾隆四十八年任
林起凤	归善县人	行伍	乾隆四十九年任
鞠应蛟	江苏人		乾隆五十二年署任
刘荣庆	江苏泰州人	武状元	乾隆五十四年任
钟光耀	浙江人		乾隆五十五年任
张　成			乾隆六十年任
刘大受			嘉庆元年署任
刘学修			嘉庆三年署任
吴殿高			嘉庆四年署任
杜茂达			嘉庆七年任
华　兰			嘉庆九年任
沈　烜	浙江人	武生	嘉庆十二年任
徐　耀	江南人	行伍	嘉庆二十年任
王朝清	浙江人	行伍	嘉庆二十二年任
蔡廷芳	本邑人	行伍	嘉庆二十一年任，二十四年复任

大鹏营守备 康熙四十三年，将顺德营中军守备改设大鹏营守备

桂本泽	京卫人	武举	康熙四十三年任
陈愈奇	高州茂名人	行伍	康熙五十一年任
涂　彬	福建人	行伍	康熙五十五年任
林宗建[1]	福建人		雍正元年任
雷李福	顺德人	行伍	乾隆七年任
陈朝凤	惠州海丰人	行伍	乾隆十一年任
自乾隆十一年后，至嘉庆十四年，营册霉烂，无从查考			
吴壮猷	琼山人	行伍	嘉庆十四年任
徐大成	惠州府人	行伍	嘉庆十四年任
高宜勇	广东人	行伍	嘉庆十七年任

[1] 此条原脱，据雍正《广东通志》卷三十《职官志五·国朝·守备》补。

大鹏营千总

李呈芳	山东人	康熙十年任
蔡　奇	湖广人	康熙十七年任
万大谋	湖广人	康熙二十二年任
李荣[1]蔚	山东人	康熙二十七年任
此后营册霉烂，无从稽考		

现任大鹏营左哨千总

李　扬	阳江县人	行伍	嘉庆元年任

现任大鹏营右哨千总

彭允高	阳江县人	行伍	嘉庆十八年任

现任大鹏营左哨头司把总

王　盛	本邑人	行伍	嘉庆二十三年任

现任大鹏营左哨二司把总

喻成宗	东莞县人	行伍	嘉庆二十三年任

现任大鹏营右哨头司把总

梁朝富	本邑人	行伍	嘉庆三年任

现任大鹏营右哨二司把总

叶开亮	本邑人	行伍	嘉庆十五年任

[1]“荣”原讹“树”，据康熙《新安县志》卷四《职官志·武官表》改。

新安县志卷之七

建置略　城池、廨署、学校、坛庙、津、梁、坊表

王者创建不拔，宏纲细目，次第具举，所以大一统也。邑虽荒僻，而其规制亦有可得而述者。夫环山作镇，滨海为池，实墉实壑，金汤固焉；敬尔在公，向离出治，堂上堂下，观瞻肃焉；推之塾序党庠，崇学也；坛壝祠庙，尊神也。而且津梁无病涉之忧，坊表寓阐扬之意。类而析之，粲然大备矣。志建置。

城池

邑城[1]

邑城，在城子冈，即因东莞守御所城也。明洪武二十七年，广州左卫千户崔皓开筑，周围连子城共五百七十八丈五尺，高二丈，面广一丈，址广二丈。门四：东曰聚奎，西曰镇海，南曰宁南，外曰迎恩，北曰拱辰。万历元年，建县。《旧志》："隆庆六[2]年建县。"按：《明史·地理[3]志》："新安县属广州府。"注："本东莞守御所，万历元年改为县。"今从《明史》改正。知县吴大训谓："北门当县治之背，正对来脉，开门非宜。"因塞之，止通东、西、南三门。城楼、敌楼各四，警铺二十五，雉堞一千二百，吊桥三，水关二，一在东南隅，一在西南隅。至万历五年，知县曾孔志增建东、西、南三门子城，城楼三，敌

[1]"邑城"，据前后文意补。
[2]"六"原讹"四"，据康熙《新安县志》卷三《地理志·城池》改。
[3]"理"原讹"里"，据《明史》卷四十五《地理六·广东》改。

楼四，甃以砖石，庇以阴屋，以为更卒栖息之所。崇祯十三年，知县周希曜因议新增城池，将城垣周围增高五尺。今总高二丈五尺，雉堞八百九十有五，濠五百九十二丈，旧浅狭，寻浚阔二丈，深一丈[1]五尺。

国朝康熙十年八月二十一日，飓风大发，东、西、南、北城楼四座，窝铺十二间，铳斗八个，炮台二座，斗城小楼一间，俱被风吹倾塌。知县李可成倡首，大小文武各官共捐廉修葺。康熙十一年十二月，竣工。丙寅孟夏，城楼、炮台、窝铺复因飓风，倾塌如前，知县靳文谟于戊辰冬倡捐庀材，申详重整。见《旧志》。嘉庆十六年六月初八日，邑城因飓风吹毁东楼、南楼瓦面，倒塌城墙五幅，知县李维揄会营勘明修葺，十一月工竣。嘉庆二十一年三月，署知县孙海观同游击李耀扬勘估陆续坏烂之南楼、西楼、北楼三座，及城墙、马道、垛子等，议修，去任。十二月，署知县吴廷扬详请兴修。二十二年十二月，工竣。

街道

县署前大街，东门直至西门。

牌楼正街，在城内。

显宁街，在城东北。

聚秀街，在县署左。

永盈街，在县署右。

和阳街，在城东南，学署侧。

迎恩街，在南门之西。

五通街，在城西。

寺前街，在南门外。

寺前正街，在南门外。

圣堂街，在城外。

---

[1]“深一丈”原脱，据康熙《新安县志》卷三《地理志・城池》补。

广惠街，在城外。

新兴街，在城外。

中和街，在城外。

巷头街，在城外。

福庆街，在城外。

悦新街，在城外。

大新街，在城外。

卖锅街，在城外。

石狮街，在城外。

猪仔街，在城外。

打铁街，在城外。

新铺街，在城外。

上南昌街，在城外。

下南昌街，在城外。

按:《旧志》所载城内各街，坐落多不相合。今从现在街道开列。

演武场

演武场，在城南门外，其中建演武厅一座，两畔翼以短垣；厅之左建关帝庙一座，庙为明万历四十年参将张万纪建。

按：明造演武亭[1]，周围环以垣墙。万历十五年，沿垣建兵房一百间，为总镇哨兵住札所。万历二十八年，设立陆营，以营兵居之。俱久圮废。

小教场

小教场，在城北门内，明万历二十年，参将彭信古建。今废。

[1]“亭”原讹“厅”，据康熙《新安县志》卷三《地理志·城池·演武场》改。

铳台

铳台，一在县城北门上，一在县城西北上，俱崇祯二年知县陈谷建。康熙十一年，知县李可成重修；二十七年[1]，知县靳文谟重修。

查崇祯十四年，知县周希曜会参将陆万里在西门外建铳台一座。今废。

大鹏所城

城在县东一百六十里，《旧志》："一百二十里。"误。大鹏岭之麓。明洪武二十七年，广州左卫千户张斌开筑，内外砌以砖石，周围三百二十五[2]丈六尺，高一丈八尺，上广六尺，下广一丈四尺，门楼、敌楼各四，警铺十六，雉堞六百五十四，东、西、南三面环水，濠周三百九十八丈、阔一丈五尺、深一丈。

国朝康熙十年八月二十一日，飓风坏城楼四座、城角窝铺四间、垛子五十八个。知县李可成、大鹏所千总马四玉[3]等同捐修复。康熙二十年以后，间有朽烂。各前令虽随时粘补，但历年久远，究属修少坍多，东、西、南、北城楼四座，及城墙、马道、垛子日就倾圮。嘉庆十七年六月，知县李维揄会营勘估，捐廉兴修，旋卸任，未能蒇事。十八年正月，移交署知县章予之，亦未报竣。十九年二月，署知县孙海观接修，十二月竣工，具报。

---

[1]"二十七年"原讹"二十五年"，据康熙《新安县志》卷三《地理志·城池·铳台》改。按，康熙《新安县志》原文为："二十五年，飓风复坏。知县靳文谟于二十七年冬倡捐，申详修葺。"

[2]"五"原讹"七"，据康熙《新安县志》卷三《地理志·城池·大鹏所城》改。

[3]"大鹏所千总马四玉"原讹"大鹏营守备马玉成"，据本志卷六《职官志二·武官表》、康熙《新安县志》卷三《地理志·城池·大鹏所城》改。按，"守备马玉成"，康熙《新安县志》作"守备马四玉"。查本志卷六《职官志二·武官表》，马四玉于康熙五年任大鹏守御所千总，并未见升守备，亦未见有大鹏营守备马玉成记载。再查本志卷六《职官志二·武官表》，"康熙四十三年，将顺德营中军守备改设大鹏营守备"。则康熙十年无大鹏营守备。

廨署

知县署

县治宅城之中，位北面南，中为正堂，堂下为露台，周以栏杆，又下为甬道，中立戒牌坊，上书《戒铭》。甬道左右两廊，分列吏舍。戒牌坊前为仪门，仪门外东为土地祠，为迎宾馆，又前为新仓；西为仓吏舍，为常平仓，为余房。大门覆以楼，曰谯楼。楼前为照墙，东为号房，西为闲房。正堂东为旧仓，又东为典史廨，西则犴狱。堂后为宅门，为卷篷，为川堂。左为门房，为茶房，右为花厅，额曰双柳轩，为幕厅，为耳库。川堂后为三堂，额曰思补堂，东为厨房，后为厚字仓廒。三堂后为后堂，又后为花园，名后山，立有土地祠，祠外周以墙垣。皆经始于明万历元年，东莞知县董裕卜基，知县吴大训鼎建。

历年以来，递有圮修。万历二十八年，知县叶宗舜重建[1]谯楼。崇祯十五年，知县周希曜建卧理轩[2]于内署。康熙六[3]年，县并东莞，廨署荒废。八年，复县治。九年，知县李可成捐修。十年，飓风倒塌，复修。十五年，飓风倾圮，知县张明达捐修。二十五年，飓风毁坏，知县安定枚捐修。二十九年，知县靳文谟捐修头门、鼓楼。四十四年，知县金启贞捐修川堂。乾隆二年，知县何梦篆捐修三堂。四十二年，知县苏灿捐修仪门、大堂。嘉庆元年，知县陈兆熙捐修后堂。十三年，雨倒二堂，知县白书田重修。

典史廨，在县治大堂之左，中为大堂，左为客堂，后为寝室，前为吏舍。

教谕署，在县城南门内和阳街，中为皋比堂，后为内堂，前为仪门，仪

[1]“重建”原讹“重修”，据康熙《新安县志》卷五《宫室志·文署》改。

[2]“卧理轩”原讹“卧里轩”，据康熙《新安县志》卷五《宫室志·文署》、卷十二《艺文志·题咏》改。按，康熙《新安县志》卷五《宫室志·文署》作“卧理轩”，注：“见《艺文》”；查其卷十二《艺文志·题咏》，收录有周希曜《卧理轩》诗。

[3]“六”原讹“五”，据本志卷一《沿革志·县治沿革表》、康熙《新安县志》卷五《宫室志·文署》等改。

门外为大门，大门前为照墙，大堂右为客厅，厅前为土地祠，又前为庠科。

训导署，在教谕署之右，中为皋比堂，后为内堂，左为客厅，前为大门，又前为照墙。

按：万历二年[1]，知县吴大训建学署于东门内显宁街王璟祠旧址，左教谕衙，右训导衙，两衙总一大门。万历二十三年，知县喻烛、教谕施孔俭、训导孙光祚鼎建学宫于海防厅之左[2]，因迁教谕衙在尊经阁前，训导衙在教谕衙前，规制[3]与旧异。崇祯十五年，知县周希曜建复文庙于东门外，因迁学署于南门内和阳街，即今学署也。康熙三年，裁教谕，止存训导署，亦渐圮。十六年，复教谕。十七年，训导凌相旌修葺。二十年，飓风倾圮，教谕黄衮裳大为捐修，如今规制。嘉庆□□年，教谕曾昇平重修。二十一年，教谕叶新丰重修。

县丞署，在大鹏所城。

官富巡检司署，在赤尾村，离县治三十余里。原署在县治东南八十里，为官富寨。洪武三年，与福永同改为巡司。衙宇久坏，莅任者多僦居民舍。康熙十年，巡检蒋振元捐俸，买赤尾村民地，建造今署。

福永巡检司署，在福永村南，离县治三十里，原为屯门固戍寨。明洪武三年，改为巡检司，衙宇二座。康熙三年，迁界拆毁。十年，巡检薛震修复。

武署

游击署，在城内永盈街，东莞守御所之右，海道署侧。明万历二十三年，署参将游击秦经国建为参将署。顺治七年，风雨颓塌，防守皆僦民房居住。康熙八年，游击尹震捐资修复，堂寝厢庑，一如旧制，并建射圃及敬一

[1]“二年”原衍作“二十年”，据康熙《新安县志》卷五《宫室志・文署》及本志卷五《职官志一・文官表》删。按，本志卷五《职官志一・文官表》记载，吴大训于万历元年至四年间担任县令，宋臣熙于万历十七年至二十一年间担任县令。

[2]按，“左”，康熙《新安县志》卷五《宫室志・文署》作“右”。

[3]“制”原脱，据康熙《新安县志》卷五《宫室志・文署》补。

亭。十年，飓毁，游击蔡昶修葺。二十五年，飓毁，游击林瑞修葺。后复圮。今与守备同住迎恩街。

守备署，在永盈街海道署侧，久圮，今住迎恩街。

大鹏参将署，在大鹏所城内。

大鹏守备署，在大鹏所城内。

废署

海道署，在城内守御所之右，今已圮废。

海防厅署，在城南学署左，明末圮废。

东莞场盐课司署，原在南门外，山川坛之前，圮废垂三十余年。康熙十八年，场大使周乾改建于城内学署之西北隅海防厅旧址。乾隆五十四年，奉裁，署废。今为凤冈书院。

归德场盐课司署，在县治西北三十里臣上村。乾隆五十四年，奉裁，署废。

永盈仓大使署，原在县治之后。明正统元年建。万历元年，改迁于城西城隍庙之左。崇祯十五年，裁汰。久废。

大鹏仓大使署，在大鹏所城内，与永盈大使同设。崇祯十五年，裁汰。久废。

阴阳、医学舍，旧在县门左，今废。

备倭总兵署，在城内东南隅。明正德五年，总兵王德化建。嘉靖四十三年，罢备倭，改参将署。久废。

参将署，旧在城内东南隅总兵署旧址。万历二十三年，以其地改建学宫，迁于城内东北隅永盈街，即今游击圮署。

东莞守御所署，在城内永盈街，原与参将署峙，明末圮废。

备倭把总署，在城外西南隅，圮废。

左营千总署，在城西三官堂右，今圮。

学校

学宫，在邑城东门外，坐文冈而朝杯渡。明万历元年，知县吴大训、教谕俞香建。二十三年，知县喻烛、教谕施孔俭、训导孙光祚以殿宇倾圮，改建于城南海防厅之左。知县李汝祥相继成之。崇祯十五年，知县周希曜以科目不振，为学官风水之故，捐赀题助，建复于东门之外。康熙十年，飓圮，知县李可成详修，未果。十五年，海氛入寇，片瓦无存。十八年，知县张明达捐俸倡修。越岁，教谕黄衮裳到任，力襄之。二十一年，报竣。乾隆四十七年，知县吴沂重修。四十九年，知县李大根相继成之，遂如今制。

中为先师大成殿，前为露台，护以石栏，两腋为从祀东西庑，庑尽处为戟门，东为名宦祠，西为乡贤祠，左右相对为官厅，南为泮池，跨以石桥，又南为棂星门，垣柱皆以石。正殿后为崇圣祠，又后为尊经阁，阁东为孝弟祠，西为忠义祠；正殿左为明伦堂，后为进德、修业两斋，又后为文昌楼，楼之东南隅为土地祠；正殿右为关帝殿，后为三代殿，殿西为守学门役房。周遭缭以红墙，其南护以石栏，栏外有池。规模壮伟，栋宇巍峨。

康熙二十五年，钦颁“万世师表”匾额。雍正三年，钦颁“生民未有”匾额。乾隆三年，钦颁“与天地参”匾额，并“气备四时，与天地日月鬼神合其德；教垂万世，继尧舜禹汤文武作之师”对联。嘉庆□□年，钦颁“圣集大成”匾额。

坛庙

社稷坛，在城外西南隅。万历元年，知县吴大训建。东西各二丈，南北如之，高二尺有奇，各二级；坛外缭以垣，垣外有门，以时启闭。其制北向，祭时由北门入，神牌以木为之，高二尺五寸，阔四寸五分，厚九分。趺座高四寸五分，阔八寸五分，厚四寸五分。其上书神号，一曰“县社之神”，一曰“县稷之神”，俱朱漆书金字，并列坛上，社西稷东。祭毕，藏主于库。

风云雷雨山川坛，在南门外崇镇铺，汪刘二公祠之侧。万历元年，知县吴大训建。其制向南，从南门入，余同社稷坛。

先农坛，在东门外。雍正五年，知县王师旦建。坛高二尺一寸，宽二丈五尺，神牌以木为之，高二尺四寸，宽六寸六分。趺座高五寸，宽九寸五分，红漆金字，上写“先农之神”。坛后正房三间，两配房各一间，正房中间奉先农神牌，东间贮祭器、农具，西间贮藉田米谷，东配房置办祭品，西配房令看守老农居住。坛之外周以缭垣，启门南向。藉田四亩九分，在坛前，每年所收米粟，贮为各祭祀粢盛之用。

邑厉坛，在北门外养济院之右。万历元年，知县吴大训建。东西各二丈，南北如之，高二尺有奇。

文昌庙，在东门外，文庙之左。乾隆五十一年，知县李大根建。

关帝庙，一在东门外，文庙之右。乾隆五十一年，知县李大根建。一在县治东北隅，正堂三间，门楼一座，其后为三义堂。明万历十二年，参将方伯、署县事[1]王维翰重修。天启元年，知县陶学修重修。崇祯七年，知县乌文明重修。康熙十一年，知县李可成、东莞所千总王肇玺重修。乾隆四十四年，知县高质敬重修。一在南门外教场演武厅之左。万历四十年，参将张万纪建。

天后庙，一在南山赤湾。永乐八年，中使张源重修。天顺七年，兵科给事中王汝霖、行人刘泰、刑科给事中陈嘉猷、行人彭盛夫重修。万历八年至十五年[2]，海防同知周希尹、知县邓凌云、王维翰、梁大皞、丘体乾重

[1]“署县事”原讹“知县”，据康熙《新安县志》卷五《宫室志·坛壝》、本志卷五《职官志一·文官表》改。按，“知县”，康熙《新安县志》作“署县事”；查本志，新安知县万历十一年为邹守约，十二年为梁大皞，则王维翰非万历十二年知县，而是曾以他官署县事。

[2]“万历八年至十五年”原讹“万历八年”，据本志卷五《职官志一·文官表》、卷二十三《艺文志二》收录吴国光《重修赤湾天妃庙记》改。按，原文“万历八年，海防同知周希尹、知县邓凌云、王维翰、梁大皞、丘体乾重修”，错误较多：据本志卷五《职官志一·文官表》，邓凌云、王维翰均非万历八年时新安知县，王维翰“署县事”已见前注；梁大皞、丘体乾分别于万历十二年、十四年任新安知县；又，据吴国光《重修赤湾天妃庙记》，万历八年，“贰守周公”即周希尹“以海防事至”新安县，重修天后庙，“逾四年告成”，“后先襄之者，则署县邓公凌云、王公维翰、前邑侯梁公大皞、今邑侯丘公体乾也”，即邓凌云亦为“署县事”者，故自万历八年（抑或十年）始，周希尹先后在四位署知县、知县任职期间，得其襄助，重修天后庙，历时逾四年而成。康熙《新安县志》卷五《宫室志·坛壝》于此则作“万历十五年，知县丘体乾重修。”

修。顺治十三年，都督张、守备张应科重修。乾隆初年，埠商倪重修。嘉庆二十二年，总督蒋、提督林、知县孙海观重修。一在西门外厂前“岭南重镇”坊左。一在城外南山乡，每岁迎春，县长官必至其处，因呼为春牛堂。

城隍庙，在城西门内，神堂三间，正堂三间，大门三间。明万历元年，知县吴大训建。崇祯十五年，知县周希曜重修。康熙十年，知县李可成重修。嘉庆二十二年，知县吴廷扬重修。

名宦祠，在东门外，文庙之东，祀明兵部尚书汪鋐，巡道刘稳，海防同知周希尹，知县吴大训、喻烛、丘体乾，教谕施孔俭，训导孙光祚，国朝两广总督孔毓珣，广东巡抚杨宗仁，两广总督周有德，广东巡抚王来任、杨文乾、朱宏祚，知县金启贞、丁棠发、唐若时一十七人。

乡贤祠，在东门外，文庙之西，祀晋孝子黄舒、明理学潘楫、工部员外郎吴预、孝子邓师孟、义士陈让五人。

忠义祠，在东门外，文庙尊经阁西，祀明殉节训导张纯儒、布衣陈文豹、刘君培、马明山、李登英五人。

旗纛庙，在东莞所之左，已圮，今改祀于迎恩街守备公所。

汪刘二公祠，在南门外崇镇里山川坛之侧，祀明兵部尚书、前巡道汪鋐、巡道刘稳。万历元年，知县吴大训、耆民吴祚等建。康熙二十九年，知县靳文谟重修。祠中租项及春秋祀事，俱归十八约绅士支办。汪、刘二公祀田附：

一、土名平山垄樟木墩，田一段，递年租谷一十三石。

一、土名坡头塱，田大、小六丘，食种一石二斗，递年租谷六石七斗。

一、土名平山樟木杢，递年租谷一石五斗。

一、土名下篁里葫尾，食种二石，递年租谷四石五斗。

一、土名莘塘布袋畉，食种一石二斗，递年租谷六石。

一、土名中心围，塘一大口，连田共三十二亩。

节孝祠，在城内永盈街。雍正二年，知县□□□建。嘉庆十六年，知县李维揄重修。

黄孝子祠，祀晋孝子黄舒，在邑三都大钟山下。万历元年，潘甲第、汪桂等建。买置祠前田亩，及置造渡船，收租供祭。其祠一座，周以墙垣。今圮，缺祭。

邓孝子祠，在邑五都大步墟侧，祀明孝子邓思孟，万历乙未年建。今圮。

四侯祠，在邑三都云林墟侧，祀知县曾孔志、陈谷、彭允年、李玄[1]。万历年间，潘甲第等建，买置土名蚺蛇坑中则田六亩八分供祀，粮税入潘永昌户，碑记尚存。

元坛庙，在南门外新街口。

康王庙，在城西永盈街，乾隆四十九年重修。

五显庙，在城内五通、迎恩二街中，乾隆五年重修。

三界庙，在城南门外。

北帝庙，在城东显宁街，乾隆二十二年重修，嘉庆十三年建拱篷。

报德祠，在县治前聚秀街中，祀天后。凡知县有功德于民者，其禄位牌悉祀于此。乾隆四十二年，重修。

王巡抚祠，祀国朝广东巡抚王来任，一在西乡，一在沙头墟，一在石湖墟。王巡抚奏请展界，疏见《艺文》。

车元帅庙，在甜水坑，离城二十里。

沙冈古庙，祀天后，在沙冈海岸边，庙前旧置有饷渡。

沙河古庙，祀文、武二帝，在沙河洞中钥，离城十里。岁旱祷雨，必应。

观音庙，在大帽山下，观音山之麓。

水仙庙，在东门外学宫之右，宝安书院旧址。相传，神，潮州人，总角能知雨旸之候，殁而乡人立祠以祀，祷雨辄应。乾隆丙午、丁未，广郡大

[1]“玄”原讹“铉”，据本志卷五《职官志一·文官表》改。

旱，总督孙士毅自潮迎至广，奉祀于越秀山三元宫，知县李大根复迎居观音阁以祷雨，果应如响。嘉庆四年，知县张宗幽始捐廉立庙，迁祀于此。五年，知县龚鲲复添建头座。

津

南头渡，自南头抵省城，原额三只，每只承饷银五钱。

按:《旧志》载：南头抵省，渡原额四只，今废。南头抵东莞，渡五只，今复二只。茅洲抵东莞，渡五只，今废。又云：以上长河渡，输饷。今撤海禁，次第兴复。查南头抵东莞，及茅洲抵东莞，渡业已久废，惟南头抵省，渡现在实存三只。

茅洲渡，自茅洲往省城，渡二只，每只承饷银四钱。

西乡渡，自西乡往东莞石龙，渡一只，承饷银四钱。

黄松冈渡，一自黄松冈往东莞石龙，渡一只，承饷银六钱；一自黄松冈往省，渡一只，承饷银四钱。

以上长行饷渡八只，共征饷银三两七钱。

沙冈渡，自沙冈往湾下后海，渡一只，原承饷银六钱。邓洪惠承税渡。

赤尾渡，自赤尾往马草陇，渡一只，原承饷银四钱。

屯门渡，自屯门往大奚山白芒，渡一只，原承饷银六钱。

石下渡，自石下往横冈，渡一只，原承饷银七钱五分。

沥源渡，自沥源往大步头，渡一只，原承饷银四钱。

乌溪沙渡，自乌溪沙往大步头，渡一只，原承饷银四钱。

隔岸莇渡，自隔岸莇往马草陇，渡一只，原承饷银四钱。

茅洲田尾渡，自茅洲天后庙往对面河垦，渡一只，原承饷银一两二钱。

白芒渡，自大奚山白芒往元莇，渡一只，原承饷银七钱五分。

以上横水饷渡九只，共征饷银五两五钱。

佛山渡，自南头抵佛山，渡额二只，久废。

下步渡，自下步抵东莞，渡额二只，久废。

茅洲渡，自茅洲抵东莞，渡额五只，久废。

白石渡，《旧志》载：邓洪仪承税渡。

黄冈渡，《旧志》载：邓洪仪承税渡。

乌石渡。圆江渡。碧头渡。冈头渡。新田渡。麻雀岭渡。罗湖渡。

塔子前渡，自归德场抵三门亭子步头。

以上横水渡，共十只，见《旧志》，姑存其名。

按:《府志》载：新安往东莞，渡饷银一两。南头来府，渡船二只，饷银四钱。茅洲横水，渡饷银一两。新安往府，渡饷银一两。今查新安各渡，多不相符，惟就现在具报纳饷者，编列于上。余见《旧志》者，仅存其名。盖今昔兴革不同，不必强合也。

梁

南门桥，在县城南门外。

东门桥，在县城东门外。

北埠桥，在县城南崇镇铺，长石六架，明正德年修建。

广惠桥，在崇镇沙铺涌下直街，旧以木架，名南头埠桥。嘉靖年间，参将汤克宽易以石，名广惠桥。乾隆丙戌年，重修，新造两旁栏杆。

顺母桥，在墩头里，旧传有子分居，隔河迎母，遂购长石架桥。

大板桥，在墩头里，乡人郑可言建。

便民桥，在下步墟。嘉靖年间，巡检周世奇建。

龙津桥，在归德之西石塔下。

严母桥，在三都冈头村。

福涌桥，在三都福永巡司之东，长石六架。

引龙桥，在墩头镇沙，两桥相连如曲尺，又名曲尺桥。

隔岸桥，在隔岸村之右[1]。

周家村石桥，崇祯九年，知县李玄[2]建。

天渡桥，在月冈屯蔡家围前。康熙二十六年，巡检廖膺宠建。

惠民桥，在深圳。康熙二十八年，巡检廖膺宠建。

塘坑桥，在六都大步迳下。

石陂头桥，在上水石陂下。康熙五十一年，庠生廖干仲建。

东兴桥，在上水沙塘陂下。乾隆十三年建。

莲塘桥，在上水村右，通沙塘陂，水灌田。

松荫坑桥，在新屋村侧。

黄泥窖嘴桥，在松柏荫村北。

吉庆桥，在罗坊之右。乾隆丁亥年，廖蕴璞、监生廖尚德建。

卧波桥，在五都水牛岭下，长石三架。乾隆五十九年，屏山贡生邓芝兰、监生邓豹变建。

屏山涌桥，在屏山村侧。

利涉桥，在七都大平燕山围侧。嘉庆七年，旌表节妇叶陈氏，同耆员叶廷珪建。

苍陂桥，在梅林村侧。嘉庆十四年，监生黄学超建。

大陂桥，在梅林村前。嘉庆十五年，监生郑光翰兄弟建。

圣灵桥，在月冈屯。嘉庆辛未年，赤墈乡人同建，夜有神火至此，因名。

五福桥，在墩头里。乾隆庚子，生员梁辐等阖乡倡修。

福隆桥，在大鹏城西北，土名黄泥潭。嘉庆十六年，监生王广勋建。

班鸠坑石桥，嘉庆年间，监生曾桂昭建。

水浪坑石桥，嘉庆年间，监生曾翼南建。

---

[1] 按，“右”，康熙《新安县志》卷三《地理志·津》作“左”。

[2]“玄”原讹“元”，据康熙《新安县志》卷三《地理志·津》、本志卷五《职官志一·文官表》改。

白石下围石桥，往来官路。嘉庆年间，曾恪宗建。

通市桥，在石围塘上，乾隆庚寅年造。

社河桥，在清溪之西。乾隆年间，耆民曾振海建。后水冲圮。嘉庆八年，曾振沼重建。

济安桥，在葵涌，监生潘光大建。

集福桥，在沙湾。乾隆丙子年，乡民邓登升建。

高步桥，在锦田之南。康熙年间，乡人建。

敬母桥，在锦田村后。康熙四十九年，邓俊元建。

西坑桥，在大鹏城西门外。

官坑桥，在大鹏城北，通广惠冲衢。乾隆三十六年，邑庠李福建。

荣荫桥，在大鹏城东，嘉庆十年建。

登云桥，在大鹏城西。嘉庆二十二年，县丞余鸣九、守备张清亮倡建。

王母桥，一在墟东，一在墟西。

大坑桥，在大坑村前，嘉庆十二年建。

红桥，在龟头山上，近燕村水贝合水口。

将军坑桥，在惠冈村后，新桥监生曾翼南建。

佛子凹桥，在白石下村前二里，新桥监生曾桂昭建。

永兴桥，在新桥村之西，锁前溪而跨两岸，当往来要冲，东接黄松冈、乌石岩诸路，西连云林、茅洲诸墟。康熙年间，监生曾桥川建。日久倾颓。乾隆五十年，武生曾大雄、钦赐翰林曾联魁、贡生曾腾光、曾应中等倡捐重建。周围俱以白石砌之，阔三丈余，长十丈余，高五丈余。桥孔有三，上列栏杆，工程浩繁，颇为坚固。

悦安桥，在鹅公岭村侧。嘉庆六年，平湖村监生刘文华妻张氏建。

坊表

腾蛟，在学宫。

起凤，在学宫。

岭南崇镇，在南门外恩德铺，明总兵王德化建。

岭南重镇，在西门外，参将方伯建。

青云接武，在黄客埠，为举人利仁立。

进士，在西乡，为浙江丽水知县郑士忠立。

文林，在横塘村，为举人罗肇魁立。

解元，在城内南门正街，为浙江乐清知县吴国光立。

会魁，在城内南门正街，为兵部主事陈果立。

百行流芳，在东门外，为晋孝子黄舒立。

贞秀之门，在上水村，为监生廖定邦妻李氏立。

劲节松筠，在屏山村，为邓光客妻立。

清标彤管，一在上步村，为郑祥发妻邓氏立；一在大鹏水贝村，为欧阳敩忠妻贞女李氏立。

旌节，在平山，为方俊侯妻张氏立。

彤管生辉，在塘萌村，为郑乔叔妻姜氏立。

节烈，在大鹏，为戴裕鸿女戴氏立。

百岁，一在冈下村，为恩赐修职郎文际兴立；一在莆尾村，为文集三立。

节孝，一在向南村，为廪生郑经天妻邓氏立；一在大鹏城，为胡得胜妻杨氏立；一在白石村，为郑奕蕃妻邬氏立；一在莘塘村，为郑之惠妻黄氏立；一在大涌村，为吴廷伟妻邓氏立；一在新桥村，为曾京弼妻陈氏立；一在莆尾村，为文翔千妻郑氏立；一在城内五通街，为吴国琇妻李氏立。

新安县志卷之八

经政略一　户口、田赋 附役、杂饷、盐课 埠销附、鱼课

保庶之谋，莫详于富教；经国之政，尤重乎兵农。大而天下，小而一邑，胥是道也。推之杂赋均而鱼盐有制，军食足而屯戍有田。惇典庸礼，祀事孔明；养老恤孤，皇仁普被。备凶荒以丰积贮，速驿递而严置邮。法在兼收而并用，治亦可大而可久也。志经政。

户口

明

万历元年，原额七千六百零八户，男女三万三千九百七十一口。

万历十年编审：七千七百五十二户，男女三万四千五百二十口。内男一万九千六百二十七丁，女一万四千八百八十三口[1]。

万历二十一年届编审：七千七百五十二户，男女一[2]万三千三[3]百零二口。

万历三十一年届编审：三千五百二十五[4]户，男女一万六千六百七十五口。

万历四十一年届编审：三千五百户，男女一万六千六百九十六口。

天启二年届编审：三千五百户，男女一万六千二百四十八口。

---

[1] 按，此处男女合计为三万四千五百一十口，与上文“男女三万四千五百二十口”不合。查康熙《新安县志》卷六《田赋志·户口》所载即如此。存此待考。

[2]“一”，查康熙《新安县志》卷六《田赋志·户口》所载即如此，疑为“三”讹。

[3]“三”原讹“二”，据康熙《新安县志》卷六《田赋志·户口》改。

[4]“三千五百二十五”原讹“三千五百七十二”，据康熙《新安县志》卷六《田赋志·户口》改。

崇祯五年届编审：三千四百九十一户，男女一万六千九百九十二口。

崇祯十五年届编审：三千五百八十九户，男女一万七千八百七十一口。

国朝

顺治□□年编审：二千九百六十六户，男女六千八百五十一口，男五千五百六十七丁，女一千二百八十四口。

康熙元年、三年两奉迁析，尚存人丁二千一百七十二口。

康熙六年届编审：男二千二百五十五丁，女一千四百一十二口。

康熙十一年届编审：男女三千九百七十二口。八、九、十，此三年招复迁移人丁一千六百四十八丁，食盐课银口一千五百零一口。

康熙十二年至二十四年届编审：男女四千五百二十五丁口，招复迁移及新增人丁九百三十五[1]丁，食盐课银口一千五百八十五口。

康熙二十五年至五十年届编审：新增男三百零三丁，女三百五十九口。

康熙五十二年，钦奉恩诏："嗣后续生人丁，永不加赋。"

康熙五十五年、六十年及雍正四年届编审：新增补额优免人丁一十一丁。

雍正九年届编审：新增复回人丁五丁。

康熙二十五年至雍正九年，原额连新增抵补优免人丁，并各年届新增男女共七千二百八十九丁口，内男五千三百三十二丁，女一千二百八十四口；新增补额优免一十一丁，各届新增男丁三百零三，女口三百五十九。

乾隆元年至二十六年届编审：新增盛世滋生人丁二千八百五十五丁，食盐课口七百三十口；内除乾隆六年至二十六年届审缺丁二百零八丁，食盐课口一十口，又乾隆三十一年届缺丁七十五丁外，尚实滋生人丁二千五百七十二丁，食盐课口七百零二十口，钦奉恩诏，永不加赋。

---

[1]"九百三十五"原讹"九百五十七"，据康熙《新安县志》卷六《田赋志·户口》各年份统计改。

乾隆三十一年届编审：新增盛世滋生人丁四百零七丁，内除乾隆三十六年届审缺丁八十八丁外，尚实滋生人丁三百一十九丁，钦奉恩诏，永不加赋。

乾隆三十六年届编审：新增盛世滋生人丁四百零二丁，钦奉恩诏，永不加赋。

裁并东莞所屯丁四十六丁八分。

乾隆三十七年起，奉行停止编审滋生丁口数目，未奉列入全书，止于递年另册造报。

乾隆三十七年，原报民、灶男女三万零三百七十三，内民、灶男丁二万一千一百二十一，民、灶女口九千二百五十二；屯户丁口一千八百二十一，男一千三百五十六，女四百六十五。

乾隆三十八年至嘉庆二十三年，除开除外，实滋生民、灶丁口连原报共二十二万五千九百七十九，内男丁一十四万六千九百二十二，女口七万九千零五十七；屯户丁口共一万三千一百三十六，内男丁八千二百九十八，女口四千八百三十八。

田赋 附役

明

万历元年，官、民、灶、僧等田、地、山、塘、海、蓢，原额二千九百一十一顷四十七亩二分五厘五毫。

万历九年，奉例清丈。十年[1]，攒册，官、民、灶、僧等田、地、山、塘、蓢、湖、海、坦、涌、溪，分上、中、下则，共四千零二十顷八十二亩五分一厘一毫五忽。

万历二十一年至崇祯十五年，逐增田、地、山、蓢、海、坦、湖、塘、

[1]“十年”原脱，据康熙《新安县志》卷六《田赋志·土田》补。

溪、坡，共四千六十顷四十二亩三分七厘八毫七丝一忽。

国朝

原额田、地、山、塘、湖、陂、海、溪、涌、坦、蓢，四千零三十九顷五十六亩七分六厘五毫[1]。

按:《旧志》前明田亩征额，与国朝数不相符。查省、郡等志，俱无细数可以参考，惟从现额，以本朝断定科则，永昭法守焉。

田三千七百六十顷零三十三亩三分一厘四毫，地二百三十六顷四十三亩一分一厘八毫，蓢一顷五十六亩二分六厘四毫，塘二十六顷九十八亩三分八厘，湖六十三亩八分七厘七毫，海四十八亩四分八厘四毫，坦六十一亩七分一厘五毫，陂一亩五分，溪二亩二分，涌二分，山一十二顷四十七亩七分一厘三毫。以上田、地、山、蓢、塘、湖、海、坦、陂、溪、涌，共税四千零三十九顷五十六亩七分六厘五毫[2]。

顺治十四年内，清丈久奉明纶等事案内，题准蠲免荒芜税一百七十四顷八十八亩二分九厘一毫六丝；于敷陈末议等事案内，迁移熟税二千五百二十三顷六十二亩三分零六毫一丝五忽；又于一件遵旨复看粤省边界等事案内，题免荒芜税一十八顷七十二亩三分，迁移熟税四百二十五顷三十五亩四分八厘零一丝；尚有原题免案内，荒税一百五十六顷一十五亩九分九厘一毫六丝。又于一件请申劝垦等事案内，奉文：乾隆六年，开除勘明水冲、沙压、难垦，迁移税一十二顷三十八亩一分七厘三毫；又一件敬筹海疆等事案内，奉文：乾隆十一年，开除勘丈沿海沙田虚缺税五十五亩。以上五案，总共原报荒迁及续报难垦虚缺，共税三千一百三十六顷七十九亩二分五厘零八丝五忽，实在连垦复共税三千八百一十五顷九十四亩八分三厘六毫九丝零六微五

[1]“五毫”后原衍“六丝”，据康熙《新安县志》卷六《田赋志·土田》及本志本卷下文数据统计删。

[2]“五毫”后原衍“六丝”，据康熙《新安县志》卷六《田赋志·土田》及本志本卷此处数据统计删。

佥，连鱼课未及派征本折物料溢额，并雕漆衣装胖袄，共征银一万零八百六十一两五钱零三厘，闰银二百二十四两六钱四分八厘。

科则。上则，每亩科官米四合一勺七抄二撮，民、灶米三升零二勺零二撮八圭九粟。中则，每亩科官米三合八勺八抄四撮一圭，民、灶米二升零八勺四抄一撮零三粟二粒。下则，每亩科官米三合六勺二抄七撮三圭，民、灶米一升二合六勺六抄二撮三圭八粟。

一则，民塘与僧田地塘每亩科官米四合一勺七抄三撮，民、灶、僧米五升零九勺六抄零八圭九粟。

一减则，僧地每亩科官米四合一勺七抄三撮，僧米三升零二勺零二撮八圭九粟。

一则，夏税田每亩科夏税米二升一合四勺，农桑米一合二勺五抄四撮二圭四粟。

一则，官夏税地每分科米一升七合一勺二抄，农桑米九勺六抄五撮五圭一粟七粒；民夏税地、灶夏税地每亩科米二升一合四勺，农桑米一合二勺五抄四撮二圭四粟。

无优免例。官米一石，实编银二钱七分二厘四毫零三忽。民、灶、僧米一石，实编银九钱零四厘七毫六丝九忽。夏农桑米一石，实编银一两一钱二分二厘二毫三丝八忽。民、灶、僧米一石，实编本色米二斗三升一合二勺。鱼课有征米一石，实编银三钱七分九厘九毫九丝三忽。鱼课无征米一石，实编银一钱八分三厘八毫六丝七忽。人丁一丁，实编银一钱九分七厘四毫三丝八忽。男女每丁口，实编银四分六厘二毫七丝九忽。

有优免例。免民米一石，减编银三钱七分三厘六毫九丝九忽。免准丁米一石，减编银三钱四分六厘三毫三丝八忽。免僧、灶米一石，减编四差银四钱二分二厘二毫三丝八忽。免人丁本身一丁，全免编银一钱九分七厘四毫三丝八忽。前件粮差银，间有遇闰，加编其四差丁粮，每年优免，多寡不一，难以定额，今以万历四十八年会计粮差为例。

四差。民、灶、僧夏农桑，无优免米，每石派徭差民壮、驿传均平银四钱二分二厘二毫三丝八忽。民、灶、僧夏农桑有优免米，每石派均平银四分八厘五毫三丝九忽。准丁米，每石派均平驿传银七分五厘九毫。人丁无优免，每丁派徭差民壮均平银一钱九分七厘四毫三丝八忽。人丁有优免，每丁派均平银二分四厘二毫六丝九忽。男妇每丁口，派盐钞银四分六厘二毫七丝九忽。官吏随住人口，每丁口派银六分五厘六毫三丝六忽。

粮米。额征改征本色米七百九十六石四斗六升四合五勺。额征仓粮本色米一千九百八十二石四斗三升零五勺零二撮。额征东莞所裁并本折屯米六百四十九石三斗八升八合三勺。通共额征民屯本折粮米三千四百二十八石二斗八升三合三勺零二撮，递年奉拨各营兵食，系内项动支。

雍正七年奉文：南工匠价连水脚，派入民粮征解，于雍正八年为始，该编征银四十七两一钱一分五厘，闰银三两九钱四分三厘。又额外升科及新承沙坦，共税五十六顷五十五亩七分一厘二毫四丝八忽，征银八十二两九钱零九厘。雍正四年招垦额外荒芜，于乾隆元年起征税二十一亩四分二厘七毫零八忽，征银三钱零五厘。

雍正七年又奉文：南工匠价连水脚，派入民粮征解，于雍正八年为始，该编征银七钱四分一厘，闰银六分二厘。

乾隆十七年，首垦额外熟税一顷五十一亩七分五厘八毫三丝三忽，起征银七钱零四厘。

乾隆二十二年至二十六年，升科税一百二十顷八十五亩五分三厘二毫零一忽三微，起征银五两九钱六分五厘。

乾隆三十七年至四十七年，升科税五顷九十九亩六分三厘四毫一丝七忽五微，起征银二两七钱八分二厘。

乾隆四十八年至嘉庆二十三年，升科税五顷零二亩八分九厘五毫一丝五忽，起征银三两二钱四分四厘，闰银三分六厘。

康熙元年，原额并新编附籍丁口共六千八百五十一丁，于请定编审画一之期等事案内，编审老弱迁缺丁口五千六百七十六丁口，无征银六百七十五两二钱二分八厘四毫四丝二忽，闰银四十四两五钱四分四厘零七丝八忽；内有迁缺食盐课口二千四百七十八口，无征盐钞银一百一十四两六钱七分九厘三毫六丝二忽，闰银八两九钱三分五厘六毫六丝八忽。查县属原米入《全书》新增之食盐课口，尚实迁缺原额丁口三千一百九十八丁口，无征差钞银五百六十两零五钱四分九厘一毫，闰银三十六两六钱零八厘四毫一丝。又于遵旨复看粤省边界等事案内，迁移丁口五百八十二丁口，无征银九十五两九钱七分七厘七毫五丝，闰银六两四钱零七厘四毫三丝七忽。内续据册报，招徕增复丁口三百八十五，闰银三两二钱七分一厘八毫四丝七忽一微；尚实迁缺丁口一百九十七，无征银四十八两零一分二厘二毫四丝九忽，闰银三两一钱三分五厘五毫八丝九忽九微。

康熙十一年至三十三年，复回人丁三千一百五十五丁口，征银六百零八两五钱六分一厘三毫四丝九忽，闰银三十九两七钱四分三厘九毫九丝九忽九微；尚未复优免人丁二百四十丁，《全书》原不编差钞，实在连垦复回丁口共六千六百一十有一，征银八百五十一两四钱四分七厘，闰银计五十六两一钱八分四厘。

雍正九年届，一连新增丁口并补额人丁，共征银计九十四两三钱六分，闰银六两三钱六分；又实在丁口内，有免不尽丁二百一十五丁，扣回充饷银三十两零七钱零八厘。递年免不尽丁额数未定。

另一项，雍正三年奉文裁汰东莞所，雍正四年归并新安县管理，原额税四十二顷九十六亩二分三厘一毫，米八百九十五石九斗九升八合二勺；内除按例核算，计少米一抄八圭三粟三粒九截零六糠，又除荒陷税一顷六十七亩二分二厘三毫三丝，无征米二百六十一石四斗六升零九勺四抄六撮五圭八粟七粒六截六湖；内雍正十二年垦复起征税一顷六十七亩二分二厘二毫三丝，起征米一十四石八斗五升一合一勺零一撮二圭七粟三粒，尚未复米二百四十六石六斗零九合八勺零四抄五撮三圭一粟七粒六截六湖。

尚实征熟税四十二顷九十六亩二分三厘一毫，征米六百四十九石三斗八升八合三勺。原裁并屯丁，续于一件详请屯户丁随粮纳等事案内，雍正九年奉文，以雍正十年为始，将额征屯粮米石匀派，屯丁四十六丁八分，编征银一十二两零二分二厘，闰银四钱六分七厘。

又东莞所归并新安县管理，于乾隆元年届编审：盛世新增滋生屯丁一十五丁，钦奉恩诏，永不加赋。

以上地丁，并东莞所屯丁，及派征匠价水脚，共银一万一千九百九十三两九钱七分六厘，共征仓粮本色米一千九百八十二石四斗三升零五勺零二粒，除改征本色米价银七百二十两零六钱一分六厘。外赋，一项税契额银五十两，一项鱼行经纪饷银一百两零八钱。以上地丁、屯丁及外赋，共应完银一万一千四百二十四两一钱六分，遇闰加银二百九十三两七钱二分。

奏销应解，一项起运正银九千二百五十七两二钱六分八厘，遇闰加银一百八十一两八钱九分九厘。一项驿传银四十六两二钱八分五厘。一项税契额银五十两。一项鱼行经纪饷银一百两零八钱。一项备支扣解银五百九十七两八钱四分七厘，遇闰加银四十一两七钱九分三厘。一项留县坐支祭祀、均平、官俸、役食银一千三百七十一两九钱六分，遇闰加银七十两零二分八厘。一项留县坐支各官养廉银一千零六十两。耗银内支销。

通县计民屯地丁、正杂耗羡，共应完解支银一万三千三百二十九两三钱五分八厘，遇闰加银二百九十三两七钱二分。

查新邑钱粮，向系按户征收。户内株累，疲敝难堪。迨康熙四十六年，县令金设法编立各人的名，俾户内兄弟叔侄无相混累，至今民称尽善焉。

官租附。陈悦华、周敬和领耕土名竹角、茅笪、径口八十五丘，税二十亩零九分七厘，每亩岁供租银八钱，共银一十六两七钱七分六厘。

陈日辉、郎容保领耕土名大湾山顶一十一丘，税一亩五分；又土名白角山顶六丘，税二分九厘，每亩岁供租银八钱，共银一两四钱三分二厘。乾隆二十六年，报免税二分九厘，实存一亩五分，纳租银一两二钱。

陈悦兴领耕土名大塘二十四丘，税二亩一分，每亩岁输租银八钱，共银一两六钱八分。

叶贵长、吴亚晚、吴二福、徐集和领耕土名石排湾一百一十丘，税二十五亩七分四厘，每亩岁纳租银八钱，共银二十两零五钱九分二厘。

周丁保领耕土名薄寮，税一亩五分六厘，每亩岁纳租银八钱，共银一两二钱四分八厘。

以上共租银四十一两四钱九分六厘。查本案始于乾隆九年七月内，据陈恩尚、叶士奇、姚家球具控，土名薄寮田地，行委官富司勘丈，造册详覆。经知县汪审断，除姚家球报升二十四亩七分六厘，给照管业外，尚余已报未升之田，拨归本邑书院师生膏火。

李子明领耕土名平洲，税四顷四十一亩，每亩岁纳租钱三十六文，共租钱一十五千八百七十六文。

袁尚廉领耕土名平洲，税一十三亩八分，每亩岁纳租钱三十六文，共租钱四百九十七文。

二共租钱一十六千三百七十三文。查本案李子明与袁土养控争该处地段，经知县沈、汪、严审断，丈得该处共税四顷八十三亩，除断回二十八亩二分，抵补袁土养虚粮上、中米三斗五升七合外，尚余税四顷五十四亩八分，详请拨充本邑书院师生膏火。

陈安奇领耕土名火塘大圳口三十四亩五分九厘零，岁共纳租钱一千二百四十五文。查本案陈安奇与万贯一控争该处地亩，乾隆二十九年，经知县杨审断，官荒给批陈安奇耕种，其递年租钱，拨充本邑书院师生膏火。

陈任列领耕土名湾船澳獭布，税五亩一分九厘零，岁共纳租钱四千四百一十八文。嘉庆十六年，经知县李审断，详请拨充本邑书院师生膏火。

廖九我抵粮谷五十石。

刘壮华抵粮谷一十六石。

廖瑶抵粮谷五十五石八斗五升。

邓逢泰抵粮谷一百一十石零九斗六升。

欧阳炯抵粮谷七十九石四斗一升。

万世杰、何隆裕抵粮谷四百一十一石零一升九合。

廖耀河抵粮谷五十四石。

以上共租谷七百七十七石二斗三升九合，递年应完供银一百四十六两八钱七分五厘，一六九火耗银二十四两八钱二分二厘，色米三十八石九斗二升三合。除抵粮外，余归凤冈书院师生脩脯、膏火等用。

陈永就领耕土名北盘山铜船澳，共税二十四亩四分零，岁纳租谷四十八石，每石折价银八钱，共银二十八两四钱，两造交收。查本案缘陈永就买有温广章该处田段，日渐垦辟，温广章赴控，经知县孙讯，系买熟占荒，亲诣勘丈，除照契丈回熟税，与陈永就管业外，尚余垦溢二十四亩四分零，递年租银，于嘉庆二十年详请拨归学宫、文庙香灯并岁修墙垣之需，自嘉庆二十年晚造起，其租银概在儒学处权贮。

杂饷

明鱼行章程经纪，有已报者，有未报者，每名岁纳银八钱，议籴谷备赈、支给孤老柴帛用。知县李玄[1]察已报内有故绝贫困者，豁之，以未报者详补；又就中摘豁贫累者，将盐、鱼行饷内扣移抵豁，通详。《旧志》。

国朝杂税鱼[2]课银一百两零八钱，原属鱼行经纪告承输纳，自奉迁移禁海，前饷无输。康熙二十四年，奉文招复经纪，邑令安定枚具报，温同卿赴藩司承纳全饷。征复之后，俱系经纪温同卿收解。后因历年拖欠，有误奏销。雍正二年，邑令段裁革经纪，发差按港征收，批解充饷，至今犹踵焉。

明薯莨饷银八两，原系豪猾藉饷勒局[3]渔蛋。崇祯七年，知县乌文明详

[1]“玄”原讹“铉”，据本志卷五《职官志一·文官表》改。

[2]“鱼”原脱，据康熙《新安县志》卷六《田赋志·杂饷》补。

[3]“局”原讹“酷”，据康熙《新安县志》卷六《田赋志·杂饷》改。

革，着县民某等供应额饷，内五两解司，三两留县支用。国初宽仁薄征，此项饷银俱行裁革。见《旧志》。

盐课[1] 埠销附

明洪武二年，设广东、海北二提举司。广东盐课提举司领十二场，在县境者旧有四场，曰东莞，曰归德，曰黄田，曰官富。迨元改官富为巡司，其盐课册籍附入黄田场。明嘉靖二十一年，又裁革黄田场，附入东莞场，县止东莞、归德二场，隶于广东盐课提举司。

归德场盐课司，原署在西路义和墟侧，今场裁署废。场原管辖一十三社，续增三社，共一十六社。灶田原额税八百三十一顷三十亩零五分六厘七毫有奇，应征饷银二百五十三两二钱九分九厘有奇。升科池漏税饷银一两一钱一分有奇。灶丁原额一千四百二十一丁，应征丁课银七百七十八两七钱零八厘有奇。户口食盐折征原额价银一十五两八钱四分有零。通场共征税饷丁课银一千零四十八两九钱六分三厘有奇。

按：归德场灶田，分上、中、下三则。上则田每亩编征银三厘四毫二丝五忽，中则田每亩编征银三厘零八丝二忽，下则田每亩编征银二厘三毫九丝七忽五微。康熙二十一年，上、中、下三则每亩加征银二分。乾隆二年定例，豁免十分之四。至场价，本场额俱收熟盐，故给价运脚等项，各栅银数皆同。

东莞场盐课司，原署在县城内，场裁署废，今凤冈书院是其基址。场原管辖七栅半。灶田原额税一千二百六十七顷八十六亩七分有奇，应征饷银二百一十三两九钱四分一厘有奇。池漏税饷银一百零二两四钱二分二厘有奇。灶丁原额一千四百二十七丁，应征丁课银六百五十六两四钱二分。户口食盐折征原额价银一十八两一钱零一厘有奇。通场共征税饷丁课银九百九十两零八钱八分四厘有奇。

[1]“盐课”原讹“盐政”，据本志本卷目录改。

按：东莞场灶田，分上、中、下三则。上则田每亩编征银一厘八毫七丝五忽，中则田每亩编征银一厘四毫三丝七忽，下则田每亩编征银五毫六丝三忽九微。康熙二十一年，上、中、下三则每亩加征银二分。乾隆二年定例，豁免十分之六。至场价，本场额收生、熟盐各半，故给价运脚等项，各栅银数亦有不同。

靖康场，隶东莞，其税饷额故不载。乾隆三年，因靖康场产盐日少，奉文将靖康场归并归德场大使兼理，归德场改名归靖场。乾隆二十一年，又裁归靖场大使，改为委员，其靖康场盐课银归东莞县征解，归德场盐课银归邑东莞场大使征解。迨后归靖、东莞两场俱奉裁汰，课归局羡完缴。乾隆五十四年，奉行改埠为纲，其归靖场、东莞场俱奉裁撤，饬将盐田池漏拆毁净尽，养淡改作稻田，升科起征银两，以补场课。如不敷，归于纲局羡余缴足。经前县胡会同东莞县史查勘，东莞、归靖二场，盐田无几，本系沙石之区，咸水泡浸已久，难以养淡改筑稻田。况照斥卤升科，每亩征银四厘六毫四丝，统计征银有限；若以此些微田税，割补丁课，多寡悬殊，有名无实，不若全在局羡完纳等由，禀奉各宪，饬委佛山同知陈亲临确勘情形，实难养淡升科，仍照县议，请将额征场课银两，全归局羡完纳在案。

按：《旧志》所载，由明至国朝，展界后招垦灶丁，灶田逐年碎纪，未免繁琐。今二场从删，只据现额总数开载，以便观览。

又按：明初定日课法，灶户日办盐三斤，夜办盐四两，周年三百六十五日，该盐一千一百八十六斤四两，每二百斤折一小引，共该五引零一百八十五斤，外加耗盐每引五斤，共三十斤，总得六引零一十五斤，谓之全课，给工本每引钞二贯。国朝自康熙五十五年归隶制府，嗣后因埠贯势所不能行者，济以官运；场灶力所不能偿者，贷以帑金。变通裁酌，莫此为良。复于乾隆五十四年，饬将课饷归纲局羡余完缴。其优恤盐民，惠为更厚焉。

埠销 附

国朝新安县彭城埠，埠建在城外石围塘汛侧。查《旧志》，有原名庞城埠，音同字异，其原照改设未详。

一埠行销原额，题改小引一千一百八十九道一分，原额加斤配引，并续加引三百六十八道八分八厘奇。历年加增渔引三百道。又新增渔引一百四十道。又渔盐改引四千一百五十道七分零五毫。通共引六千一百四十八道六分八厘七毫有奇，内除连山埠匀销三千三百三十二包零五十斤，俱从现额开载。递年应完纳饷银二千二百六十三两四钱九分一厘。

新安埠行销盐价，每斤例定卖银七厘。

添设盐田、沙渔涌、长洲各子埠一间，巡船六只，查缉走私，以裕课饷。

按:《旧志》：邑有四埠，曰白石，曰南头，曰西乡，曰固戍。国朝自乾隆十四年两广总督题定融销，一例恩准各埠自为拨销，则易销者食盐不致告匮，难销者引额亦无虑壅积。酌盈剂虚，抚恤盐贾，可谓法良意美矣。而隶于邑地者，昔之埠有四，迄今第存彭城一埠，非以灶田日淡、盐产日稀欤？

鱼课

邑四社，原属东莞县河泊所。明万历元年，析分县治，以四社隶焉：西乡、伏涌、碧头、归德。国朝康熙二十六年起科：二都七图鱼课原额课银六十五两三钱七分三厘，闰银七两七钱六分六厘；三都三十八图鱼课额银六十六两五钱七分四厘，闰银七两九钱零九厘；三都[1]三十九图鱼课原额课银四十二两七钱零二厘，闰银五两零七分三厘；大鹏寄水鱼课原额课银一十八两五钱三分二厘，闰银二两二钱零二厘；三都四十图鱼课原额课银四十七两九钱八分，闰银五两七钱。

通共起科鱼课米银二百四十一两一钱六分一厘，闰银二十八两六钱五分，连闰共银二百六十九两八钱一分一厘，即在田赋总数之内。

---

[1]“都”后原衍“所”，据文意删。

新安县志卷之九

经政略二　学制、书院、义学

学制

乡饮酒礼

每岁正月望、十月朔，于明伦堂行礼。府、县以正印官为主，宾以致仕官为之，僎择乡里年高有德者，介以次长。其位：主位东南，宾位西北，僎位东北，介位西南。属学官序爵，皆正西向；众宾序齿，皆正东向。教官一人，为司正，主扬觯，以罚喧哗失礼者。陈钟鼓，设读律案于堂中。前期，执事者陈设坐次，司正率执事者习礼。至期，主人速宾既至，执事者北向，揖报："宾至。"礼生前导出大门外，唱："主速宾。"宾西主东，三揖。至大门，宾、主相向立，揖，平身。主、宾揖让而入，至仪门，至阶下，礼同。

升堂，鸣钟鼓，主、宾各就位，行四拜礼。对拜毕，主、宾以下各就位坐，扬觯。礼生引司正由西阶升，诣堂中，北向立。主、宾以下皆起，执事者以觯酌酒，授司正。司正举酒，曰："恭惟朝廷，率由旧章，敦崇礼教，举行乡饮。凡我长幼，各相劝勉，为臣尽忠，为子尽孝，长幼有序，兄友弟恭，内睦宗族，外和乡里，无或废坠，以忝所生。"诵毕，司正饮酒。饮毕，以觯授执事者，揖，主、宾皆揖。复位，主、宾以下皆坐。供讲案，读《大诰》，主、宾俱起。读毕，主、宾俱坐。读律令，读毕，揖，复位。主、宾皆坐，撤讲案。

主献宾：引赞至主位前，请献宾；执事者酌酒授主，至宾位前；宾旁立，主置酒于席，僎、介皆酌以酒，揖，复位。宾酬主：引赞至宾位，请酬主；执事者酌酒授宾，宾至主位前，僎、介从之；主旁立，宾置酒于席，揖，复位。主、宾以下皆坐，执事者供酒，请饮酒。酒三行，厨夫献割，执事者供馔、请馔，执事者供汤、请汤。歌诗：主、宾皆起，歌《鹿鸣》三章，以钟鼓为节。歌毕，揖，复位，主、宾以下皆坐。执事者按行酌酒，或五行，或七行，供馔，供汤，如初仪。又歌《四牡》《皇皇者华》，间歌《鱼丽》及《南有嘉鱼》《南山有台》，俱以钟鼓为节。

三饭毕，主、宾皆起，唱："洗爵勿散。"主、宾望阙谢，行三跪九叩首礼。仍宾西主东，行四拜礼。毕，宾辞，主揖，主送宾。宾、主揖让而出，至阶，揖，平身。至仪门，至大门，礼同。至大门外，三揖，宾让主入，主拱立，宾不顾乃退。

按：近行乡饮，率皆大宾一人，以致仕官；介一人，以年高生员；耆一人，以年高耆民；而以教职当僎之位，耆宾当众宾位，亦礼以义起之意。

谨按：乾隆十八年，粤督班第准礼部咨行，议覆西安藩司张若震条奏一件："行令各省，转饬所属州县，每岁遵照定例，于正月、十月举行二次；其宾、介之数，在《仪礼》则有大宾、介宾、众宾及遵，《礼记》亦称：设僎以辅主。《仪礼》之遵，即《礼记》之僎也。在《学政全书》所载《乡饮酒图》，则有大宾、介宾与僎，一宾、二宾、三宾、众宾，与一僎、二僎、三僎。考古稽今，从无耆宾之名。应令各省地方官遴访绅士之年高德劭者，敦请一人为大宾，士人中举一人为介宾，耆庶中举数人为众宾；至僎之为义，乃公卿大夫之居乡者，来助主人以乐宾。《仪礼》注亦称：或有或无，或来或不来。是僎本无常数，有则备，无则缺，可也。至所举之人，该地方官务须察访得实，详报督抚，核实举行；仍分别宾、僎、介等，先期造具姓名、籍贯清册，送部存案，以便查核。如于乡饮之后，间有过犯，亦应如该布政使所请，即行详报斥革，咨部除名。"

乡射礼

明洪武三年，诏天下儒学就学辟射圃习射，朔、望有试，有司官间暇时，与学宫习射。

射式。凡树射鹄，正南北向。凡置射位于三十步，自后累进至九十步。凡射，各以乡官为主射。凡主射官位于中，诸生位于东西、东西偏及容后。凡射，二人为耦。凡赏酒，中的用三爵，中采二爵。凡司射，必自下而上。

射器。狐鹄一，其采二，六品至九品射之。其制：中以皮为的，画红、绿二采，周围饰皮以狐。布鹄二，有的无采，文武子弟及士民俊秀射之。其制：以皮为鹄，周围饰以布。兕中一，三品至五品用。其制：以木为之，长一尺二寸，高七寸，前足跪，凿其背，可容算，用色漆漆之，或用木座朱漆。鹿中一，六品至九品官及官员子弟、士民俊秀用之，与兕异而制同。算以十耦为率，用八十筹，盛以桶二。容，以木为匡，冒以皮，方广七寸。旗，以帛为之，每容后各六，青、黄、赤、白、黑、采色各一。弓矢案一，备弓矢若干。爵案一，爵若干。

射职。司正，每鹄一人，掌验射者品级尊卑，以定耦。副司正，每鹄一人，执算于鹄之左右。置中于射者前，每耦进，则置八算于手，俟中则投于中，其斜横者委于中。西畔，俟一耦退，取所中算收之，别取八算，如前仪。每算，先书射者姓名于上，中者书的或书采，投之于中。司射、副司射二人，所掌先以强弓射鹄，诱射，以鼓众气。选能射者充司射器二人，掌验弓力强弱，分为三等；验人力强弱，授之。司爵二人，掌凡遇射毕，计中者以爵授酒。请射四人，掌请射者授弓矢，入射位。收矢二人，掌收矢纳还于主射者。执旗六人，掌于容后执红、采、白、青、黄、黑旗，射者中的举红，中采举采，射偏于西举白，偏于东举青，过于鹄举黄，不及鹄者举黑。

射仪。前期，戒射定耦，选执事，充司射、司正、司爵之属。树鹄陈矢，如图仪。至日，执事者入就位，请射者引主射正官及官子弟、士民俊秀者，各就品位。司射器者以弓矢置于正官及司射前，请射者诣正官前，圆揖；

毕，引诣司射器前，授弓矢；毕，引复本位。司正执算八，立于中后，请射者诣司射前曰："请诱射。"引司射二人耦进，各以三矢搢于腰带之右，以一矢挟于二矢之间。长幼相让，长为上射，幼为下射。上射先进，诣上位，向鹄正立，发矢；司正书，中投算，置于中；执旗者举旗如式。上射射毕，退立于旁，请下射者诣位，发矢，取算，书中，举旗，如前仪。请射者俱引复位，收矢者收矢，复于主射官司正取所中算。请射者又请士民俊秀射，又请官员子弟射，又请位卑至品高射，其就射位，发矢，取算，书中，举旗，收矢，复位，皆如前仪。俱毕，司正、副司正各持算，白于主射官。司爵者酌酒授中者，如式饮讫。请射者请属官以下射，俱毕，仍奉弓矢，纳于司射器。还，诣主射正官前，圆揖，乃退。

按：《府旧志》：射礼久不行。弘治十八年，知县罗侨率诸生谭以贤、林绍光、汤霈等，损益《仪礼》，具器及乐习之。正德初，提学林廷玉至新会观射，使诸生往郡教肄，遍行诸学，故岭南乡射礼始行。

存贮学署典籍

雍正元年至七年，共颁来《圣谕广训》一本，《上谕》上函十二套、下函十二套，又《上谕》十二部，又《上谕》十本，又《上谕》七道。

乾隆三年，颁来《十三经》全十二套共一百二十本，《二十一史》全共五十套。

乾隆六年，颁来《明史》一部共一百十二本，《钦定本朝四书文》一套共八本，《明四书文》二套，上函八本，下函六本，通共二十二本。

乾隆八年，颁来《上谕》第四函十二套。

乾隆十年，颁来《钦定学政全书》一部，旧《学政全书》一部，《名教罪人诗》上、下卷。

乾隆十五年，颁来《御撰资治通鉴纲目三编》一部。

乾隆十九年，颁来《御制平定金川碑文》一道。

乾隆二十三年，颁来《钦定续增学政全书》二函共八本，《钦定三礼义疏全书》一部，内《礼记义疏》十套共八十三本，《仪礼义疏》七套共五十本，《周官》七套共四十九本。

乾隆二十四年，颁来《御纂经书》十二种，共二百七十五本。

乾隆二十七年，颁来《文庙乐器音律歌章乐舞图册》一本。

乾隆三十一年，颁来《周易述义》一部，《春秋直解》一部。

乾隆三十二年，颁来《御制诗文》，内文《初集》全函一十六本，诗《二集》八函四十六本。

乾隆五十六年，颁来《万寿衢歌乐章》一套三本。

乾隆六十年，颁来《学政全书》二部。

嘉庆三年，颁来《临雍御论》一本。

嘉庆六年，颁来《佩文诗韵》一本。

嘉庆七年，颁来《圣谕广训》一部。

嘉庆二十年，颁来《学政全书》一部。

廪、增及入学额数

廪额二十名，增额二十名，岁科试各入学八名，武岁试入学八名，文府学历拨一二名，武府学历拨三四名。

康熙三年，裁八股，以论、策取士，裁各学教谕。康熙八年，复用八股，复岁贡。先时以贡途冗滞，遂停岁贡，至是复之。康熙十一年，诏选各学优等生员一人，入监读书。康熙十七年，复各学教谕。康熙二十七年，诏嗣后岁贡免赴京廷试。康熙二十九年，诏府、县各学设乐器。康熙四十二年，改提学道为提学院。康熙五十五年，诏岁科两试，俱取一名入府学。康熙五十九年，令武职许入文庙，与文官一例行礼。

雍正元年，命学臣试武较射，会同武职；命加文庙祭品；诏改启圣祠为崇圣祠，举行乡饮酒礼。雍正二年，诏建忠孝节义祠，命学臣报优劣。雍正三年，诏封关帝三代公爵，春、秋致祭；岁科试大学加五名，中学加三名，小学加二名。雍正四年，诏避孔子圣讳。雍正五年，诏居家孝友，行正端方，才可办事，而文亦可观者，一学各举一人；命建先农坛，举行耕籍田礼。雍正六年，命直省拔贡六年举行一次。雍正七年，设观风整俗使，每省一员；给各官养廉；设约正，于各乡贡举生员内选拔，岁予银六两；增设学正一员，一巡岭东，一巡岭西。雍正八年，颁发圣祖仁皇帝《御纂性理精义》《诗经传说类纂》《春秋传说类纂》，刊布学宫。雍正十三年，准从前考进别籍贡监呈首，改归本籍。

乾隆元年，诏开博学鸿词科，给各学教职全俸。乾隆二年，诏岁科，大学加七名，中学加五名，小学加三名。乾隆七年，更定选拔之期为十二年。乾隆九年，议准广东中式举人七十九名，每举人一名，录科六十名。乾隆十一年，禁革应试童生卷价。谕学政："考试卷价，自雍正十一年经部议定，每本价值三分，令提调自行办置。嗣后童生，府、州、县以及院试卷价令依部例。"乾隆十二年，定学臣考试，先文后武；广东乡试，减举人七名，乡试副榜一名，加取科举三十名。乾隆十四年，诏举经学，不拘进士、举人、诸生，以及退休闲废人员，俱荐举送部。

客籍学额

岁试取进文学二名，武学二名，科试取进文学二名。

按：新安自复界以来，土广人稀，奉文招垦军田。客民或由江西、福建，或由本省惠、潮、嘉等处，陆续来新，承垦军田，并置民业。自康熙五十五年奉例开设军籍，文、武学额各二名。至雍正十三年裁并，军民通考。迨嘉庆七年，奉旨另设客籍学额，岁试取进文、武各二名，科试取进文学二名，拨入广州府学。每逢考试，照卫学、苗学之例，准其自相保结；俟有取进生员后，即令各自认保；其廪、增、贡额，即与各县学拨府生员一体合考，凭文取录，补廪挨贡，不必另添；廪、增各缺，亦不必另定出贡年分。其捐纳贡、监职员者，亦令注明“客籍”字样，以免牵混等因，各在案。

学田租项 附

一、土名草从荫田一百二十七亩零，递年租银八两。明万历二十三年，署广州府理刑张嘉言审详，两院批允，入学公用，《须知册》载。后有庞、林二姓构占，邑庠生龙河、郑嘉位、张纶、吴允诜、郑应魁等力争之。《旧志》。

一、土名观音座、临洲尾、麒麟腹、瓦窑墩、提调荫等处田，共税一百一十八亩一分八厘七毫，递年租银七两零六分。万历四十四年，知县王廷钺审断刘那养绝田，申详学道张邦翼批允，送学公用，《须知册》载。《旧志》。

一、土名闩门洛中心[1]围、勒马洲围田，共税七十五亩，递年闩门洛中心围租谷二十七石。万历四十四年，知县王廷钺申详，林禹、黄志正二人自愿，捐入学中公用。经学道张邦翼批允入学，及奖赏林禹、黄志正。《旧志》。

一、东门学前鱼塘二口。《旧志》。

今新田村土名闩门洛中心围、勒马洲水圳、鱼塘等处，递年租谷三十一石。新村乡土名草从荫田，递年租谷三十石；又草荫田递年租银三两。桥头村土名麒麟腹荫田递年租银三两。隔岸乡递年租银一两。员冈乡递年租银一两。上村乡递年租银一两。小坑乡递年租银一两。城濠递年租银一两。南发乡递年租银一两。猪凹乡递年租银一两。三角围递年租银一两。培风墟铺地二十二间，递年租银五两二钱八分。义学包围内鱼塘一口，递年租银四两三钱二分。文庙前小鱼塘一口，递年租银一两四钱四分。

[1] 按，康熙《新安县志》卷五《宫室志·学校》无“心”。本段下同。

书院

文冈书院，在城西五通街，知县段巘生建。今圮，旧址犹存。

按：书院，原徐守备购蔡、叶各姓园屋基址，整旧增新，为椽一十有六，计共二十九间，各文约价值及修造木料、砖瓦费一百三十四金。雍正二年，知县段巘生以金一百，购为社学，颜之曰“文冈书院”。拨将廖九我所捐土名帚管莆租谷五十石，刘壮华入官屋后垅、牛路口、龙子尾租谷二十石，拨归书院，以为社师束修、生童膏火之费，为碑以记。其碑文详载《艺文》。

凤冈书院，在城南和阳街，原海防厅旧址。康熙十八年，改为东莞场署。嘉庆六年，详奉准将裁汰东莞场衙署改建凤冈书院，知县孙树新、王廷锦、朱麟征、许濬相继成之，布政司康基田颜以额曰“凤冈书院”。其院中为讲堂，前为露台，台下为甬道，左为东斋，右为西斋，前为大门，门外古榕二，又前为照墙，墙外为头门，有门役小房二间。讲堂后为先贤堂，又后为魁星楼。督粮道章铨题有“听雨轩”匾额。两旁砌以花栏，楼之左、右，列书舍八间。楼后余地，缭以垣墙。有邑人刘壮华等捐送田亩，知县许濬题立《善后章程》碑，竖于院内先贤堂侧，碑文见《艺文》。

田亩租项附：一、征收刘壮华租谷一十六石，每石折银一两。一、征收廖瑶租谷五十五石八斗五升，每石折银一两。一、征收邓逢泰租谷一百一十石零九斗六升，每石折银一两。一、征收廖九我送抵户长廖亚安粮本色租谷五十石，每石约值价银一两六钱。一、征收欧阳焖租谷八十七石六斗一升，此项谷石详奉拨归县丞征收，递年照十二月中旬谷价征收移县，计征银七十六两二钱二分。一、征收薄寮租银四十一两四钱九分。一、征收何隆裕租谷七十石零五斗五升，每石折银一两。一、征收万世杰租谷三百四十八石四斗六升九合，每石折银一两。以上共计租谷七百三十九石四斗三升九合，并薄寮租银四十一两四钱九分六厘。通共计征收银七百九十九两五钱四分五厘。除支抵粮外，尚余银三百四十八两二钱一分四厘，备支束脩、启馆等项，并按月生童膏火及酒席花红等用。

又土名柑坑，租谷五十四石，嘉庆十一年监生廖明新捐送，以充膏火之需。

义学

宝安义学，在东门外学宫右。康熙三十三年，知县丁棠发建，额曰“宝安书院”。日久倾圮，废址犹存。嘉庆庚申年，改建水仙庙。

梯云社学，在城外恩德乡中市[1]铺。明嘉靖四十五年，参将汤克宽、东莞知县舒应龙建。邑士多会课其中，一时若陈果、吴国光皆相继登科第，称最盛云。今废。

青云社学，在城外恩德乡崇镇铺。明万历乙未年，参将彭信古重修。今废。

登云社学，在西乡村。今废。

固戍社学，在固戍村。今废。

梧山社学，在归城下村，里人王湖等建。今废。

按：明洪武八年，诏有司立社学，延师儒，教民子弟。十六年，诏民间立社学。正统元年，令各处社学[2]提学官[3]及司、府、州、县官严督劝课，其有俊秀，得补生员。成化十九年，布政使陈选大兴社学。嘉靖元年，提学官魏校大毁淫祠，改建社学。崇祯十四年，知县周希曜编次礼、乐、射、御、书、数六社，考取民间俊秀，肄业其中。岁久废弛，鞠为茂草。举废兴修，企而望之。

碧溪社学，在碧头村，许鲁、佘林建。

[1] 按，“市”，康熙《新安县志》卷五《宫室志·学校》作“屯”。

[2] “社学”原脱，据康熙《新安县志》卷五《宫室志·学校》补。

[3] “提学官”原讹“提调官”，据康熙《新安县志》卷五《宫室志·学校》改。本段下同。

新安县志卷之十

经政略三　礼制、祀典

礼制

庆贺

万寿圣节。是日五更，文武各官俱衣朝衣，遵照《会典》，设香案，文武分班，行三跪九叩礼。前后三日，俱蟒衣。

恭遇皇后千秋令节、元旦、长至，节仪同。

恭遇颁诏，凡诏书至，地方官员朝服，具龙亭、彩舆、仪仗、鼓乐，出郊外迎；使者捧诏书，放龙亭中，行礼，鼓乐前导，至公庭中，行礼，展读如仪。

宣讲《圣谕》。每月朔、望，预择宽洁公所，届期文、武官俱至，衣蟒衣，礼生唱序班，行三跪九叩头礼；兴，退班，齐至讲所。军民人等，环列肃听，礼生唱："恭请开讲。"司讲礼生诣香案前，跪，恭捧《上谕》登台。木铎老人跪，宣读。毕，礼生唱："请宣讲《上谕》第一条。"宣讲生按次讲，毕，退。

救护

凡遇日食，前期，布香案于县署露台，金鼓列仪门，乐人列台下，拜位列露台上，俱向日。至期，阴阳生报："日初亏。"文、武官俱用朝服赞唱，行三跪九叩礼。班首官击鼓三声，众鼓齐鸣。及报："复圆。"鼓声止，各官行三跪九叩礼，毕。月食，仪注同。

迎春

每岁立春，遵照《会典》，迎春于东郊，出土牛、仪注。先期，塑造春牛、芒神。前一日，各官常服，迎至县门外，土牛向南，芒神在东，西向。立春日，早，陈设香烛、酒果。各官俱朝衣，行一跪三叩礼。祭毕，舁土牛、芒神，用香亭、鼓乐前导，各官朝服后随，至东郊。各官执彩仗，环立土牛两旁，击鼓。各官环鞭土牛三，礼毕，退。

按：今有司迎春，皆前一日，朝服于东郊，迎舁土牛、芒神，安设县治仪门外。次日，照依立春时刻，祀芒神，即于安设原处鞭春。又按：《月令》："季冬之月，作土牛以送寒气，示农耕之早晚。"注云："十二月建丑为牛。如立春在十二月望，则策牛人近前，示农早也。在月晦及正月旦，则居中，示农平也。在正月望，则近后，示农晚也。"冬至后辰日，岁德方，取土桑、柘木为骨，长八尺，按八节；高四尺，按四时；尾一尺二寸，按十二时。踏板，阳年用衙门左扇，阴年用右扇。牛色，以立春日日干为头、角、耳色；支为身色；纳音为蹄、尾、肚色。如甲子日立春，甲，木，青色；子，水，黑色；纳音属金，用白色；阳年，牛口开，尾左缴；阴年，牛口合，笼头拘索有法。

芒神，本勾芒氏之神，为策牛人，俗呼太岁。以立春日支为服色，如亥水日，黄衣青系腰之类，取支神受克也。罨耳鞋裤、老少高低、鞭法，俱取立春年、日、时，并纳音，祭拜，以牛头向东。

《祝文》：惟神职司五谷，恩育三农。今届首春，合修祀事。伏冀神庥广庇，年谷顺成。尚飨！

莅任

莅任先日，致斋于城隍庙。凌晨，祭城隍，遂诣本县治，祭仪门。礼毕，俱公服，向东北谢恩，易服，受参。到任三日后，诣学，行香。

每月朔望行香

先诣文庙，次城隍庙，次天后庙，次土地祠。

祀典

文庙

至圣先师木主定式：高二尺三寸七分，阔四寸，厚七分；座高四寸，长七寸，厚三寸；朱地金书。四配木主定式：高一尺五寸，阔三寸二分，厚五分；座高四寸，长六寸，厚二寸八分。十哲木主定式：高一尺四寸，阔二寸六分，厚五分；座高二寸六分，长四寸，厚二寸。两庑先贤木主定式：与十哲同。先儒木主定式：高一尺三寸四分，阔二寸三分，厚四分；座高二寸三分，长四寸，厚二寸。每岁春、秋仲月上丁日，致祭，斋二日。每岁八月二十七日，孔子圣诞，致斋，不设祭。

正殿：至圣先师孔子。祭品：帛一，白色。牛一，雍正元年加。羊一，豕一，登一，铏二，簠四，簋四，笾十，豆十，酒罇一，白磁爵三。

四配：复圣颜子，述圣子思子，宗圣曾子，亚圣孟子。祭品：帛四，白色。豕一，羊一，铏各一，簠二，簋二，笾八，豆八，酒罇一，白磁爵三。

十哲：东六位：先贤闵子名损，先贤冉子名雍，先贤端木子名赐，先贤仲子名由，先贤卜子名商，先贤有子名若。乾隆三年升。祭品：帛一，白色。豕一，铏各一，簠各一，簋各一，笾各四，豆各四，豕首一，白磁爵三。

十哲：西六位：先贤冉子名耕，先贤宰子名予，先贤冉子名求，先贤言子名偃，先贤颛孙名师，先贤朱子名熹。康熙五十一年升。

按：祭品与东六位同。

东庑：先贤蘧瑗，先贤澹台灭明，先贤原宪，先贤南宫适，先贤商瞿，先贤漆雕开，先贤司马耕，先贤巫马施，先贤颜辛，先贤曹恤，先贤公孙龙[1]，先贤秦商，先贤颜高，先贤壤驷赤，先贤石作蜀，先贤公夏首，先贤后处，先贤奚容蒧，先贤颜祖，先贤句井疆，先贤秦祖，先贤县成，先贤公祖句兹，先贤燕伋，先贤乐欬，先贤狄黑，先贤孔忠，先贤公西蒧，先贤颜之仆，先贤施之常，先贤申枨，先贤左丘明，先贤秦冉，先贤牧皮，先贤公都子，先贤公孙丑，先贤张载，先贤程颢，先儒公羊高，先儒孔安国，先儒毛苌，先儒高堂生，先儒郑康成，先儒诸葛亮，先儒王通，先儒司马光，先儒欧阳修，先儒胡安国，先儒尹焞，先儒吕祖谦，先儒蔡沈，先儒陆九渊，先儒陈淳，先儒魏了翁，先儒王柏，先儒许衡，先儒许谦，先儒吴澄，先儒王守仁，先儒薛瑄，先儒罗钦顺，先儒陆陇其。祭品：帛一，白色。豕三，簠一，簋一，簠、簋每案一。笾四，豆四，铜爵各一。

西庑：先贤林放，先贤宓不齐，先贤公冶长，先贤公晳哀，先贤高柴，先贤樊须，先贤商泽，先贤梁鳣，先贤冉孺，先贤伯虔，先贤冉季，先贤漆雕徒父，先贤漆雕哆，先贤公西赤，先贤任不齐，先贤公良孺，先贤公肩定，先贤鄡单，先贤罕父黑，先贤荣旂，先贤左人郢，先贤郑国，先贤原亢，先贤廉洁，先贤叔仲会，先贤公西舆如，先贤邽巽，先贤陈亢，先贤琴张，先贤步叔乘，先贤秦非，先贤颜哙，先贤颜何，先贤县亶，先贤乐正克，先贤万章，先贤周敦颐，先贤程颐，先贤邵雍，先儒谷梁赤，先儒伏胜，先儒后苍，先儒董仲舒，先儒杜子春，先儒范宁，先儒韩愈，先儒范仲淹，先儒胡瑗，先儒杨时，先儒罗从彦，先儒李侗，先儒张栻，先儒黄榦，先儒真德秀，先儒何基，先儒赵复，先儒金履祥，先儒陈澔，先儒陈献章，先儒胡居仁，先儒蔡清。

按：祭品与东庑同。从祀两庑先贤、先儒，府、州、县同。

乐章：迎神乐奏《咸平之章》，无舞：大哉至圣！道德尊崇。维持王化，斯民是宗。典祀有常，精纯并隆。神其来格，于昭圣容。初献乐奏《宁平

[1]“龙”原讹“庞”，据雍正《广东通志》卷八《礼乐志·祭文庙》、《钦定国子监志》卷十二《祀位二·配享从祀》等改。

之章》，有舞：自生民来，谁底其盛？惟师神明，度越前圣。粢帛具成，礼容斯称。黍稷非馨，惟神之听。亚献乐奏《安平之章》，有舞：大哉圣师！实天生德。作乐以崇，时祀无斁。清酤惟馨，嘉牲孔硕。荐羞神明，庶几昭格。三献乐奏《景平之章》，有舞：百王宗师，生民物轨。瞻之洋洋，神其宁止。酌彼金罍，惟清且旨。登献惟三，于嘻成礼！彻馔乐奏《咸平之章》，无舞：牺象在前，豆笾在列。以享以荐，既芬[1]既洁。礼成乐备，人和神[2]悦。祭则受福，率遵无越。送神乐奏《咸平之章》，望燎同：有严学宫，四方来崇。恪恭祀事，威仪雍雍。歆兹惟馨，神驭还复。明禋斯毕，咸膺百福。

乐器：麾，金钟，玉磬，鼓，搏拊，柷，敔，琴，瑟，排箫，笙，箫，笛，埙，篪。

舞器：节，羽，籥。

乾隆八年，部颁新乐章。迎神乐《咸平之章》，无舞：大哉孔子！先觉先知。与天地参，万世之师。祥征麟绂，韵答金丝。日月既揭，乾坤清夷。初献乐《宁平之章》，有舞：予怀明德，玉振金声。生民未有，展也大成。俎豆千古，春秋上丁。清酒既载，其香始升。亚献乐《安平之章》，有舞：式礼莫愆，升堂再献。响协鼓镛，诚孚罍甗。肃肃雍雍，誉髦斯彦。礼陶乐淑，相观而善。终献乐《景平之章》，有舞：自古在昔，先民有作。皮弁祭菜，于论思乐。惟天牖民，惟圣时若。彝伦攸叙，至今木铎。彻馔乐《咸平之章》，无舞：先师有言，祭则受福。四海黉宫，畴敢不肃。礼成告彻，毋疏毋渎。乐所自生，中原有菽。送神乐《咸平之章》，无舞：凫绎峨峨，洙泗洋洋。景行行止，流泽无疆。聿昭祀事，祀事孔明。化我蒸民，育我胶庠。

[1]“芬”原讹“芳”，据雍正《广东通志》卷八《礼乐志》、（清）孔毓圻等《幸鲁盛典》卷五等改。

[2]“和神”原倒，据雍正《广东通志》卷八《礼乐志》、（清）孔毓圻等《幸鲁盛典》卷五等改。

崇圣祠 雍正元年，追王五代

肇圣王木金父公，正中，南向。裕圣王祈父公，东一室，南向。诒圣王防叔公，西一室，南向。昌圣王伯夏公，东二室，南向。启圣王叔梁公，西二室，南向。祭品：帛五，白色。羊一，豕一，铏一，簠一，簋一，笾八，豆八，酒樽一，白磁爵三。

配位：先贤颜氏无繇，先贤孔氏鲤，先贤曾氏点，先贤孟孙氏。祭品：帛二，白色。豕首一，簠一，簋一，笾四，豆四，豕肉一，每位铜爵三。

东庑：先儒周辅成，敦颐之父。先儒程珦，颢、颐之父。先儒蔡元定，沈之父。西庑：先儒张迪，载之父。先儒朱松。熹之父。祭品：帛二，白色。簠一，簋一，笾四，豆四，豕肉一，每位铜爵三。

祭器：存贮学署。白磁爵四十二，锡登一，锡铏一十五，锡簠五十二，锡簋五十二，竹笾二百一十，木豆二百一十，铜酒樽四，精钱樽各样共七，俎盘连桌一副，铜龙杓一，铜爵一百三十一，绣龙幕六，小铜爵一十八。

乐舞器：存贮学署。大麾一，应鼓二，龙杆一，大红缎彩画龙架一，应鼓珠围八，应鼓盖二，应鼓顶鼓围二，门鼓一，鼍鼓一，特磬一，特鼓一，石编磬一十六，编钟磬架二，琴四，旧琴一，琴案四，瑟四，瑟架八，搏拊二，连架。起柷一，止敔一，鼗鼓二，笙六，洞箫二，埙二，篪四，旌节一对，三眼翟三十六，龙头籥三十六，孔雀尾六十三，绫雉尾一百零八，歌诗章板八，干二，戚二。

乐生五十人，舞生三十六人，执旌二人，凡八十八人，俱堂上之乐。其序，则麾生一人立神位左，西向；次，左柷，右敔；次，左、右搏拊、鼓，东西对立；次，琴六人，左者以次而东，右者以次而西，俱北面立；次，左、右瑟各一；次，左、右笙、萧，笙在内，箫在外；次，左、右埙、篪，凤箫及笛，亦次次而东、西，皆北向，立于笙、萧之后；次，左钟右磬；又次，应鼓居其左焉。

仪注：部颁。每遇丁祭，预日辰刻，教官委生员二名，穿公服，鼓乐前导，恭送祝文、绫帛，赴府、县衙门，至二堂，安置案上。承祭官穿补服，恭阅祝文，佥名印帛。毕，仍交该生等恭送回学，在正殿安设，行一跪三叩首礼，退。巳刻，禀请承祭官，穿补服，同分献各官，诣明伦堂，观演礼乐。毕，礼生引承祭官、分献官诣省牲所，行省牲礼，监视宰牲，瘗毛血。毕，即回。

正祭日五鼓，承祭官穿朝服，不响锣，不开导，至学宫戟门外坐候齐，少坐。俟陈设毕，通赞唱："起鼓！启门！"礼生引纠仪官，先行三跪九叩首礼。毕，至纠仪位，立。引赞生引承祭官，同文武各官，俱至大成门内，立。引赞引承祭官至盥洗所盥洗，授巾。毕，引至台阶下立。分献官、陪祀官分文东武西，各俱至台阶下立。通赞唱，乐舞生各就列，执事者各司其事。承祭官就位，陪祭官、分献官各就位。通赞唱："迎神！"协律生唱："乐奏《咸平之章》！"乐作，通赞唱，承祭官、陪祭官、分献官俱行三跪九叩首礼。兴，乐止，通赞唱："奠帛！"行初献礼，协律生唱："乐奏《宁平之章》！"乐作，引赞唱："升坛！"引承祭官诣酒樽所，司樽者举幕、酌酒。凡进从东上，退从西下。

诣至圣先师孔子位前，跪，叩首，献帛，献爵，叩首，兴。诣读祝位，立。读祝生至祝案左旁，一叩首，捧祝版，跪。引赞唱："跪！"通赞唱，众官皆跪，乐暂歇。引赞唱："读祝！"读毕，读祝生安置祝版于正案上，一叩首，退。乐复作，通、引齐唱，行一叩首礼，兴。引赞引承祭官，诣复圣颜子位前，跪，叩首，献爵，献帛，叩首，兴。诣宗圣曾子位前，跪；又诣述圣子思子位前，跪，如前仪。诣亚圣孟子位前，跪，如前仪。引赞引分献官，诣东哲位，跪，如前仪。诣西哲位，跪，如前仪。引赞引分献官，诣东庑位前，跪，如前仪。诣西庑位前，跪，如前仪。

各引赞引承祭官、分献官，各复位。通赞唱："行亚献礼！"协律生唱："乐奏《安平之章》！"乐作，引赞引承祭官，诣酒樽所，司罇者举幕、酌酒。诣先师孔子位前，跪，叩首，进爵，叩首，兴。诣四配，如前仪。行分献礼，如初献礼。行各复位，乐止，通赞唱："行三献礼！"协律生唱："乐奏《景平之章》！"乐作，引赞各引承祭官、分献官，如亚献礼。行各复位，乐止，通赞唱："饮福受胙！"引赞引承祭官，诣饮福受胙位。引赞唱："跪！饮福酒！受福胙！"叩首，兴，复位。通赞唱："彻馔！"协律生唱："乐奏《咸平之章》！"乐作，彻讫，乐止。通赞唱："送神！"协律生唱："乐奏《咸平之章》！"乐作。通赞唱，承祭官、分献官、陪祀官俱行三跪九叩首礼。兴，乐止。通赞唱，捧祝捧帛，各恭诣燎位。各生俱至案前，行一跪三叩首礼。捧起祝文在前，帛次之，俱由中阶下，送至燎位。通赞唱："望燎！举《望燎乐》，乐奏《咸平》后阕。"乐作，各官两旁立，俟祝帛过，引赞引诣望燎位，立。祝帛焚半，乐止，引赞唱："礼毕！"退。

祭崇圣祠 雍正元年，追王五代

每岁仲春、仲秋月上丁日致祭，分派教官承祭。先期一日，儒学委生员恭送祝文、绫帛，同大殿祝帛，赴府、县衙门。承祭官穿补服，恭阅祝文，佥名印帛。毕，同大成殿祝帛，仍交该生等，恭送回学，在后殿安设，行一跪三叩首礼。毕，至正祭日四鼓，教官穿朝服，诣祠致祭。引赞引承祭官诣盥洗所，盥洗。毕，引至拜位前立。通赞唱，执事者各司其事，承祭官、陪祀官各就位。又唱，行三跪九叩首礼。奠帛，行初献礼。引赞引承祭官诣酒樽所，司罇者举幕，酌酒，诣肇圣王位前，跪，献帛，进爵，叩首，兴。诣裕圣王位前，跪，如前仪。诣诒圣王位前，跪，如前仪。诣昌圣王位前，跪，如前仪。诣启圣王位前，跪，如前仪。诣读祝位，跪，通赞唱，众官皆跪，宣读祝文。毕，通、引齐唱，叩首，兴，复位。通赞唱："行分献礼！"引赞引分献官，诣东配先贤位前，跪，献帛，进爵，叩首，兴。诣西配先贤位前，跪，如前仪。诣受胙位前，跪，饮福酒，受福胙，叩首，兴。引赞引承祭官复位，通赞唱："彻馔！送神！"行三跪九叩首礼，读祝者捧祝，司帛者捧帛，恭诣燎所，众官西向立，俟祝帛过，引赞唱："诣望燎位。"众官至燎所，看焚祝帛。礼毕，退至戟门外，候齐文武各官，致祭正殿。

正殿祝文：部颁。惟先师德隆千圣，道冠百王；揭日月以常行，自生民所未有。属文教昌明之会，正礼和乐节之时。辟雍钟鼓，惟恪荐于馨香；泮水胶庠，益致严于笾豆。兹当仲春（秋），祗率彝章，肃展微忱，聿陈祀典。以复圣颜子、宗圣曾子、述圣子思子、亚圣孟子配享。尚飨！

崇圣祠祝文：部颁。惟王奕祀钟祥，光开圣绪。盛德之后，积久弥昌。凡声教所覃敷，悉循源而溯本。宜肃明禋之典，用申守土之忱。兹届仲春（秋），聿修祀事，配以先贤颜氏、先贤曾氏、先贤孔氏、先贤孟氏。尚飨！

附录：文庙历代崇祀以及配享先贤先儒沿革始末

按：《文王世子》："凡始立学者，必释奠于先圣、先师。"古者治、教不分，以舜、禹、汤、文为先圣，而先师则左右四圣之臣成其德业者。故先圣之名，尊于先师。自天下通祀孔子，而舜、禹、汤、文之祀废。鲁哀公十七年，立庙孔子旧宅。汉高帝十二年，过鲁，以太牢祀孔子。汉平帝元年，追谥孔子为褒[1]成宣尼公。汉明帝永平二年，以周公、孔子并祀于郡、县学。魏晋六朝，或封公封侯，或祭于辟雍。其停周公，专祀孔子，定孔子为先圣，颜子为先师，令天下立庙，四时致祭，则唐太宗贞观初年始也。然武成王庙与文庙东西并峙，犹未尽尊崇之义也。封孔子为文宣王，自唐明皇开元二十七年始也。加称至圣，自宋真宗大中祥符五年始也。加号曰大成至圣文宣王，自元武宗大德十一年[2]始也。明洪武二十年，罢武成王庙。改称曰至圣先师孔子，自嘉靖九年，从大学士张璁之议也。

文庙门之立戟，或十六，或二十四，自宋太祖建隆三[3]年，与徽宗大

[1]"褒"原讹"襃"，据《汉书》卷十二《平帝纪》、卷九十九下《王莽传》改。

[2]"大德十一年"原讹"至大元年"，据《元史》卷二十二《武宗纪一》、（清）秦蕙田《五礼通考》卷一百十九《吉礼一百十九·祭先圣先师》改。

[3]"三"原讹"二"，据《宋史》卷一百五《礼志第五十八·吉礼八·文宣王庙》、（清）秦蕙田《五礼通考》卷一百十八《吉礼一百十八·祭先圣先师》改。

观四年[1]也。殿名大成，自徽宗崇宁四年也。改大成殿为文庙，戟门为文庙门，天下学宫通撤像易木主，亦明嘉靖九年从张璁议也。洪武十五年易木主，仅国子监耳。自汉迄元，皆塑像也。加冕旒桓圭，自宋真宗大中祥符二[2]年始也。其后徽宗加十二旒，服九章，执镇圭。金世宗又加六章。

祀孔子以六代之乐者，自汉章帝元和二年始也。以颜渊配享，自魏主芳正始二年始也。以曾参配享，自唐高宗总章元年始也。以孟子配享，自宋神宗元丰七[3]年始也。以子思从祀，自宋徽宗大观二年始也。以颜、曾、思、孟并享，自宋度宗咸淳三年始也。加复圣、宗圣、述圣、亚圣公，元文宗至顺元[4]年也。去公称子者，明嘉靖九年张璁议也。以十哲从祀，自唐玄宗开元八年始也。升子张，补十哲之缺，亦自咸淳三年也。弟子之得追赠，亦自唐高宗总章元年始也。其封公、侯、伯，始于唐开元二十七年及宋真宗大中祥符二年、度宗咸淳三年也。以左丘明、卜子夏、公羊高、谷梁赤、伏胜、高堂生、戴圣、毛苌、孔安国、刘向、郑众、杜子春、马融、卢植、郑康成、服虔、贾逵、何休、王肃、王弼、杜预、范宁二十二贤从祀，自唐太宗贞观二十一年始也。以荀况、扬[5]雄、韩愈从祀，自宋神宗元丰七[6]年始也。以张栻、吕祖谦从祀，自景定二年。以邵雍、司马光从祀，自度宗咸淳三年。以许衡从祀，元仁宗皇庆二年也。至顺元年[7]，以董仲舒从祀。宣德十

[1]“大观四年”原讹“政和元年”，据（宋）马端临《文献通考》卷四十四《学校考五·祠祭·褒赠先圣先师》、（清）秦蕙田《五礼通考》卷一百十八《吉礼一百十八·祭先圣先师》改。

[2]“二”原讹“元”，据《宋史》卷一百五《礼志第五十八·吉礼八·文宣王庙》、（清）秦蕙田《五礼通考》卷一百十八《吉礼一百十八·祭先圣先师》改。

[3]“七”原讹“元”，据《宋史》卷十六《神宗纪三》、（清）秦蕙田《五礼通考》卷一百十八《吉礼一百十八·祭先圣先师》改。

[4]“元”原讹“二”，据《元史》卷三十四《文宗纪三》、（清）秦蕙田《五礼通考》卷一百十九《吉礼一百十九·祭先圣先师》改。

[5]“扬”原讹“杨”，据《宋史》卷十六《神宗纪三》、（清）秦蕙田《五礼通考》卷一百十八《吉礼一百十八·祭先圣先师》、《汉书》卷八十七上《扬雄传》改。

[6]“七”原讹“六”，据《宋史》卷十六《神宗纪三》、（清）秦蕙田《五礼通考》卷一百十八《吉礼一百十八·祭先圣先师》改。

[7]“至顺元年”原讹“洪武廿九年”，据《元史》卷三十四《文宗纪三》、卷七十六《祭祀五》、（清）秦蕙田《五礼通考》卷一百十九《吉礼一百十九·祭先圣先师》改。

年，以吴澄从祀。正统二年，以胡安国、蔡沈、真德秀；弘治八年[1]，以杨时从祀。嘉靖九年，增后苍、王通、欧阳修、胡瑗、陆九渊；隆庆五[2]年，以薛瑄从祀。万历十二年，以王守仁、陈献章、胡居仁从祀；四十二年，以罗从彦、李侗等从祀。皆从言臣之请也。

叔梁纥，宋封公，元封王。令天下学校通建启圣祠，自嘉靖九年始也。以颜无繇、曾点、孔鲤、孟孙激配享，宋程珦、朱松、蔡元定、周辅成从祀，“子不先父食”之义也。洪武元年[3]，诏天下儒学各建先贤祠，左祀贤牧，右祀乡贤，春、秋附祭。令各分祀，改称名宦、乡贤者，则成化中特典也。祭期定于春、秋二仲，自唐明皇开元二十八年始也。有司荐享，自北魏主濬始也。月朔行香，自北齐显祖天保元年始也。贡士释褐、谒庙，自开元二十六年始也。升朱子于十哲，系国朝康熙五十一年。入祀范仲淹于两庑，自康熙五十四年也。加封先圣五代为王，则自雍正元年也。

明嘉靖九年，改祀先贤、先儒于乡者七人：林放、蘧瑗、郑康成、郑众、卢植、服虔、范宁。洪武二十九年，黜扬[4]雄。嘉靖九年[5]，黜吴澄。嘉靖九年，黜公伯寮、秦冉、颜何、申枨、荀况、戴圣、刘向、贾逵、马融、何休、王肃、王弼、杜预十三人。其议复林放、蘧瑗、秦冉、颜何、郑康成、范宁六人，增祀县亶、牧皮、乐正子、公都子、万章、公孙丑、诸葛亮、尹焞、魏了翁、黄榦、陈淳、何基、王柏、赵复、金履祥、许谦、陈

[1]“八年”前原脱“弘治”，据《明孝宗实录》卷一百二弘治八年七月辛巳朔条、《明史》卷十五《孝宗纪》补。

[2]“五”原讹“九”，据《明穆宗实录》卷六十一隆庆五年九月戊辰条、《明史》卷五十《礼四·吉礼四·先师孔子》改。按，隆庆年号共六年，无隆庆九年。

[3]按，“洪武元年”疑误。雍正《山东通志》卷十四《学校志·名宦乡贤祠》记此事作“洪武四年”，（明）李之藻《頖宫礼乐疏》卷九《名宦乡贤祠祭仪疏》则置此事于洪武二年之事后。

[4]“扬”原讹“杨”，据（明）俞汝楫《礼部志稿》卷二十九《祠祭司职掌·群祀·先师孔子》、《大明会典》卷九十一《礼部四十九·群祀一·先师孔子》、《汉书》卷八十七上《扬雄传》等改。

[5]“嘉靖九年”原讹“弘治八年”，据《明世宗实录》卷一百十九嘉靖九年十一月辛丑条、《明史》卷五十《礼四·吉礼四·先师孔子》、（清）秦蕙田《五礼通考》卷一百二十《吉礼一百二十·祭先圣先师》改。按，吴澄罢祀，实与下文嘉靖九年黜公伯寮等十三人为同一事件、诏令。（清）秦蕙田《五礼通考》注：“蕙田案：吴澄之祀，罢于嘉靖九年。”

澔、罗钦顺、蔡清、陆陇其二十人，以张迪入配崇圣祀，俱雍正二年也。升有若入十哲，复吴澄祀两庑，则乾隆二[1]年也。

社稷坛，每岁春、秋二仲月上戊日致祭，帛二，羊二，豕二，铏二，笾四，豆四，簠二，簋二，设主坛上，社东稷西。祝文：部颁。维神奠安九土，粒食万邦。分五色[2]以表封圻，育三农而蕃稼穑。恭承守土，肃展明禋。时届仲春（秋），敬修祀典。庶芃芃松柏，巩盘石于无疆；翼翼黍苗，佐神仓于不匮。尚飨！

风云雷雨山川城隍之神，每岁春、秋二仲月上巳日致祭，同坛设位三：风、云、雷、雨居中，帛四；山、川居左，帛二；城隍居右，帛一。祭品与社稷同。今用上戊日。祝文：部颁。维神赞襄天泽，福佑苍黎。佐灵化以流形，生成永赖；乘[3]气机而鼓荡，温肃攸宜。磅礴高深，长保安贞之吉；凭依巩固，实资捍御之功。幸民俗之殷盈，仰神明之庇护。恭修岁祀，正值良辰。敬洁豆笾，祗陈牲帛。尚飨！

雩祭，每岁孟夏，在风云山川坛上设祀如制。祝文：部颁。恭膺诏命，抚育群黎。仰体彤廷保赤之诚，勤农劝稼；俯维蔀屋资生之本，力穑服田。令甲爰颁，肃举祈年之典；寅衷将事，用申守土之忱。黍稷惟馨，尚冀明昭之受赐；来牟率育，庶俾丰裕于盖藏。尚飨！

先农坛，每岁仲春亥日致祭，帛一，羊一，豕一，铏一，笾四，豆四，簋二，簠二。地方官行三跪九叩礼，奠瘗毕，出诣田所，引老农行九推礼。乾隆三年奉文，文武各官一体，诣坛致祭。

又雍正六年奉文，于先农坛内附立八蜡神位，地方官于季冬上戊日致祭。其神位则先啬一、司啬二、农三、邮表畷四、猫虎五、坊六、水庸七、

[1]“二”原讹“三”，据《清高宗实录》卷五十四乾隆二年十月丙戌条、《清朝文献通考》卷七十五《学校考十三·祠祭褒赠录后三》等改。

[2]“五色”原讹“一邑”，据《清朝文献通考》卷九十八《郊社考八·社稷》、《钦定大清通礼》卷六《吉礼·社稷》、道光《广东通志》卷一百七十《经政略十三·祀典·国朝》等改。

[3]“乘”原讹“垂”，据《清朝文献通考》卷九十七《郊社考七·日月星辰》、《钦定大清通礼》卷十二《吉礼·天神》、道光《广东通志》卷一百七十《经政略十三·祀典·国朝》等改。

昆虫八。

藉田，在东郊。农具赤色；耕牛一，黑色；籽种箱一，青色；种用各处土宜。农童六，唱《藉田歌》；耆老一，牵牛；农夫一，扶犁。主祭官右手秉耒，左手执鞭；佐贰官捧箱播种，各行九推礼。农夫终亩，耕毕，恭设香案，各官望阙行三跪九叩首礼。祝文：部颁。维神肇兴稼穑，粒我蒸民。颂《思文》之德，克配彼天；念率育之功，常陈时夏。兹当东作，咸服先畴。钦惟九五之尊，岁举三推之典。恭膺守土，敢忘劳民。谨奉仪章，聿修祀事。惟愿五风十雨，嘉祥恒沐于神庥；庶几九穗双岐，上瑞频书于大有。尚飨！

邑厉坛，每岁清明、七月望日、十月朔日，岁凡三祭。每祭，羊三，豕三，饭米二石，香、烛、酒、纸随用。请城隍之神，出主其祭。设无祀鬼神位，分祀之。告城隍文：部颁。钦奉皇帝圣旨："普天之下，率土之上，无不有人，无不有鬼。人鬼之道，幽明虽殊，其理则一。今国家治民事神，已有定例，尚念冥冥之中，无祀鬼神，昔为生民，未知何故而没。其间有遭兵刃而横伤者，有死于水火盗贼者，有被人强夺妻妾而忿死者，有被人掠取财物而逼死者，有误遭刑罚而屈死者，有天灾流行而疫死者，有为猛虎毒虫所害者，有饥寒交迫而死者，有因战斗而殒身者，有因危急而自缢者，有因墙屋倾颓而压死者，有死后而无子孙者。此等鬼神，或终于前代，或没于近世，或兵戈扰攘，流移于他乡，或人烟断绝，久缺其祭祀，姓名泯没于一时，祀典无闻而不载。此等孤魂，死无所依，精魂未散，结为阴灵，或倚草附木，或为妖作怪，悲号于星月之下，呻吟于风雨之中。凡遇人间令节，魂杳杳以无归，意悬悬而望祭。兴言及此，怜其凄惨，故敕天下有司，依期致祭。命本处城隍，以主此祭，镇按坛场，鉴察诸神等类。其中有为良善，误遭刑祸，死于无辜者，神当达于所司，使之还中国，永享太平之福。如有素为凶顽，身逃刑宪，虽获善终，亦出侥幸者，神当达于所司，屏诸四夷。善恶昭报，神必无私。"除钦奉外，合就牒移城隍、狱神，吊出狱幽，以享祭典，久远遵行。

文昌，每岁春祭在二月初三日，秋祭在八月择吉举行。祭品：帛一，牛一，羊一，豕一，登一，铏一，笾十，豆十。承祭官三献，俱行三跪九叩首礼。后殿三代祭品：帛各一，笾、豆各八。承祭官行二跪六叩首礼，余同前殿。祝文：部颁。维神迹著两垣，枢环北极。六匡丽曜，协昌运之光华；累代垂灵，为人文之主宰。扶正以[1]彰夫感召，荐馨宜致其尊崇。兹届仲春（秋），用昭时祭。尚其歆格，鉴此精虔。尚飨！三代祝文：部颁。祭引先河之义，礼崇反本之思。矧夫世德弥光，延赏斯及。祥钟累代，炯列宿之精灵；化被千秋，纬人文之主宰。是尊后殿，用答前庥。兹值仲春（秋），肃将时事；用申告洁，神其格歆。尚飨！

关帝，每岁春、秋仲月上戊日，及五月十三日，凡三祭。祭品：帛一，牛一，羊一，豕一，登一，铏一，笾十、豆十。五月十三日，除笾、豆，用果盘五。承祭官俱行三跪九叩首礼。后殿：三代祭品：帛各一，笾、豆各八。承祭官行二跪六叩首礼，余同前殿。祝文：部颁。维神浩气凌霄，丹心贯日。扶正统而彰信义，威振九州；完大节以笃忠贞，名高三国。神明如在，遍[2]祠宇于寰区；灵应丕昭，荐馨香于历代。屡征异迹，显佑群生。恭值嘉辰，遵行祀典。筵陈笾豆，几奠牲醪。尚飨！三代祝文：部颁。维公世泽贻庥，灵源积庆。德能昌后，笃生神武之英；善则归亲，宜享尊崇之报。列上公之封爵，锡命优隆；稽[3]三代以肇禋，典章明备。恭逢诹吉，祇事荐馨。尚飨！

天后，每岁春、秋二仲月上癸日，有司致祭。祭品未有定例，仪注与文、武帝同。祝文：维后配天立极，护国征祥，河清海晏，物阜民康。保

[1]“以”原讹“久”，据道光《广东通志》卷一百七十《经政略十三·祀典·国朝》、光绪《广州府志》卷七十一《经政略二·恤政》改。

[2]“遍”原讹“编”，据道光《广东通志》卷一百七十《经政略十三·祀典·国朝》、光绪《广州府志》卷七十一《经政略二·恤政》改。

[3]“稽”原讹“合”，据道光《广东通志》卷一百七十《经政略十三·祀典·国朝》、光绪《广州府志》卷七十一《经政略二·恤政》改。

安斯土，福庇无疆，千秋巩固，万载灵长。神恩思[1]报，圣泽难忘，虔修祀事，恭荐馨香。士民一德，俎豆同堂，仰惟昭格，鉴此烝尝。尚飨！

城隍，每岁春、秋二仲月上戊日，有司致祭，与风云雷雨山川同坛。

名宦乡贤祠，每岁春、秋二仲月上丁日，有司致祭。

军牙六纛之神，每岁霜降日，武员致祭，行三献礼。

汪刘二公祠，每岁春、秋二仲月上戊日，有司致祭。

忠义节孝祠，每岁春、秋二仲月上丁日，有司致祭。

[1]“思”原讹“莫”，据道光《广东通志》卷一百七十《经政略十三·祀典·国朝》、光绪《广州府志》卷七十一《经政略二·恤政》改。

新安县志卷之十一

经政略四　兵制、屯田沿革、恤政、仓贮[1]、邮铺[2]

兵制

明洪武初，朱亮祖平定广东，遂命镇守，建置诸卫所，分布要害。二[3]十七年，指挥花茂上言：复设沿海诸卫所，分筑墩台，屯种荒田，且耕且守，以备倭寇。而军制特详。

东莞守御所，在县治城中，隶南海卫，官八员，旗军三百八十八名。

大鹏守御所，在县治东北，隶南海卫，官三员，旗军一百三十三名。国朝罢卫军，统归营制。

新安营

自明设参将一员，守备一员，千总一员，把总二员。万历十四年，以总兵移镇南头，因裁参将。十八年，罢移镇，复设参将。国朝顺治初，裁去参将，专设城守守备一员，千总一员，把总二员。康熙三年，添设游击一员，改城守为中军守备，额设左、右哨千总二员，左、右哨把总四员。四年，奉旨：总兵移镇邑城。七年，复罢镇。乾隆二十二年，总督杨应琚奏：以左翼镇驻札虎门，为外海水师；本营改为左翼镇标左营。嘉庆十六年，奉旨：粤东添设水师提督一员，驻札虎门；移左翼镇驻阳江。本营复改提标水师左

---

［1］“贮”原讹“储”，据本志本卷正文改。

［2］“邮铺”原讹“驿政”，据本志本卷正文改。

［3］“二”原脱，据康熙《新安县志》卷八《兵刑志·军制》、雍正《广东通志》卷四十一《名宦志·各府四·花茂》补。

营，驻防新安。

本营官，现设游击一员，中军守备一员，左、右哨千总二员，左、右哨把总四员，外委五员，俱住札新安县城。

本营兵，原额战守共兵五百名。康熙三年，立边界，增兵五百名。二十一年，奉文裁汰，尚存战守兵七百零八名。二十三年，寻复裁汰，实存马、步共兵六百七十名，战马六十七匹。雍正七年，拨虎门协战守兵入本营，添防营汛。乾隆二十二年，续拨战守兵入本营，充额凑上，共兵八百四十六名；裁汰战马三十四匹，尚存三十三匹。至嘉庆十六年，奉旨添兵一百五十四名，连外委本身马粮五名在内，现额战守共兵一千名足。内马兵二十名，步战兵二百九十三名，守兵六百八十二名，战马现额二十五匹。

本营官兵，周岁共需俸饷银一万三千九百四十六两四钱七分四厘，粮料共米三千六百四十二石九斗一升，草一万五千一百八十二束。

墩台：碧头墩台，东莞交界。嘴头角墩台，改汛房外委一员。茅洲墩台，把总一员。大埗头墩台，改汛房。屯门墩台，改汛房把总一员。麻雀岭墩台，今废。鳌湾角墩台，改汛房外委一员。九龙墩台，今属大鹏管辖。

塘房：栗木冈塘房，周家村塘房，白沙塘房，即息民亭塘。流塘塘房，白石塘房，龙塘塘房，麻雀岭塘房。改汛房外委一员。塘房每座设兵四名。

营盘：辋井营盘，改汛房。莲花迳营盘，千总一员。苦草峒营盘，改汛房。飞鹅莆营盘，佛子凹营盘，改汛房。水迳头营盘。已废。

汛房：横洲汛，官涌汛，焦迳汛，城门凹汛，外委一员。石围塘汛，深圳汛。把总一员。新安县民壮二十五名，每巡检司弓兵二名。

炮台：南头炮台一座，把总一员，兵三十名，生铁炮八位。赤湾左炮台一座，兵二十名，生铁炮六位。赤湾右炮台一座，兵二十名，生铁炮六位。防城炮，大小生、熟铁炮共九十九位。

大鹏所防守营

国朝顺治初年，原设防守千总一员。十三年，上台为善后计，设守备一员，千总一员，把总二员。康熙七年，总督周题请大鹏营归并惠州协所属，新安营不辖大鹏，而大鹏营仍兼防新安。四十三年，题定营制，大鹏设立水师营，添设游击一员，中军守备一员，额设左、右哨千总二员，左、右哨把总四员。雍正四年，裁游击，改设参将一员，添设外委，千、把总七员。原隶水陆提标统辖，嗣于嘉庆十五年奉旨，水、陆区分，改归水师提督，为外海水师营，驻防新安大鹏所。

本营官，参将一员，中军守备一员，额设左、右哨千总二员，左、右哨把总四员，外委，千、把总七员，俱驻札大鹏所。

本营兵，原额战守兵共三百员名。顺治十三年，添兵二百名，战守共兵五百员名。康熙四十三年，设立水师营，续增战守现额共兵八百员名。内战兵一百九十名，守兵六百一十名，外委七员，本身步粮七名，不入额内。

本营各官，周岁共需俸薪经费共银五百七十四两零四分六厘；各兵，周岁共需饷银一万零八百六十六两；连外委七员本身步粮在内，周岁共需粮料米三千零九十六石，草八千六百四十束。

营汛：九龙汛，大屿山汛，盐田汛，上峒塘汛，关湖塘汛，下沙塘汛，老大鹏汛，红香炉汛，东涌口汛，水陆塘汛共九处。

炮台：大屿山炮台，此台孤悬海中。沱泞山炮台，此台亦孤悬海中。九龙炮台，防所大、小生铁炮六十八位，大、小熟铁炮一百位。

屯田沿革

明洪武初，命卫所军士以三分守城，七分留屯。在所军食粮，在屯军无粮。定制：每屯计田二十二顷四十亩。每正军一名，授田二十亩，起科三斗，计共纳粮六石。余军以次而减，每田二十亩，总计获稻四十六石；以稻二石五斗，碾交粮米一石。其本军食米，岁支稻三十石，又留谷种一石。实以稻一十五石，碾粮米六石纳官。

国朝罢军不用，仍置卫所守备一员，掌其屯粮。雍正三年，卫所奉裁，其屯田粮丁归并县管。今隶县境者，大鹏、东莞二所，每所原设三屯，广州前卫杂插十四屯，广州后卫杂插三屯。后以二卫之屯僻远，裁革给民，即今县赋之屯军田是也。又东莞、大鹏二所，各省一屯。迄今归县管理，尚存四屯，间有子屯附焉。

东莞所屯 二

新安县管理。原额田四十二顷九十六亩二分零，米八百九十五石九斗九升八合。今额除荒陷外，实征熟田四十二顷九十六亩二分零，实征四则米六百四十九石三斗八升零。

大鹏所屯 二

新安县县丞管理。原额田四十九顷三十亩八分零，米一千五十九石。今额除荒陷外，实征熟田四十九顷三十亩零，实征上、中、下三则米五百八十三石五斗三升零。例征米一石，带征耗米一斗六升，以为鼠耗、囚粮、修补仓廒、解运兵粮脚费等项之需。

按：屯粮原例，田上则每亩起科三斗。后又援雷例折半，每亩科粮一斗五升。迨屯军已散，所有屯田尽系转佃民间。随田腴瘦纳租，不拘则例。屯丁征银，入粮匀派。但因俱枕咸潮，食盐准其自煎。因税重故，例无盐饷。学额，卫、所各文、武二名。乾隆元年裁汰，并入府学，盖其以兵卫农，即以农养兵，不坐食于农，而农不困。国朝虽经裁革，而于前制，盖犹般般焉。

各屯编列

东莞所屯：月岗，莆隔，翟屋边，此屯省。俱坐六都。

大鹏所屯：王母峒，盐田，葵涌，此屯省。俱坐七都。

广前卫屯：谭那，白沙，葵涌，泉峒，滑桥，清湖，黄岗，新村，梅林，屯门，白凹，水斗，大、小二焦。

广后卫屯：小、大焦，梅蔚，官富。

恤政

一、设养济院二所，一在北门外，邑厉坛之左，厅事一间，小屋二十椽，以栖瞽目者；一在东门外二里三石下，厅事一间，小屋数十椽，以栖疯癫者；俱万历元年知县吴大训建。

一、设漏泽园，取泽及枯骨之义，王政所谓掩骼埋胔也。一在西门外观音堂侧，一在北门外。以上《旧志》。

一、设额内孤老疯疾共九十九名，共口粮银三百五十六两四钱，闰银二十九两七钱。

按：原额银一百四十八两五钱零二厘，闰银二十一两七钱八分。于乾隆三年奉文，拨补口粮银二百零七两八钱九分八厘二毫，闰银七两九钱二分。此项在县支销。

一、设额外孤老疯癫共九十五名，共口粮银三百四十二两，闰银二十八两五钱。此项在藩库领，回县支放。

仓贮

常平仓，在县署仪门外，计十二间，原建年分无考。

屯仓，在县署内，计六间，雍正十年建。

漕运仓，在县署三堂侧，计三间，乾隆九年建。

富有仓，在城北观音阁前，计六间，乾隆十年建。

监谷仓，在县堂侧，计六间，乾隆三[1]年建。

---

[1] 按，“三”，光绪《广州府志》卷六十五《建置略二·廨署》作“六”。

额贮谷二万零六百一十七石五斗三升，通县捐积社谷二百六十七石九斗五升。各社正、副分贮经理。

大鹏所屯仓，在县丞署东。康熙八年，原建二间。雍正十年，增建六间，续建三间，归县丞管辖。额贮谷一千七百石。

永盈仓，明正统元年隶东莞，在今县治后。万历元年，改迁于城隍庙左。崇祯十五年，知县周希曜详汰。久废。

预备仓，在永盈仓内。今与永盈仓同汰，久废。

大鹏仓，在大鹏所城中，与永盈仓同设。万历十四年，建仓廒一座。

按：常平之法，其来已久。顺治十四年，诏各府州县俱有预备及义仓、社仓，积贮备荒，责成该道员稽察旧积，料理新储，每年造册报部。该部察积谷多寡，分别议奏，以定功罪。

邮铺

息民亭次舍，在白沙，离县治二十里。原有堂室，为官府往来憩舍之所，明知县曾孔志建。今圮。

闩门铺次舍，即周家村中火铺也，离县治四十里。旧有堂寝，明正德年间，布政使吴廷举建。今圮。

急递铺，在县治左。今圮。

流塘铺，离县治十里。

白沙铺，离县治二十里，即息民亭。

栗木冈，离县治三十里。

周家村，离县治四十里，即闩门铺。

李松蓢，离县治五十里。

以上六铺，由急递以北，通东莞界，路当冲要，共铺兵十四名。

大涌铺，在县东，离治五里。

月冈铺，在县东，离治四十里。

彭坑铺，在县东，离治六十里。

大鹿铺，在县东，离治八十里。

下冈铺，在县东，离治一百里。

大鹏铺，在县东，离治一百二十里。

以上六铺，由急递以东，通大鹏，路颇偏僻，皆无铺舍。

按：急递铺舍六处，铺兵共十四名。天启元年，详裁一名，尚存一十三名。

新安县志卷之十二

海防略　防海形势、寨船

夫军政莫急于边防，而边防莫重于海徼。县治面俯大洋，如急水、佛堂、独鳌、小三门、大屿山诸隘，皆出海所必经也。其东则屯门、辋井，其西则鳌湾、茅洲，而南头一寨，则为虎门之外卫，即为省会之屏藩，尤为扼要。至大鹏所，则毗连平海，防御惠、潮，亦重镇也。我朝德威远播，岛夷率服。然慎封守，重海疆，自古迄今，莫之或易也。志海防。

防海形势

南头一寨，原辖汛地六处，曰佛堂门，曰龙船湾，曰洛格，曰大澳，曰浪淘湾，曰浪白。明万历十四年，总督吴、御史汪会题“南头为全广门户，控制蛮倭，请以总兵移镇”。盖番船固可直达澳门，而由澳门至省，则水浅不能行，必须由大屿山经南头，直入虎头门，以抵于珠江。此南头所以为全广门户也。正德年间，番彝佛朗机入寇，占据屯门，海道汪鋐[1]平之。厥后，隆庆三年，海贼曾一本入寇。四年，倭寇流劫乡村。万历年间，老万山贼肆劫。崇祯年间，艚贼李魁奇、刘香等相继入寇。虽屡经剿灭，而南头之守御尤严。

国朝康熙年间，亦以海氛未靖，故有迁界之举。自复界后，海宇敉宁，而设险更为周密。虽今之汛地及设兵皆与旧制不同，而大屿山、鸡翼角炮台、南头炮台、赤湾左右炮台最为险要。大鹏一城，所以御东北也，与平海

[1]“鋐”原讹“鋐”，据本志卷七《建置略·坛庙》、卷十四《宦迹略·崇祀名宦》等改。

相连，而自惠、潮至者，则大鹏适当其冲。明隆庆五年，倭贼攻大鹏所城，舍人康寿柏率众协守，围乃解。国朝顺治四年，山寇陈耀破大鹏城，贼首李万荣据之。后总兵黄应杰围李万荣于大鹏山，粮尽投诚，地始平。乃为善后之计，添设弁兵，以资防守。此新安海防之大略也。

明吏科尹瑾《敷陈[1]海防要务疏》曰："广东六寨，船[2]非不豫也，兵非不备也，当事臣工非不殚心经理也。然或不能消寇孽于未萌，而擒盗贼于猝至，其故何哉？海洋广阔，其分布难周也；海澳险阻，其巨舰易坏也；汛地空虚，其奸宄易乘也；兵粮虚冒，其军旅未充也；器具缺少，其急用未济也；接济潜通，其盗源未塞也；剿抚失算，其兵威未奋也；督率乏人，其查核未严也。"故灼知利弊，条陈海防八事：一曰量地广狭，以置船多寡；二曰量海浅深，以置船大小；三曰就寨修船，以固守汛地；四曰查革虚冒，以振饬军旅；五曰预置器具，以防备急用；六曰严禁私济，以杜绝寇源；七曰严[3]酌招抚，以奋扬[4]兵威；八曰专任海防，以严[5]军务。其为海疆计至备，而有防海之责者，顾可不讲求以收实效哉！

寨船

明南头寨，旧额战船大小五十三艘。自万历十九年，陆续增至一百一十二只。天启元年议，割去右司防倭一半兵船三十三只，分属香山，本寨尚存大小兵船七十九只。续将利捷小鱼艇十二只，改并六橹船四只，止存大小

---

[1]"敷陈"原脱，据本志卷二十二《艺文志一·奏疏》、雍正《广东通志》卷六十《艺文志二》等各收录该奏疏补。按，雍正《广东通志》题作"条议海防要务"。

[2]"船"原讹"将"，据本志卷二十二《艺文志一·奏疏》、雍正《广东通志》卷六十《艺文志二》等各收录该奏疏改。

[3]"严"原讹"筹"，据本志卷二十二《艺文志一·奏疏》、雍正《广东通志》卷六十《艺文志二》等各收录该奏疏改。

[4]"扬"原脱，据本志本卷二十二《艺文志一·奏疏》、雍正《广东通志》卷六十《艺文志二》等各收录该奏疏补。

[5]"严"原讹"肃"，据本志卷二十二《艺文志一·奏疏》、雍正《广东通志》卷六十《艺文志二》等各收录该奏疏改。

兵船七十一只。崇祯二年详议，停撤旧船，并新造船。此时存三、四号大船十二只，七号十四橹、十二橹、六橹共快船二十六只，利捷侦探鱼船十只，大、小共计四十八只。今俱撤。见《旧志》《寨船》门。

新安营原设白底艍船二只，橹桨船五只，又未入额大小三板船二只，槝艇一只，递年上、下班督带巡洋。乾隆五十九年，总督长以各镇协营原设艍船笨重，驾驶不灵，议照浙省战船式样制造，名为米艇，分大、中、小三号。本营拨来大号船三只，中号船二只，续又补拨巡船一只，配兵缉捕。其旧设艍船二只，及橹桨船、三板船、槝艇共七只，概行裁汰。

大鹏营于乾隆五十九年拨来大、中号米艇五只，配兵缉捕。嘉庆二十一年，拨来捞缯船二只，配兵缉捕。其旧额设外海艍船四只，内河桨船五只，快哨船三只，俱已裁汰。

新安县志卷之十三

防省志　灾异、寇盗、迁复

王者不尚休祥，而宥密时严修省。此洪水之忧，大风之警，所由切也。圣德固形宽大，而奸宄不使幸逃。此聚柝之守，相翔之诛，不容缓也。方今时和年丰，民安物阜，而邑自复界以来，生聚日久，鼙鼓轩舞，共乐升平。然敬天者常存奉若恐惧之心，除暴者时深先事预防之意。兢兢业业，更足以格彼苍，而弥祸患焉。志防省。

灾异

明

嘉靖五年春二月，大电雨。二十五年夏五月，潦潮大溢。四十四年夏四月，大旱，斗米银一钱零。

隆庆元年冬十二月初一日，地震。

万历六年，彗星见。十一年夏、秋，大旱。二十四年，大旱，斗米银一钱八[1]分。二十五年，黑眚见。二十七[2]年秋八月二十二日，地震。三十三年秋八月初三日，地震。四十六年秋九月，彗星见于东方。四十八年夏六月十七日，地震。

天启四年夏四月，米贵，斗米银一钱五分。

崇祯二年，牡蛎血，民不敢采食。是年疫厉，损民甚多。三年春三月，

[1]“八”原讹“六”，据康熙《新安县志》卷十一《防省志·灾异》改。
[2]“二十七”原讹“三十一”，据康熙《新安县志》卷十一《防省志·灾异》改。

黑眚见，形如黑犬，迷妇人。知县陈谷为文，祷于城隍神，怪乃灭。四年夏四月，米贵，斗米银一钱六分。九年夏四、五月，旱，斗米银一钱六分，县发粟赈饥。十六年四月二十四日，飓风作，大雨，拔木毁屋，覆舟甚多。

国朝

顺治四年六月，乾[1]龙山有白气如羊，化为蚊，从西去。是年[2]，又鸦鸣十日夜，寇乱。五年戊子，大饥，斗米银一两二钱，人多饥死，间有割尸充腹者。男女一口易米一斗。又值大疫，盗贼窃发，民之死亡过半，有一乡而无一人存者。九年七月五日，龙穴山[3]有九龙飞腾，经臣上、臣下村，数里而去。十年癸巳，复饥，斗米银八钱，人多饿死。十二年冬十月二十四日，大雨雹，屋瓦破毁，人被伤击。十七年十一月初八日，雷电作，连雨七日夜，乃止。十八年夏，红花岭有白气，远望如白羊成群。

康熙元年，潦水[4]大溢。是年，移乡[5]。三年二月，彗星见于西南。是年春、夏，旱。四年二月初二日，日侧有白气数圈，逾时乃散。五年十月二十四，彗星见于东南，长数丈，如虹。八年正月，潦[6]潮大溢，如元年。是年，复村。七月一日，有三龙，二白一黑，自西边海起飞，至城南而去，民房椽瓦，卷去甚多。八月二十六日，飓风大作，民复乡初归，新盖房屋，尽被吹毁。十年二月十一日，飓风大作，城垣、学宫、衙宇、民房吹毁甚多，牛群被[7]吹落海。十一年，红花岭白气复见如前。十二年五月二十一日，飓风作，海潮大溢，没屋浸禾，知县李可成为文祭之。见《艺文》。十六年五月，乾龙山有白气如前。八月二十一夜，飓风大作，城垣、衙宇、民房颓塌

[1]“乾”原讹“虔”，据康熙《新安县志》卷十一《防省志·灾异》改。下同。
[2]“是年”原倒置于“寇乱”前，据康熙《新安县志》卷十一《防省志·灾异》改。
[3]“山”原脱，据康熙《新安县志》卷十一《防省志·灾异》补。
[4]“潦水”原讹“潮”，据康熙《新安县志》卷十一《防省志·灾异》改。
[5]“乡”原讹“村”，据康熙《新安县志》卷十一《防省志·灾异》改。
[6]“潦”原脱，据康熙《新安县志》卷十一《防省志·灾异》补。
[7]“被”原讹“俱”，据康熙《新安县志》卷十一《防省志·灾异》改。

甚多，男女、牛畜多压死焉。十九年，多虎，伤人甚众，年余乃止。七月，彗星见于西方，数月乃灭。二十五年四月二十二日，大水。时淫雨连日，倾注治城高处山麓，而泛滥汹涌，渠不能泄。亟开西、南二门放水，势犹未减[1]。西南隅水深丈余，民居尽颓塌，人民冒雨四散投生，上下汹汹。不得已，乃决城垛二处消水，水势始平，人心稍定。城西西乡村冲决民房百余间，皆漂流入海。西北路燕村、水贝、涌头、黄松冈等处，冲决土寨、民房不可胜计。居民皆升屋上，缚竹木为筏，浮水而渡，往往溺死，牛畜淹没甚多。城北新围村土寨，水环丈余，居民亦皆以木筏渡水而走。北路竹村一带，冲决亦如之。至田产冲压崩陷，更不待言。八月十五，天雨雹，如弹大。秋旱，禾稻无收。以上见《旧志》。四十七年，大饥。

乾隆二十二年正月十五夜，霜厚尺许。是年米贵。二十五年八月初九日，飓风。二十六年八月初十日，飓风。三十三年五月初七至十三，连日大雨如注。三十五年闰五月，大雨。七月十三日，地震。三十七年，狼、虎成群，伤人甚多。四十二、三两年，大旱，米贵，人多饿死。五十一年，蝗食稻。秋、冬旱，大饥。五十二年，又大旱，斗米洋银一员，人多饿死。五十三年二月，雨雹。五十六年，飓风屡作。

嘉庆二年闰六月，飓风一连四作，拔木倒屋甚多。六年二月初五夜，星入月中，复出。七年三月初三日巳刻，白虹贯日。九年正、二月，连雨，盐大贵，每百斤洋银十二员。十年二月，有黑气在前，红气在后，起于城西南海上，至城东北而去。暴风飞卷路上行人，有忽高丈余，昏迷不知人事，面如火燎者。八月朔，大雨，潦溢。十二年二月初七日，日有白晕。初十、十一等日，九龙、蠔涌一带雨雹，牛畜多被击死。十六年八月望夜，彗星见乾戌方，十月中旬始灭。十七年，邑东路蝗食稻。十九年八月，雨雹。十月，大雨。二十三年九月初九，大雨，潦水溢，镇沙桥岸皆决，沙河洞等处陂田俱被冲压崩陷。

---

[1]“减”原讹“灭”，据康熙《新安县志》卷十一《防省志·灾异》改。

寇盗

明

弘治六年，番彝入寇，东莞所千户袁光捕勦于岑子澳，死之。

正德十一年，番彝佛郎机入寇，占据屯门海澳。海道汪鋐讨之。

嘉靖十二年，海寇许折桂、温宗善入寇，东莞千户顾晟追捕于春花洋，战死。后海道江良材平之。江遣知县林啓祭晟，有“勇哉男子，天何不佑”之语。三十年，海寇何亚八率彝人入寇，东莞所千户万里守南山烟墩，遇贼战死。后指挥使李茂材率官兵勦之。四十五年，流贼黄西乔等屠劫乡村，总兵俞大猷讨之。

隆庆元年，海贼曾一本入寇，官军追勦至雷州港，守备李茂材死之。四年，倭寇流劫乡村，百户吴纶率乡兵战死。后总兵郭讨灭之。五年，倭贼攻大鹏所，舍人康寿柏御之。时所城被围四十余日，贼具云梯泊城，柏呼众坚守，有登陴者手刃之，即碎其梯，围乃解。当道以匾旌之。

万历八年，老万山贼肆劫，海防同知周希尹遣兵讨平之。先，嘉靖己巳，贼据老万山为害，备倭指挥孙敖以海道林懋举命征之，遁去。后复聚，劫掠船只。海防同知周希尹遣兵讨之，破其穴而还。

天启三年，红毛彝阑入，大船二只，帆樯蔽空，由佛堂门入，泊庵下。知县陶学修亲率乡兵，持兵器，往溪西等处防守，乃去。

崇祯三年，艚贼李魁奇入寇，参将陈拱死之。艚寇百余只阑入，拱督寨兵御之于佛堂门外，擒七艘，馘之。贼忿，直至南头海。拱以兵少不能御，入城。贼因登岸，设云梯攻城。守陴者烧大铳，毙贼首，折其梯，贼乃解去。南头地方尽被焚劫，巡抚乃发金八百，给官兵及民之被焚[1]杀者。时贼势益炽，移泊电白莲头港。巡抚令拱统乌艚及寨船百余艘出勦。拱忌同事者分功，督大船自为前锋，一鼓而败，拱因死焉。六年，艚贼刘香入寇，闽

[1]“焚”原脱，据康熙《新安县志》卷十《防省志·寇盗》补。

抚将郑芝龙败之。刘香乘风突入。是年二月，直泊虎头门，杀死守铳台兵，遂抵省河下。芝龙帅师出剿，战于赤冈，破之，贼乃遁去。七年，刘香复入寇。五月二十日，贼二百余艘泊南头。时总镇邓督兵御之，生擒数贼。贼遂扬帆，劫新会之江门。七月初三日，复入南头。会飓风大作，我兵乘风击之，贼败而去。八年，刘香复入寇。闽抚将郑芝龙平之。刘香挟康、洪二道官，在船要抚。春三月，入泊城下，持道檄，索取城中炭、铁、米、肉。知县乌文明与士民坚守不应，每夜然炬传筹，相持月余。香乃纵火城外。知县因誓师，出城救火。守备余子高以牛酒犒师。我师奋击，乃少却。五月，会郑兵遇贼于田尾，剿灭之。兵死于战者，制府熊文灿为文，命县令祭于南头海滨。十四年十一月，银瓶嘴山贼入寇。贼鼓乐竖帜，直入龙跃头村，居民震恐。报至，知县周希曜密授方略，发兵趋剿，擒贼首绵花王等三十余人，斩首三百余级，乃解。复命两营、乡兵追击之，贼困山中，罕有脱者。大府题请议叙。

国朝

顺治二年十月十五日，海寇黎忠国、徐郑、石马等贼，两次游移流劫，官兵、乡勇御之，无所掠而去。四年，山寇陈耀破大鹏所城，劫掳而去。贼首李万荣据城，罗钦赞盘踞梅沙、葵涌等处，四出流劫。县属乡村房屋，焚毁过半，杀掳男妇数万。十一年，总镇吴讨之，以水师不利回兵，不能成功。其后，两贼不睦，李杀罗钦赞。至十三年，总兵黄应杰率师，以刘烘为乡导，围李万荣于大鹏山。三阅月粮尽，李万荣投抚，地方始平。

康熙三年八月，抚目袁四都不遵入界，潜于官富、沥源为巢，四出流劫。提督杨令王游击统兵，兼同各营兵平之。十一年九月内，台湾巨逆李奇等率寇船，流劫地方，游移蠔涌，登岸屠掠乡村。知县李可成、游击蔡袒统集乡勇、官兵，协力擒剿。贼见势难与敌，回奔无路，遂潜遁沥源等山。李可成旋督兵搜捕，尽行擒杀，地方始宁。十五年，海贼自惠阳入寇，所过乡村，尽行屠掠，遂踞县城。次年，始克恢复，民获安堵。十九年五月二十九日黎明，海寇突入西乡、大涌二处劫掠，至昼乃退。六月初一，贼泊白石海沙江，沿劫厦村一带，唯鸡柏岭一寨力拒数日，贼百计攻陷，屠戮无遗，仅存在外者二三人。

嘉庆九年，郭婆带、邬石二、郑一等流劫海洋，掳掠居民，有财者勒赎，无财者迫之为贼，声势日炽，大小匪船，不下千余艘，不特海面纵横，即陆地亦遭焚劫。凡滨海村落，皆设立丁壮防守。邑屏山、固戍、榕树角、湾下等处，俱被贼围攻，以守御严，乃退。十三年闰五月廿一日，贼船数十，在城西海面肆劫。左翼镇林国良率师船十九只，与贼力战而死。十四年十月内，郭婆带等贼船数百号，泊县属大屿山、赤沥角等处。知县郑域轮亲率绘、渔各船往剿。制府百又拨弁兵船只数百号，把截港口，竟以风色不顺，被贼党脱逃。十五年，制府百招抚海贼郭婆带等投诚，沿海居民遂无烽烟之警，而安耕凿之常矣。

迁复

初迁

顺治十八年，因海氛未靖，将议迁民以避害。总镇张沿海看界。

康熙元年二月，大宪巡边立界，邑地迁三之二。三月，差总镇曹、总统马督同营兵析界，驱民迁入五十里内地。民初不知迁界之事，虽先示谕，而民不知徙。及兵至，多弃其赀，携妻挈子以行，野栖露处，有死丧者，有遁入东莞、归善，及流远方不计道里者。

再迁

康熙二年八月，大宪伊、石再看粤疆，拟续立界，邑地将尽迁焉。总督卢以邑地初迁，人民困苦，会疏乞免尽迁，止迁东、西二路，共二十四乡。三年三月，城守蒋弘闰、知县张璞，逐东、西二路二十四乡入界。以后每年，大宪四季巡界。先是，初迁，民多望归，尚不忍离妻、子。及流离日久，养生无计，爰有夫弃其妻、父别其子、兄别其弟而不顾者，辗转流亡，不可殚述。上台及县长官俱日谋安插，但迁民多，而界内地少，卒莫能救。

复

康熙七年正月，巡抚王疏奏乞展界。奉旨：特派钦使，会同总督周勘展边界，设防守海。士民欢呼载道，皆远迎之。十月，总督周上疏，请先展界，然后设防。八年正月，展界，许民归业，不愿者听。民踊跃而归，如获再生。七月，奉旨：准复县治。以上见《旧志》。

新安县志卷之十四

宦迹略　崇祀名宦、宦迹列传[1]

夙夜惟寅，慎乃在位，宦也而迹彰焉。或以循吏著，或以儒吏显，或以廉吏称，名之一时，传之后世。惟其政绩，实有足录，而后流连，慨慕咏歌，其德勿衰，此《甘棠》之诗、遗爱之叹所由来也。邑自明为东莞分地，官斯土者，政声卓卓，代不乏人。我朝澄叙官方，吏治尤蒸蒸日上。其有清风亮节，厚德深仁，允堪不朽，以及为干城，为保障，凡有功于民者，谨登于篇，以为有位者劝。志宦迹。

崇祀名宦[2]

明

汪鋐，号诚斋，徽州婺源人。正德十六年，任巡道。番彝佛朗机假朝贡，占据屯门海澳，时肆剽掠，屠食婴儿。御史丘道隆、何鳌前后具奏，准行驱逐。公亲冒风涛，指画方策，号召编民，率以大义，战而克之。所获赀财，悉赉下，秋毫无私。旋升兵部尚书、都察院右都御史，民立祠于崇镇里，以报功德。今合祀海道刘公，万历四十三年，详允入祀名宦。

刘稳，号仁山，湖广鄠县人。隆庆六年，任巡道。邑原隶东莞，离治百余里，倭彝海寇，往往为患；恶少啸聚，淫祠公行。部至，禁祀撤像，以乡约所额焉。朔望诵读圣训，徇乡民吴祚等之请，以东莞相距辽阔，稽察难

[1]“崇祀名宦、宦迹列传”原讹“历代、国朝”，据本志本卷正文改。
[2]“崇祀名宦”原脱，据文意及康熙《新安县志》卷十《人物志·名宦》补。

周，民易为奸，因转详大宪，设立今治。政暇，集诸生讲明道学，文风翕然丕变。其后，擢南京太仆贰卿。士民拥道遮留者以千[1]计，公慰以诗。复追送小金山，乃还。爰创立生祠，共捐租若干亩，以为祭田。万历四十三年，详允入祀名宦。

周希尹，号同野，广西宜山人。由举人，万历五年[2]，任本府海防同知。仁明廉恕，防御尤严。时万贼为梗，讨平之。人怀其德，吏畏其威，催科不促，输纳恐后。常召诸生月课。是年，得邑士为首举。秩满之京，转岳州府同知。寻升南京工部员外郎。万历四十三年，入祀名宦。

吴大训，号涧泉，广西马平人。由岁贡，万历元年，知县事。宽厚慈祥，百度草创，悉心经理，动合机宜，且寓作法于凉之意，礼耆硕，右人文，为开邑之良令焉。万历四十三年，入祀名宦。

丘体乾，字时亨，江西临川人。由举人，万历十四年，知县事。创学田，修邑乘，勤于课士。清丁粮，均船役，民甚德之。凡所因革，皆宜民善俗、经常可久之规也。万历四十三年，入祀名宦。

喻烛，号熙宇，江西新建人。由举人，万历二十一年，知县事。旧邑仓粮、场课多积弊，尽为厘革。惩滑胥，日用一丝一粟，悉以平价市于民。有所役，兢兢为妨农虑。定里甲差马之额，严借办私宰之禁，立比卯十限之法，公私便之。万历四十三年，入祀名宦。

施孔俭，字易时，肇庆府阳江人。由举人，万历二十年，任教谕。通达时务，捐俸助公，分租给士。万历四十三年，入祀名宦。

俞香，号立斋，江西永丰人。由岁贡，万历元年，任教谕。毅于任事。甫至，闻学基为武弁侵占，慨然率诸生，迁先师木主于其地。时县初分，士

[1]“千”原讹“万”，据康熙《新安县志》卷十《人物志·名宦》改。

[2]“万历五年”原讹“万历九年”，据雍正《广东通志》卷二十七《职官志·明二·广州府同知》、雍正《广西通志》卷七十九《乡贤·明·周希尹》改。按，本志卷七《建置略·坛庙》有“万历八年”海防同知周希尹重修天后庙，卷十三《防省志·寇盗·明》亦有“万历八年”海防同知周希尹遣兵讨平老万山贼记载。

气未扬，公振作之。屡为当道荐奖，升福建古田县知县，详允[1]祀名宦。

孙光祚，号复庵，东莞县人。由岁贡，万历二十年，任训导。品格端方，操修清介，抑豪强以清学产，捐俸饩以赈饥年，士民交颂之。详允入祀名宦。

国朝

丁棠发，浙江嘉善人。由进士，康熙三十三年，知县事。宽惠仁慈，清丁粮，均徭役，凡有不便于民者，悉除之。邑向无社学，集绅士创建宝安书院。及行取升任之日，阖邑绅耆为立去思碑，至今存南门内。入祀名宦。

金启贞，正白旗人。由监生，康熙三十九年，知县事。廉明仁厚，甫下车，询民间疾苦。时邑迁复未几，民嗷嗷。中泽一姓，同户逋税者，合族株连。公为恻然，编定甲户，分立的名，有积欠不清者，罪止一人，民皆安业。又其时河道壅塞，水潦大至，民伤荡析。公措理疏导，水患悉除，于今赖之。入祀名宦。

唐若时，陕西渭南人。由进士，乾隆九年，知县事。工书能文，行己以恭，接士以礼，待人以宽，抚民以惠，邑由是大治。公暇，辄与邑人士吟咏以自适。入祀名宦。

宦迹列传[2]

明

曾孔志，号泗台，福建闽县人。由举人，万历四年，知县事。宽恤里甲，严驭吏胥，疏滞狱，剔蠹弊，奉法循理，民甚安之。至礼耆硕，兴学校，尤为惓惓。屡膺卓荐，升高州府通判。祠于云林墟侧，今圮。

陈良言，江西进贤人。由举人，天启二年，知县事。公平廉静，作士礼

---

[1]“允”原脱，据康熙《新安县志》卷十《人物志·名宦》补。

[2]“宦迹列传”原脱，据文意及康熙《新安县志》卷十《人物志·名宦》补。

贤，宽徭役，抑豪横，清讼狱，正己率属，杜绝馈遗。士欣[1]《棫朴》，民乐弦歌。惜未几别调，阖邑士民有《甘棠》之思焉。

陈谷，字式洲，福建同安人。由举人，崇祯元年，知县事。刚直廉平，不避权贵。首除剧恶，严诘奸胥，宽里甲，恤编民，免锾赎，清羡余，积蠹宿弊，厘剔殆尽。筑两铳台于城北隅，以固守御。仕甫年余，以忤权贵去，行李萧然。父老攀留者，遮道不得前。改教，后复官湖广蓝山县。邑人祠于云林墟侧，今圮。

李玄[2]，字伯韡，福建漳平人。崇祯八年，由进士知县事。慷慨有丰裁，豪强敛迹。甫下车，除外地之寇，恤灶丁之艰，详立盐埠，申免经纪杂饷，以豁重戾，民多德之。任未几，改调海丰。祀四侯祠，今圮。

彭允年，号鹤廷，贵州石阡人。崇祯十年，由举人知县事。质朴宽和，与民休息，轻徭役，蠲锾赎，恤行户，善政不可枚举。作士课文，分廉俸以赡之。去日，行李萧然。邑人思慕，祠于云林墟侧，今圮。

周希曜，字道升，江南旌德人。由举人，崇祯十三年，知县事。留心民瘼，励志育材，修练储备，诸事整理，井井有条。其详陈民瘼等事，皆切中时弊，如复鱼盐以苏土著，平物价以恤行户，并仓储以革陋规，禁投献以绝掳诈，皆善政也。见邑中登科甲者寥寥，以东门外之旧学基，坐文冈而朝杯渡，局势宏敞，不惮经始之劳，鼎建学宫。爰是英贤辈出，后人皆受赐云。

刘师尹，江西人。万历十八年，由举人署教谕事。学有渊源，日聚诸生，剖析理奥，久而不倦。甘于淡薄，不受馈遗，更以字学相考辨。升国子监学录。

裴承衮，浙江金华人。万历二十二年，由岁贡任教谕。处心平易，立行端方。取士，先器识，后文艺。有以束修上者，不较多寡。岁入学租，悉给贫生。后与邑令不合，因解组去。士人至今慕之。

---

[1]“欣”原讹“歌”，据康熙《新安县志》卷十《人物志·名宦》改。

[2]“玄”原讹“铉”，据本志卷五《职官志一·文官表》改。

邓良遇，韶州府曲江人。万历三十五年，由恩贡任学训导。持躬端恪，接物谦和。时名宦祠、射圃亭及两斋颓圮，皆捐俸修葺。岁入学租，悉赉贫生。谈经课艺，尤殷殷焉。

卓有瑞[1]，惠州府长乐人。由岁贡，万历四十二年，任教谕。温良和易，博通群籍，与诸生讲学，娓娓不倦。著有《鸡肋四六》《字学问奇》等集。

蔡大纶，福建龙溪人。由岁贡，崇祯元年，任教谕。温厚卓越，富于蕴[2]籍。诸生进见，惟以文章、道义相勉励。庚午岁，新生将谒圣，例有束修。闻报转高州府教授，即离任不少待。其高洁如此。

许应甲，韶州府翁源人。由岁贡，崇祯十五年，任教谕。泊然寡营，加意造士。以岁进缩于额，力为详请。日与诸生相勖谆谆，先德后文。苜蓿萧然，恬愉自得。

万士奇，字大弧，湖广随州人。由岁贡，崇祯十三年，任训导。博闻强记，倜傥卓荦。学宫丹雘之饰，捐赀力任，口不言劳。士之好修自爱者，尤加意奖勉。有屈抑，则为之扶植。督课程，弘教泽，一时咸庆得师云。

国朝

张文煋，北京人。顺治三年，知县事。甫莅任，轸念残黎，安集抚恤，卒然际变，能不中于害。其后被围城三月，多方守御，不少懈，卒以平定。恺悌之政，剿靖之功，啧啧口碑矣。

李君柱，湖广黄陂人。顺治七年，以贡生知县事。洁己奉公，劳心抚字。尤好士，被其容接者，咸披衷愫。若干以事，则栗然色变。其公正又如此。

马以懋，陕西乾州人。顺治十三年，以举人知县事。恺悌成性，轸恤民艰。时以兵燹，田地荒芜，并多混淆，民苦虚粮，悉为清出，以免赔累。雅

[1]“瑞”原讹“端”，据本志卷五《职官志一·文官表》、康熙《新安县志》卷十《人物志·名宦》改。

[2]“蕴”原讹“典”，据康熙《新安县志》卷十《人物志·名宦》改。

爱士，或公事相接，必辨论经典。丁酉分考，所得士尤为极盛。

李可成，辽东铁岭人，号集又。由官生，康熙九年，知县事。居心慈惠，守己廉洁。来当展界复县之初，哀鸿未集，悉心招徕，给以牛种，督耕劝课。城池衙署废圮，捐修，不累于民。所在设防守险，百度经营，务以固圉卫民而后已。督征钱粮，革除积弊，故民皆乐输。巨寇李奇等劫掠，闻报，即率同乡勇、官兵，亲履行间，尽数擒获。接待诸生，温然和蔼，而又不得干以私。盖慈惠而能断，清慎而克勤，不独蒸被一邑，邻封皆向慕之。

张明达，号子上，奉天府沈阳人。由监生，康熙十七年，知县事。时哀鸿甫集，招徕绥乂。学宫圮废，历议修建，未克底事。乃倡率绅士，捐助鸠工，数年告竣，庙貌复新。康熙二十年，有清查丁口之令，严饬胥役，无滋扰累，时论韪之。

安定枚，号傅岩，辽东东宁卫人。由镶红旗监生，康熙二十三年，知县事。忠勤率属，廉介惠民，一切陋规，厘革殆尽。加意课士，奖励优渥。听讼，绝不株连羁系，到即鞫讯。钱粮分限四季投纳，追呼不扰[1]。以母艰离任，去之日，士民感泣，如失怙恃焉。

靳文谟，直隶开州人，号淇园。康熙二十六年，以进士知县事。甫下车，凡所不便者，厘革改正，百姓安之。宽洪仁恕，勤于政事，夙兴夜寐，百务修举。如城楼、炮台、窝铺、县治、鼓楼，前因飓风倒塌，议修未果，乃设法捐俸，修复如故。讼狱立为审决，务得其情。以节俭澹薄为士民倡，古之良吏，不是过也。

段巘生，湖广常[2]宁人。由进士，雍正二年，知县事。雄于诗文，廉敏仁恕，在任政简刑清，礼贤下士。因宝安书院颓废，乃特建文冈书院，劝捐社田七十石，以为山长束修，生童膏火。虽继此资斧日增，而经始之谋，咸藉首倡焉。

[1]“扰”原讹“事”，据康熙《新安县志》卷十《人物志·名宦》改。

[2]“常”原讹“长”，据本志卷五《职官志一·文官表》改。

何梦篆，江南江宁人。由进士，雍正八年，知县事。幼而颖悟，博极群书，解经宗汉儒，著有《思无邪诗集》《文集》行世。甫下车，洞悉民隐，凡所不便民者，概行厘革。首延邑中名士，主文冈讲席。亲考课，崇孝友，民风丕变，邑中称治。保留十二载，至今民犹慕之。

汪鼎金，浙之钱塘人。由进士，乾隆十一年，知县事。廉明公正。时俗多疲玩，力为整饬，而示以信诚。久之，俗渐还淳。文风未振，公余，辄与邑人士研经课艺。今邑民克循轨范，皆其化导之力。读书多酝酿之功，莅政溥循良之绩，上官多器重之。惜以劳瘁，卒于官。

李文藻，山东益都人。由进士，乾隆三十六年，署县事。博闻强记，雅善文词[1]。手批口答，决判如流。摘伏惩奸，牢无滞狱。下车即观风试士，其文至今传诵焉。

吴沂，直隶沧州人。由举人，乾隆四十五年，知县事。丰裁峻厉，不苟于接物，取与分明，必严以律己。当时命案株连，动经一载。而公只取正凶，其余概予释宁。至非真毙命者，一验即消，绝不拘究。癸卯岁，修整学宫，鸠工庀材，经营备至。其廉而肃，勤而劳，类如此。

李大根，山西榆次人。由进士，乾隆四十九年，知县事。洁己奉公，劳心抚字，待士必以礼，征收不苛求。时值修葺学宫，凡一切丹艧之饰，勉力筹备。丙午、丁未，邑中饥，縻[2]粥赈济，民赖以存活者甚多。后以卓荐，升万州知州。

凌相旌，惠州府永安人。康熙十年，以明经任训导。淹贯群书，究心理学，不苟言笑。月课诸生，捐赀款洽，劝诫有法，鼓舞不倦，诸生多所造就云。

黄衮裳，号庆斋，高州府石城人。由岁贡，康熙二十年，任教谕。淹洽群书，学有原本，毅然以师道，表率多士，严考课，不率者辄戒惩之。当莅

[1]“词”原讹“祠”，据光绪《广州府志》卷一百十《宦绩七·国朝》改。
[2]“縻”原讹“縻”，据光绪《广州府志》卷一百十《宦绩七·国朝》改。

任时，方建立学宫，督理不少懈。人文宗匠，诚有赖焉。

曾典学，号觉堂，琼州府澄迈人。由岁贡，康熙二十二年，任训导。刚正廉介，以古道自守。其视世俗浮营，淡如也。接人尤循循谦谨，时引古义，训督诸生。寻常题咏，皆至理格言。成己成物，兼有之矣。

许光岳，号奕先，雷州府徐闻人也。康熙二十五年，以明经任训导。宽和惇大，凡诸生进谒，欢然如家人父子。又时引古道相策励，不少宽假。其文章卓然自成一家，多士胥矜式之云。

李茂材，东莞守御所正千户。资干魁梧，精骑射，有谋略，考选军政掌印。黄国相等流毒三省，茂材督水兵，一鼓擒之。节剿巨寇许老、何亚八、陈文伯、王朝宜等，转征大罗山寨，有功，升授指挥佥事。番彝、海寇江老、陈亚旺等继起，茂材以次讨平，获赏。嘉靖四十三年，兵叛。茂材散家资，纠集乡兵，追至东莞县大墩沙贝，生擒四百余人，焚其舟，余党悉平。四十四年，从征海寇吴平，突阵捣巢，俘馘[1]不可胜计。寻升柘林守备。隆庆元年，当道征，茂材从参将魏宗潮、都司王如澄，追剿巨寇曾一本。二将忌功，屡阻其谋。茂材谓其家人曰："吾夙有裹尸之志，今偿之矣！"命载棺车以行，次雷州港，督兵血战八昼夜，杀伤甚众，以失援战死。两院交疏褒之，准世袭指挥使。

张国勋，北直宣府人，号葵轩。康熙四年，以左路总兵移镇兹土。邑人方惊其来也，以为有镇兵之扰。迨至，而纪律井然，民若不知有兵。又久之，而子惠慈蔼，民且沐浴之，而叹其来之晚也。且雅意作人，念新邑之迁移，人多废学，乃捐俸设塾二，延师集生童，肄业其中，月有试，季有课，亲命题衡文，厚其饩廪。一时人文之盛，咸歌《棫朴》焉。又好诗赋，善草书，从之游者皆彬彬儒雅士也。故去镇之日，挽留者遮道不能前。从古武略之宗，而优优文行若此者，盖罕觏焉。

[1]"俘馘"原讹"殍馘"，据文意改。按，"殍"意为饿死，"殍馘"不通顺，"俘馘"意为俘获斩杀。

尹震，北京人，号伯兴。康熙五年，由将材来任游击。以武弁而恂恂有儒者风，恬淡廉静，驭卒伍，凛然不可犯。有以陋规进者，则曰："吾何取于此！"尤喜接待文士。其闲雅之致，莫不叹为儒将云。

蔡昶，号仲升，京都人。由进士，康熙十年，任游击。处己端严，待物平易，尤好与文士款接。康熙十一年，海寇遁入沥源等山，提师急剿，戮其渠而扫平之，海滨寂然，不知有兵。纪律之严，调度之速，则又戚南塘之伟略也。

杨进忠，号龙山，辽东义州卫人。由行伍，康熙二十年，任游击。严明仁恕，自莅任以来，盗贼衰息，兵民安堵。新邑多故之后，四郊晏如，夜户不闭，于公有厚赖焉。

林瑞，号莲峰，闽之泉州惠安人也。康熙二十四[1]年，任游击。世胄书香，慷慨有大节。奉檄莅新邑，恩威并著，屹然负长城之望。时海疆初展，两院以公谙练水性，会委统领沿海镇营舟师，总巡广属海面。不避艰险，身先士卒，调度有方。海不扬波，多公之力。且雅好诗书，虽军中未尝释卷，有轻裘缓带之风。

黄标，潮洲府潮阳县人。由行伍，乾隆四十五年[2]，署游击任。整饬营伍，宽猛相济。历官至左翼镇总兵。时因洋匪充斥，督带各路兵船，自乾隆五十五年出师，至嘉庆九年，剿捕十余载，智谋沉毅，屡建奇功。又能仰测风云，俯辨海中沙线。当其在东路碣石洋面、西路广州湾洋面，曾遇飓风，皆先期率舟师进港避之，得以无患。嘉庆七年，博罗会匪陈烂屐四纠党滋扰地方。奉带水师弁兵攻击，未及一月而平。死后声名洋溢，濒海居民至今犹尸祝不衰云。

[1]"四"原讹"七"，据本志卷六《职官志二·武官表》、卷七《建置略·廨署》、雍正《广东通志》卷三十《职官志五·国朝·游击》等改。

[2]按，"乾隆四十五年"，本志卷六《职官志二·武官表》作"乾隆四十六年"。

新安县志卷之十五

选举表一　荐辟、文科甲、正贡、文职 不由科贡者

辟举之法，代各不同。周制则有论秀、宾兴之典，汉制则列明经、孝廉、贤良、辟召之目。至唐而以典铨属吏部，试士属礼部。此选用与科举始分而为二也。邑自宋黄石诸人掇取巍科，当时籍虽东莞，至今地实新安，故特编入。前明科目蝉联，至我朝文治光昭，人才蔚起，尤称极盛。拔茅连茹之占，《菁莪》《棫朴》之咏，于他邑何多让焉！志选举。

荐辟

明

邓通叟	邑之屏山人	洪武十五年，诏下郡国求士，叟应选，授直隶宁国府正。有传

文科甲[1]

甲科

宋

开庆元年己未科周震炎榜第二[2]甲		
黄　石	邑之沙头东涌人[3]	授迪功郎，任梅州程乡簿长[4]

[1]“文科甲”原脱，据本卷目录补。按，科甲为科举通称，包括甲科（进士）、乡科（举人）等。

[2]“二”原讹“三”，据康熙《新安县志》卷九《选举志·甲科》改。

[3]按，（明）郭棐《万历粤大纪》卷四《科第》、雍正《广东通志》卷三十一《选举志·进士》作南海县人；雍正《广东通志》卷三十一《选举志·乡贡》、雍正《东莞县志》卷八之二《选举》则作东莞县人。雍正《东莞县志》且称：黄石于雍正《广东通志》分列两县，“此必传写之误”。惟康熙《新安县志》卷九《选举志·甲科》作本县人。

[4]按，康熙《新安县志》卷九《选举志·甲科》无“长”字。

（续上表）

咸淳十年[1]甲戌科王龙泽榜第二[2]甲		
曾宋珍	邑之罗田人[3]	授迪功郎，任龙川尉

明

正统七年壬戌科刘俨榜第三甲[4]		
郑　敬	邑之梅林乡人[5]	历官副使。有传
弘治三年庚戌科钱福榜第三甲		
郑士忠	邑之西乡人	任浙江丽水县知县。有传
嘉靖十一年壬辰科林大钦榜第二甲		
翟　镐	邑之福永人	历官参议
万历十四年丙戌科唐文献榜第二甲		
陈　果	城外南山乡人	任兵部主事。有传
万历二十六年戊戌科赵秉忠榜第三甲		
陈向廷	邑之燕村人	历官户部郎中，升山东提学副使，未任而卒。有传

国朝

顺治十八年辛丑科马世俊榜第三[6]甲		
陈隽蕙	邑之衙边人	授河南卫辉府汲县知县。有传

[1]“十年”原讹“十五年”，据（明）郭棐《万历粤大纪》卷四《科第》、雍正《广东通志》卷三十一《选举志·进士》、康熙《新安县志》卷九《选举志·甲科》等改。另，咸淳年号共十年，无咸淳十五年，且咸淳十年即为甲戌年。

[2]“二”原讹“三”，据康熙《新安县志》卷九《选举志·甲科》改。

[3]按，（明）郭棐《万历粤大纪》卷四《科第》、雍正《广东通志》卷三十一《选举志·进士》作番禺县人，雍正《广东通志》卷三十一《选举志·乡贡》、雍正《东莞县志》卷八之二《选举》则作东莞县人。雍正《东莞县志》且称，曾宋珍籍贯记载混乱与黄石同，“此必传写之误”。惟康熙《新安县志》卷九《选举志·甲科》作本县人。

[4]“第三甲”原脱，据朱保炯、谢沛霖《明清进士题名碑录索引》下册第2446—2447页补。

[5]按，雍正《广东通志》卷三十二《选举志二·进士》、雍正《东莞县志》卷十二《人物·郑敬》皆作东莞人，朱保炯、谢沛霖《明清进士题名碑录索引》下册第2382页录为福建福清人，乾隆《福建通志》卷三十七《选举五·明举人上》注：“广东中式。”康熙《新安县志》卷九《选举志·甲科》则未列“郑敬”。

[6]“三”原讹“二”，据朱保炯、谢沛霖《明清进士题名碑录索引》下册第2649—2651页改。

（续上表）

康熙十五年丙辰科彭定求榜第三甲		
文超灵	涌头人	任江南宜兴县知县
康熙二十四年乙丑科陆肯堂榜[1]第三甲		
邓文蔚	邑之锦田人	授浙江衢州府龙游县知县。有传
康熙五十四年乙未科徐陶璋榜第三甲		
谭　琏	东莞人	新安学，历官四川灌县知县
康熙五十七年戊戌科汪应铨榜第三甲		
陈之遇	东莞人	新安学，授江南来安县知县
乾隆十三年戊辰科梁国治榜第三甲		
陈景芳	邑之衙边人	有传
乾隆十九年甲戌科庄培因榜第二甲		
汪[2]士元	邑之大步涌人	有传
嘉庆十三年戊辰科吴信中榜第三甲		
蔡学元	邑之沙浦人	授咸安宫学汉教习，任肇庆府教授，调潮州府教授

乡科

宋

淳祐[3]九年己酉科		
曾宋珍		见甲科
淳祐十二年壬子科		
黄　石		见甲科
宝祐[4]六年戊午科		
邓炎龙	邑之龙跃头人	赋漕举。景定二年辛酉科，赋漕再举

[1]“榜”原脱，据康熙《新安县志》卷九《选举志·甲科》、雍正《广东通志》卷三十五《选举志五·进士》补。

[2]“汪”原讹“江”，据光绪《广州府志》卷四十一《选举表十·进士·国朝》、朱保炯、谢沛霖《明清进士题名碑录索引》下册第2725页改。光绪《广州府志》注：“《新安志》‘汪’作‘江’。”

[3]“淳祐”原讹“淳佑”，据文意改。下条同。按，“淳祐”为南宋年号，无“淳佑”年号。

[4]“宝祐”原讹“宝佑”，据文意改。按，“宝祐”为南宋年号，无“宝佑”年号。

明

洪武二十九年丙子科		
庄　恭		以《诗经》中式。任广西上林县、江西丰城县教谕，升上林苑监正。有传
正统六年辛酉科		
郑　敬		见甲科
成化七年辛卯科		
邓廷祯[1]	邑之锦田人	以《书经》中式，任江西万安县教谕。寻升广西滕县知县，未任而卒
成化二十二年丙午科		
郑士忠		以《易经》中式。见甲科
利　仁	邑之黄客埠人	以《礼记》中式，授惠州府教授
正德二年丁卯科		
罗肇[2]魁	邑之莆心湖人	以《易经》中式，授福建龙岩[3]县教谕。升江西安仁县知县，调江南徽州府教授，升杭州通判
正德五年庚午科		
叶　孟	邑之大平人	以《礼记》中经魁
正德十四年己卯科		
吴　预	城外南头人	以《诗经》中式，初任福建邵武府推官。升柳州府同知，寻升南京工部员外郎。有传
嘉靖四年乙酉科		
翟　镐	幼从父戍京师	以《易经》中式顺天乡试。见甲科
嘉靖十年辛卯科		
冯体立	邑之五都人	以《诗经》中式，初授南直海州学正。升山东滋阳县，寻调广西罗城县、云南蒙自县知县

[1]“祯”原讹“贞”，据康熙《新安县志》卷九《选举志·乡科》改。按，“贞”，康熙《新安县志》作“祯”，雍正《广东通志》卷三十三《选举志三·举人》则作“正”，“贞”“正”盖皆为避雍正帝名讳而改。

[2]“肇”原讹“绍”，据雍正《广东通志》卷三十三《选举志三·举人》、乾隆《福建通志》卷二十四《职官五·漳州府·龙岩县》、光绪《广州府志》卷三十七《选举表六·举人》改。光绪《广州府志》注：“《新安志》作‘绍魁’。”

[3]“岩”原讹“溪”，据乾隆《福建通志》卷二十四《职官五·漳州府·龙岩县》改。

（续上表）

嘉靖二十八年己酉科		
欧阳弘[1]	邑之大鹏水贝人	以《春秋》中式，授河南孟县教谕。升福建永安县知县。有传
嘉靖三十七年戊午科		
潘甲第	邑之邓家蓢人	以《春秋》中式，授惠州府海丰县教谕。升湖[2]广耒阳县、广西贵县知县。有传
嘉靖四十三年甲子科		
陈大谏	邑之燕村人	以《诗经》中式，任福建汀州府通判。有传
万历元年癸酉科		
袁　璧		以《诗经》中式，任广西龙安县知县
万历四年丙子科		
陈　果		以《诗经》中式。见甲科
万历七年己卯科		
吴国光	城外南头人	以《诗经》中解元，初授福永教谕。升广西兴安县、浙江乐清县知县。有传
万历十年壬午科		
温可贞		以《书经》中式，授江南亳州牧。调云南南安州牧，升贵州思南府同知。有传
洪　信	邑之周山人	以《诗经》中式，授肇庆府恩平教谕。升福建连江县知县。有传
万历二十二年甲午科		
范　楫		以《易[3]经》中式
万历二十五年丁酉科		
陈向廷[4]	大谏子	由选贡入北雍。以《诗经》中式。见甲科
万历三十一年癸卯科		
吴允诜	城外南头人	以《易经》中式。有传

［1］“弘”原讹“宏”，据康熙《新安县志》卷九《选举志·乡科》、雍正《广东通志》卷三十三《选举志三·举人》改。

［2］“湖”原讹“潮”，据嘉庆《大清重修一统志》卷三百六十三《湖南·衡洲府·名宦》、光绪《广州府志》卷三十八《选举表七·举人》改。

［3］“楫”原讹“缉”、“易”原讹“诗”，均据康熙《新安县志》卷九《选举志·乡科》、雍正《广东通志》卷三十三《选举志三·举人》改。

［4］“廷”原讹“庭”，据本志本卷《选举表一·文科甲》及康熙《新安县志》卷九《选举志·乡科》、雍正《广东通志》卷三十三《选举志三·举人》改。

（续上表）

吴允诲	允诜弟	以《书经》中式。有传
万历三十七年己酉科		
朱天祐		以《诗经》中式
黄　感	邑之西乡人	以《诗经》中式
万历四十年壬子科		
陈龙佑	邑之沙井人	以《诗经》中式，历官国子监助教，升湖广归州知州。丁艰，未任而卒
天启元年辛酉科		
范宗[1]素		以《易经》中式
卢遂登	泰昌恩贡，是科顺天乡试	以《书经》中式
崇祯三年庚午科		
文光运	涌头人	以《春秋》中式第五名，任广西藤县教谕

国朝

顺治八年辛卯科		
何麟[2]运	邑之大莆人	以《易经》中式，初授高州府茂名教谕。历升惠州府教授、国子监学正，晋兵部督捕司务。有传
刘　焜		以《易经》中式
陈蕴玉[3]		以《诗经》中式
顺治十一年甲午科		
陈隽蕙		以《诗经》中式。见甲科
顺治十四年丁酉科		
邓文蔚		以《书经》中式。见甲科
康熙二年癸卯科		
文超灵		以《春秋》中式。见甲科

[1] 按，“宗”，康熙《新安县志》卷九《选举志 · 乡科》作“元”，雍正《广东通志》卷三十三《选举志三 · 举人》作“完”，疑以“元”为是。

[2]“麟”原讹“灵”，据康熙《新安县志》卷九《选举志 · 乡科》、雍正《广东通志》卷三十五《选举志五 · 举人》改。

[3] 此条原脱，据康熙《新安县志》卷九《选举志 · 乡科》、雍正《广东通志》卷三十五《选举志五 · 举人》补。按，本志本卷《选举表一 · 文科甲》“罗浤”条下列“陈蕴玉”条，据康熙《新安县志》、雍正《广东通志》删。

（续上表）

梁伟仁		以《诗经》中式
康熙五年丙午科		
余　龙		以《诗经》中式
康熙十四年乙卯科		
叶　青		以《礼记》中式
龙　元		以《诗经》中式
康熙十七年戊午科		
何有略		以《易经》中式
康熙二十年辛酉科		
邓如臣		以《书经》中式
罗尚䌹[1]		以《春秋》中式
康熙二十六年丁卯科		
张　钟		以《易经》中式
康熙二十九年庚午科		
冼攀龙	邑之洪田人	以《易经》中式，授江南宁国府泾县知县。调署太仓州。有传
温泽孚	邑之西乡人	以《书经[2]》中式，授崖州学正。有传
康熙四十一年壬午科		
劳发衡	顺德人	新安学。以《易经》中式
陈奇材		
康熙五十年辛卯科		
陈之遇		见甲科
康熙五十二年癸巳恩科		
罗朝彦	顺德人	新安学，以《书经》中式
谭　琏		见甲科
康熙五十三年甲午科		
陈俊英	东莞人	新安学
雍正四年丙午科		
冼　容[3]	邑之洪田人	攀龙侄。乾隆戊辰科明通进士。有传

[1]“䌹”原讹“烱”，据康熙《新安县志》卷九《选举志·乡科》、雍正《广东通志》卷三十五《选举志五·举人》改。

[2]按，“书经”，本志卷十九《人物志一·行谊》收温泽孚传作“易经”，当有一误。

[3]“容”原讹“瑢”，据光绪《广州府志》卷四十三《选举表十二·举人·国朝》改。光绪《广州府志》注：“《新安志》‘容’作‘瑢’。”另，本志卷十九《人物志一·行谊》又误作“熔”。

（续上表）

黄梦桂	邑之西乡人	以《春秋》中式，授化州学正。有传
梁大豹	南海人	新安学
雍正十年壬子科		
陈廷对	邑之甲子塘人	乾隆元年丙辰科明通进士，授惠州府教授，未任卒
乾隆元年丙辰恩科		
邓与璋	邑之锦田人	以《书经》中式第二名，丁巳、壬戌俱明通进士，授德庆州学正。有传
王国斐	邑之溪头人	以《易经》中式。有传
乾隆三年戊午科		
戴　胄	城外第一甲人	以《诗经》中式，选直隶故城知县。改罗定州学正。有传
乾隆六年辛酉科		
陈景芳	邑之衙边人	以《诗经》中式。见甲科
乾隆十七年壬申恩科		
汪[1]士元	邑之大步涌人	以《书经》中式。见甲科
乾隆二十一年丙子科		
蔡　珍	邑之沙浦人	以《诗经》中式。有传
乾隆二十四年己卯科		
陈　振	邑之水贝人	以《诗经》中式第十名，任陕西西乡县知县。有传
乾隆二十七年壬午科		
邓　晃	邑之锦田人	以《书经》中式。有传
曾　恺	邑之新桥人	以《□经》中式。有传
乾隆三十年乙酉科		
黄成元	城外南头之北头人	以《易经》中式，历任湖南东安、益阳、辰溪知县。有传
乾隆三十六年辛卯科		
陈　明	城外南山乡人	以《易经》中式，授雷州府遂溪县教谕。丁艰，起补潮州府揭阳县教谕。有传

[1]“汪”原讹“江”，据本志本卷《选举表一·荐辟·甲科》、光绪《广州府志》卷四十一《选举表十·进士·国朝》、朱保炯、谢沛霖《明清进士题名碑录索引》下册第2725页等改。

（续上表）

乾隆三十九年甲午科		
陈宗光	城外南山乡人	以《诗经》中式。有传
曾　煜	邑之新桥人	以《书经》中式，借补韶州府曲江县训导。调署乐昌县教谕。有传
乾隆四十四年己亥恩科		
陈鉴莹	邑之壆头冈人	以《书经》中式
乾隆五十一年丙午科		
张敦信	邑之向西人	以《诗经》中式
乾隆五十三年戊申科		
侯倬云	邑之金钱人	以《诗经》中式，任灵山教谕
乾隆五十四年己酉恩科		
龙田见	城外人	以《易经》中式，任韶州府翁源县训导。有传
乾隆六十年乙卯科		
蔡学元		珍子。中式第三名。见甲科
嘉庆九年甲子科		
蔡　淮	邑之沙浦人	
嘉庆十二年丁卯科		
廖有执	邑之上水人	
嘉庆十五年庚午科		
曾　湛	邑之新桥人	嘉庆二十四年己卯，倡修《邑志》
嘉庆二十三年戊寅恩科		
郑文瑞	城外田下人	

钦赐

曾联魁	邑之新桥人	附生	嘉庆六年辛酉科赐举人。嘉庆十年乙丑科，赐翰林院检讨
曾家驹	邑之新桥人	岁贡	嘉庆十二年丁卯科赐举人
麦维绚	邑之合水口人	监生	嘉庆十三年戊辰恩科赐副榜
曾若兰	邑之塘下人		嘉庆十三年戊辰恩科赐副榜
蔡射光	邑之沙浦人	增生	嘉庆十五年庚午科赐副榜
陈　书	邑之水贝人	附生	嘉庆十八年癸酉科赐副榜
文　兰	邑之白石下人		嘉庆十八年癸酉科赐副榜

副榜

国朝

罗　浤		
曾太元	邑之新桥人	康熙二年癸卯恩科
杨树仁	邑之黄田人	康熙五年丙午科
蔡荆玉		康熙己酉、庚子、癸卯三科副榜
何振麟	邑之大莆人	康熙二十九年庚午科
叶鹏泷	邑之大平人	康熙四十四年乙酉科
陶国祺	邑之崇镇铺人	雍正四年丙午[1]科
樊联辉	邑之大田人	乾隆三年戊午科
樊安舒	邑之大田人	乾隆十八年癸酉科

正贡[2]

拔贡

明

郑文炳	城外涌下人	万历七年拔贡，授福建将乐训导。升高明县教谕，转广西宾阳学正，署怀远县、融县知县。有传
陈向廷		万历二十二年[3]拔贡。见甲科
陈时叙		万历二十七年甲午[4]拔贡
洪生复	信子	崇祯八年乙亥拔贡

[1]“丙午”原讹“丙子”，据文意改。按，雍正四年为丙午年。

[2]“正贡”原脱，据目录补。

[3]按，“万历二十二年”，本志卷十九《人物志一·乡贤》收陈向廷传则称“万历癸巳”即二十一年“以选贡入北雍”，二者当有一误。

[4]按，“万历二十七年甲午”有误。万历二十七年为己亥年，万历二十二年则为甲午年。

国朝

庄际云		顺治□□年拔贡
何　璿		康熙二十五年丙寅拔贡
陈征纶		康熙三十二年癸酉拔贡，授廉州合浦教谕
陈　锵	沙园人	康熙三十六年丁丑拔贡
黄梦桂		雍正元年癸卯拔贡。见乡科
陈　洁	邑之水贝人	雍正十三年乙卯拔贡
陈　明		乾隆三十年乙酉拔贡。见乡科
欧阳礼	邑之大鹏人	乾隆四十二年丁酉拔贡，任吴川教谕
陈嵩龄	邑之衙边人	乾隆五十四年己酉拔贡
江钟灵	邑之大步涌人	嘉庆六年辛酉拔贡，充实录馆誊录。议叙教谕，未任而卒
叶琼林	邑之大平人	嘉庆十八年癸酉拔贡

优贡

樊贤臣	邑之大田人	乾隆二十五年优贡

恩贡

明

蔡朝谏	万历三十年壬寅贡
陈　樽	万历三十六年戊申贡
卢遂登	泰昌元年庚申贡。见乡科
何缙隆	天启元年辛酉贡
何奕芳	崇祯元年戊辰贡

国朝

温日新		顺治八年辛卯贡
萧五美		康熙元年[1]壬寅贡

[1] 按，“康熙元年”，康熙《新安县志》卷九《选举志·岁贡》作“顺治十八年”。康熙元年为壬寅年，顺治十八年则为辛丑年。

（续上表）

曾千祺		雍正元年癸卯贡。邑之塘下涌人
邓绍周	邑之锦田人	乾隆元年丙辰贡，历署连山、仁化、阳山教谕。授韶州英德教谕
姜梦参	邑之固戍人	乾隆三年戊午贡，授文昌教谕，未任而卒
廖　鳌	邑之上水人	乾隆十七年壬申贡
黄萃仁		乾隆二十六年辛巳贡。邑之赤水洞人
冯　发		乾隆三十五年庚寅贡
蔡　珽	邑之沙浦人	乾隆四十五年庚子贡
文　叙	邑之泰亨人	乾隆五十年乙巳贡
林殿枫	邑之黄田人	乾隆五十四年己酉贡
陈大魁	邑之壆头冈人	嘉庆元年丙辰贡
李　麟	邑之元蓢人	嘉庆四年己未贡
曾　珝	邑之塘下人	嘉庆十四年己巳贡
曾　省	邑之新桥人	嘉庆二十四年己卯贡

岁贡

明

郑　华		景泰六年贡，官主簿
范　琏		嘉靖二十三年贡，任灵璧训导
张用行		嘉靖四十一年[1]贡
郑建中		嘉靖四十三[2]年贡
叶中英		万历三年贡
王士龙		万历五年贡，任训导。升教授
吴祖易		万历九年贡
钟　点		万历十一年贡，官教授
尹思恕		万历十三[3]年贡，任海阳县教谕
李必达		万历十五年贡，任揭阳县教谕
彭　乔		万历十七年贡，官靖江府纪善

[1] 按，“嘉靖四十一年”，康熙《新安县志》卷九《选举志·岁贡》作“万历十五年”，“张用行”名列“尹思恕”后。

[2]“三”原讹“五”，据康熙《新安县志》卷九《选举志·岁贡》改。

[3]“三”原讹“五”，据康熙《新安县志》卷九《选举志·岁贡》改。

（续上表）

冯士华		万历十九年贡，任江西庐[1]陵训导
杨元杰		万历二十一年贡，任训导
杨天植		万历二十五年贡
钟大务[2]		万历二十九年贡，授惠州府长宁教谕
范　觐		万历三十一年贡，官教授
范　教		万历三十三年贡，官教授
龙　河		万历三十六年贡，任福建汀州府训导。有传
邓良仕	邑之锦田人	万历三十八年贡，任训导
翟朝弼		万历三十九年贡，任汀州府教授
潘　成		万历四十四年丙辰贡，授[3]长宁训导。升雷州府教授，署长宁知县
叶大猷		万历四十六年贡
冯光翰	邑之西乡人	万历四十八年贡，任博罗训导。升广西宾州学正，转廉州府教授。有传
潘　颐		天启二年贡，任浙江江阴[4]训导。升广西滕县教谕，寻升□□府教授
郑朝明		天启四年贡，任归善训导
廖献廷		天启六年贡
谢应运		天启七年贡
詹天宠		崇祯二年贡
朱陈炜		崇祯四年贡，任钦州训导
刘文翰		崇祯六年贡，任训导
刘兴邦		崇祯八年贡
廖大章		崇祯十[5]年贡，任广西宣化训导
邓仁洽		崇祯十二年贡，任韶州保昌训导
郑献修		崇祯十四年贡
黄凤虬	邑之塘下涌人	

[1]“庐”原讹“卢”，据嘉庆《东莞县志》卷二十三《选举・贡生》《明史》卷四十三《地理六・江西》改。嘉庆《东莞县志》注：“新安学。江西庐陵训导。”

[2]“务”原讹“受”，据康熙《新安县志》卷九《选举志・岁贡》、嘉庆《东莞县志》卷二十三《选举・贡生》改。嘉庆《东莞县志》注：“新安学。”

[3]“授”原讹“受”，据文意改。按，康熙《新安县志》卷九《选举志・岁贡》作“任”。

[4]按，“浙江江阴”有误。据《明史》卷四十《地理一・南京》，明代江阴属南直隶；卷四十四《地理五・浙江》，明代浙江有江山县、山阴县，无江阴县。

[5]“十”后原衍“二”，据康熙《新安县志》卷九《选举志・岁贡》删。

（续上表）

梁栋明	邑之墩头人	
廖奇逢	邑之清湖人	
邓湛露	邑之龙跃头人	
陈向荣	邑之燕村人	
廖奇瑾	邑之清湖人	

国朝

何之益		顺治八年辛卯贡
骆应鳌		顺治十一年甲午贡
朱廷谊		顺治十三年丙申贡，初授河源训导。升化州学正
李天柱		顺治十五年戊戌贡，授乳源训导
文兆熊		顺治十七年庚子贡
吴　超		顺治十八年辛丑贡
冯青莲		康熙□年贡
许跃麟		康熙九年庚戌贡，任惠州府训导
陈王前		康熙十一年壬子贡
卫思孝		康熙十三年甲寅贡
王元[1]寀		康熙十五年丙辰贡
朱国锡		康熙十七年戊午贡
周　赞		康熙十九年庚申贡
邓邦玺		康熙二十年辛酉贡
马晋明		康熙二十一年壬戌贡
赵麟定		康熙二十三年甲子贡
黄尔伸		康熙二十五年丙寅贡
邓启日		康熙二十六年丁卯贡
张　穗		康熙二十九年庚午贡
万采亮		康熙二十九年庚午贡
何元焜		康熙三十一年壬申贡
陈学谦		康熙四十一年壬午贡
曾象泷		康熙四十二年癸未贡
梁　鼎		康熙四十五年丙戌贡
尹应枢		康熙四十八年己丑贡

[1]“元”原讹“先”，据康熙《新安县志》卷九《选举志·岁贡》、雍正《广东通志》卷三十六《选举志六·国朝贡生》改。

（续上表）

陈　愫		康熙五十二年癸巳贡
陈昌期		康熙五十五年丙申贡
王锡九		雍正元年癸卯贡
陈联芳		雍正三年乙巳贡
邓肇基	龙跃头人	雍正六年戊申贡，任归善训导
黄　麟		雍正□年贡。从省志补入
戴大礼	城内人	雍正十年壬子贡
袁　鉴	邑之罗湖人	雍正十三年乙卯贡，授长乐训导。历署平远、海丰、陆丰教谕
梁　冕	邑之下新村人	乾隆元年丙辰贡
郑观成	邑之梅林人	乾隆三年戊午贡
邓　炳	邑之龙跃头人	乾隆五年庚申贡，任广宁训导
曾志魁		乾隆七年壬戌贡，授乳源学训导，未任卒
姜　步	邑之固戍人	乾隆九年甲子贡，任韶州府英德训导
侯　鹏		乾隆十一年丙寅贡
蔡爱莲	邑之沙浦人	乾隆十三年戊辰贡
鲁学藻	邑之碧头人	乾隆十四年己巳贡，任四会训导
陈　屏	邑之西乡人	乾隆十五年庚午贡，任四会教谕
文柱澜		乾隆十八年癸酉贡
王际喜		乾隆十九年甲戌贡
赖梦乔		乾隆二十年乙亥贡
蔡继襄	邑之赤勘人	乾隆二十一年丙子贡
黄时进	邑之塘下涌人	乾隆二十三年戊寅贡
黄谷儒	邑之隔岸人	乾隆二十四年己卯贡
林文郁		乾隆二十七年壬午贡
叶英龄	邑之墩头人	乾隆二十九年甲申贡
邓宗树	邑之龙跃头人	乾隆三十年乙酉贡
黄洪学	邑之西乡人	乾隆三十二年丁亥贡
陈宗光		乾隆三十六年辛卯[1]贡。见乡科
蔡　梅	邑之沙浦人	乾隆三十七年壬辰贡
文巨任	邑之上面岗人	乾隆三十九年甲午贡，任封川训导
文　蔚	邑之白石下人	乾隆四十年乙未贡
麦开云	邑之周家村人	乾隆四十三年戊戌贡

[1] 按，“三十六年辛卯”，本卷十九《人物志一·行谊》收陈宗光传，作“壬辰岁”即三十七年壬辰，当有一误。

（续上表）

曾可贤	邑之塘下人	乾隆四十四年己亥贡
郑　曦	城外涌下人	乾隆四十七年壬寅贡
文德华	邑之岭下人	乾隆四十八年癸卯贡
曾腾光	邑之新桥人	乾隆五十年乙巳贡，授潮州府澄海学训导，未任而卒
钟　濬	大鹏吉里人	乾隆五十二年丁未贡
樊朝佐	邑之大田人	乾隆五十三年戊申贡
江永材	邑之大步涌人	乾隆五十五年庚戌贡
钟昆峻	城内人	乾隆五十六年辛亥贡
廖　瑶	邑之清湖人	乾隆五十八年癸丑贡
林友莲	深圳西湖村人	嘉庆二年丁巳贡
曾应中	邑之新桥人	嘉庆三年戊午贡
吴捷元	城内人	嘉庆五年庚申贡
吴光简	城内人	嘉庆六年辛酉贡
陈壮澜	邑之燕村人	嘉庆八年癸亥贡
曾家驹	邑之新桥人	嘉庆十年乙丑贡
范毓材	城外涌下人	嘉庆十三年戊辰贡
曾应樑	邑之新桥人	嘉庆十五年庚午贡
陈恩魁	南山乡人	嘉庆十七年壬申贡
吴冠英	城外南头人	嘉庆十九年甲戌贡
杜锦堂	城外墩头人	嘉庆二十年乙亥贡
曾青岳	邑之水尾围人	嘉庆二十年乙亥府学贡
阮植基	邑之大涌人	嘉庆二十二年丁丑贡
姜汉翀	邑之固戍人	嘉庆二十四年己卯贡

文职 不由科贡者

国朝

胡天麟	城内和阳街人	吏员	历任江南清河县主簿
黄信显	城外南头之北头人		任福建汀州吏目
钟文达	黄田人	吏员	授江南宁国县胡乐司巡检，未任卒
郑廷枢	瑞子	监生	历官府经历。署江苏沭阳县知县
郑叶三			由监生捐府经。授陕西延安府照磨

新安县志卷之十六

选举表二　武科甲、武职

武科甲[1]

武甲科

国朝

康熙三十年辛未科		
麦　蕖	邑之周家村人，世球子	历官四川会川军民卫掌印守备、浙江衢州协中营都司、江南提标后营游击
嘉庆十九年甲戌科		
麦锦琮	邑之合水口人，岐子	丁丑科殿试，以营守备用。嘉庆二十四年己卯，赞修《邑志》

武乡科

明

崇祯十五年壬午科	
郑　斌	邑之西乡人

[1]“武科甲”原脱，据本志本卷目录及正文补。

国朝

康熙二年癸卯科		
按：粤东武闱，自康熙癸卯科始		
郑　毅	城外涌下人	授英德城守
麦世球	邑之周家村人	
康熙五年丙午科		
何以斌		
黄绍勋		
康熙十一年壬子科		
麦中达		
康熙十四年乙卯科		
曾文韬	邑之新桥人	
康熙十七年戊午科		
霍　锦		
康熙二十九年庚午科		
麦　蕖		见甲科
康熙四十七年戊子科		
郑光宪	城外向南人	
雍正十三年乙卯科		
叶　达	邑之大鹏鸭母脚人	中式第四名，任广西柳州营千总
乾隆二十五年庚辰科		
吴昌宗	城外南头人	任惠州长宁千总
乾隆二十七年壬午科		
曾文光	邑之新桥人	
赖翔凤	邑之罗田人	
乾隆三十年乙酉科		
曾鹏量	邑之新桥人	
郑　雄	邑之留仙洞人	
乾隆四十四年己亥恩科		
邓飞鸿	邑之屏山人	中式第八名
乾隆五十三年戊申科		
陈秉道	邑之水贝人	
乾隆五十四年己酉恩科		
邓英元	邑之锦田人	嘉庆己卯年，赞修《邑志》
乾隆五十七年壬子科		
黄大鲲	城外第一甲人	历任提标中、左营千总。嘉庆二十四年己卯，赞修《邑志》

（续上表）

吴　灿	邑之大涌人	
乾隆五十九年甲寅科		
麦　岐	邑之合水口人	
嘉庆五年庚申科		
姜应煜	邑之固戍人	
陈　麒	邑之沙井人	
嘉庆九年甲子科		
吴懋修	城外南头人	解元。嘉庆二十四年己卯，赞修《邑志》
邓[1]瑞泰	邑之屏山人	
嘉庆十五年庚午科		
黄河清	邑之梅林人	中式第十名，任江西吉安漕运千总
吴世璋	城外南头人	
麦锦琮		见甲科
嘉庆十八年癸酉科		
邓大雄	邑之锦田人[2]	嘉庆己卯年，赞修《邑志》
嘉庆二十一年丙子科		
黄志冲	城外南头之北头人	
黄展鹏	邑之上川人	
嘉庆二十三年戊寅恩科		
黄应彪	城外第一甲人	中式第十名
黄丕扬	邑之上川人[3]	

武职

国朝

林　相	城内显宁街人	御前侍卫	历任湖北宜昌镇游击
张见升	城外第一甲人	行伍	历官福建提督
郑　瑞	邑之大涌人	行伍	历官福建安平协副将
谢廷可	邑之牛角山人	行伍	历官参将

[1] 按，“邓”，光绪《广州府志》卷四十九《选举表十八·武科·举人·国朝》作“郑”。

[2] 按，“邑之锦田人”，光绪《广州府志》卷四十九《选举表十八·武科·举人·国朝》作“广府人”。

[3] 按，“邑之上川人”，光绪《广州府志》卷四十九《选举表十八·武科·举人·国朝》作“广府人”。

（续上表）

黄朝辅	城外新街人	行伍	历官福建烽火营参将
曾天禄	邑之新桥人		官江南川沙营参将
蔡廷芳	城外界边人	行伍	历官参将
曾　荣	邑之新桥人	行伍	任游击。天禄子
黄赋才	大鹏所城人	行伍	历官都司
黄乾韬	城外涌下人	行伍	授澄海守备。升龙门都司，未任而卒
刘　清	城内和阳街人	行伍	历官春江都司
郑廷安	邑之留仙洞人	行伍	历官都司
苏其亮	邑之屏山人	行伍	任雷州都司
徐　洲	城外龟庙人	行伍	历官龙门都司
余兆龙	城内显宁街人	行伍	历官电白营守备
叶　遂	大鹏鸭母脚人	行伍	任碣石营守备
刘　荣	邑之诸佛岭人	行伍	任海口营守备
沈德清	城外寺前街人	行伍	历官守备
龙朝瑞	城外崇镇里人	行伍	香山营千总
叶起升	城外龟庙人	行伍	历官千总
曾连升	城内和阳街人	行伍	历官千总
陈　超	城内显宁街人	行伍	任虎门右营千总
黄　德	城外南头之北头人	行伍	任平海营千总
郑文光	城外向南人	行伍	任大鹏千总
郑　鹏	城外向南人	行伍	任香山千总
余　耀	城内显宁街人	行伍	历官把总
郑　晃	城外人	行伍	历官把总
杨　升	城内人	行伍	历官把总
叶荣高	城外龟庙人	行伍	历官把总
郑　鸿	城外向南人	恩荫	历署永靖营守备
黄成琏	大鹏所城人	行伍	任大鹏营把总
黄成凤	大鹏所城人	恩荫	任大鹏营千总
吴豹变	城内人	行伍	历官把总
黄朝任	城外新街人	行伍	历官把总
郑飞鹏	邑之庵前人	行伍	任右营把总
黄成功	城内人	武生	任左营把总
黄英扬	邑之上川人	行伍	任中营把总
叶遇高	大鹏人	行伍	任碣石营千总
金　堂	邑之冈雀窦人	行伍	任广海营千总
伍大勋	邑之冈雀窦人	行伍	任平海营千总

（续上表）

伍见升	邑之冈雀窦人	行伍	任左翼镇标把总
姚挺文		行伍	历官守备
陈卫邦		行伍	任督标把总
文国裕		行伍	历官把总
廖汉宝	城外新铺街人	行伍	任广海千总
钟化龙		武生	任左营千总
林　昌	邑之篁里人	行伍	历官把总
徐国恩	大鹏城人		历官福建铜山营参将
刘起龙	大鹏城人	行伍	任崖州营参将
郑胜发	大鹏乌涌人	行伍	历官南澳镇左营游击
戴廷辉	大鹏城人	行伍	历官电白营都司
胡国泰	大鹏城人	行伍	授甲子营游击
谢　芳	大鹏乌涌人		授硇州营都司
谭文显	大鹏城人		历官碣石左营守备
徐得升	大鹏城人	行伍	历官碣石右营守备
罗光达	大鹏城人	行伍	官大鹏千总
罗仕明	大鹏人		官大鹏营千总
刘朝汉	大鹏城人	行伍	任大鹏营把总
刘文奇	大鹏城人		授春江左营把总
刘文高	大鹏城人		任平海营把总
王　盛	大鹏人	行伍	任大鹏营把总
梁朝富	大鹏人	行伍	任大鹏营把总
叶开亮	大鹏人	行伍	任大鹏营把总
戴廷英	城外高地头人		任碣石营把总
韩宗孟	城外寺前街人，原籍河南兰阳县		历官守备
黄国柱	城外寺前街人，原籍福建安溪县		历官守备
关国联	城外寺前街人		历官千总
邓绍勋	城外新街人		历官把总
韩敦木	宗孟子		历官把总
韩敦英	宗孟子		历官南澳右营守备
韩敦友	宗孟子		历官千总
李　芳	城外新街人		官虎门营把总
郑　凤	田下人		任新安营把总
陈聿修	城内人		康熙年间授碣石卫把总

（续上表）

廖国奇			任虎门营千总
曾天保	新桥人		任挪湖营千总
曾国泰	新桥人		任虎门中营把总
曾光耀	新桥人		任江南南汇营把总
曾　兴	新桥人		授开平守备
麦之祯	龙湾人	武生	任左营守备
黄朝聘	邑之西乡人		历官千总
刘文炳	邑之塘下涌人		历官把总
曾世其	邑之新桥人		任横江镇千总
曾国安	邑之新桥人		任虎门把总
陈达中	邑之水贝人		任龙门守备
姚乔锡	城外南头人		任大鹏把总
樊安邦	邑之大田人		任香山澳门把总
温士隆	邑之西乡人		任虎门把总
黄世宾	城外新街人		历官大鹏营守备
郑　佐	大涌人		任鸡洲营守备
郑廷栋	大涌人		任福建安平协守备
郑廷梼	大涌人		任福建水师提标千总
黄镇邦	新街人		任左翼镇把总
郑圣瑞	邑之西乡人		历官千总
刘峻德	邑之西乡人		任虎门营把总
钟昆亮	城内人		任虎门营把总
刘元望	后海人		任大鹏营把总
陈迥先	邑之白石人	行伍	历官惠州营守备
梁光祖	邑之李松萌人		任千总
陈迥源	邑之白石人	行伍	历官新安营千总
陈　璠	白石人	行伍	任广海寨把总
佘　清	邑之碧头人		任新安左营守备
陈捷昇	白石人	行伍	授提标中营把总
黄　里	西乡人	行伍	历官把总
梁士杰	城外大石鼓人	行伍	任江南游击
郑安邦		行伍	任钦州营守备
郑安泰		行伍	历任新塘后营千总
郑朝邦		行伍	历任新塘后营把总
殷胜发	大鹏人	行伍	历官千总
黄升琪	上川人	行伍	任香山营把总
庾荣标	城内人	行伍	任提标中营把总

新安县志卷之十七

选举表三　贡监、例职、封赠、荫职[1]、重宴

贡监[2]

廪例贡

国朝

陶汝伯		
黄云郁		邑之隔岸人
以上康熙		
麦　楷		周家村人
姜鸣凤		邑之固戍人
吴廷玉		邑之大涌人
郑洪斌		邑之福源人
陈文炳		邑之沙井人
陈明四		邑之沙井人
邓大镛		邑之辋井人
文启新		邑之新田人
陈善美	试用训导	城内人
以上嘉庆		

[1]“荫职”原讹“恩荫”，据本志本卷正文改。
[2]“贡监”原脱，据本志本卷目录及正文补。

增、附例贡

国朝

胡克昌			
严士升			
陈寿宠			
邓际曜			
李锡爵			
叶胥棻	邑之大平人		
梁国翰			
邓梦遇			
罗　耳			
陈　悦			入太学，授职州同知
李荣麟			任山西广昌知县
文荣佐	超灵孙		
何天祺			
叶胥蔚	邑之大平人		
尹文焕			
邓士美			
张天民			
以上康熙			
邓毓贡			
邓文超			
邓与琮	邑之锦田人		
林　谋			
麦　珠		增生	
邓琼赏	邑之锦田人	附生	
廖嗣庄			
廖九我	邑之上水人	增生	
余朝宗			
梁联凤			
麦天贶			
邓学贤			
陈　捷			
文永福			
以上雍正			

（续上表）

邓　麟	邑之屏山人	增生	
关国器	邑之庵前人		
邓朝荣	邑之锦田人	增生	
陈廷泽	城内和阳街人	增生	
刘见召		增生	
以上乾隆			
刘　楷	邑之平湖人	附生	
黄　珠	邑之塘下涌人	附生	
郑振勋	福源人	增生	嘉庆己卯，赞修《邑志》
李植南	大鹏所人	附生	
邓英华	邑之锦田人		嘉庆己卯，赞修《邑志》
以上嘉庆			

例贡

何麟翔	
何　图	
郑　恩	向南村人
郑彭溪	向南村人
谭广宪	
叶梦兰	
邓琼赏	邑之锦田人
以上康熙	
邓汝谐	锦田人
欧嘉言	
蔡侯相	
萧廷环	
李昌德	
康易元	
邓大成	
黄连伯	
廖士昌	上水人
以上雍正	
何继三	
叶以德	

（续上表）

邓与玮	邑之锦田人
邓遇秀	锦田人
邓遇紫	锦田人
邓朝聘	锦田人
邓　纲	龙跃头人
叶腾芳	
邓国韬	锦田人
邓思谟	龙跃头人
黄　英	
陈岳灵	燕村人
陈冈灵	燕村人
邓文铉	龙跃头人
黄英迈	城外第一甲人
吴应昌	城外南头人
欧阳琚	
邓文钦	龙跃头人
邓汝咏	锦田人
廖祖全	清湖人
欧阳兼大	
邓文镐	龙跃头人
邓春魁	锦田人
欧阳斌	
邓庆及	龙跃头人
郑敦厚	
邓　敢	龙跃头人
郑以方	
刘挺秀	西甫人
邓必魁	锦田人
邓凤书	锦田人
王际选	
邓枝芳	屏山人
邓日煜	屏山人
邓兆麟	屏山人
叶良佐	
邓龙文	锦田人
邓乔锡	锦田人

（续上表）

黄长造	梅林人
郑　江	
刘德南	
邓　甡	龙跃头人
郑瑞英	西乡人
方　禧	
郑征文	西乡人
邓如琇	龙跃头人
陶琼光	
郑冬桂	西乡人
邓拔魁	锦田人
黄膺泽	椰树下人
郑洪图	福源人
姜光胜	
邓广绪	厦村人
侯英兰	
郑锡爵	西乡人
邓　翙	屏山人
邓　招	厦村人
林景会	
以上乾隆	
冼遇琏	洪田人
邓元捷	龙跃头人
陈　纬	燕村人
陈达千	
黄兆岳	梅林人
麦学新	
邓芝兰	屏山人
侯远林	
林恢绪	赤尾人
黄云高	塘下涌人
温有济	西乡人
郑大川	上步人
黄学文	
赖朝光	罗田人
黄超扬	上川人

（续上表）

黄贞祥	上川人
张民望	
赖象参	罗田人
文步翰	
黄大坚	南头人，成元子
曾龙见	新桥人
郑霈霖	向南人
吴锡龄	南头人
陈应魁	南山乡人，宗光子
曾启中	新桥人
麦宗泗	周家村人
侯倬汉	倬云弟
麦殿选	周家村人
曾启和	新桥人
曾步丰	新桥人
文步鲸	
曾锦元	新桥人
麦捷魁	合水口人，子岐，孙锦琮
郑　玉	
文品高	
文尽善	潭头人
吴爵贵	城内和阳街人
郑文蕴	
郑文谦	
文泽功	上头田人
郑　琈	
郑勋猷	
梁锦新	客籍，五都二图人
彭恩源	客籍
以上嘉庆	

例监

陈征缙	
陈征缧	增生

（续上表）

龙翔之	增生
曾瑞麟	增生
邓日映	
邓日炎	
邓应珪	
樊可发	
陈　善	
邓　灿	
侯鸣玉	
龙光周	
邓立焕	
龙　驹	
邓　岳	
杜天纪	
邓友如	
邓兆虬	
龙文焕	
邓　熻	
叶廷果	
罗为光	
曾翼泗	
麦之凤	
杜　晟	
陈扩绪	
文登魁	
龙正域	
吴应诏	
蔡　枢	
麦之祥	
邓兆祯[1]	
麦梦凰[2]	
陈尧吉	
陶昌裔	

[1]“祯”原讹“贞”，据康熙《新安县志》卷九《选举志·例监》改。
[2]“凰”原讹“凤”，据康熙《新安县志》卷九《选举志·例监》改。

（续上表）

曾应奎	
廖翼之	
邓咸炎	
曾文升	
邓士登	
陈菀宾	
叶廷梅	
叶琼芳	
张士达	
黄士英	
何元璧	
陶宪祖	
林杰干	
陈隽蘅	
廖昌运	
吴云翘	
见《旧志》。此后例监，概不登载	

例职

何光乾		附生	捐布政司理问
叶者梅			捐州同
邓宗兴	龙跃头人		捐州吏目
邓文彬	龙跃头人		捐县主簿
邓世勅	锦田人	附生	捐州同
邓世勣	锦田人	附生	捐州同
曾　捷		附生	捐州同
廖　章		武生	捐州同
廖国铨			捐州同
姜　珏			捐州同
邓师旦	锦田人		捐州同
黄英拔	城外第一甲人		捐州同
欧阳洪	大鹏水贝人		捐州同
李捷魁	大鹏城人		捐州同
关国贤			捐州同

（续上表）

陈凤翔			捐理问
曾亮采	新桥人		捐布政使司理问
曾　鹗	新桥人	附生	充山东孔圣庙掌书官。嘉庆二十四年己卯，赞修《邑志》
郑大经	大涌人	附生	捐县丞
叶胥兰	大平人		捐县丞
郑　爱	西乡人		捐州同
郑瑞藻	西乡人		捐州同
郑来泰	西乡人		捐主簿
麦郊来	龙湾人		捐州同
黄天麟	塘下涌人		捐州同
麦光大	合水口人		捐州同
曾文雄	新桥人		捐州同
邓兆元	龙跃头人		捐州同
邓　珏	龙跃头人		捐理问
邓于暹			捐县丞
邓鹤年			捐府知事
邓日炎			捐州同
郑文标			捐州同
郑　瓒			捐州同
陈名扬	邑之燕村人	武生	捐卫守备
陈雄邦	南山乡人	武生	捐千总
邓昌瑞	厦村人		捐千总
邓　濂			捐卫千总
陶位畅	屯门人		捐千总
邓文成	锦田人	武生	捐千总
黄应邦	第一甲人		捐千总
黄圣赞	梅林人		捐千总。嘉庆己卯年，赞修《邑志》
吴瑞元	城内和阳街人		捐千总
邓遇宗	锦田人	武生	捐把总
姜应焯	固戍人		捐千总
陈天保	城外新铺街人		捐千总
郑壮猷			捐千总
郑大俊			捐千总
郑天贵	留仙洞人	武生	捐把总

（续上表）

陈殿平	南山乡人		捐把总
罗金声		武生	捐卫千总
邓维宪	龙跃头人		捐千总
林淑开	客籍，七都九图人		捐千总

封赠

明

吴　佑		以子预封文林郎、福建邵武府推官
温一复	邑廪生	以长子可贞赠大夫、云南南安知州；又以仲子皋谟赠文林郎[1]、湖广道监察御史
陈大谏	举人	以子向廷诰封户部郎中

国朝

邓世勳	锦田人	附生，捐州同	以子与璋赠修职郎
姜士魁		郡增生	以子步封修职佐郎
陈为智	南山乡人		以子明赠修职郎
曾天寿			以子煜赠修职郎
曾浩伸	新桥人		以孙文雄捐职州同，貤赠儒林郎
曾冠斗			以子文雄捐州同，赠儒林郎
邓遇文	锦田人	监生	以子师旦捐职州同，诰赠儒林郎
黄天锡			以子成元诰赠文林郎
黄天桂			以侄成元貤赠文林郎
欧阳绍天			以子洪捐职州同，封儒林郎
戴瓊璋			以子胄赠修职郎
黄远图			以子梦桂诰赠征仕郎
蔡镜山			以孙学元貤赠文林郎
蔡　珍			以子学元诰赠文林郎
黄云长			以孙乾韬貤赠奋武校尉
黄德顺			以子乾韬诰赠武略骑尉
郑华玉			以子飞鹏赠武信骑尉

[1]“文林郎”原脱，据康熙《新安县志》卷九《选举志·封爵》补。

（续上表）

徐大昌			以子洲赠昭武都尉
郑国悦			以孙飞鹏贻赠武信骑尉
刘日升			以子荣赠武略骑尉
林飞龙			以孙相赠武翼大夫
林大芬			以子相赠武翼大夫
余应选			以孙耀贻赠奋武郎
余维聪			以子耀赠奋武郎，以孙兆龙贻赠武德郎
余　耀		把总	以子兆龙赠武德郎
杨宗桂			以子升诰封奋武郎
谢英君			以侄延可贻赠武略骑尉
戴宗圣			以孙廷辉贻赠武德郎
戴朝祺			以子廷辉诰赠武德郎
梁廷用			以子朝富诰封武信骑尉
韩敦亮			以子世英赠武信郎
韩敦淮			以侄世英贻赠武信郎
沈文高			以子德清诰赠武德骑尉
沈文周			以侄德清贻赠武信郎
黄毓勋			以子英扬诰赠奋武校尉
曾健侯			以子天禄赠昭武大夫
麦　隆			以孙蕖赠怀远将军
麦世球		武举	以子蕖诰封怀远将军
叶乔万			以子起升封武信骑尉
黄应琮			以子德赠武略骑尉
郑召又			以孙文光贻赠奋武郎
郑成贵			以子文光赠奋武郎
吴锡禄			以子豹变赠武信骑尉
廖金铉			以子汉宝赠武略骑尉
蔡益全			以子廷芳诰赠武德骑尉
蔡乾就			以弟廷芳贻封武德骑尉
蔡彩就			以弟廷芳贻封武德骑尉
蔡应昌			以弟廷芳贻封武略骑尉
金裕君			以孙堂贻赠武信骑尉
金贮卿			以子堂诰赠武信骑尉
金凝汉			以弟堂贻赠武信骑尉
伍行上			以孙见升贻赠奋武郎

（续上表）

伍荣禄			以子见升赠奋武郎
伍遂昌			以子大勋诰赠武信骑尉
伍达昌			以侄大勋貤赠武信骑尉
陈登彦	水贝人		以孙达中貤赠武略骑尉
陈　寿	水贝人		以子达中诰赠武略骑尉
郑铉阁			以子佐诰封武翼都尉
黄世宾			以孙朝辅诰赠武翼都尉
黄镇邦			以子朝辅诰赠武翼都尉
黄志翰			以侄朝辅貤封武略骑尉
黄捷芳			以婿黄朝辅貤赠武略骑尉
樊知遇			以侄安邦貤赠武信骑尉
郑有成			以子廷安诰赠武信骑尉
郑名成			以侄廷安貤封武信骑尉
郑廷元			以弟廷安貤封武信骑尉
梁云卿	李松萌人		以孙光祖貤赠奋武郎
梁朝上			以子光祖诰赠奋武郎，晋赠武略骑尉
郑一鳌			以曾孙瑞貤赠武功大夫
郑殿生			以孙瑞诰赠武功大夫[1]
郑勋中			以子瑞诰赠武功大夫
黄遇万			以弟乾韬貤封武略骑尉
黄遂万			以弟乾韬貤封武略骑尉
黄进万			以弟乾韬貤封武略骑尉
佘乾勋			以孙清貤赠武略骑尉
佘仁亮			以子清诰赠武略骑尉
黄宪泗			以子成功诰赠武信骑尉

[1] 按，“武功大夫”，光绪《广州府志》卷六十《选举表二十九·封荫》同；然本志卷二十《人物志二·列女》、光绪《广州府志》卷一百五十九《列女十八》载其妻“黄氏”条均作“武翼大夫”，当有一误。

荫职

国朝

黄成凤	大鹏所城人	以兄成琏安南阵亡，荫袭恩骑尉
郑　鸿	城外向南人	以父文光安南阵亡，荫袭恩骑尉
叶华魁	城外龟庙人	以兄荣高磨刀洋阵亡，袭云骑尉
叶遇福	大鹏所城人	以兄遇高沥角洋阵亡，袭云骑尉
殷桂芳	大鹏所城人	以父胜发磨刀洋阵亡，袭云骑尉
曾授纶	新桥人	以父荣巡洋淹毙，袭云骑尉

重宴

明

潘甲第	万历戊午重宴鹿鸣

国朝

麦世球		雍正癸卯重宴鹰扬
曾文韬	新桥人	雍正乙卯科重宴鹰扬

新安县志卷之十八

胜迹略　古迹、冢墓、寺观

夫名山大川，一经前人游览，往往形诸歌咏，此地以人传也。邑中风景，其最著者，如杯渡高峰、赤湾胜概，每令人低徊不能去。而且追官富之遗墟，吊伶仃之忠魄，不禁感慨欷歔，悄然而悲矣。极之一丘一壑，一台一榭，考焉必详。至于名人之冢墓，不使湮没于荒烟蔓草之间。而萧寺禅林，概从搜辑，亦以备观览之一助焉。志胜迹。

古迹

东官郡城，在城子冈。晋咸和间，为郡城。隋开皇间，省东官郡，以宝安属广州。唐至德二年，改东莞县，徙置到涌，故址为东莞守御千户所，即今新安县城。

王母妆台，在大鹏王母洞村，前有大石，高数丈，俗传王母梳妆于此。

媚川都，在城南大步海。南汉时采珠于此，后遂相沿，重为民害。邑人张维寅上书罢之。

屯门镇，《旧志》：大宝元年春，于宝安县置屯门镇。即此。

南汉石鱼，在海光寺，今废。

景炎行宫，在梅蔚山。宋景炎二年，帝舟抵此，作行宫居焉。

官富驻跸，《宋行朝录》：丁丑年四月，帝舟次于此，即其地营宫殿。基址柱石犹存，今土人将其址改建北帝庙。

宋王台，在官富之东，有盘石，方平数丈，昔帝昺驻跸于此。台侧巨石，旧有“宋王台”三字。

望烟楼，在凤凰岩下。传文丞相侄应麟子孙家于此，为何左丞部将，值岁荒，建楼登眺，凡家无爨烟者，赈之，至今犹称“烟楼下”云。

石壁画龙，在佛堂门，有龙形刻于石侧。

穆庵塔遗址，在邑之一都庵前村，后有大石，侧书“穆庵塔”三字。《旧志》以为“化佛塔”，误，今改正。

龙津石塔，在邑之三都沙井村河边。宋嘉定年间，盐大使建石桥于沙井之东北。桥成之日，波涛汹涌，若有蛟龙奋跃之状，故立塔于上以镇之。

长镇石室，在长镇村山巅。上有石艇、石塔，傍有仙人足迹，有大石、香炉，前有石涧仙泉，秋冬不竭；中有神像，祈祷辄应。万历丙辰，建长丰庵。崇祯癸酉，知县乌文明重修。

仙姬石，在六都下梅林村侧崖顶，石相连屹峙[1]。乡人祈雨，见上有云盖，即雨。

钟鼓石，在县署后。左、右二石，左特立，圆似钟；右仰面，坦似鼓，扣之各有声。

缆声，在蚊洲海。旧传，有船缆在此。今天将雨，缆声先响，屡验不爽。

仙桥遗石，在三都桥头村侧，有大长石数块，屹立河边，潮极长不没。若私扛一块，腹即痛；置即愈。旧传，一人驱群石，或问：“何往？”答曰：“在此造桥。”后见一孕妇，驱之不动，桥未成。

虎头潭故寨，在七都，见卢山。

凤凰岩，在茅山之北。巨石嵯峨，广数丈，洞彻若堂室。昔传，凤凰栖其内。上有莺哥石、合掌石诸奇景。相传，蔡若虚得道于此，土人塑其像。嘉庆年间，重修，极其壮丽，亦邑内之胜区也。

乌石岩，在阳台山下。内有石岩三面，东缺一面，顶有大石，堪作墙。乡民祝曰：“惟愿此石，可补四面，周围无缺矣。”是夜，神即移石补足，石痕犹在。

---

[1]“石相连屹峙”原讹“群峰壁立”，据康熙《新安县志》卷三《地理志·古迹》改。

罗隐岩，在大鹏洛格洲石上，诗迹半存。

照月岩，在县南里许。石刻“照月岩”三字，至今尚存。

梅沙岩，在梅沙尖山麓。天欲雨，岩先响如雷。

白面石岩，在梧桐山北。岩中空阔，大者如屋，小者如仓。岩口悬飞瀑，昔人常避寇于此。

赤水洞，在梧桐山下，泉皆赤色。

黄金洞，在三都，多有黄石。

应人石，在栗木冈，人呼则应。

仙姑化石，在阳台山。石面四时红艳。

白石牌与乌石牌，俱在南头海中，两相对峙。

仙人足石、双层塔石，俱在南山。其下有泉，澄彻可爱，祈雨屡验。

龙爪石，在南山下海崖，有龙爪纹。

游春石，在城北濠畔。

三台奇石，在县城北警铺，墙石上有“三台奇山”四字，径五寸，笔力遒劲，惜未传其名。

望夫石，在沥源[1]海滨，背一小石，形如襁儿。

蟾蜍石，在黄木山之左，祷嗣者多应。

牛眠石，在县北丫髻山内。状如牛，有古刻篆文，人莫能辨。

打鼓石，在阳台山。状如鼓，远常闻声，近则寂然。

生毛公石，在上梅林村郭坑岭上。遍体绿苔如毛，周年不改，乡人祷雨甚应。

刘三妹石，一名望薄石，在吉田村后。乡人祷雨所也。每岁元旦节，俗作投石戏，以胜负卜丰歉云。

杯渡山，海上胜境也。昔宋杯渡禅师住锡于此，因名。山麓石柱二，相距四十步，高五丈，今半折。《府志》谓：“昔鲸入海，触折。”山腰为杯渡

---

[1] 按，“沥源”，康熙《新安县志》卷三《地理志・山》作“官富”。

寺，前有虎跑泉，其左则鹿湖、桃花涧、滴水岩、瑞应岩、莺哥石，后有石佛岩，杯渡石像在焉。佛座后有洞，深不可测。有吊钟树两株，环抱岩上。古木千章，郁然苍秀。又有兰花径，香气四时不断。山之巅，镌“高山第一”四字，旧传为韩愈题。前俯大洋，海水汨没，杳溟无际。而山中林泉之胜，又觉别有天地矣。

赤湾[1]，由南山落脉，两翼盘护，天后宫殿在焉。前临海，洪涛万顷，一望无际；伶仃数峰，壁立海中，相峙如案。天后神甚灵应，凡船经此，必祷祀之。嘉庆乙亥，庙貌更新。

梧岭天池，在六都梧桐山旁，产茏葱竹、龙须草。相传有绿毛龟，但少见之。

卢山[2]，中有桃李数株，入山，啖之则可，怀之则迷路。

龙穴楼台，在邑西北海中，见龙穴洲。

鳌洋甘瀑，在七都大洋中，有石高十丈，四面咸潮，中有甘泉，飞瀑若自天而下。

玉勒温泉，在三都。

濒海石庙，在隔岸村前海滨。有巨石，广袤十余丈，上群石崚嶒，磊叠成龛。中祀天后，旁环古树。每山流急湍，石上隐隐有云气，亦奇观也。

大观台，在厂前，天妃庙后。层楼[3]耸峙，俯瞰沧溟，为一邑巨观。今圮。

锦波楼，在归德里。宋淳熙间，陈孔硕建。久废。

钓鱼台，在南头海畔。明成化间，贡士黄庆祥筑以垂钓。故址犹存。

西源亭，在西门外西源庵右。康熙十九年，知县张明达建。今圮。

培风塔，在东门外观瀛庵后。康熙三十七年，训导林垣建。浮屠七级，

[1] 按，“赤湾”，康熙《新安县志》卷三《地理志·古迹》作“赤湾胜概”，为“八景”之一。
[2] 按，“卢山”，康熙《新安县志》卷三《地理志·古迹》作“卢山桃李”，为“八景”之一。
[3] “楼”原讹“峦”，据康熙《新安县志》卷五《宫室志·台榭》改。

高矗云霄，为城渠水口之镇。

插汉阁，在新桥村侧。乾隆壬午年建。

干云塔，在潭头村。

凌云阁，在东门外松子岭，嘉庆庚申年建。

冢墓[1]

宋邓符墓，在横州丫髻山。

宋税院郡马邓自明墓，在石井山。当宋南渡时，邓铣勤王有功，故其子自明得尚高宗公主，生男四人：林、杞、槐、梓。光宗嗣位，林复持母手书上阙，遂赐祭田十顷，在石井。今子孙蕃盛，其祭田犹存。

耿迎禄墓，在官富山，宋王台之北。碑刻“耿氏迎禄墓”五字，至今犹存。《旧志》“迎”作“荣”，今从碑字改正。

金夫人墓，在耿墓侧。相传，慈元后女晋国公主溺死，铸金身以葬，镕铁锢之。碑高五六尺，大篆宛然。

麦将军墓，在归城乡黄峒山。

郑朝奉[2]墓，在庵前席帽岭。宋治平官于朝，康宁[3]三年徙居宝安。其父朝奉大夫[4]墓，在龙井虎形山；其子宣教郎，生五子：仁、义、礼、智、信。今子孙蕃衍，其墓在黄田，名曰浮坟。

吴讲书墓，在南山槁子树下。其孙朝奉大夫墓，在枫木寨。

双烈墓，游、梁二氏，骂贼而死，乡人为之立石，在涌头石鼓墩。

何真母墓，在邑东北牌榜山。

邓孝子墓，在大步墟。

[1]“冢墓”原讹“丘墓”，据本志目录及本志本卷目录改。

[2]“奉”原讹“议”，据康熙《新安县志》卷三《地理志·丘墓》、雍正《广东通志》卷五十五《茔墓志》等改。

[3]按，“康宁”，康熙《新安县志》卷三《地理志·丘墓》同。查中国古代无“康宁”年号，北宋“治平”年号后，与“康宁”字近者有“熙宁”“崇宁”，或为其一之误。

[4]按，“其父朝奉大夫”，康熙《新安县志》卷三《地理志·丘墓》作“其子朝议大夫”。

晋孝子黄舒墓，在大田乡猪母冈。

明员外郎吴预墓，在南山莽迳。

陈让墓，在鹅公岭。

寺观

海光寺，旧在县西观音堂，后徙于南门外。相传，南汉时，有铁佛在海中，夜有光，因祀之于寺，故以为名。寺中有石鱼，乃南汉时物，今失去已久。

云溪寺，在县西四十里归德场参里山之麓。嗣改万寿寺，今复改为云溪寺。

灵渡寺，在县南三十余里灵渡山。

东山寺，在大鹏所东门外山岭上。中为观音堂，左上帝殿，右文昌阁，前三宝殿。

杯渡庵，在杯渡山瑞应岩上。

慧善庵，在杯渡山瑞应岩上。今圮。

福如庵，在东门外。今迁于城内旧所之后，改名观音阁。

祇园庵，在阳台山下。

永寿庵，在城外天后庙右。日久颓圮。顺治十八年，僧雪溥募化，里人郑文科重修。

香林庵，在油榨头。康熙十二年建。

神溪庵，在清湖村前。康熙十一年，僧六湛化建。

宝月庵，在东坑。里人邓熙挺建，僧古鉴住持。

三官堂，在城西门内。千户袁钊建。后总镇张国勋改修前座为三官堂，后座为佛堂，僧六湛住持。乾隆三十七年，知县杨士玑重修。

照月庵，在城外照月岩下。今废。

西源庵，创于僧觉度，在邑城西门外濠侧，仅数亩许。树林葱郁，颇有山林胜概。而前逼海滨，万里澎湃，岛屿拱峙，鸥鸟回翔，风雨晦明，皆成奇观。右有亭，翼然屹立，康熙十九年，知县张明达建。今圮。

甘溪庵，在南头崇镇铺。康熙十六年，创于僧閬堂。周数亩，环以竹木，内莳花果。虽堂止数楹，而高厂轩朗，气象爽豁。前对梧桐，青碧如画。閬堂，又号破有，以诗称，好游，尝曰：“足不遍名山，负此生矣！”庵成数年，旋授其徒主持，杖锡渡岭而北，有见之于长安者，或曰西入秦云。

祥溪庵，在燕村侧，离城六十里。门外江流环绕，林树森翳。陈向廷少时，暮春浴此，偶占一联云“千年古树为衣架，万里长江作浴盘”。今犹传诵之。

白云庵，在大莆村后。乾隆十六年建。

长春庵，在黎洞迳。

观瀛庵，在东门外。康熙三十七年，训导林垣建，知县丁棠发题额。乾隆壬午年重修。中为佛殿，前为山门，又前凿方池，储水植荷，左、右列僧房数所，东为客厅，后筑菜园，丛木森秀，尘氛俱远。

潮音庵，在城西门外原观音堂旧址。康熙四十年，知县金启贞建。

福缘禅院，在六都福田村后。

竹林寺，在赤湾庙左，僧淡然建。

慈云阁，在洪峰山。

悦江古寺，在水贝钟英台侧。

慈云寺，在新桥尖峰顶山。内有石洞，洞中有石，如神像。旧传，此石偶于一夕飞来，乡人由是建慈云阁于其上。至今祷祀，多灵异云。

万福庵，在合水口村侧。

广善庵，在上莆尾村。

鹏来庵，在大鹏水贝村侧。

正觉庵，在潭头、雾冈之间，境颇幽静，亦禅林之胜地也。

三祝庵，在潭头古渡头边。

新安县志卷之十九

人物志一　乡贤、孝行、行谊、忠义、忠勇、义侠附[1]、隐逸

士君子束身圭璧，励志诗书，出则奋功名，入则修孝弟。一乡之间，薰德者众，尸祝不衰，尚矣。其有未列士林，克敦庸行，相高以义，好行其德，即其一端，皆有千古。若夫乾坤之正气，秉自名媛；山水之精华，钟于闺秀。贞烈独著，节孝同钦，而列女传焉。他如问年或登上寿，远游或赋寓公，推之讲道德则神图宝章，说涅槃则莲花贝叶，咸为摭拾，以备参稽，是亦考古者所不废也。志人物。

乡贤

晋

黄舒，字展公。父教，始迁莞。事亲至孝，家贫力业，以供滫瀡[2]。每侍膳，盛暑未尝解冠带。亲有所使，虽千里之外往焉。父卒，皇皇如欲无生，负土成坟，结庐其侧，夜则号哭，声出林薄，闻者泣下。久之，形容枯槁，人劝其还，哭而弗答。居母丧，亦如之。邑人皆谓今之曾参也，因名其居曰参里。里之旁有山，亦称曰参里山。有司奏旌其门。卒，祀乡贤。

明

吴预，字少凯。以《诗经》领正德己卯乡荐。嘉靖八年，铨授邵武府推

[1]“义侠附”原脱，据本志本卷正文补。

[2]“滫瀡”原讹“修瀡”，据文意改。按，“滫瀡”亦作“滫髓”，指柔滑爽口的食物。无“修瀡”词。

官。廉而有断，宽而不阿。尝署邵武县事，厘革宿弊，节省民财。十二年考最，行取赴都，授柳州府同知，署思恩府事。适事变卒起，守戍居民，望风溃散，孤城无援。运筹决策，为攻守之具。贼众临城，申以大义，俯地感泣而去。十九年，升工部员外郎。寻卒于任。邵武详其事，入祀名宦，本邑从祀乡贤。

潘楫，甲第之父。治《春秋》，邑令延修莞志。生平持己端庄，虽燕居必冠，笃于庭训，伯子早领乡荐。著有《律吕图说》并《钟冈诗集》《监议》数卷，传于家。万历四十二年，邑令王廷钺详允，入祀乡贤。

陈让，字克逊，燕村人。幼孤，事母孝。与从弟计口授田，三分逊其二。天顺八年，大饥，诏令民间出粟千石助县官赈饥者，给冠[1]带。让出谷三千石，归名于叔。性尤嗜学，善诗歌，著有《诗集》四卷。万历四十二年，邑令王廷钺详允，入祀乡贤。

邓师孟，隆庆时，父被海寇林凤掠去。孟谋之外父曰："吾家故贫难赎，愿以身赴。"外父难之。孟诣贼船，求以身代父，词气恳挚，声泪俱下。寇留之，因释其父。将别，嘱曰："诸弟堪事，勿以儿为念！"乃沉海而死。邑令丘体乾修志，纪其事。邑令王廷钺始详允，入祀乡贤。族人在大莆墟立祠以祀之。

以上五人，俱详允崇祀乡贤。

何真，字邦佐。元至正中，仕为河源务副使。时岭海骚动，弃官归。莞民王成、陈仲玉构难，真举义兵，执仲玉。成筑寨自保，真以钞十千购之，其家奴遂缚成以献。真赏毕，烹其奴。叛将黄裳等据惠，人皆响应。真召义勇平之，抚循二境。南海民邵宗愚陷广州，真率将校复其城。擢广东分省参知政事、镇江西行省中书左丞，寻改福建中书省左丞，仍治广州。明初，首举全境归附，以功封东莞伯，食禄一千五百石，予铁券，赐钞万贯，甲第一区。卒，赐葬京城南八里冈。子八人，知名者三。今大莆、莆心、笋冈、松

[1]"冠"原讹"官"，据康熙《新安县志》卷十《人物志·乡贤》改。按，"冠带"指封爵、官职。

园，皆其裔也。

邓通叟，字彦通，屏山村人。孝友端洁，才能素裕。当元季时，敛锋匿迹。洪武壬戌年六月，敕符下郡求士，东莞令叶仁卿以叟应选科。叟赴京，授以直隶宁国府正。莅任后，以利济为己任，有政声。常恐儿曹辈玷其清洁，频寄诗以勖，曰："纵饶远别五千里，敢忘临行一两言。"又曰："勉强持家输敝赋，殷勤教子立清门。"其人亮节如此。后致仕，以寿终。补传。

郑敬，字德聚，居梅林村。少秀异明敏。登正统辛酉乡科、壬戌二甲进士，授南京湖广道御史。廉介自持。出为江西按察佥事，历调河南、云南。清节益励，所至有声，玺书旌异。秩满入都，土酋贶以兼金，或谓其名可受，敬曰："我司风纪二十年，享有常禄，犹恐弗称，敢改节乎！"峻却之。成化二年，迁山东副使。勤于政事，甫逾四十，发尽白。自陈致仕，年五十八终。贫，无以为殓，士林至今称之。从《东莞志》补入。

郑士忠，字廷献。自幼颖悟过人，方伯祁顺以大器奇之。弱冠，迎亲于方氏，自执雁，不举乐，士绅服其古朴。以《易经》中成化丙午乡试，登弘治庚戌进士，授浙江丽水县知县。质直刚方，廉正自持，击豪滑，却馈金。解组而归，杜门不出，虽同籍未尝苟谒。睦族恤邻，人皆爱之。

欧阳弘[1]，字任重。嘉靖己酉，以《春秋》中式。家寒素，少就塾，每友夜读书，弘从旁借光，诵读不辍，淹贯群籍。授河南孟县教谕，擢福建永安县令，清操自矢。未几，解组归。卜筑官桥之野，环堵萧然，仅蔽风雨。起元杨公造访之，时年八十有一，倚杖迎入。见其土块支床，敝席供卧，非人所堪。临别请教，宏曰："清心而已。"杨公竦然曰："谨领教！"后卒，杨公为之记。

潘甲第，字伯登，潘楫之子也。嘉靖戊午乡试，以《春秋》中式。躬耕供母，后历署保昌、海丰教谕，升湖广衡州耒阳县知县。前令遗粮十余万，

[1]"弘"原讹"宏"，据本志卷十五《选举表一·文科甲》、康熙《新安县志》卷九《选举志·乡科》、雍正《广东通志》卷三十三《选举志三·举人》等改。

竟坐下考。调福建都转运盐使司幕职，寻升广西浔州府贵县知县。谢事归，优游林下，十有七年，端坐而逝。著有《遐方迩言》《宝安堂集》。

陈大谏，字遂忠，号菊坪，燕村人。生而警敏，甫十龄，即善属文。十五，补邑弟子员。五战棘闱，三举乙榜。嘉靖甲子，领乡荐第六。万历乙丑，授湖广荆州府通判。荆俗疲悍，谏设立科条，政举刑清，士民德之。丁艰服阕，补福建汀州府通判。擘画有方，厘奸剔弊，百废俱修。政暇，则与诸生探讨义理，阐扬性命。其陶铸士品，率以立身行己，不区区文字间。属邑同官，凡有请质，谏指示机宜，皆切中时病，靡不服其练达。归之日，行李萧然，士民遮留夹道，绘《攀辕图》以赠。家居八年，卒。

陈果，字稚硕。万历丙子乡试，以《诗经》中式，登唐文献榜第二甲，授兵部山海关主事。慷慨尚气节。少与新会阮大成友，成中年流落，挈妻子往依之，解衣推食。及卒，以礼殡葬，抚其子，并为其女择配。丙申，岁大祲，出粟赈饥，知县喻烛匾曰“仁洽里中”。改建学宫，殚心营缮。凡邑之利害，必率父老陈于当事，豪蠹多惮焉。

吴国光，字观光。幼失怙恃，弱冠补邑庠，以《诗[1]经》领万历己卯乡荐第一，选授永福教谕，升广西兴安县知县。路冲务冗，光静以镇之，不务苛细。筑渠堤以济商民，修学宫以兴髦士，清丁粮，广教化，舆诵日兴，屡为院司奖荐。有巨珰临县，光长揖不拜，大忤之，坐谪福建泉州府教授。寻擢浙江乐清县令。抑豪强，润寒素，却馈遗，慎狱讼。其地有雁荡山，当道荐绅之游者，冠盖相望，县官仆仆送迎，民亦疲于奔命。光简其夫役，不为权贵所动，卒以受谤左迁。解组归，抵家数月而卒。邑令丘体乾曾聘修邑志，所著有《石龙轩寓徐永署》《雁荡》诸稿。

郑文炳，字在中。万历己卯选贡，初授福建将乐训导，升高明教谕。值岁大祲，简士之贫者赉之，劝富家厚输廪粟。秩满，升广西宾阳学正，署怀

[1]“诗”原讹“易”，据本志卷十五《选举表一·文科甲》、康熙《新安县志》卷九《选举志·乡科》改。

远县事。猺獞攀辕数十里，弗辍。复署融县事，值师旅，供亿浩繁。建浮梁一所[1]，输粟三千石，战马八百匹，经画有方，民不为扰，抚按上其功。来宾猺乱，县官挈妻子去。两院谓炳有御侮才，使往摄篆。到治，即止所征兵，单骑入抚，猺峒悉平。卒于官。著有《奎亭集》数卷。

陈向廷，字仪翔，燕村人，大谏仲子。博学能文。万历癸巳[2]，以选贡入北雍。丁酉，领乡荐。戊戌，成进士。初授江南徽州府推官，涤烦除苛，百废具兴。寻调汉阳。丁外艰，起补江西抚州府推官。实心惠政，民深感之，建立生祠，进士吴道南为之记。庚戌，擢大理寺评事。癸丑，升本寺左寺副，转户部福建司员外郎。乙卯，升本部广西司郎中。寻升山东提学副使。卒，年五十。著有《百尺楼遗稿》七卷行世。

吴允诜，字懋集。领万历癸卯乡荐。博洽淹贯，居乡课读，循循善诱。或劝之仕，诜曰："古人不以三公易一日之养。诜有老母，菽水终养足矣。"尝自铭曰："省事为福，无欲最高。"年六十有五，卒。允诲，其弟也。

吴允诲，字懋陈。与兄诜同领万历癸卯乡荐。生平性刚介，言笑不苟，人敬而畏之。屡上贤书，未尝有所干谒。所居结小庐，以山水自娱，有澹台、五柳之风。

洪信，字孺成。领万历壬午乡荐，授肇庆恩平教谕。升福建连江令。革除敝政，约己惠民。归之日，不治家人产，以诗酒终其身。

龙河，字圣兆。岁贡。事母孝。邑令梁大皞以其子受业焉，适排户有绝产，令许以百余亩，谢弗纳。顺德何千英以舌耕，毙于馆，河为具棺殡殓，扶榇送还。与浙人屠泰循善，结庐居之。循死，买棺卜葬，复助其妻若子返浙。其平日好义如此。选福建汀州府训导。莅任后，作《进学解》以示诸生，贫者捐资周恤，屡为当道嘉奖。卒于官。

[1]"建浮梁一所"原脱，据康熙《新安县志》卷十《人物志·名宦》补。

[2]按，"万历癸巳"即二十一年，本志卷十五《选举表一·正贡》则作"万历二十二年拔贡"，二者当有一误。

温一复，弱冠补莞弟子员，拨新安食廪饩。文誉藉甚，力行古道。尝论学曰：“轻言自信，易涉自欺。”论仕曰：“愿为循良，勿为卓异。”又云：“做人不昧本心，则愧怍寡；不多上人，则尤悔寡；设身处地，则事理平。”皆至言可师。以长子官，赠奉直大夫、知州；以仲子官，赠监察御史。邹忠介公元标志其墓。

温可贞，字尔淳，一复子。领万历壬午乡荐。奇于数，礼闱屡拟上卷，弗售。乃谒铨，得亳州牧。时因亢旱，随祷随应，士民欢呼，构灵雨亭，以志其德。修文庙，葺汤陵，百废毕举。凿河之役，民争助之，报完最早。又擒获大盗花世虎、韩国顺等二十余起，亳赖以安。当事者见忌，移滇之南安。入滇，即值凤贼鸱张，彝猡响应。郡治无城，亟兴版筑，城成而贼至。督兵御之，挥刃驰马，身先士卒，流矢中其股，裹疮奋击，擒获渠魁那珠者哥，斩首八百四十级，余悉溃散。贼自是不敢复至。州有矿税，每患缩额，贞力加厘剔，解数遂溢。又以其余，补数年赎锾之歉。两院上其功，得奖迁。贰守思南，乃黔岩郡，苗彝错处，为陈《八议》以抚之。议题而罢。贞凡三任，所至民悦，所去民思，其德政难以枚举。仲弟皋谟，成进士，擢御史，亦多所建白。父子兄弟，并祀莞邑乡贤。

冯光翰，字国宾。万历四十八年岁贡，任博罗训导。升广西宾州学正，转廉州府教授。品行端洁，博雅有声，扶掖后进，造就英才，而孝友又其天性。弟早亡，遗腹幼侄，加意调护，赖以成立。司铎三任，图篋萧然，士人深景仰之。

国朝

陈隽蕙，字仲芝[1]。顺治甲午，以《诗经》中式。辛丑会试，登马世俊榜。性洒落不羁，轻财好施，生平布衣之交，贵而弥笃。候选于家，适值迁界，居民失业，恻然不忍，率父老力恳上台，特设立归德场口子灶丁腰牌，

[1]“芝”原讹“之”，据康熙《新安县志》卷十《人物志·名宦》改。

使得出界晒煎，存活一方。选授河南卫辉府汲县知县，地苦冲疲，蕙洁己爱民，深仁厚泽，口碑载道。及解组日，行李萧然，士庶争醵金钱赠之。

何麟[1]运，号玉书，东莞伯恭靖公之后裔。以《易[2]经》领顺治辛卯科乡荐。质实淳悫，坦易慈和，与物必诚，不设城府。好诗酒，往往以此寄志。初任高州府茂名县教谕，捐俸课士，多方调护，斯文生色。故于其升也，诸生尸祝不衰。迨秉铎循州，学田所入，恒分以周寒士。学使冯大嘉奖之，飞章首荐，遂内转国子监学正。旋晋兵部督捕司务。以年老告归，惟以诗酒自娱，无所干求。厚德高风，两不可及。

冼攀龙，字周翰。领康熙庚午科乡荐，选授江南宁国府泾县知县、丙子科江南同考试官。寻升太仓州知州。清风亮节，懋著循声。任满归家，无积粟，两袖清风，晏如也。惟以裁成后学为事，历主文冈讲席，邑中知名士多出其门。

邓与璋，字宜升，锦田人。雍正甲辰，年十九，补弟子员。越年，食饩。乾隆丙辰乡试，中式第二名。丁巳、壬戌两科会试，取中明通榜。仁厚坦直，学问淹博。居乡处朋侪，必诚必信。选授德庆州学正，勤月课，严训迪。诸生中有与当道忤者，以危法中之，璋知其诬，力为之争，生始得免。壬申，赴公车，卒于京师，太史冯潜斋为之撰墓志，以传不朽。

陈振，字鸣铎，水贝乡人。乾隆己卯科，举于乡。辛丑，补陆丰训导，课士有方。后选山西河津县，寻调陕西西乡县。甫下车，革除陋规，民歌其德。戊申，为同考试官，取士极盛。旋署麟游县事，洁己爱民，刑清政简。值大旱，祷雨辄应。解组归，行李萧然，绝不介意。后主讲文冈书院而卒。

黄成元，字辅两，城外南头人。幼聪隽，善吟咏。乾隆乙酉，以《易经》领乡荐。辛丑，挑发湖南，令东安。廉明勤慎，颂声四起。癸卯，调益

[1]“麟”原讹“灵”，据本志卷十五《选举表一·文科甲》、康熙《新安县志》卷九《选举志·乡科》、雍正《广东通志》卷三十五《选举志五·举人》改。

[2]“易”原讹“羲”，据本志卷十五《选举表一·文科甲》、康熙《新安县志》卷九《选举志·乡科》、雍正《广东通志》卷三十五《选举志五·举人》改。

阳。正己率物，馈遗一无所受。多惠政，修书院，建社学。听讼，晨兴，至夜分不倦，事无大小，悉对众裁决，未尝妄有敲扑，而人鲜遁情。枫林有拒捕毙命案，一鞫立服，人咸以为包孝肃再见。甲辰，授辰溪，保留攀辕者以万计，为泐去思碑，以志不朽。在辰四载，剔弊厘蠹，殚精励操，视昔有加。郡守西成、学使钱澧、方伯承恩俱相雅重，有“阖楚仅见”之称。丁未，以勤劳卒于任。榇旋之日，阖邑泣送，有远至百余里者。

孝行

明

邓孔麟，字国瑞。孝友力田。其父公佐，万历庚午为海寇林凤掳去，麟奔投贼船，愿以身代。贼释其父，留麟在船。至海丰港，麟窥贼懈，遂浮木抵岸，逃归。乡人皆称之，以为此天祐孝子也，上其事于邑。邑令丘体乾给匾，旌曰孝行。闻于院道，亦皆给米帛优恤之。后麟殁，各院犹给赏麟子孙，旌其门。

国朝

麦位球，性至孝，耕田供职。岁值凶荒，佣工富室，减飧折米以供母。居常以不见父为恨，当春露秋霜，必登坟恸哭。母疾，寝食俱忘。及卒，哀毁逾节，水浆不入，族党皆称其孝。乾隆十六年题准，旌表建坊。

陈宪度，幼失怙，事母至孝。年十四，晨昏定省，无几微之间，朝夕膳羞，亲为烹饪，疾痛疴痒，亲为抑搔。母死，哀毁骨立，几不欲生，乡人称之。乾隆四十四年题准，旌表建坊。

曾文澜，性天诚笃，事亲以孝称。已于嘉庆二十三年，详请旌表。

陈钋，字达士，邑之城内人。家无宿舂，以孝事后母，朝鬻豆浆，日采樵供甘旨外，复委曲以顺母志。每饭不足，惟以供母。戚友以酒食招，钋必竭力市豚肉奉母，方敢往，否则力辞。人问之，则曰：“母啜菜羹，而子食肉，能下咽乎！”母病，则彷[1]徨吁天，至瘳乃已。邑令何梦篆闻之，喟然曰：“夫孝，天德也，无所为而为。彼固鄙人，不事诗书，安识所谓孝？而天性纯笃如此！以视世之不孝者，不足言矣！即勉行孝养，亟亟焉希邻里之传闻，其为人立心，何啻天渊也！不可不奖之，以励风俗。”时适有不孝子，令着其负米，诣钋家谢罪，乡邻由是悉化。呜呼！今之所谓孝者，闻陈钋之风，亦可以自愧矣。

行谊

明

庄恭，字克敬。洪武二十九年乡荐，读书太学。时邑学毁于火，有司仅建讲堂、两斋。恭归见之，叹曰：“以三百里县，而先圣俎豆之堂，规制不备，吾徒责也。”遂上章陈请。得旨，遣官督建大成殿、两庑、戟门、棂星门，始复旧观。又尝与陈义纂修邑志。选丰城教谕，迁上林苑监正。从《东莞志》采入。

欧世懋，字尚中。天性醇朴。补邑庠生。家甚贫，鹑衣藿食，处之裕如。累试弗售，日以教授为业，自少至老，手不释卷。海道刘仁山嘱有司存恤之。寿终七十有二。

吴祚，字廷锡。举动慷爽，乡间争者，辄环闾质平之，有古烈士风。南头滨大海，离旧治远，奸宄跳梁，多图为不轨。祚持正气，寝其谋。时有饥民，啸聚掠米，瞬息生变。祚挺然以身御之，怒且骂曰：“若属倡乱乎？果尔，首刃我，不则各保妻孥，毋速祸也！”闻者气阻。隆庆六年，海道刘公稳按临经略。祚泣请曰：“辛酉之变，阖郡皆然，虽由天变，实亦人事。为海滨万年计久安，不如立县便。”公深然之，遂分立今治。刘公升太仆贰卿，祚率众建去思祠，积船租置田，为永祀计。是年七十有八，卒。知县曾孔志

[1]“彷”原讹“傍”，据文意改。

亲为文以祭之。

陈恫，字见诚，南山乡人。聪颖绝伦，弱冠补东莞庠生。嘉靖辛酉，岁大饥，恶少聚庙中，伪托神语，群少哗然从之。恫责其神曰："汝血食一乡，当为保障，何鼓乱为？"次日，神附人，降于其家，露刃向恫。恫曰："汝果正神，闻吾言，将补过不暇。若邪神，其如予何！"语未终，所附人爽然自失。乡人咸叹曰："陈君真正人哉！"后子果补弟子员，时群少暮夜持百金，馈恫为贺。恫善词色以却之，众益愧服。

陈永僖，多才干。明初，开设场司，未除官，众推僖保申，当道委署场事，料理公平，甚副人望。

文统，字一元，岭下人。禀性淳厚。少孤，事母唯谨。嘉靖辛酉，岁大荒。邑令行文赈饥，统出粟二百石，给价不受，给冠带不受。被贼获，勒赎二百三十金。后贼败，原金送还，亦不受，贼拜而去。隆庆元年，岁复饥，煮粥以济贫者，乡人德之，一时咸称长者。

梁梓，邑墩头里人。淳厚忠直，里闬称善人。与钟仰屏友，钟商寓琼南，其妻与嫂皆为贼黄西桥所掳。梓捐金赎出，令室人时周恤之，以待钟归。乡人有以事托者，夜持金至，正色拒之。次暮，复倍其数，誓而谢去。万历丙申饥，人求贷者，量力应之，悉焚其券。年九十一，卒。孝廉吴允诜酹之以文，有德寿难及之语。

郑镒，西乡人。刚直好义，尝自诵曰："吾宁甘食粥，不忍见人哭。"万历六年，道拾莞商遗金数十两，贮月余，召原商付还。万历九年，举充清丈，公正。二十四年荒，出米赈饥。有死者，予以葬具，尝遍拾暴骨瘗之。主约二十年，邑令给冠带，宾于乡。年七十余，卒。

郑润，向南[1]人。邑庠生。性澹嗜古，日以训诲为事，裁成后学，补弟子员者数十人。尝陈县，有建立社学、并场裁仓诸议。居家，每遇忿争，力为劝释，里人称为长者。

[1] 按，"向南"，康熙《新安县志》卷十《人物志·行谊》作"墩头"。

国朝

邓文蔚，字豹生，锦田人。顺治丁酉科，举于乡。康熙乙丑，成进士。少贫力学，为文敏捷。尝混迹渔樵，以助菽水，而行吟不辍，道旁尝闻讽诵声。初，乡荐北上，未售，归即陶情山水，二十余年。至壬戌，复游燕，馆于冠军将军倪公家。都下名士，多从之游。著《燕台新艺》，蔡公升元欣赏之，而冠之序，为付梓以行世。逾三载，捷南宫，授浙江龙游县。惜之任未久而卒。

麦蘖，字泽先，合水口人，武举麦世球子。貌瑰伟，慷慨自负，磊落不群。康熙庚午乡科，中式武举。辛未会试，联捷。官四川成都军民卫。寻升江南提标后营游击，调署松江衢州协镇。所历诸任，俱有政声。

温泽孚，字上汲，邑之西乡人。幼聪隽，见赏于东莞张太史家玉。迨长，遍览群籍，邑中钦其宏博。以《易经[1]》中式康熙庚午科举人。邑侯丁棠发延主宝安义学讲席，知名士多从之游。任崖州学正，题升琼州府教授。未任而卒，时年七十七。著有《四书纂要》六卷、《易经精参》四卷、《群书辑略》五卷。

冼容[2]，字琼伍。雍正丙午科乡荐，挑发江苏知县，辞不赴。励志上进，七试春闱，屡荐不售。乾隆戊辰，举明通，竟以数奇而卒，时论惜之。

黄梦桂，字枢友，邑之西乡人。雍正癸卯选拔，丙午领乡荐。少聪慧，丰标隽逸，博学强记，工于帖括，作文尤敏捷，顷刻数艺。邑令何梦篆最倾赏，延请掌教文冈书院十余年。邑中知名士，多出其门。与胞弟廪庠梦槐，一时扬镳树帜，有“二难”之目。任化州学正，诸生尤多所造就云。

王国斐，字又恭，溪头人。少颖悟，负不羁才，诗文楷法，独冠一时。入庠食饩，邑令何公梦篆优礼相待，常以国士目之。乾隆丙辰恩科乡试，房

[1] 按，“易经”，本志卷十五《选举表一·文科甲》作“书经”，当有一误。

[2] “容”原讹“镕”，据本志卷十五《选举表一·文科甲》、光绪《广州府志》卷四十三《选举表十二·举人·国朝》改。

考得卷，击节叹赏，力荐乃售。计偕北上，以中途患病而还。抵家，竟至不起，年三十二岁，士林惜之。

蔡珍，字席聘，沙浦人。积学能文，屡试高等，学使深器之。而谦光庞德，邑中尤所共仰。乾隆丙子科，以《诗经》中式。掌教文冈书院十余年，多士咸被甄陶。其次子学元，幼以颖悟见称，庭训綦严，乾隆乙卯领乡荐，嘉庆戊辰捷南宫，家学渊源，有自来矣。

戴胄，城外第一甲人。乾隆戊午，以《诗经》领乡荐。幼年矢志进修，家贫苦学，寒暑无间。既登贤书，狷介自守，绝不与闻外事。绛帐传经，邑中后起之秀，多出其门。选直隶河间府故城县知县，不就。改罗定州学正，与诸生朝夕讨论，而于寒士尤加体恤云。

陈景芳，字岭光。乾隆辛酉举于乡，戊辰成进士，即陈隽蕙之裔孙也。少聪敏，学极淹博。邑学宫向为僧人盘踞，乃毅然屏逐之。至其生平接物，虚己下人，和平敦厚。厥后捷南宫，持躬尤谦谨。论者谓其礼教渊源，有自来也。未仕而卒。

汪[1]士元，字参宋，邑之大步涌人。乾隆壬申领乡荐，甲戌成进士。倜傥不群，过目成诵，制艺尤雄浑，有古大家风格。当其肄业粤秀时，岭以南知名士靡不重其品，而传其文。惜未仕而卒。

邓晃，字曜斯，锦田人。乾隆壬午，以《书经》举于乡。博览群书，淹通经史，工诗文。为廪生时，邑令汪慕其学，延掌文冈讲席，相与论文，为忘形交。而邑中诸生，多藉裁成，人文蔚起，称极盛焉。

曾恺，字泽西，新桥人，卢桐之孙也。性喜读书，家綦贫，好学晏如也。其学则专以主静为务，尝兀坐终日，无惰容。语人曰：“此心实难把握，非功力既至，鲜不为所动耳。”而尤以诱奖后进为念，故邑中英俊出其门者，多以庄敬自持焉。乾隆壬午年，始以廪庠领乡荐。未仕而卒。

---

[1]“汪”原讹“江”，据本志卷十五《选举表一·荐辟》、光绪《广州府志》卷四十一《选举表十·进士·国朝》、朱保炯、谢沛霖《明清进士题名碑录索引》下册第2725页等改。

陈明，字哲中，南山乡人。乾隆乙酉拔贡，考取武英殿校录。辛卯，领乡荐。历任雷州府遂溪县、潮州府揭阳县教谕。生平赋性英敏，自少能诗，持躬尤循谨。居乡课士，即以器识为先。及司铎两邑，更以端士习、励风俗为己任，以身教者从，固不仅语言文字之末也。卒于揭阳学署，时年七十有三。

陈宗光，字观占，南山乡人。幼聪颖，家贫力学，不以穷达为欣戚。弱冠，补弟子员，食廪饩。乾隆壬辰岁[1]贡，甲午领乡荐。邑令屡聘主文冈讲席，训诲多士，皆底于有成。礼部催选，以年迈未赴。改授惠州府归善县教谕，年已七十九，未任而卒。

曾煜，字抱川，新桥人。领乾隆甲午乡荐。丁未，以教谕借补韶州府曲江县训导。到任，以振文教为己任，设帐于韶阳书院，多士宗之。历任十三年，曲邑科名鹊起，皆教泽所致。后卒于官，县令刘光晖为旌其额曰“儒林宗匠”。子殿传，诸生；孙澜，廪生，俱能以一经世其家。

龙田见，字荣两，城外人。乾隆己酉科举于乡。生平天性浑穆，绝无浇薄之风，而性嗜经书，研求不倦，接物尤一出至诚。任翁源训导，整饬士风，悉心启迪。诸生受其诲者，文体为之丕变。居官五载，卒于署。

忠义

明

临城训导张纯儒，邑人。崇祯十一年，大兵至临城，率诸生拒守。城破，死之。奉旨入祀忠义祠。

陈文豹，字御赤，南山乡人，分居西乡。顺治丙戌三年，总督佟养甲入粤，文豹募兵保境。丁亥四年三月，毁家佐张家玉军，取新安，袭东莞。六月，大兵至，战于赤冈山下，死之。事见《钦定胜朝殉节诸臣录》。奉旨入祀忠义祠。

[1] 按“乾隆壬辰岁”即乾隆三十七年，本志卷十五《选举表一·正贡》作“乾隆三十六年辛卯”，疑本卷误。

布衣刘君培，邑人。有义行。崇祯六年，道遇贼，将杀其从孙可梅。君培曰："亡侄止此遗孤，我有子，宁杀我。"贼杀之，而舍其子及从孙。奉旨入祀忠义祠。

布衣马山，一作明山；布衣李登英，皆邑人。崇祯六年，贼掠山，使负米。不从，俱骂贼死。奉旨入祀忠义祠。

曾卢桐，字淡卿，新桥人。文庠冠军，与东莞前翰林张家玉为同窗友，后佐张家玉军，与陈文豹同殉节，死时年二十八岁。从东莞《旧志》增入。

忠勇

国朝

曾荣，邑之新桥人。其父天禄，曾任江南川沙营参将，庭训最严，常勖以异日为官，当为朝廷实心办事。荣亦以忠勇自负，由行伍历官至游击。常随左翼镇总兵黄、提督军门孙巡洋捕盗，屡有战功。嗣署南澳海门参将。闻福建贼船窜入境内，当带舟师，一昼夜追剿八百余里，至闽省厦门灯火窖地方，毙贼甚多，威声大振。后复因捕盗出洋，风势猛烈，众兵力劝返棹[1]。荣喟然曰："贼匪当前，因风而退，其如职守何！"坚不听。顷刻飓风暴至，船乃覆，尸亦漂流，不可得。上台念其屡著劳迹，奋不顾身，奏蒙圣恩优恤，照参将阵亡例，荫其子云骑尉世职。卒年始三十余岁。

郑文光，向南人。由行伍授大鹏营千总。素骁勇，善骑射。五十三年，从征安南，屡有勋绩。后因深入失路，文光犹奋勇力战，被伤阵亡。五十七年，奉旨以其子鸿承袭恩骑尉。

黄成琏，大鹏人。任大鹏左哨把总。乾隆五十四年，从征安南。操舟哨探，遇贼战死。奉旨荫其弟成凤恩骑尉。

叶荣高，城外龟庙人。历官把总。嘉庆十四年，海寇倡乱，荣高奉拨出

[1]"棹"原讹"掉"，据光绪《广州府志》卷一百三十六《列传二十五·国朝·曾荣》改。

师，至磨刀洋，挺身奋战，因贼众被害。奉旨荫其弟华魁云骑尉。

叶遇高，大鹏人。任碣石营千总。嘉庆十四年，奉拨赤沥角洋攻贼，奋勇争先，力竭被杀。奉旨荫其弟遇福云骑尉。

殷胜发，大鹏人。历官千总。嘉庆十四年，海氛扰乱，胜发御贼于磨刀洋。适贼大至，而胜发力战不退，卒以众寡不敌而死。奉旨荫其子桂芳云骑尉。

义侠 附

明

张政，勇敢有干略。弘治初，占城国乱，厥长来奔。都御史屠镛疏请送归，檄募能谙海岛可使者，无人敢往。政毅然应之。至占城，宣谕朝廷威德，争据者咸服政勇。及还，给冠带旌之。见《旧志》。

隐逸

明

侯琚，生而蚤慧，博通群籍，怡情山水，不求仕进。有诗名，雅似唐人风致。藩参会稽陈公赞选其诗，入《岭南珠玉》，多忠孝节义语。

利懋，家资饶裕，敦崇礼义。天顺辛巳，捐镪赈饥，东莞纪其名于义民碑[1]。雅好吟咏，著《云庄集》，诗入《岭南珠玉》。

郑璲，邑向南[2]人。敦朴好善，隐耕照月岩之下，他无所羡，澹如也。后当事闻其名，给以冠带。年九十二而卒。

江振湍，父早丧，事母极孝。博通经传，放怀山水。家近云溪寺，日往憩焉。尝赋《鹾海谣》，人传诵之，即江振沛。见《旧志》。

[1]“碑”原脱，据康熙《新安县志》卷十《人物志·隐逸》补。
[2]按，“向南”，康熙《新安县志》卷十《人物志·隐逸》作“墩头”。

新安县志卷之二十

人物志二　列女

列女[1]

烈妇[2]

明

陈氏，黄客埠教授利仁妻；廖氏，仁季弟叔彝妻也。嘉靖元年，惠贼入境剽掠，二氏俱被执，奋骂不屈，曳之不行。贼怒，皆磔之，闻者莫不哀惜。

游、梁二氏，俱归德沙浦人也。梁为游姓养媳，年少，尚未合卺。其小姑游氏，许字徐姓，亦未及笄。嘉靖壬辰，海寇许折桂掠芽洲，二氏被掳，曳至水滨，胁登舟，欲犯之，拒骂不绝口。贼怒曰："从则生，不然膏我刃矣！"二氏曰："吾守正而死，犹生也！"遂被害。后觅得二尸，面色如生。葬之石鼓墩，乡人题曰"双烈"。知县孙学古有诗哀之。

二郑氏，南头崇镇里人，一适平山方时登，一适方时爵。隆庆四年，流贼剽掠，二妇俱被执，年皆二十二。贼犯之，二妇骂曰："贼奴，宁死汝刃，不汝从也！"曳之行，骂益厉，俱杀之。闻者堕泪，一时人士争以诗歌哀挽。万历□年，县行学详大宪，匾其门曰"双节"云。

袁氏，东莞所千户袁□之女，适本所百户倪□六月，倪率兵远戍，殁于

[1]"列女"后原衍"传"，据本志目录及本志本卷正文删。

[2]"烈妇"原脱，据文意补。按，此目"明"各条多为"烈妇"，然末条"何氏"为"节妇"；"国朝"仅有"游氏"条，为"贞女"，实应归入下文"节妇""贞女"目，而误植入此目。

边。矢志守节，以死自誓。闻于当道，给米五石，以供养赡。及卒，葬邑之鹦鹉岭。今存墓记。

吴氏，邑中团吴元明女。崇祯八年，刘香入寇。氏随母避乱南山之麓，为贼所掳。欲污之，氏忿持石，击伤其鼻。贼怒，遂刃之。闻者咸嘉其节烈焉。

林氏，大平乡叶丽明之育女[1]也。崇祯庚辰，山寇流劫，缚其主，系旗下，将杀之。氏奔投贼营，哀泣愿以身代。主竟得释，而卒以节死。闻者嘉其义，重其烈云。

何氏，龙跃头邓仕赓之妻。年十八，归赓，甫匝岁而赓殂矣。《柏舟》自誓，姑怜其少也，屡以家贫为解。氏志愈厉，佣织以养，翁姑赖之。后翁姑继亡，代赓送死无憾。年五十而卒。

国朝

游氏，田楼下游子儒季女也。许聘清湖廖露其为室，年十七，未适而夫殂。氏闻，即缟素奔夫家守丧。父母力阻，不从。氏至廖门，先拜姑嫜，随仆灵幕，哀痛惨怛。事姑十余年，孝养备至。居常不膏沐，以纺绩为事。人怜其少，微讽他适，氏志益坚。姑殁，葬祭尽礼。其清操劲节，乡闾莫不称道焉。

贞女

陈氏，曾能超聘妻，二十岁，闻讣守贞。雍正八年，题准旌表。

曾氏，陈君洪聘妻，闻讣守贞。雍正九年，有司详旌其门。

曾氏，陈启选聘妻，二十四岁，闻讣守贞。雍正十年，题准旌表。

黄氏，雍正年间，题准旌表。

[1] 按，“育女”，康熙《新安县志》卷十《人物志·列女》同，雍正《广东通志》卷四十九《列女志》、嘉庆《重修大清一统志》卷四百四十三《广州府·列女》等作“婢”。

苏氏，雍正年间，题准旌表。

汪氏，雍正年间，题准旌表。

曾氏，文褅聘妻，二十岁，闻讣守贞。乾隆六年，题准旌表。

杨氏，陈廷耀聘妻，二十岁，闻讣守贞。乾隆六年，题准旌表。

曾氏，樊扩振聘妻，十九岁，闻讣守贞。乾隆七年，题准旌表。

邓氏，赖经斐聘妻，二十岁，闻讣守贞。乾隆七年，题准旌表。

邓氏，监生何裕如聘妻，闻讯守贞。乾隆十年，题准旌表。

郑氏，黄可成聘妻，二十岁，闻讣守贞。乾隆十三年，题准旌表。

黄氏，文捷选聘妻，二十岁，闻讣守贞。乾隆十四年，题准旌表。

邓氏，陈成恪聘妻，十八岁，闻讣守贞。乾隆十七年，题准旌表。

郑氏，黄天玉聘妻，十八岁，闻讣守贞。乾隆十九年，题准旌表。

郑氏，邓位育聘妻，十八岁，闻讣守贞。乾隆二十一年，题准旌表。

邓氏，郑履刚聘妻，十九岁，闻讣守贞。乾隆二十七年，题准旌表。

邓氏，郑祥发聘妻，十八岁，闻讣守贞。乾隆二十七年，题准旌表。

杨氏，胡得胜聘妻，被凶徒强奸，不从，扼喉而死。乾隆三十年，题准旌表。

邓氏，郑确先聘妻，闻讣守贞。乾隆三十五年，题准旌表。

麦氏，陈步鳌聘妻，十九岁，闻讣守贞。乾隆三十七年，题准旌表。

曾氏，文南硕聘妻，二十岁，闻讣守贞。乾隆三十七年，题准旌表。

李氏，欧阳敦忠聘妻，十八岁，闻讣守贞。嘉庆五年，题准旌表。

戴氏，戴裕鸿之女，被凶徒调戏，羞忿自尽。嘉庆二十一年，题准旌表。

节妇

何氏，邓兆光妻，夫故守节。康熙丙戌年，题准旌表。

廖氏，万中道妻，夫故守节。雍正二年，题准旌表。

谭氏，庠生邓文英妻，年二十七岁，夫故守节。雍正五年，题准旌表。

廖氏，邓文遇妻，年二十六岁，夫故守节。雍正五年，题准旌表。

廖氏，监生邓儒妻，年二十一岁，夫故守节。雍正五年，题准旌表。

龙氏，邓光客妻，年二十四岁，夫故守节。雍正九年，题准旌表。

邓氏，廖湛君妻，年二十三岁，夫故守节。雍正九年，题准旌表。

郑氏，吴帝隆妻，年二十，夫故守节。雍正十年，题准旌表。

曾氏，陈□□妻，夫故守节。雍正年间，题准旌表。

何氏，邓信侯妻，夫故守节。雍正年间，题准旌表。

曾氏，陈胜惠妻，夫故守节。乾隆年间，题准旌表。

叶氏，黄梦桃妻，年二十七岁，夫故守节。乾隆六年，题准旌表。

邓氏，监生郑元猷妻，年二十六岁，夫故守节。乾隆六年，题准旌表。

文氏，钟卓孟妻，年二十六岁，夫故守节。乾隆七年，题准旌表。

麦氏，邓策妻，年二十六岁，夫故守节。乾隆七年，题准旌表。

李氏，吴国秀妻，年十八岁，夫故守节。乾隆七年，题准旌表。

叶氏，陈迪祥妻，年二十八岁，夫故守节。乾隆七年，题准旌表。

郑氏，文翔千妻，年二十四岁，夫故守节。乾隆七年，题准旌表。

黄氏，邓衍其妻，年二十四岁，夫故守节。乾隆八年，题准旌表。

叶氏，陈必捷妻，年二十五岁，夫故守节。乾隆八年，题准旌表。

郑氏，蓝芝伍妻，年二十四岁，夫故守节。乾隆八年，题准旌表。

陈氏，文和廷妻，年二十四岁，夫故守节。乾隆九年，题准旌表。

何氏，邓允眷妻，年二十一岁，夫故守节。乾隆十年，题准旌表。

邓氏，何梦兰妻，夫故守节，年八十而卒。乾隆十二年，题准旌表。

关氏，郑梦瑜妻，年二十六岁，夫故守节。乾隆十三年，题准旌表。

林氏，郑渐登妻，年二十七岁，夫故守节。乾隆十三年，题准旌表。

黄氏，郑之位妻，年二十五岁，夫故守节。乾隆十三年，题准旌表。

侯氏，庠生尹采妻，年二十六岁，夫故守节。乾隆十三年，题准旌表。

陈氏，监生文毓秀妻，年二十七岁，夫故守节。乾隆十三年，题准旌表。

尹氏，林世任妻，年二十七岁，夫故守节。乾隆十三年，题准旌表。

邓氏，廪生郑经天妻，年二十五岁，夫故守节。乾隆十三年，题准旌表。

郑氏，叶金友妻，年二十七岁，夫故守节。乾隆十三年，题准旌表。

张氏，方俊侯妻，年二十六岁，夫故守节。乾隆十三年，题准旌表。

郑氏，叶有玉妻，年二十五岁，夫故守节。乾隆十三年，题准旌表。

黄氏，文玥妻，年二十八岁，夫故守节。乾隆十四年，题准旌表。

黄氏，陈荷义妻，年二十三岁，夫故守节。乾隆十四年，题准旌表。

庄氏，陈积厚妻，年二十三岁，夫故守节。乾隆十四年，题准旌表。

姜氏，郑乔叔妻，年二十七岁，夫故守节。乾隆十四年，题准旌表。

邓氏，何彩文妻，年二十四岁，夫故守节。乾隆十四年，题准旌表。

文氏，邓恒图妻，年二十六岁，夫故守节。乾隆十四年，题准旌表。

刘氏，黄廷彦妻，年二十五岁，夫故守节。乾隆十四年，题准旌表。

黄氏，吴应简妻，年二十三岁，夫故守节。乾隆十四年，题准旌表。

叶氏，庾传凤妻，年二十三岁，夫故守节。乾隆十四年，题准旌表。

邓氏，廖叶姬妻，年二十二岁，夫故守节。乾隆十四年，题准旌表。

刘氏，王汝智妻，年二十六岁，夫故守节。乾隆十五年，题准旌表。

叶氏，麦孔友妻，年二十六岁，夫故守节。乾隆十六年，题准旌表。

梁氏，潘君仪妻，年二十三岁，夫故守节。乾隆十六年，题准旌表。

黄氏，蔡廷拔妻，年二十八岁，夫故守节。乾隆十六年，题准旌表。

蔡氏，陈兆熊妻，年二十岁，夫故守节。乾隆十六年，题准旌表。

郑氏，龙云见妻，年二十一岁，夫故守节。乾隆十七年，题准旌表。

廖氏，生员邓遇郿妻，年二十四岁，夫故守节。乾隆十九年，题准旌表。

陈氏，曾京弼妻，年二十六岁，夫故守节。乾隆十九年，题准旌表。

邓氏，廖世炳妻，年二十三岁，夫故守节。乾隆二十三年，题准旌表。

杜氏，文白孚妻，年二十六岁，夫故守节。乾隆二十三年，题准旌表。

吴氏，郑儒成妻，年二十二岁，夫故守节。乾隆三十七年，题准旌表。

邓氏，吴廷伟妻，年二十岁，夫故守节。乾隆三十七年，题准旌表。

邬氏，郑奕蕃妻，年二十四岁，夫故守节。乾隆三十七年，题准旌表。

邓氏，侯震妻，年二十九岁，夫故守节。乾隆三十八年，题准旌表。

梁氏，温起茂妻，夫故守节。乾隆年间，题准旌表。

曾氏，陈殿选妻，夫故守节。乾隆年间，题准旌表。

陈氏，叶明礼妻，夫故守节。嘉庆三年，题准旌表。

麦氏，欧阳兼大妻，夫故守节。嘉庆十三年，题准旌表。

郭氏，孙阿有妻，夫故守节。嘉庆十三年，题准旌表。

袁氏，邓德芹妻，夫故守节。嘉庆十三年，题准旌表。

文氏，曾耀斗妻，年二十九岁，夫故守节。嘉庆二十三年，详请旌表。

郑氏，陈式文妻，年二十二岁，夫故守节。嘉庆二十四年，详请旌表。

未经请旌贞节 附

贞女

郑氏，廖澍聘妻，闻夫故，奔丧守节，家甚清贫，谨事翁姑，纺绩自给，为夫立后。卒，年六十七。

邓氏，陶光鼎聘妻，闻夫故，奔丧守节，年七十而终。

郑氏，陶德昭聘妻，闻夫故，是夜投环自尽，地方官悯其节烈，令送其柩，与夫合葬。

谢氏，廖芝蓉聘妻，蓉死，氏归守节。年六十余，戚党罕有见其面者。

廖氏，吴安聘妻，未娶而安卒。氏闻讣，自经死，其兄廖万乔送柩，与吴合葬。

黄氏，陈迴富聘妻，未娶而逝。家贫苦，氏坚贞自守，年六十六岁卒。

麦氏，陈嵩华聘妻，未娶而逝。氏以死自誓，不改适。其姑郑氏，陈荣封妻，亦少年守节。姑媳相依，零丁孤苦，闾里咸重之。麦年五十一岁终。郑年七十一岁终。

曾氏，陈应文聘妻，未娶，应文故。氏杜门守节，孝养翁姑，终身无诟谇声。年五十八岁卒。

潘氏，文运泰聘妻，未娶而亡。氏年十八，矢志守节，奔丧扫墓，孝顺翁姑，终身无异。现年六十二。

黄氏，郑珍儒聘妻，儒故，奔丧守节，为夫立后。年逾六十，人咸称其苦节云。

郑氏，黄显业聘妻，氏年十七岁，闻讣，即往夫家守制，清节自矢。现年五十二岁。

郑氏，邓超凡聘妻，年二十一岁，闻讣，守贞，为夫立嗣。卒年六十一岁。

雷氏，郑盛文聘妻，年十八，文故。奔丧，以贞自守，孝事翁姑，为夫立后。卒年五十七岁。

周氏，聂福寿聘妻，夫幼散失十载，杳无音信。氏年二十一岁，母令改适，矢志不从，饮药而卒。

麦氏，欧阳惠保聘妻，夫故，奔丧守贞，年五十余而卒。知县李旌之，额曰“坚节可风”。

黄氏，侯进三聘妻，夫故，父母欲夺其志，氏不从，即归侯门，守贞自矢靡他。年逾六十而卒。

谢氏，邑庠张植莲聘妻，夫卒，氏哀痛惨怛，奔往视殓，矢志守贞。卒年七十五岁。

方氏，吴郁光聘妻，夫卒，闻讣守贞。现年七十一岁。

曾氏，黄述孔聘妻，夫卒，闻讣守贞，抚嗣成立而卒。

麦氏，陈上九聘妻，夫卒，闻讣守贞。现年五十余岁。

陈氏，麦创颖聘妻，夫卒，闻讣守贞。现年六十岁。

郑氏，冼泽新聘妻，年十九，夫亡，闻讣守贞。现年六十岁。

叶氏，赖松聘妻，夫卒，闻讣守贞。卒年六十岁。

黄氏，麦成昌聘妻，闻夫卒，奔丧守贞。六十一岁卒。

赖氏，文世芳聘妻，夫故，奔丧守贞。卒年六十三岁。

麦氏，文光烈聘妻，夫故，奔丧守贞。卒年八十四岁。

陈氏，曾国用聘妻，夫故，奔丧守贞。卒年六十六岁。

麦氏，陈成刚聘妻，夫故，奔丧守贞。卒年五十六岁。

陈氏，郑明扬聘妻，夫卒，奔丧守贞。卒年六十一岁。

黄氏，郑祖耀聘妻，年十八，夫卒，闻讣奔丧，以贞自守。卒年五十二岁。

郑氏，温葆光聘妻，年二十，夫卒，闻讣守贞。卒年五十七岁。

邓氏，刘贤聘妻，年十九，夫卒，闻讣守贞。卒年四十六岁，东莞县知县冯曾以匾联旌之。

文氏，陈裔昌聘妻，裔昌[1]亡，奔丧扫墓，择继存宗，事姑尽孝，不以贫自诿，苦守终身无怨。

邓氏，陶天福聘妻，闻夫故，奔丧守节，矢志靡他。

麦氏，曾丽忠聘妻，夫卒，闻讣守贞。

袁氏，邓二寿聘妻，夫卒，闻讣守贞。

陈氏，雷德望聘妻，夫卒，闻讣守贞。

邓氏，侯世卿聘妻，年二十二，卿卒，闻讣守贞，年五十七岁终。

赵氏，郑亚佑聘妻，不为强暴所辱，遂自经死。乾隆三十六年，闻于当道，旌其门。

---

[1]“昌”原脱，据文意补。

郑氏，邓博斯聘妻，年十九，闻讣守贞，矢志不移。卒年五十岁。

文氏，潘第龙聘妻，年十九，闻讣守贞。卒年五十岁。

文氏，陈华超聘妻，未娶而华逝，氏贞节自守。至七十三岁卒。

节妇

侯氏，廖重山妻。嘉靖三十年，海盗入寇，重山渡海，中流被擒。家闻报，姑邓氏凄惨欲绝，氏再三劝慰，径往贼船，请以身为质，纵夫归，措银来赎，贼许之。别时私以头发、指甲封固交夫，嘱其来赎时，须探的消息，方可下船。夫至，细觇之，知侯氏已于当日投海死矣。夫望洋号哭，招魂归葬于河上乡。今相传为招魂墓。前人未及表扬，兹亟登之，庶不使当年节烈，终于湮没云。

吴氏，廖廷客妻。年二十七，夫死子幼，家极清贫，事姑尽孝，自矢靡他。乾隆丁卯，年九十四岁，皇恩宠锡，逾数月而卒。

黄氏，乃大涌乡诰赠武翼大夫[1]郑殿生之妻也。少娴闺训。年二十，归于郑。事姑孝谨备至，姑尝病，百药罔效。氏饮泣调护，弗遑寝食，夜祷于天，割股肉和药以进，旋获安痊。阅三载，值洋匪流劫乡村，氏与其小姑亚七同被掳掠。殿生[2]家备金，往贼船赎氏与七。贼止交回亚七，欲强留氏。氏不从，向七曰："寄语尔兄，好为人。"即奋身投海而死，贼不觉为之感恸。翌日，尸流回大涌村前白石湾，潆洄不去，乡人有见者，报殿生，具棺殓之，视其臂痕宛然。男妇老幼，靡不叹惜泣下。后以子佐官守备，诰赠宜人；孙瑞官副将，诰赠夫人；其曾玄[3]廷枢辈，文武仕宦，蝉联鹊起，咸以为孝烈妇之贻荫云。

叶氏，曾天叙妻，贡生曾省大母；潘氏，曾天寿妻，举人曾煜母，俱二

[1] 按，"武翼大夫"，本志卷十七《选举表三·封赠》等作"武功大夫"，当有一误。

[2]"生"原脱，据文意补。下同。

[3]"玄"原讹"元"，据文意及本志卷十五《选举表一·文职》改。按，"玄"讹作"元"，盖为避康熙帝名讳而改。"曾元"不通顺，"曾玄"意为曾孙和玄孙，亦可泛指后代。

十二岁而寡。礼事翁姑，苦教幼子，妯娌同志，凡赈饥、掩骼、检遗字诸善事，皆减膳乐为，彼此无间。乡闾多其节，犹多其德云。叶氏九十一岁卒，潘氏七十三岁卒。

邓氏，举人张敦信妻，结褵六载，而敦信亡。氏年二十七，苦节自守，孝事翁姑，教子邑庠，优学成立。现年五十八。

陈氏，监生欧阳裕廷妻。年二十七，裕廷殁，子泳秋方在襁褓，氏抚孤坚守。泳秋[1]年十九，病卒，聘妻戴氏闻讣奔丧，随立嗣，以贞自守。姑媳二人，共矢志靡他。陈卒年五十三，戴卒年五十八。

叶氏，陈擢元妻。年二十一而寡，坚贞自矢，阃范足钦。邑令汪有“恩荣节孝”匾题赠。抚子例贡陈冈灵成立。卒年七十余。

张氏，陈瑞钟妻。年二十岁，夫死守节，抚嗣子廪生陈棠成立。卒年六十余岁。

龙氏，年二十，适邑庠黄文齐。于归三载，齐故，遗腹生一子。家无长物，矢志不移。劲节壶仪，可钦可式。每舅姑与夫讳日，辄啜泣茹素，终身不改其常。卒七十八。

黄氏，监生曾樑班聘继妻。生子职监亮采，未周岁，班故。氏《柏舟》自誓，顺事姑，严课子，尝以“不贪为宝”为采训。至邻有贫乏，则周以担石，毫无吝色。乡闾称为节守全德。卒年六十。

陈氏，姜翼臣妻。年二十七，夫亡子幼，矢志守节。父母强其再醮，遂终身不往外家，泣谓人曰：“父母逼我，恩义绝矣。”

陈氏，郑随缘妻。夫早丧，遗婴儿胜祖暨一婢。有利其赀私欲谋陷者，婢闻，告氏，夤夜携儿与婢奔逃。道遇虎，氏与婢争投噬以卫胜祖，虎竟俯首去。时无赖追至，见虎，乃还。陈氏三人，遂免于难。其婢事陈母子，终身不字。后子孙钦其节义，称“郑育姑”，并嗣香火。

陶氏，邓有兴妻。年二十七，夫亡子幼，家赤贫，无以为生，丐食以抚

[1]“秋”原脱，据文意补。

其子，了无怨色，乡邻悯之。卒年五十五岁。

蔡氏，黄秀南妻。年十八，归秀南[1]。未十日，而秀南殁。家徒壁立，《柏舟》自坚，祗奉双姑，孝谨无违，生事死葬，咸符仪则。秀南有堂侄君贤，甫五龄，氏取为嗣，抚诲成立，过于己出。居孀四十余载，未尝苟于笑言，闾里群以为有钟、郝风范云。卒年六十二。

廖氏，廪庠黄圣誉妻。二十岁，夫逝，欲以身殉，念翁姑在堂，忍留勉事，竟以哀毁而殁。

陈氏，方丙昌妻。适炳昌[2]月余，夫亡，无赀，货其钗钏以殡葬。家徒壁立，日事针黹，矢志弥坚，历五十年如一日。

邓氏，廪生廖叶豹妻。年二十七，夫故，矢志自守，为夫立后。年五十三而卒。

邓氏，廖叶龙妻。年二十八，夫卒，抚孤成立，杜门不出。现年七十五。

陈氏，廖诚肖妻。年二十七而寡，《柏舟》自矢，事姑尽孝。年七十三卒。

江氏，陈又申妻。年二十四，申故，矢志守节。年六十六岁卒。

文氏，陈大昌妻。年二十五，夫故守节，孝事翁姑，教子成立。卒年八十四岁。

郑氏，方伟升妻。年十九而寡，力持家政，抚嗣成立。年六十四岁而卒。

郑氏，方炳宴妻。年二十三，夫亡子幼，矢志《柏舟》，事姑尽孝。年六十余而卒。

麦氏，方赋棠妻。年二十而寡，孝养翁姑，为夫立后。年七十余，犹兢兢以礼自守。

---

[1]“南”原脱，据文意补。下同。

[2]“昌”原脱，据文意补。按，此处“丙”“炳”，当有一误。

陈氏，冼苑光妻。年十八，夫故守节，淡薄自甘。现年六十九岁。

文氏，曾贯妻。年二十五，夫亡守节，孝翁姑，和妯娌，教子基成立。卒年六十九。

文氏，黄恒乐妻。归逾月，夫卒，矢志自守，孝事翁姑，终始不渝。卒年七十二。

郑氏，李光春妻。于归十二日，夫死，氏年十九，自执夫丧，矢志守节，无子。年五十六岁终。

黄氏，邑庠邓泗妻。年二十五岁，夫故，《柏舟》自矢。现年六十六。

赖氏，邑庠黄可进妻。年二十五岁，夫故，冰霜自凛。年八十七而卒。

曾氏，监生黄次光妻。年二十六岁，夫故，矢志自守，终始不渝。卒年八十一。

梁氏，邑庠陈舒妻。年二十七岁，夫故守节，矢志不移。卒年七十四。

钟氏，监生叶觐廷妻。年二十五岁，夫故守节，力持家政。年七十九卒。

李氏，监生刘文炳妻。年二十七岁，夫故守节。现年六十一岁。

邓氏，监生侯封妻。年二十六岁，夫故守节。卒年六十四岁。

吴氏[1]，监生邓廷林妻。年二十三岁，夫故守节。卒五十三岁。

曾氏，武生樊奋扬妻。年二十岁，夫死守节。卒年六十五岁。

廖氏，庠生邓朝中妻。年二十一岁，于归数月，夫故守节。卒年八十二岁。

郑氏，詹连升妻。其夫从征安南不返，氏年二十三岁，贞节自守。家贫无子，事姑不怠。年五十八。

罗氏，冯耀科妻。年二十六而寡，《柏舟》自矢。现年五十五岁。

[1] 按，邓廷林妻吴氏，本志本卷本目后文亦有收录，惟后文“邓廷林”前无“监生”二字，“卒年五十三岁”后文作“卒年五十九岁”，疑重复且有一误。光绪《广州府志》卷一百五十九《列女一》则两记“邓廷林妻吴氏”。

钟氏，陈夏重妻。年二十五岁，夫亡，抚孤守节，教以成立。现年七十四岁。

吴氏，郑纲妻。年二十六岁，夫故无子，守节。年六十三岁卒。

郑氏，武生曾迭熙妻。年二十一岁，夫故，氏冰霜自守，六十余载。卒年八十二。

袁氏，监生陶隽妻。年二十九岁，夫故，守节数十载。髦年而卒。

邓氏，监生陶自强妻。年三十岁，夫死，《柏舟》自矢。髦年而卒。

郑氏，邓作英妻。年二十三岁，夫故守节。髦年而卒。

廖氏，黄越常妻。年二十六岁，夫死子殇，家贫守节，纺绩为生。年五十八岁终。

黄氏，郑自裕妻。年二十一，夫故，仅一女，冰霜自凛，闺门不出，为夫立嗣。六十八岁终。

邓氏，邑庠黄大邦妻。年二十八岁，夫故无子，《柏舟》自励，孝事老姑，和待妯娌。现年六十三岁。

邓氏，邑庠吴邑大妻。年二十二，夫死子幼，苦节自甘。现年六十二岁。

莫氏，监生利麾柱妻。年二十四岁，夫故守节，勤俭持家，周恤邻里。现年六十九岁。

叶氏，曾巨猷妻。年二十二岁，夫故，茹苦数十年，矢志守节。现年六十六岁。

戴氏，大鹏营兵王焜妻。年二十四，夫从征安南阵亡，氏坚志守节。现年五十五岁。

谢氏，大鹏营兵刘光宗妻。年二十二，夫从征安南阵亡，氏矢志自守。现年五十三岁。

柯氏，徐宏亮妻。年十九，夫卒；张氏，徐福隆妻，年二十二，夫卒。张乃柯之媳也，姑媳二人，同志坚守。柯氏卒年六十二，张氏现年五十二。

吴氏，黄大生妻。年二十七岁，夫故，无所出，抚侄为嗣，教以成立，孝事翁姑。至六十六岁卒。

黄氏，邑庠曾炜夫妻。年二十八，夫故守节，矢志不移。卒年六十五。

郑氏，黄柱石妻。年二十，夫死，遗腹生一子，坚志守节。年五十三卒。

邓氏，黄学香妻。年二十一岁，嫁甫一月，夫亡，氏矢志守节。现年六十一岁。

游氏，黄舒文妻。年二十岁，于归三载，夫亡，矢志守节，孝事翁姑。现年六十三岁。

曾氏，监生陈□□妻。年二十岁，夫故守节。现年六十余岁。

杨氏，陈翰昂妻。年二十六岁，夫故，氏坚贞自矢。年六十余卒。

吴氏，郑衡一妻。年二十二岁，夫故，《柏舟》自矢，力持家政，能以节终。

郑氏，黄佑妻。年二十五岁，夫死子幼，襁儿采樵，矢志坚守。髦年而卒。

黄氏，邓俊杰妻。年二十二，夫亡守节。父母欲夺其志，氏断发为誓，矢志弥坚。卒年六十余。

林氏，黄光寿妻。年二十三而寡，力持家政，为夫立嗣。现年五十六岁。

卢氏，李逢安妻。年十九，夫卒，矢志守节，为夫立后，事姑尽孝。现年五十九。

黄氏，邓帝护妻。年二十三，夫死无子，矢志自守，为夫立后。现年七十七。

邓氏，郑英南妻。年二十四，夫故守节，为夫立嗣。五十一岁卒。

刘氏，吴体重妻。年二十二，夫故无子，守节，孝事翁姑。现年六十。

关氏，吴世魁妻。年二十岁，夫故守节，善事翁姑，抚嗣子邑庠懋功成立。现年五十八岁。

黄氏，吴启昌妻。年二十一岁，夫故守节，敬事翁姑。现年六十九。

郑氏，吴海佐妻。年二十岁，夫故守节。卒年七十。

邓氏，侯绍芳妻。年二十四，夫亡守节。现年七十四。

黄氏，文振邦妻。年二十七，夫故守节。卒年六十四。

陈氏，叶景嘉妻。年二十二，夫故守节。卒年六十八。

丁氏，黄恩胄妻。年二十三，夫故守节。现年八十五。

吴氏，黄卓义妻。年二十八，夫故守节。卒年六十四。

龙氏，黄丽元妻。年二十八，夫故守节。卒年六十二。

陈氏，黄拱清妻。年二十三，夫故守节。年五十三卒。

吴氏，陈廷准妻。年二十二，夫故守节。六十五岁卒。

黄氏，麦卓周妻。年二十二，夫故守节。现年六十三。

陈氏，欧阳英妻。年二十二，夫故守节。卒年四十九。

江氏，邓碧峰妻。年二十二，夫故守节。现年七十二。

关氏，陈煜妻。年二十三岁，夫故守节。卒年八十八。

郑氏，吴普重妻。年二十一，夫故守节。现年七十六。

郑氏，黄敦纪妻。年二十五，夫故守节。现年六十余。

叶氏，利长福妻。年二十三，夫故守节。现年六十八。

陈氏，关文德妻。年二十二，夫故守节。卒年五十九。

李氏，利宛佳妻。年二十六，夫故守节。现年七十一。

樊氏，邓峻如妻。年二十四，夫故守节。卒年六十九。

姜氏，邓汝魁妻。年二十，夫故守节。现年六十五岁。

袁氏，邓翘士妻。年二十六，夫故守节。现年六十三。

何氏，邓迪斯妻。年二十五，夫故守节。卒年六十四。

邓氏，黄光宁妻。年二十七，夫故守节。现年六十四。

邓氏，文应龙妻。年二十二，夫故守节。卒年八十一。

黄氏，陈帝麟妻。年二十九，夫故守节。现年五十八。

杜氏，魏日芳妻。年二十五，夫故守节。现年七十二。

杜氏，黄丽宇妻。年二十岁，夫故守节。现年六十四。

邓氏，黄英瑞妻。年二十四，夫故守节。现年六十八。

侯氏，黄焕廷妻。年二十四，夫故守节。卒年五十九。

邓氏，陶耀祖妻。年二十六，夫故守节。现年六十一。

黄氏，陶勋大妻。年二十五，夫故守节。现年七十九。

黄氏，陈廷淑妻。年二十二，夫故守节。卒年七十六。

蔡氏，陈廷洁妻。年二十八，夫故守节。卒年八十三。

邓氏，侯彦光妻。年二十一，夫故守节。卒年六十六。

黄氏，吴君辅妻。年二十六，夫故守节。现年五十九。

邓氏，欧阳丽文妻。年[1]二十一，夫故守节。卒年七十九。

曾氏，陈弼量妻。年二十五，夫故守节。卒年六十三。

文氏，陈跃田妻。年二十三岁，夫故守节。年五十终。

郑氏，邓于铉妻。年二十四岁，夫故守节。五十八终。

吴氏[2]，邓廷林妻。年二十三，夫故守节。卒年五十九。

何氏，邓可则妻。年二十五，夫故守节。卒年七十二。

黄氏，刘朝宗妻。年二十二，夫故守节。卒年七十岁。

欧阳氏，袁达圣妻。年二十，夫故守节。卒年七十一。

冼氏，麦德卂妻。年二十二，夫故守节。卒年七十二。

叶氏，麦杖国妻。年二十四，夫故守节。卒年七十八。

文氏，麦同颖妻。年二十三，夫故守节。卒年七十六。

郑氏，曾冠芳妻。年二十岁，夫故守节。卒年八十四。

---

[1]“年”原脱，据文意补。

[2]按，邓廷林妻吴氏，本志本卷本目前文亦有收录，惟前文“邓廷林”前有“监生”二字，“卒年五十九岁”前文作“卒年五十三岁”，疑重复且有一误。

王氏，麦钟文妻。年二十三，夫故守节。卒年七十七。

文氏，曾桃萼妻。年二十六，夫故守节。卒年七十五。

文氏，潘灿晖妻。年二十七，夫故守节。卒年六十二。

陈氏，文可兼妻。年二十五，夫故守节。卒年七十三。

陈氏，曾寒光妻。年二十四，夫故守节。卒年七十五。

麦氏，曾道昭妻。年二十四，夫故守节。卒年五十一。

麦氏，曾嗣侨妻。年二十七，夫故守节。卒年七十二。

麦氏，陈允建妻。年二十六，夫故守节。卒年七十四。

麦氏，陈凤俦妻。年二十一，夫故守节。卒年七十六。

麦氏，赖启泰妻。年二十三，夫故守节。卒年五十六。

黄氏，陈遇嘉妻。年二十八，夫故守节。卒年五十八。

梁氏，钟毓山妻。年二十一，夫故守节。卒年五十五。

陈氏，曾位今妻。年二十五，夫故守节。卒年六十三。

陈氏，曾琼重妻。年廿九岁，夫故守节。卒年五十六。

陈氏，曾博初妻。年二十五，夫故守节。卒年五十二。

陈氏，曾景怀妻。年二十八，夫故守节。卒年七十一。

陈氏，曾隽一妻。年二十六，夫故守节。卒年六十余。

陈氏，曾捷唯妻。年二十一，夫故守节。卒年六十九。

廖氏，邓越伍妻。年二十五，夫故守节。卒年六十三。

廖氏，邓启扬妻。年二十四，夫故守节。现年六十二。

黄氏，邓晃万妻。年二十三，夫故守节。现年八十一。

侯氏，邓得林妻。年二十二，夫故守节。现年五十三。

何氏，邓观信妻。年二十岁，夫故守节。卒年七十四。

侯氏，邓光斗妻。年二十七，夫故守节。卒年六十九。

黄氏，邓元名妻。年二十八，夫故守节。现年七十一。

郑氏，邓步青妻。年二十三，夫故守节。现年五十四。

邓氏，郑琼昌妻。年二十六，夫故守节。现年五十二。

陶氏，邓于钊妻。年二十四，夫故守节。卒年六十一。

曾氏，江昌后妻。年二十七，夫故守节。卒年七十二。

陈氏，江镐川妻。年二十六，夫故守节。现年八十岁。

郑氏，梁祖寿妻。年二十四，夫故守节。现年六十岁。

吴氏，郑庭燎妻。年二十岁，夫故守节。现年六十一。

吴氏，刘明周妻。年二十三，夫故守节。现年六十二。

邓氏，郑腾尚妻。年二十六，夫故守节。卒年六十六。

关氏，蔡临贵妻。年二十四，夫故守节。卒年七十八。

郑氏，叶健昌妻。年二十五，夫故守节。现年七十三。

陈氏，朱昌泽妻。年二十六，夫故守节。现年七十五。

黄氏，温叶廷妻。年三十岁，夫故守节。现年六十六。

黄氏，温焕周妻。年二十四，夫故守节。卒年五十八。

刘氏，温辉周妻。年二十七，夫故守节。现年七十四。

陈氏，温尔伯妻。年廿八岁，夫故守节。卒年八十三。

黄氏，温裕炫妻。年二十一，夫故守节。卒年七十二。

唐氏，温帝胜妻。年二十二，夫故守节。卒年六十二。

丁氏，温尔泰妻。年二十三，夫故守节。卒年六十四。

陈氏，吴大魁妻。年十八岁，夫故守节。卒年六十一。

邓氏，郑华岳妻。年二十七，夫故守节。卒年六十八。

文氏，郑振宾妻。年二十九，夫故守节。现年六十九。

曾氏，郑琼先妻。年二十七，夫故守节。卒年五十九。

姜氏，郑翼封妻。年二十一，夫故守节。卒年五十八。

吴氏，黄立中妻。年二十九，夫故守节。卒年五十九。

钟氏，姜闰夫妻。年二十三，夫故守节。卒年七十三。

邓氏，黄秉元妻。年二十四，夫故守节。现年七十八。

陈氏，黄善最妻。年二十六，夫故守节。现年五十九。

徐氏，陈肇期妻。年二十七，夫故守节。卒年七十一。

詹氏，黄励修妻。年二十九，夫故守节。卒年五十八。

邓氏，刘彩棠妻。年二十四，夫故守节。现年六十八。

邓氏，郑宠兰妻。年二十六，夫故守节。现年七十五。

邓氏，郑芳兰妻。年二十八，夫故守节。卒年五十三。

文氏，郑西宾妻。年二十七，夫故守节。卒年八十岁。

黄氏，郑袖三妻。年二十四，夫故守节。卒年七十五。

麦氏，郑绚波妻。年二十八，夫故守节。卒年五十七。

廖氏，叶副泽妻。年二十九，夫故守节。卒年七十九。

胡氏，叶兆年妾。年二十三，夫故守节。卒年六十六。

袁氏，叶文盛妻。年二十岁，夫故守节。卒年六十一。

陈氏，叶光裕妻。年二十五，夫故守节。卒年六十岁。

刘氏，叶积乔妻。年二十三，夫故守节。卒年六十四。

黄氏，叶似锦妻。年二十五，夫故守节。卒年五十五。

郑氏，黄荣进妻。年二十岁，夫故守节。卒年七十二。

杨氏，黄晋异妻。年二十四，夫故守节。卒年八十三。

王氏，刘广基妻，年二十五，夫故守节，现年六十五。

黄氏，刘镜川妻。年二十五，夫故守节。现年六十岁。

曾氏，刘挥上妻。年二十五，夫故守节。卒年八十五。

陈氏，刘善积妻。年二十六，夫故守节。卒年八十一。

刘氏，邓畅夫妻。年二十四，夫故守节。卒年八十三。

朱氏，钟辉杰妻。年二十岁，夫故守节。现年六十九。

刘氏，王彦明妻。年二十一，夫故守节。卒年七十四。

欧氏，刘宗昌妻。年二十三，夫故守节。卒年六十一。

郑氏，刘席元妻。年二十四，夫故守节。卒年五十三。

黄氏，刘显昭妻。年二十一，夫故守节。现年六十八。

邓氏，刘应念妻。年二十七，夫故守节。现年七十二。

陈氏，刘左达妻。年二十岁，夫故守节。卒年五十二。

万氏，郑翼京妻。年二十四，夫故守节。卒年八十三。

邓氏，文躬玉妻。年二十五，夫故守节。卒年七十五。

邓氏，侯英绪妻。年二十七，夫故守节。卒年五十三。

何氏，张鹏飞妻。年二十一，夫故守节。卒年五十八。

彭氏，张德昌妻。年二十五，夫故守节。现年六十一。

廖氏，邓易妻。年二十五岁，夫故守节。卒年七十三。

文氏，邓昶妻。年二十三，夫故守节。卒年六十八岁。

廖氏，邓士拔妻。年二十六，夫故守节。卒年六十岁。

侯氏，邓旭斯妻。年二十四，夫故守节。现年六十五。

黄氏，邓汇斯妻。年二十六，夫故守节。现年六十一。

邓氏，陈林宴妻。年二十五，夫故守节。髦年而卒。

魏氏，龙秩加妻。年二十三，夫故守节。髦年而卒。

冼氏，曾牛发妻。年二十三，夫故守节。髦年而卒。

黄氏，陶荣芳妻。年廿九岁，夫故守节。髦年而卒。

邓氏，陶之炎妻。年二十九，夫故守节。髦年而卒。

邓氏，陶帝受妻。年二十五，夫故守节。髦年而卒。

邓氏，陶捷举妻。年二十八，夫故守节。髦年而卒。

邓氏，陶昆璧妻。年二十六，夫故守节。髦年而卒。

邓氏，陶光东妻。年二十九，夫故守节。髦年而卒。

刘氏，张宏猷妻。年二十四，夫故守节。现年八十四。

麦氏，梁巨澜妻。年二十一，夫故守节。卒年六十二。

麦氏，梁部铨妻。年二十岁，夫故守节。现年六十六。

蔡氏，梁屏士妻。年二十五，夫故守节。卒年六十三。

黄氏，麦性全妻。年二十二，夫故守节。现年六十岁。

麦氏，黄展林妻。年二十六，夫故守节。现年六十九。

黄氏，梁参中妻。年二十七，夫故守节。现年六十岁。

林氏，黄世昌妻。年二十四，夫故守节。卒年六十六。

文氏，郑芝梁妻。年廿九岁，夫故守节。卒年七十三。

文氏，曾信周妻。年二十三，夫故守节。卒年七十一。

文氏，刘廷佐妻。年二十七，夫故守节。卒年八十六。

陶氏，陈伟俊妻。年二十三，夫故守节。卒年六十五。

郑氏，叶绚和妻。年二十九，夫故守节。卒年五十五。

文氏，曾贯闇妻。年二十三，夫故守节。卒年八十七。

樊氏，陈□□妻。年二十七岁，夫故守节。现年六十六岁。

邓氏，监生关国英妻。年二十八岁，夫故守节。卒年五十八岁。

陈氏、柳氏，关维杰妻、妾也。夫故无子，陈年二十七，柳年十九，《柏舟》同励。陈现年六十，柳现年五十二岁。

李氏，叶凤贵媳，叶□□妻。年二十五岁，夫故守节。卒年五十五岁。

游氏，黄亶圣妻。年二十三岁，夫故无子，坚志守节。卒年六十四。

邓氏，黄武成妻。年二十六岁，夫逝无子，守节。卒年六十六岁。

郭氏，孙留生妻。夫故守节。

聂氏，盛宇周妻。夫故守节。

林氏，吴祈□妻。夫故守节。

潘氏，陈捷侯妻。夫故守节。

姚氏，姜式望妻。夫故守节。

郑氏，蓝光宇妻。夫故守节。

陶氏，邓景福妻。夫故守节。

以上七人，俱从节孝祠抄录，皆未请旌，而守节年分亦未详。存之，以俟参考。

陈氏，廖万寿妻。年二十三岁，夫故无子，矢志守节。现年六十三岁。

黄氏，廖蕴璞妻。年二十五岁，夫故无子，矢志守贞。现年七十一岁。

客籍节妇

邓氏，叶开蕃妻。年二十九，夫故守节。卒年七十七岁。媳黎氏，叶应奇妻。年二十，夫故守节。现年六十一岁。

戴氏，叶开翰妻。年二十五，夫故守节，立继承祧。现年七十三岁。

新安县志卷之二十一

人物志三　寿考、寿妇[1]、流寓、仙释

寿考

国朝

黄任敬，南头之北头人，寿九十九岁。

廖恒谷，上水人，寿一百岁。乾隆丙辰，中丞杨永斌赐“百龄修职”匾额。

文际兴，冈下人，寿一百岁。

陈创大，寿一百有一岁[2]。

文集三，寿一百有二岁。

陈益修，南山乡人，寿一百有二岁。

陈之善，沙井人，寿九十九岁。

邓爵相，辋井人，寿九十九岁。

陈逸韬，燕村人，寿九十九岁。

黄有纪，隔岸人，寿九十八岁。

钟显周，沙头村人，寿九十八岁。

寿妇

李氏，上水监生廖定邦之妻，寿一百有一岁[3]。乾隆五十二年，旌表建

---

[1]“寿妇”原脱，据本志本卷正文补。

[2] 按，“一百有一岁”，光绪《广州府志》卷一百三十八《列传二十七·耆寿》作“一百三岁”。

[3] 按，“一百有一岁”，光绪《广州府志》卷一百三十八《列传二十七·耆寿》作“一百二岁”，后文“乾隆五十二年”光绪《广州府志》则作“乾隆五十三年”。

坊，赐匾额“贞秀之门”。

叶氏，姚世杰妻，寿一百有五岁。

杜氏，张廷玢妻，寿九十九岁。

流寓

宋

邓符，字符协，江西吉水县人。宋崇宁间进士，授承务郎，权南路。历官阳春县令。入广，乐风土之美，卜居于邑之锦田桂角山下。创力瀛书斋，以招来学，南海霍暐记其事。后曾孙自明，尚高宗公主，子孙世居锦田、龙跃头、屏山、竹村、厦村等处，至今推为望族。

文应麟，宋丞相文天祥从孙。倜傥尚志节。景炎中，丞相弟璧守惠州，兵至，璧以城降，应麟耻之，携二子起东、起南遁于邑之东渚，遂家焉。厥后子孙繁衍，科第蝉联，世泽流长，称为极盛。

林光，字缉熙，东莞茶山人。成化初，从白沙先生游。归，筑室于邑之阳台山下，聚徒讲学，一时海滨学者，皆倾心向慕之。

曾伯由，宗圣公之裔。宋天圣间，祖志大自江西来，居邑之归德。由为人卓荦慷慨，乡人信服。元季，广州乱，东莞伯何真檄举义兵，由率乡兵属真，分守归德。保障之功，乡人赖焉。

以上见《旧志》。

仙释

仙[1]

元

谭公道[2]，归善人。居邑之九龙山修行，不记岁月。每杖履出山，一虎

[1]“仙”原脱，据文意补。

[2] 按，“谭公道”，本志及嘉庆《重修大清一统志》卷四百四十五《惠州府·仙释》作“元”人；道光《广东通志》卷三百二十八《列传六十一·释老一》、光绪《广州府志》卷一百四十一《列传三十·方外二》则作“唐”人。

随之，或为负菜，往返与俱。既殁，祈雨旸，辄应。从《归善志》增入。

国朝

何氏女，邑之东路莆心乡人也，生康熙甲戌年五月十二日。少灵慧，不荤食。其父钦奉往九龙洞探亲，女从梦中惊醒，向母曰："父回至狮子山凹，为虎所噬。儿击虎以援，幸无恙，明午即到矣。"及父抵家，悉如女言，咸异之。狮子山去莆心，盖七十里遥也。幼许字龙跃头邓姓，送聘日，女忽曰："邓姓报期人来，已于中途将其什物颠蹶矣。"未几，送聘者至，所说与女合。年二十二，偕女伴适笋冈，礼观音，路阻溪涨，众须婢济，惟女凌波而渡，履不沾湿。既而旋至仙龙墩莆，止不行，向家人索椅，磊叠上坐，曰："迟至三载，便可飞升。今弗能待，殊堪惋[1]惜。"瞑坐三日，遂尸解去。时为康熙乙未三月十三，乡人即地建庵，塑像祀之，屡著显应。柩停于侧，容貌若生。迄今百有余年，仍不朽败云。

以上仙。

释[2]

宋

杯渡[3]禅师，不知姓名，尝乘木杯渡水，因而为号。游止靡定，不修细行，神力卓越，人莫测其由来[4]。至京师，为齐谐妻胡母[5]氏治病，一咒立愈。齐谐拜礼为师，因作传，记其神异。元嘉三年九月，师东行，至赤[6]山湖，托病而死。谐接尸，还葬覆舟山。后五年三月，杯渡复来，齐谐惊异。

[1]"惋"原讹"腕"，据文意改。按，"腕惜"不通顺，"惋惜"意为可惜、引以为憾。

[2]"释"原脱，据文意补。

[3]按，该僧实名"杯度"，以"神异"知名，传见于（梁）释慧皎《高僧传》（汤用彤校注）卷十《神异下·宋京师杯度》，"杯渡禅师"当为本地传名。

[4]"来"原脱，据（梁）释慧皎《高僧传》（汤用彤校注）卷十《神异下·宋京师杯度》补。

[5]"母"原脱，据（梁）释慧皎《高僧传》（汤用彤校注）卷十《神异下·宋京师杯度》补。

[6]"赤"原脱，据（梁）释慧皎《高僧传》（汤用彤校注）卷十《神异下·宋京师杯度》补。

须臾，门外一僧唤师，师便辞去，云："当往交、广之间。"

遂以木杯渡海，憩邑屯门山，后人因名曰杯渡山。复驻锡于灵渡山，山有寺，亦名灵渡寺。乾和中，靖海都巡检[1]陈巡命工镌其像于瑞应岩。元祐，广帅蒋之奇有诗并序，刻于上。

元

清一叟，邑人，住海光寺。后参学吴越径山端禅师，以其通内外典，留掌书记。未几，宣政院举充韶之南华寺住持。从郡志增入。

国朝

尘异大师，邑下梅林人。幼入罗浮华首台，从天然和尚焚修，法名今旦，号尘异。苦行清修，禅参上乘，为匡庐法嗣。其弟自梅林携瓜与师，内一瓜，师不肯受，曰："此非出家所宜食也。"弟怪之，弗敢诘，回家告众人，悉不解。弟往所摘瓜田，细审之，始知此瓜系别田瓜蔓暗引过田生者，乃共服师之神。弟回，师赠一律云："三十六年梦里身，辞家久作异乡人。心情淡比江流水，踪迹轻同陌上尘。一钵随缘家计阔，千针闲补衲衣新。归逢宗党问余状，为报穷僧眼已昏。"

以上释。

按：《旧志》载有唐休咎禅师、大鉴禅师二则，但云："休咎，乾和中，节度使李复初迎至扶胥镇，憩南海王庙，谒王，因留住海光寺。"查郡志及《番禺志》，俱称海光寺在波罗庙侧，则休咎住锡处，乃番禺扶胥镇之海光寺，非安邑南门外之海光寺，明矣。大鉴虽有像，塑于今海光寺，然当年实未到此，与邑无涉，故郡志已将列入南海。今皆从删，以昭传信。

---

[1]"检"原讹"简"，据康熙《新安县志》卷十三《杂志·仙释》、嘉庆《东莞县志》卷三十五《释道》改。按，本段内容，（梁）释慧皎《高僧传》（汤用彤校注）卷十《神异下·宋京师杯度》无载，当为本地传说。

新安县志卷之二十二

艺文志一　奏疏、条议

夫观天文以察时变，观人文以化成天下，此文教所由兴也。而《诗》三百篇，合盛衰正变之归，得温柔敦厚之旨。所谓歌者，直己而陈德也。故陆贽《奏议》、李密《陈情》，皆足动人忠孝之思。若夫“千寻铁锁”，实吊古之英词；“一片孤城”，乃从军之绝唱，则诗亦未易言矣。邑虽僻处海滨，而人文之盛，其著作亦卓有可传。即官斯土者，间有政事之敷陈，实大关于治体。兹备录之，以为风俗人心之助，非徒夸典丽、侈宏博已也。志艺文。

奏疏

明

敷陈海防要务疏

尹瑾

题为敷陈海防要务，以安生灵事。窃惟广东，海防浩渺，寇盗靡常。东起潮州，西尽琼、廉，原设水寨，以备防守，在潮州则有柘林寨，在惠州则有碣石寨，在广州则有南头寨，在高、肇则有恩阳寨，在雷州则有白鸽门寨，在琼州则有白沙寨，在廉州则有乌兔寨。乌兔寨近裁革矣，而六寨犹存。给以官船，领以捕盗，哨官分管之，将领总管之。船非不豫也，兵非不备也，当事臣工非不殚心经理也。然或不能消寇孽于未萌，而擒盗贼于猝至，此其故何哉？海洋广阔，其分布难周也；海澳险阻，其巨舰易坏也；汛地空虚，其奸宄易乘也；兵粮虚冒，其军旅未充也；器具缺少，其急用未济也；接济潜通，其盗源未塞也；剿抚失算，其兵威未奋也；督率乏人，其查核未严也。臣生长海滨，灼知梗概；备员漳州，曾涉海洋；纪功广东，海防机务，咨询悉详。今欲议行整刷，臣有所知，不敢隐默。谨条陈海防八事，以效一得之愚。伏乞敕下兵部，如果臣言不谬，并行广东省参酌采用，则海防亦未必无小补云。缘系敷陈海防要务，以安生灵事理，未敢擅便，谨题：

一、量地广狭，以置船多寡。夫各府之封疆不同，而各寨之广狭亦异。即如南头一寨，东至大星，西至广海，省城门户，所由系焉。原置船六十只，视诸寨独加之，夫加之诚是也。水寨之船，分为汛地三哨，一巡佛堂门，一巡大星，一巡广海，分之诚是也。但广州地方辽远，哨探未周，如船在佛堂门，则佛堂门有备矣，设寇由鸡公头潜入新安县，恐佛堂门之兵未之知也；船在大星，则大星有备矣，设寇由大鹏潜入大步屯，恐大星之兵未之知也；船在广海，则广海有备矣，设寇由十字门潜入香山，由松柏门潜入新会，恐广海之兵未之知也。南头寨地方之旷远，类如此。若柘林寨，则东起柘林澳，西至神前港，其中大城、蓬州、海门、靖海诸所在焉，饶平、澄海、潮阳、惠来诸县在焉。海之旷远，不减南头；而寇之渊薮，独倍他寨。南澳向为贼巢，河渡门号为寇窟，乃若寨船止四十只，与他寨同焉。岂知自柘林以至神前，千有余里，皆其汛地。哨船泊在柘林，柘林以下皆寇之乘虚而入境者也；哨船移泊神前，则神前以上皆寇之乘间而窃发者也。近设南澳兵船，可谓据险握要，一定而不可易者。而河渡门乃商船往来之冲，寇之抢船掠人，接济聚党，皆在于此。即海寇林道乾回洋，首泊其地，安可置而不讲也？白沙寨则统辖琼州，四围皆海，周环数千里，清澜诸所，累被贼陷，乐会诸县，曾[1]遭寇殃。贼众我寡，强弱不敌，又安能不坐失事机哉？

近以乌兔寨之设，止为廉州珠池，乃行裁革，而以船二十只增入白沙寨矣。夫白沙之船固增矣，而复拨二十只，轮流看守海安，兼哨珠池，又

[1]"曾"原讹"会"，据雍正《广东通志》卷六十《艺文志二》、嘉庆《东莞县志》卷四十四《艺文一·奏疏》等各收录该奏疏改。

安能守汛地哉？是白沙寨之船虽增，犹未增也。兼以崖州、陵水、万州、乐会，抵连外洋，使哨船弛备，海寇突至，其何以御之？至于碣石寨，则东起甲子，西至平海所，界在南头、柘林二寨之间，白鸽门、恩阳二寨亦东连南头，南抵白沙寨。此三寨也，地方稍狭，策应有援。虽各置船四十只，似难裁减，臣无论已。而南头、柘林、白沙三寨，尚宜酌量海澳，添造官船，务足分布港门，无至疏略。而河渡一港，犹不可不增柘林之船，以分布防御者也。寨船既增，海澳鳞集，即有海寇，无罅可入，又奚自而劫掠哉？或谓添船兵，恐粮饷不足，臣愚以为不然。广东频年大征山寇，饷且足用，今山寇俱已荡平，别无所费，各营兵可[1]以相机量减。能减二营之兵，即可以剩一寨之饷，故不必增饷，而饷自足也。且海滨贫民，倚海为生，饥不得食，则潜出劫掠，乃其故态。若多置哨船，凶悍无籍者皆得投兵就食，既为兵，必不为寇，又未必非潜消寇孽之微权也。

一、量海[2]浅深，以置船大小。夫广东六寨汛地，各有港可以避风泊船。但港门有浅深，湾澳有险易。港深而易泊者，无论船只大小，皆可驻札。若港门浅狭，则利于小船，而不利于大船。今六寨之中，水深可泊者，在南头则有屯门、佛堂门也，在柘林则有东山下河渡门也，在恩阳则有神电马骝门也。港澳既深，虽有飓风骤发，船易入港。用大船以御敌，诚为上策。若白鸽门汛地，惟北隘头可以泊船，其港亦浅。兼以巡哨锦囊、永安二所，往来洋中俱有沙，行大船恐未利也。白沙寨汛地，惟清澜可泊大船，而白沙、万州诸港俱浅，鬼叫门亦有沙。此二寨也，然犹有可泊之地，卒遇飓风，坏船犹少也。至若碣石卫一寨，殆又甚焉。碣石汛地，惟白沙湖颇可泊船。然湖中泥烂，湖尾浅狭，仅可容十余船耳。若碣石卫，则海石嵯岈，船易冲磕；甲子门则港门甚浅，船易涸顿，一遇大风，大船不能入港，累被覆

[1]“可”原讹“所”，据雍正《广东通志》卷六十《艺文志二》、嘉庆《东莞县志》卷四十四《艺文一·奏疏》等各收录该奏疏改。

[2]“海”原脱，据雍正《广东通志》卷六十《艺文志二》、嘉庆《东莞县志》卷四十四《艺文一·奏疏》等各收录该奏疏补。

灭，岂能遽尔造补？而本寨之汛地，未免空虚，海寇倏至，如入无人之境，孰从而御之？故甲子门屡被寇劫，而竟无一兵与较胜负，非兵退怯，苦无敌船也。今于碣石、白沙、白鸽门三寨，须酌用三号、四号之船，遇飓可以入港湾泊。其船常存，则其威常振耳。或谓三寨，海寇要冲，而小船不利于战。然与其必用大船而屡被冲破，孰若多置小船，而振耀兵威？小船多，与大船相当也。况所谓小船者，非若小哨马之类也，唯其可以入港而已。

一、就寨修船，以固守汛地。夫广东，海澳弥漫，寇盗叵测，或乘机啸聚，或顺风倏至。若澳无兵船，则纵横劫掠，接济私投，不旬日而聚党跳梁，强不可制。伺兵船复集，势已无及。惟澳有兵船，则蜂屯猬集，棋布星列，非独外寇不敢犯，即内地有蓄异谋者，亦将顾忌兵威而不敢动，势使然耳。先年，六寨借用民船，可暂而不可久，故汛地虚空，贼盗犹炽。近设官船，与福建事例相同，船常在寨，甚可经久。但往岁寨船，俱掣回省城修整，各寨汛地并无船只防守，又何海寇之不结党也？南头一寨，附近省城，掣之犹可；柘林、碣石二寨，远在东路；恩阳、白沙、白鸽门三寨，远在西路，顺风俱有八九日之程，若遇逆风，即一二月不能到。计其修理往来之程，动经数月。万一寇至，将何以御之？往往地方失事，而无兵克敌者，正坐此也。今改议三年回省一修，亦计量及此耳。臣愚以为，各寨之船宜在各寨修之，即三年亦不必掣也。各寨俱有港澳，俱可修船，油钉藤麻之类，随处足用。若防汛已毕，即可就近修理，不必掣回省城。惟白沙一寨，属在琼州，无桅；而省城之桅，难以过海，势必回省替换耳。若曰白沙寨船只间有一二坏桅者，方许驾回省城，换桅修理，或回恩阳附近更换。苟非桅坏，不必回省。夫各寨之船，既不离汛地，则沿海之澳不至空虚矣。

一、查革虚冒，以振饬军旅。广东寨船，大号者兵七十名，二号者兵六十名，三号者兵五十名，四号者兵四十名，哨马则二十五名。兵有多寡，随船大小也，惟其可以驾船御敌而已。乃将领有嗜利者，每船虚兵三名；哨官效将领，捕盗效哨官，各有所利，各不相非。甚以跟随人役，冒顶兵饷；

招募老弱，克减月粮。扶同欺隐，海上远涉，孰从而知之？或司道点阅，则催人答应；或掣名不到，则假托私逃。计一船之兵，十分已虚其二，而实在驾船者，几何人哉？计实在之兵，老弱已居其半，而奋勇御敌者，又几何人哉？夫兵已虚矣，又老弱杂处，无事登岸者过半，看守无人。或飓风骤发，无兵护船，船必坏；或海寇突至，无兵应敌，敌必胜。故兵船懦弱不振，凡以虚冒耳。今宜责任守巡及海防，督理本府兵船，常至海防查核，严禁虚冒，使兵皆足数；拣汰老弱，使兵皆勇壮。或有逃亡、事故者，限一日内申明扣饷，召人补额，毋致隐匿支粮。船泊在澳，不许各兵登岸偷闲，为将官者亦毋得身先登岸，以为人望。近日抚按诸臣已屡行申饬，但恐海上虚兵乃其故态，如再有前弊，许抚按查参重处，则将领畏法，而兵不虚冒矣。

一、预置器具，以防备急用。夫船以杠椇为主，杠椇缺则船坏而无用；兵以戎器为卫，戎器缺则兵怯而无威。六寨船只，杠椇一年小修，三年大修，已为定例。但海洋不测，一时飓风骤发，船不到港，杠椇损坏，亦寻常事耳。如偶折桅柁，则船不能驾撑；损失碇缆，则船不能湾泊，关系非细故也。捕盗无银修理，姑将船只湾泊港内，不敢出洋。不得已，兵将和同，私[1]减兵数，冒支月饷银两，随而修理之，此通弊也。方其未修也，船泊港内，不堪督驾；兵数不足，不堪御敌。忽有盗贼，束手无策，有船与无船同耳。今于各船杠椇，果系被风损坏，而哨捕人员原无侵欺冒领情弊，海防官宜即查明，缺即补之，毋徒弃船港中。若所费不多，则量出官银，不必拘大修小修之例。或有船只被风打破，亦宜速行造补，以免汛地空虚。海洋咸水，船易生蛆，艕板必烂。将官犹宜按月朔望潮汐之期，责令捕官将船燂洗，庶乎船可坚固，而驾撑长久也。至于军器火药，随船大小支给，多寡各有定数。然须多置预备，然后兵将有恃无恐。又宜令捕官不时检点，毋致湿烂，铳炮爆裂，即当查换，火药缺用，即当支给。但新造铳炮之时，须凿记

[1]“私”原脱，据雍正《广东通志》卷六十《艺文志二》、嘉庆《东莞县志》卷四十四《艺文一·奏疏》等各收录该奏疏补。

年月，分别官物，以防私换。夫杠椇已修，则船有实用；戎器已备，则兵有壮威矣。

一、严禁私济，以杜绝寇源。海寇所赖者，船也。船上所赖者，杠椇、兵器也。彼海边劫掠，不过布帛米谷而已，掳人取赎而已。至于船上器具，柁碇、硝磺之类，皆船中所急用者也，乌得而有之？惟海边奸民，潜相通济，利其财物，贱货而倍价，乏兵器则以兵器通，乏杠椇则以杠椇通。故贼船得修理，以为逋逃抗敌。若有司地方严加禁革，不使接济之货得以下船；各澳各船严加巡缉，毋使接济之船得以出海，则海上无一年不修之船，亦无半年不坏之杠椇。桅柁偶折，则船为虚器；风篷既烂，则寸步难移；船以渐弃，贼亦渐散，固其势也。语云："海边无接济，则海上无奸细。"正谓此耳。虽谓奸细潜泊海隅村落，杂之商贩捕鱼，出没无时，此则其乡里邻族所得而知也。官府果能设法禁戢，有出首得实者不惜重赏，邻里容隐者严加重处，其事未有不发露者矣。

一、严酌招抚，以奋扬兵威。夫所谓抚者，抚其党而散之，渠魁归命，祸根已芟，而复散其胁从，以归编氓，抚之诚是也。非谓听其聚党，而雄据一方也。往岁广东寇盗丛兴，烽火旁午，有司惧吾兵之弛，而无与犄龁，不能制其死命，而徒效招抚，是纵之，非抚之也。其害则据险聚党，负固不散，阳称效顺，阴出劫掠。即如林道乾，向已就抚，据河渡门，聚党数千，集船数十；遇乌艚贩盐，则每船取银四五十两，名为买水；遇白艚捕鱼，则每船纳银七八两，名为扣税。百姓以其既抚，而畏祸不敢言；官司以其既招，而隐忍不肯发，犹痈疽积毒，久则必溃。是皆不制其死命，故抚而复叛，叛而复抚。海滨之民，又何惮而不为哉？夫海寇所以难擒者，以海洋广阔，万里渺茫。若其肯与兵战，则胜负尚未可定。惟被兵开洋，任风飘荡，贼船可往，兵船不可往，兵船又不能时时联络，而海隅村落，辽远星错，倏忽而来，及兵至则又逸去。若抚之而不能令其散党归命，徒宽之则反以养患，防之则仍费提防，与不抚同。此所谓欲得其死命，而后剿抚严密，兵威可奋矣。

一、专任海防，以严军务。夫将官之统兵海上也，虚兵克饷，苟且偷安，乃其积习致然。若查核亲督，则海洋欺隐无由，兵将之利病可悉。今总兵衙门间差旗牌等官，至寨振饬，悉是利得厚赂，则回称兵将精强，否则废弛，徒有科敛，无裨实用。此哨官之不可遣也。整饬原在司道，而专理当在海防。司道难以屡出，惟海防可以常巡，且其出身科目，廉耻向上之心，其所素积。若海防官实心用事，不以别委，尝在海旁驻札督理，则海寇卒至，不敢逗遛观望；分布巡哨，必不敢潜住港澳；船上之兵，必不敢登岸偷闲；哨兵数目，必不敢虚名冒饷；船只破烂，可即查申造补；杠椇损坏，可即验明替换；兵器不足，可即查数支给；哨兵逃亡，可即扣冒顶补；北风汛发，必率兵以防北；南风汛发，必率兵以防南；老弱者无所容，接济者有所惮，又何患兵威之不振也！故抚按当责成司道，司道当责成海防。若海防果能常往海边，振励军旅，地方辑宁，岁终优叙，以酬其功，则人怀奋励，而海洋有赖矣。

国朝

展界复乡疏

巡抚王来任

题为微臣受恩深重，捐躯莫报，谨临危披沥，一得之愚，仰祈睿鉴，臣死瞑目事。疏内一款为“展界复乡”曰：

一、粤东之边界，急宜展也。粤负山面海，疆土原不甚广。今概于海滨之地，一迁再迁，流离数十万之民，每年抛弃地丁钱粮三十余万两。地迁矣，又在在设重兵，以守其界内之地。立界之所，筑墩台，树桩栅，每年每月，又用人夫、土木修整，动用不支，不费公家，丝粟皆出之民力。未迁之民，日苦派办，流离之民，各无栖址，死丧频闻，欲民生不困苦，其可得乎？臣请将原迁之界，悉弛其禁，招徕迁民，复业耕种，与煎晒盐斤；将港内河撤去其桩，听民采捕；将腹内之兵尽撤，驻防沿海州县，以防外患。于国用不无小补，而祖宗之地又不轻弃，于民生大有裨益。如谓所迁弃之地丁虽少，而御海之患甚大，臣思设兵原以杜卫封疆，而资战守。今避海寇侵掠，虑百姓而赍盗粮，不见安攘上策，乃缩地迁民，弃其门户，而守堂奥，臣未之前闻也。臣抚粤二年有余，亦未闻海寇大逆侵掠之事。所有者仍是内地被迁逃海之民，相聚为盗。今若展其边界，即此盗亦卖刀买犊耳。舍此不讲，徒聚议以求民瘼，皆泛言也。

先是，新安奉迁，民之流离，甚于他邑。后蒙公疏奏复乡，邑之民深德公焉，故于公之奏疏，特为志之。

条议

元

上宣慰司采珠不便状

张惟寅

惟寅切见上司委官采捞珠蚌，事有扰民不便者，草茆书生，敢陈管见。伏惟采择广东广州府东莞县媚珠池，前代载籍所不纪，独宋太学生[1]陈均著《宋朝编年》载宋赵太祖开宝五年五月废媚川都一事，附注云："刘鋹于海门镇募兵能采珠者三千人，号媚川都，岁溺死甚众。至是罢之。"愚按：五代时，伪南汉主刘鋹据广州。赵太祖开宝四年二月，令将潘美克广州，降刘鋹。至开宝五年五月，即废刘鋹所置媚川都。赵太祖非不知珠之为宝，诚以蠹国害民之事，罢之不可不速也。五代之所谓都，即今日之所谓军翼也。善没水者皆采珠，何必置三千兵于此，驱人于死地？不得不以军法从事也。

夫珠生于蚌，深在数十丈水中。珠之所聚，必有水怪恶鱼以护之。取

[1]"太学生"原讹"大学士"，据康熙《新安县志》卷十二《艺文志》、光绪《广州府志》卷一百六十一《杂录二》等收录该文改。

之之法：引石縋人而下，欲其没水疾也。没水者采捞蚌蛤，或得与不得，而气欲绝者，即掣动其绳，舟中之人疾引而出之，稍迟则没水，七窍流血而死。或值恶鱼水怪，必为所噬，无所回避，而况剖蚌逾百十，得珠仅一二乎！且珠池，本处蛋蛮，日与珠居，而饥寒蓝缕，甚于他处。贫民不采珠以自给者，畏法故也。近日官司采捞，督勒本处。首目不道，号召蛋蛮，祷神邀福，投牲醪于海，以惑愚民。首目迎合官司之意，自行贩卖。愚民一时畏威嗜利，冒死入水，虽能得珠，岂无死伤？此术可暂施，不可久用。若官司立为定额，岁时采捞，必须尽数拘制蛋蛮，俾其父兄子弟皆就死地，人情岂堪？必相率逃去，官司必责首目以号召。不至，首目惧罪，必与俱逃。官司根勾追捕，得而后已。

海门之地，控接诸番，又有深山绝岛，如大奚山、大小蕉峒，皆宋时海贼郭八、高登所据巢穴，可以逃命。况蛋蛮种类，并系昔时海贼卢循子孙，今皆名为卢亭，兽形鴃舌，椎髻裸体，出入波涛，有类水獭，官司莫能征赋，甚于猺人、山獠。若勾呼稍急，不聚为盗贼，则亡入番邦。此刘鋹所以置三千兵为都翼，以相统摄者，正虑其逃散为患故也。名之曰募之为兵，实驱之死地。故不得不丰给衣食，羁縻其妻子。窃计一岁采珠之利，不足以偿养兵之费也。况蚌蛤含生之物，三百余年不经采捞，今采仅有获；采捞数年，蚌蛤必尽。上司又以原捞珠数责办，其为民害，何可胜言！且珠池去县二百余里，穷山极海，虫蛇恶物，涵淹卵育，毒气瘴雾，日久发作，人所难居。上司委官[1]采捞，多染瘴疠，而百姓劳于供给，往还动经旬日，疲困道路，何以堪命？愚但见其蠹国害民，未见其为利也。宋太祖创业之初，国小民乏，犹能亟罢采珠之役，以活人命，今舆图广大，赋入充盈，梯航贡琛，万物毕至，矧圣明在上，敦行俭约，爱育黎元，屡降恩诏，优恤百姓，减租税之三分，罢不急之徭役，岂肯捐生民之命，以致无益之货哉！

[1]“官”原脱，据康熙《新安县志》卷十二《艺文志》、光绪《广州府志》卷一百六十一《杂录二》等收录该文补。

按：海门珠池，伪刘所采，宋太祖所废。孰得孰失，较然甚明。若不审其取舍，恐流弊于无穷。敢乞备申上司，早赐革罢，庶存活海滨百姓。幸甚！幸甚！

按：《元史》："延祐六年，罢采珠。"则此状为功不少矣。

明

知县喻烛条议 二款

一、革马差之害。本县查得，原议均平银两，买官马二十五匹，每匹银四两八钱，给里长买马。递年新、旧接管，往往差役到县，不分水陆，俱来讨马，希图干折，或四五钱不等。里长乘机科索，甲首以一取二，民苦科敛之害，本县实切痛心，即行禁革。立长、短《差簿》二扇[1]，登记差拨。每遇差役讨马，如无应付，即不发号票。其应付者，亦传里长牵马，当堂面发，不许干折。至于本县差遣，非系紧急[2]公务，不轻拨一马。长、短轮流差遣，月不过二三次。在里长无干折之苦，在甲首无科派之累。

一、革灶盐之害。本县查得，沿海居民类多煎晒盐斤为活，出境有禁。商贩畏盘不来，致盐堆积，无以聊生。许运至茅洲内港埠头，兑与水客，此通商、通灶，不可以私论也。往被哨守官兵以巡缉为由，妄捉局骗，灶苦阻滞之害久矣。江一德等具呈，本县实切痛心，即行条议，责令灶民以后自煎盐斤，装内港发卖，许在该场告领照票，哨守官兵验票放行，不许妄捉骗害，亦不许越入港内搔扰。则盐利可通，而灶丁之害可免。

知县李玄[3]条议 二款

一、灶丁之困已甚，冗场之设宜厘。本县有归德、东莞二场，除归德场

[1]"扇"原脱，据康熙《新安县志》卷十二《艺文志·条议》收录此文补。
[2]"急"原脱，据康熙《新安县志》卷十二《艺文志·条议》收录此文补。
[3]"玄"原讹"元"，据康熙《新安县志》卷十二《艺文志·条议》收录该文及本志卷五《职官志一·文官表》改。

去县颇远，而场近茅洲，商船鳞集，煎出盐斤，立可发卖。惟东莞场濒临边海，波涛汹涌，商船罕至。而射利之徒，告承饷埠，勒价贱买，压使低银，百般措害，民困益甚，国课难完。而灶户既当县役，又当场役，一身有两役之苦；灶田既纳县粮，又输场税，一田有两税之病。老疾盐丁，永无开除之日；绝户虚粮，竟无丈豁之时。然此固课额所关，难于请豁。而灶丁原与民丁粮内派当在官人役，而本场有场当之役，又于课外科派者也。兼之堂食、引头等费，下程、纸札等需，犹未易缕指。察其岁征课银一千三百三十三两零有奇，而杂费过之，是皆多此一场之扰耳。何如裁革东莞场，其盐课、盐税附县带征，将外县奸商告承之引归还土民，听其纳引自便，运往发卖？其于原田、原亩、原税，务取足于原额一千三百三十两零者如故，而灶民赴盐法道纳饷、发引、销引者如故。惟省其场当、杂费之苦，免其引头、下程等需，庶于贫灶微有瘳色乎？且省一官，亦省一官之饩廪；革诸役，亦除各役之弊端。而新安之一隅小邑，终日坐闲，不难兼盐税而并理者也。

一、黄册之弊区可骇。夫黄册，关于户口之生息、粮米之出入，各省各设架阁库一房，有吏书收管，封而钥，纳之官。乃新安独无架阁之房，又无架阁之设。察其历届黄册，则十无二三，房书推之里书，里书推之户役，新役推之旧役，积玩乃至此。察县有值堂一房，毫无责任，惟登记号簿，及跟随县官公出已耳。合无以值堂之房改为架阁库，随以架阁库役兼值堂事，庶责任有人，不致委黄册于无着，而丁粮藉以有征。此亦斟酌变通、清厘积弊之一道也。

知县周希曜条议 十四款

一、建台堡以固海疆。照得新安邑滨东南，枕山带海，会省之门户系焉。往往山、海二寇，出没西北，民甚苦之。今有营兵，棋布星密，雉堞高崇，所恃无恐。然欲得以先声制敌者，惟铳台耳。寻会南头寨议，于西门临海之地建台一座，俟告成日，请发大铳，安备堵御；再于陆路[1]北界莲花迳筑一营堡。俱不费官帑，不科民钱，拨兵轮防，俾鹿豕望垒潜形，鲸鲵闻风息浪。此亦未雨绸缪之一议也。

一、禁诡冒以惩奸徒。照得新安界连莞、惠，流移杂居，人无定籍，遇有细故，动捏重大事情，冒籍越诉，有原住本县而诡称别邑者，有所告在此而投匿在彼者。一事数词，一词数十人，株连索骗，勾摄靡宁。或被告已出，而原告脱逃，或差犯朋谋，而得诈卖放，经阅数年，案不得结。此等奸宄，轻则破人家，大则殒人命，为毒最甚。合请宪令申饬：凡有冒籍告词，即详改批本处审问，不许关提滋扰，庶刁民无所肆其奸，而良善不至受其害。

一、禁掳诈以重人命。照得新安民多愚顽，偶因小忿，辄自轻生，思行图赖。刁徒视为奇货，棍党乘机煽祸，扛尸打诈，借命掳财，死者之肉未寒，生者之家立破。甚者原告已结，而同姓冒亲复控者，又有尸亲无言，而旁人假公首发者，指甲为乙，移张作李，缠告不已，身命随之。此其为害，惨于盗寇。卑职凡准理人命，着令尸亲自殓，许地方邻佑结报，见证的伤，审验虚实，分别正罪。如有纠合棍党、图赖仇家、诈掳财物者，依律究惩，毫不少贷。则民命得免轻生，而诈掳之风塞矣。

一、佥殷实以杜包侵。照得钱粮完欠，在催科者之得法何如耳。新安岁赋，不满二万，而逋课积有数千。细察其弊，系坐图通同里排，揽收各户钱粮，侵欺不纳，至事败露，熬刑代比，其于欠数，仍行追及原户。此之为害久矣。卑职莅任，即革图差，止佥各甲殷实一人，给发粮单一张，督催花户，分限投纳，完者免比，欠者应卯，无勾呼需索之扰，无包侵重追之弊，士民称便。新旧粮饷，俱如期完输，已有成效。所有坐图一差，应请永革，以除民害。

一、禁豪强以惠渔蛋。照得新安一面负山，三面通海，民间以海为田，

[1]“路”后原衍“西”，据康熙《新安县志》卷十二《艺文志·条议》收录该文删。

以鱼为活，各业缯埠，各输课米，无可混也。乃豪有力者，或倚地利之便，或假宦势之雄，指一海面，捏两土名，藉此缯门，截彼鱼埠，漫图影占，罟网混侵。蛋户畏焰返棹，渔民惧祸罢缯，是以海洋之利，悉饱豪右之腹。合请宪檄，晓谕莞、新两邑诸民，各管各海，各埠各税，莞民供莞之捕，新民供新之捕，不许势豪占冒侵夺，则渔蛋细民受惠多矣。

一、复土民以益课饷。照得新安灶、蛋，各事本业，相济为生。南头白石一埠，乃灶民、渔、蛋贸易之区，向为奸商垄断，民遭剥削。于是灶、蛋等告承生盐引二十道，输课充饷，以杜侵牟，往牒可按。近因课纳不前，棍徒乘夺。有李日成者，顺德民也，诈冒新安李姓之籍，未经盐司县结，突尔预饷承埠，以致商民不调，公私非便。矧预饷者一时之告承，课埠者永世之定额，以隔邑而占新埠，以民户而夺灶鹾，万一攘利脱逃，岁课有亏，再征渔蛋，贫命[1]难堪。卑县洞知其弊，欲为长久计，合无请乞照旧复佥土著殷实灶民，按其领掣完课，不许隔邑无籍棍徒冒乘攘夺，庶地方安业，而引饷有裨。

一、戢嚣争以安民堵。看得新处一丸，介于两大，所在利地，多为势占，是以福归邻邑，祸贻新民。有二大病：一曰争墟。墟有日中之市，民为觅利之区。往者杀人焚市，案牍经年。无何，难端复发，聚众操戈，掠财杀命，而受病者皆新民。一曰争田。夫田有定主，谁得而攘之？乃豪有力者，或受人投献，或假造契书，借宦旗号，竖桅霸占，鸣锣放铳，统众抢租，杀伤各佃，亦新民也。嗟嗟！新民何辜，而遭此荼毒也！盖以业落新邑，而争者与争之者，皆属隔县绅衿，主持构衅，莫能摄诘。在职有地方之任，视民有痛痒之关，隐忍长恶，尤而效之。新安之民，无噍类矣！卑县不避怨嫌，请令严禁，并行府刑勾问衙门，访拿一二首恶，置之法典，使豪强敛戢，争衅消弭，而新土新民，庶得藉以宁谧耳。

一、惩假哨以卫商渔。看得海上哨船四只，原奉兵巡道所设，每船总甲

[1]“命”原讹“民”，据康熙《新安县志》卷十二《艺文志·条议》收录该文改。

一名，散夫二三十名，各给腰牌、印票为照，此真哨也。近有市棍，通同帮差，借一腰牌，邀党雇船，张旗称哨，沿海纵横，撞遇商渔，咆哮吓诈，船中鱼米，任其搬取，稍有阻言，则拿捆打，财物罄卷，罟网尽空，其惨犹甚于寇。昔则肆噬外洋，今则流毒内海。汛兵见其船色难分，不敢向问；商渔以其附器之鼠，畏忌不投。长此，凶恶将安穷乎？合请宪示严禁，无论真伪道哨，过汛地，一听官兵察验。各夫执有腰牌、印票，不得留阻，若止一二腰牌，并无印票，及余人无牌无票者，俱系假哨，许汛兵擒解正法。通行申饬，遍谕地方，俾奸棍知儆趋避，而商、渔均获衽席之安也。

一、肃军令以保民生。看得兵以御盗，哨以卫民。新安海洋一带，随地设防，不为不密。乃迩来游营、总哨，令不振于鲸鲵，眠实同于猫鼠，欲求真正乘风破浪而荷戈擒寇者，鲜也。不能御暴，而且串谋土宄，朋奸为暴。事发见告，则又饰词掩护，巧卸支吾，甚至妄捉商、渔，指护船之器为盗仗，坐驾船之伴为同徒，纠棍冒称失主，罗织以邀哨功，以致盗氛日炽，而民命日危。屡于案牍中阅之，可慨也。合请宪令申饬，各寨游营、总哨官兵，遇有警息，会哨夹剿，不得彼此推诿。该汛有劫，即住哨兵之粮。报获真盗，方许开支。如越月不获，按日扣贮，以赎失事之罪。敢有指良为盗，掳捉人财，定以军法从事，毫不少贷。则哨兵咸守纪律，无敢非为，而民命得免雉罹之灾。

一、驱外奸以杜内患。看得新之流患在海，而海之隐忧在彝。彝居澳地，立有商市，可无虞矣。然有窟穴于澳中，往来海上，暗通接济者，则异域奸棍也。异棍多窜身于澳艇以作奸，飘泊半海等山，托名种烟、烧炭，交结土宄，投人厚赀，收买违禁货物，运售彝地，掠有良家子女，卖与彝人。哨兵以澳艇，不加察明。澳艇以无阻，得恣藏奸，殊可憾也。合请明示，严申宪禁，不许远人私乘澳艇，住泊山海。责令哨兵盘诘，遇获驱逐回澳。如有私带人口及禁物等项，即行拿解，治以通彝之罪，使异棍知有所禁，而不蹈入，土宄惧有所备，而不阑出。是亦袪奸杜患、安内攘外之一义。

一、清料船以靖海氛。看得盗艘横行，非假商、渔，无能出海，非通经纪，无能作奸。西海之船，有名曰高头料者，破浪轻快，利于涉险，往往为盗。先年曾经禁阻，海上赖以无虞。迩来法久废弛，此船复出，倚藉宦家旗帖，执为护身之符；串谋不肖经纪，诈称腌鱼之客。哨兵难诘真伪，商、渔罔知提防，屡罹其殃。且一劫扬帆，莫得踪迹。询之舆情，诚当禁者。然以诸民强半泛海为业，采捕为生，一方躯命攸关，又所不能禁也。卑县筹之，惟立法以清之耳。凡有料船腌鱼者，许经纪赴县，报名具结，船户某，商人某，驾船某某若干人，给印信、合同、串票，佥定出海日期，与该汛哨兵截票，各执一。遇盘诘照验，对合放行，哨兵不得生事。其船回于何日，亦注票内缴察。此船不过数十只，逐一出票，稽其出入，则人之奸良，不辨自明。如无票照，即系歹船，该哨立时拿解，尽法究惩，兵役故纵，一体坐罪，海氛其可永靖。

一、编蛋甲以塞盗源。看得海洋聚劫，多出蛋家。故欲为海上清盗薮，必先于蛋家穷盗源。何也？蛋艇杂出，鼓棹大洋，朝东夕西，栖泊无定。或十余艇，或八九艇，联合一艅，同罟捕鱼，称为罟朋。每朋则有料船一只，随之腌鱼。彼船带米，以济此蛋，各蛋得鱼，归之料船。两相贸易，事诚善也。但料船素行鲜良，忽伺海面商、渔随伴船少，辄纠诸蛋，乘间行劫，则是捕鱼而反捕货矣。当事者未尝不三令五申也。然弭盗之方，总不外于总甲。今议十船为一甲，立一甲长；三甲为一保，立一保长。无论地僻船稀，零星独钓，有无罟朋，大小料船，俱要附搭成甲，编成一保，互结报名，自相觉察，按以一犯九坐之条，并绳以朋罟同艅之罪。甲保一严，奸船难闪，则盗薮不期清而自清，盗源不期塞而自塞。

一、严保甲以安地方。照得保甲之法，叠奉宪牍，不啻三令五申，而地方犹然萑苻未靖，樗蒲成风，岂尽保甲行之不严哉！新民大半航海营生，朝东夕西，出入靡定。盖保甲行之于乡镇易，行之于零星之处难；行之于陆地易，行之于海泽之区难。于是酿为盗薮，任其非为，视保甲徒虚文耳。今卑县设诚[1]力行，亲履察编，每十家为一甲，十甲为一保，零星居民，就近附甲。至于海滨有船地方，亦以十船为一甲，三十船立一保。若本地船少，不妨凑搭[2]成甲，其保、甲长俱择有力量者充之。有警互相救援，有犯互相觉察。各类一册，报县存案。每月朔望，各保、甲长具有无失事结状，水陆一体，投文稽核。倘有窃盗及赌博、不法等项事发，必究连坐。如先期出首者，定行奖赏。俾保、甲各知激劝，地方其少宁乎！

一、革陋规以豁行户。照得铺户贸易，觅利蝇头，隶籍当行，悉属资本。往者鱼行岁例答应黄鱼，艇户逐日办送柴薪，民称旧规，官不给价。民脂几何，其能堪乎？卑县深为轸念，凡日用柴米鱼蔬等物，俱发现银，时价平买，并不票取一粒一丝，各行铺户，答应陋规，一概尽革，商贾乐业，渔樵安生。虽云沾沾小惠，实抚民之一端也。

地方诸难

周希曜[3]

看得为今日之吏难，为新安今日之吏更难。何也？邑有大小，有腹边，惟宪台照临之下，纤微洞悉。兹奉明文，以三难议叙，则新安之称难者，不得不冒陈焉。

夫新虽蕞尔，实冲山海，为会省门户。迩年红彝艚寇，数逼县城，固雉堞守御无虞，而乡村残落殆尽。迄今安抚，大费心力，诚与上难例合。又壤接惠州，流寓杂处，奸徒窃发，擒剿献俘，爰书可按也。且邻近深山大泽，异族窜居出没。邑既不在腹里，加以流、土充斥，剿捕甚难。若新邑之赋无多，有籍新安而人民仍居东莞，粮饷累逋，追旧征新，负隅隔邑，置若罔闻。如寄籍里排马厚、范祥等户，岁课数百余两，积逋不纳，拘提不来。如此顽梗，即有巨擘，难为料理。又合中、下之两难，而并萃于一难也。

---

[1]“诚”原讹“册”，据康熙《新安县志》卷十二《艺文志·条议》收录该文改。
[2]“搭”原讹“派”，据康熙《新安县志》卷十二《艺文志·条议》收录该文改。
[3]“曜”原讹“耀”，据本志本卷前文及本志卷五《职官志一·文官表》改。

且地当省会门户，冬、春两汛，海宪之出镇，海防之稽察在焉。一切供亿，无编派，无关会，则答应之难。原系因所为城，城中尽是军丁，仰给于县，一有愆期，则脱巾见告。加以寨兵棋布，往往鱼肉小民，乘机鼓噪。有司稍加绳束，动辄恃众挟制，则驾驭之难。派分东莞五分之一，多有粮在新，而户在莞，族大地遥，遇卯比征，里长不敢前，图差不敢问，屡年积逋，则足额之难。邑东北有山皆童，一望憔悴；西南皆海，小民无田可耕，此一万六千有奇之粮，大半取之灶、蛋，而苦为邻邑之豪强占夺，奸商承饷，小民哑受赔累。至于舟车辐辏之地，有利可兴，又为势要竖桅开墟，所在村落，不入排甲，并新邑之人与土而攘之，则生聚之难。四事积谷，及四季三分报部，大半取之赎锾。而下邑有民皆渔，朝讨暮食，尚虞不给，何暇入门求胜？旬日审理，不得一件。即欲如数取盈，不知计所从出，则积贮之难。县无额设夫役，如遇公出村落，毳妇稚子，地方约保，督率而前，奔命应役，频朴可怜。若泛海往来，必须候风，往不得东南，来不得西北，羁碇中流，动经旬日，则往返之难。此皆于三难之外，而笔所绘之不尽者也。

详免军需

周希曜[1]

看得猺蛮肆逞，致烦兴师，奉檄取办鱼盐之外，又派本县解米一千五百石。凡属下吏，谊切同仇，分当供应。第地有腴瘠之别，产有出否之殊，有则举措易办，无则巧妇难炊，不得不冒昧以请也。

新安地方，西北皆山，东南皆海，小民无田可耕，耕者多属下则瘠壤，止种薯、芋、蔬、菽为食，中、上则之田无几。计一岁收获，不足供数月宿舂。日用之饔飧，全取足于莞邑。如莞渡一日愆期，米价顷刻踊贵。为卑县之兵若民，亦岌岌乎殆矣。仓贮旧谷一千二百有奇，及新发详允库银买谷二千有奇，皆费几追呼，而贸自莞邑，仓积一石，民费二石。万众嗷嗷称

[1]“曜”原讹“耀”，据本志本卷前文及本志卷五《职官志一·文官表》改。

苦，卑县目击恻心。此库发之银，尚未能足额，而姑俟之成熟。顾此数千之积贮，留之以备缓急。万有不测，而莞渡中断，悲此一邑之苍赤，两所之官兵，将尽作沟中瘠。虽然，弹丸之兵、民，其小者也，如门户之动摇何？为卑县计生全，为省会之门户计长久，尚宜宽其征徭，加意协助，使民不奔命于意外之征求，而官兹土者得专精于意中备御，庶卑县安而省会亦安。回思近年，刘、李大寇屡次临城，焚毁杀伤，所不忍闻且见者，其重烦宪台焦思。此卧榻之忧，关系匪细，当不止如猺之犯连已也。事关职掌，徒廑杞忧，不得不仰干宪聪。虽设处运解五百石，此一时权宜之术，恐继此未能应也。卑县从地方起见，匪敢诿卸，伏惟详宥，并祈俯念海冲远地，以宽后至。

详减积谷

周希曜[1]

照得积谷为今日第一要务，奉功令森严，即捐资备贮，亦职所当然，曷敢倡言艰苦！但邑有大小不同，民有疲腴匪一，似难以概论也。本县并无出产米谷，购售甚艰。遵奉宪定，限岁积一千石，四季分报。自前冬以讫今夏，已积过一千七百五十石。搜诸赎锾，捐之俸薪，尚不足数，复贷补额，此《季报册》内，一一可按，无容置喙[2]者。惟是本县地瘠民穷，田少赋薄。稽之往牒，春、夏二季，扣积谷银二十五两，解充兵饷；又除秋、冬二季内十扣二分，该银七两五钱解部；又除协助南、番二县，与支给库吏公堂油、烛、纸札及囚粮等项，共银四十两外，其余所积，及奉加增谷，岁积共止一百五十石。而今奉岁积一千石矣！计百五十之价，不过三十七两五钱，而今一千则有二百五十两矣。较之旧积，增之十有九矣。倘额数已满，后来无积，是前人预蓄后人之储，而后任者宁补前人之费乎？况本县审理，旬日

[1]“曜”原讹“耀”，据本志本卷前文及本志卷五《职官志一·文官表》改。

[2]“喙”原讹“啄”，据康熙《新安县志》卷十二《艺文志·条议》收录该文改。

不过数件，俱系钱债、土田细事，免供居多，欲将取盈，计无从出。非惟时势不能，抑亦巧妇难炊也。前之捐贷储备者，已觉露肘之虞，继此挖肉补疮，终非善后之策。昕夕思维，点金无术，合请宪台察怜滨海重地，邑小民贫，俯赐季积百石，前后接任通融，相积足额，庶无独累前人，则卑职免瘝旷之愆，而上台亦施恩不朽矣。

国朝

知县李可成条议兴革事宜 八条

一、劝开垦以增国赋。照得新邑久迁乍复，土田荒芜，辟耕匪易。自析分界外，民居拆毁，兹归来者，必先谋栖址，方议耕菑。则编茅积土，未雨之绸缪，当如何告诫耶？一畚一锸，费几经营，刈草删芜，殊深劳瘁。惰而不前者督之，耕而乏种者给之。虽不克与尔民并耕并作，而日夕之率，俾如共处主伯亚旅之间。自此民间耕获所及，不论则壤高下，朔望报单，汇核转缴。当经报垦在案者，九年秋冬，计四百余顷。十年、十一年，计一千余顷[1]。然皆得寸则寸，得尺则尺，无匿少为多，及匿多为少者，统俟三年起科。国赋升而恒产复，所谓正德必先厚生，端有赖也。

一、端士习以兴教化。照得学校之设，风化攸关。父兄之教不先，子弟之率不谨，不得谓城阙之刺，无关表率者也。新邑迁后，士子寥寥，然先泽之遗，雅多自好。每季试论文，朔望行香，必咨究圣学，先德行而后文艺，大约诫警之思，深于奖劝。蒙学宪颁发《循环门簿》，奉公力行。每升堂，唤学役持《门簿》，立仪门，填注出入姓名，乃士亦浮浇自饬，鲜有投足者。凡公门应卯作中，不许一生与焉，所以防闲者诚严矣。至于宾兴大典，新士最寒，卷资之费，捐俸量给，斯又惓惓属望，相与有成之意。异日者人文蔚

[1]“十年、十一年，计一千余顷”原脱，据康熙《新安县志》卷十二《艺文志・条议》收录该文补。

起，礼让成俗，彬彬邹鲁之风，宁止一邑之幸哉！

一、修城池以资保障。照得新安城池，西南临海，东北环山，屯门、佛堂为省会门户。则沿海设邑，为省会藩篱，守御在一邑，保障即在全省。崇墉深池，急于他县。往因迁徙，民人散亡，城垣颓塌。今当展复之会，虽云修葺，实同创兴。所有[1]四门、敌楼，无有也；铳台、窝铺，无有也；雉堞则半倾矣，垣墙则半卸矣，濠沟则尽淤矣。于是鸠工庀材，捐俸之后，继以典鬻，务使高垣深堑，坚壁[2]可守。至十年八月，飓风倾覆，奉督宪题达，檄行捐修。仍勉措修复如初，并应用铳炮、火药，咸用整饬，以临薄海，以壮金汤，藩篱固而堂奥得安枕矣。

一、筑台寨以固边防。照得新邑为省会藩篱，则沿海台寨，尤为吃紧。展界之后，奉设边防。除瞭望台外，西至茅洲、碧头，南由屯门，东抵大鹏，凡险要处所，额设台寨一十二座。每座周围墙垣，方员数十丈，中立官厅，两厢群房，各用屯兵三、五十名，更番防守。沿海一带，左右声援，呼应相接。间有海曲山纡、乡圃[3]辽阔之处，仍复错置营盘，星罗棋布。设防之密，无逾于此。其间飓风遭覆，两奉捐修，营缮之繁，拮据万状。壬子秋，屯门告警，一呼而兵民奋击，渠党尽俘，皆上台硕画远猷，而群策群力，地方赖安，所谓设险以守，民忘其劳者。

一、革火耗以劝输将。照得赋额一项，起于地亩。民间耕凿，无论膏腴硗瘠，苟不失农时，皆可以供正赋，而赡私家。但恐因循故套，陋规未除，抑或纳柜给票，不行清察，胥吏生奸，民乃耗于追呼，有不给之患。谓为民之顽梗，盍亦省其故乎！新邑久迁，流离之氓，尤宜轸恤，一应纳柜粮银，俱照藩宪法马，纤毫无溢，概不容各役人等，额外科求。迄今民乐输将，虽边远都图，俱各正身出役，遇卯无朴责之声，乘时急耕桑之务。悉奉上行，

[1]“有”原讹“谓”，据康熙《新安县志》卷十二《艺文志·条议》收录该文改。
[2]“壁”原讹“壑”，据康熙《新安县志》卷十二《艺文志·条议》收录该文改。
[3]“圃”原讹“围”，据康熙《新安县志》卷十二《艺文志·条议》收录该文改。

四月完一半，八月全完，解支批领在卷。宽以养之，业有成效。至于衙门一切需用蔬菜等物，俱平价现给，并无行户承值。斯皆遵宪檄，守官箴，非有创行其意，无悖于所施而已。

一、禁包当以清里役。照得阖县里役，各都殷实者轮当，凡有产之家，递年互相催管。是则彼此俱有关会，各有身家，孰不知钱粮为重，孰无急公终事之心？惟有等游荡无籍之徒，或胥吏在官之役，习于钻营，不顾身命。愚民无知，每听煽惑，一受包揽，任意兜侵，迄乎败露，监比既不能前，逃窜亦所时有，终无补于国课也。今于承役之始，确点里长正身的名，当役各色人等，概不容私相顶替。至于催办之时，有甲户顽欠者，仍许指禀赴比，各遵完纳。责有攸归，岁课早输，农功[1]不扰，物力亦觉其充裕矣。

一、严保甲以稽奸宄。照得保甲之设，奉行已久，第行之不力，以致弊窦丛生。与其惩罚于后，何如严饬于先！今编立十家为甲，十甲为保，仍令公报殷实有德望者为保长。其设立十家牌，俱各注明人口、生计，保长不时巡查。如有窝盗赌博，许即奔报，立行拿究。倘遇地方有警，联络救护，以壮声援。每朔望，保长赴县，递有无失事甘结，以凭查核。其有奉发抚目、抚丁安插该乡者，亦着编列入册，时相钤束，导以自新。务使闾阎赤子，知重本业，匪僻不生。即有跃冶之徒，驯致日久，革心向化，淳庞之俗，庶几望之。

一、戢刁讼以安善良。照得听讼之道，期于无讼。然不察其致讼之由，力行芟除，滋蔓难图矣。狡狯之徒，飞殃流毒，或捏名诳投，或越诉勾摄。迄乎提审，匿影逋逃，株累无辜，牵连逮系，累月经年，积案不结，以致家破身亡，颠连万状。而狡狯者犹复在旁关说，恣其鱼肉，殊可痛恨。自此不论大小词讼，一字涉虚，必深究诘。凡诳告、匿名越诉等项，查果刁讼之人，立拿正法。其有假命图诈，抑或藉势朋奸，务立审实，与以应得之罪。迩来佥壬屏迹，良善获安，囹圄空虚，桁杨不设，虽迁复残黎，率多向义，而剪除亦不遗余力焉。

[1]“功”原讹“工”，据康熙《新安县志》卷十二《艺文志·条议》收录该文改。

新安县志卷之二十三

艺文志二　记序

记序

宋

杯渡山纪略

蒋之奇 宋知广州军事

《广州图经》:“杯渡山，在屯门界三百八十里，旧传有杯渡师来此。”《高僧传》云:“宋元嘉时，杯渡常来赴齐谐家，后辞去，云:‘贫道去交广之间。’”退之诗云:“屯门虽云高，亦映波浪没。”所谓屯门者，即杯渡山也，旧有军寨，在北之麓。今捕盗廨之东，有伪刘大宝十二年己巳岁二月十八日汉封瑞应山勒碑在焉。榜文刻:“汉乾和十一年岁次甲寅，开翊卫指挥同知、屯门镇检点防遏右靖海都巡陈巡，命工镌杯渡禅师像供养。”杯渡事，余已删定，著于篇。刘汉大宝己巳，至今元祐己巳，盖一百二十一年矣。事之显晦有时哉！昔余读李白《南陵隐静寺[1]》诗:“岩种朗[2]公橘，门深杯渡松。”以为杯渡迹见江淮间，不知又应现交、广云。为赋之曰:

吾闻杯渡师，常来交广间。至今东莞县，犹有杯渡山。兹山在屯门，相

[1]“寺”原脱，据（唐）李白《李太白集》卷十五《送通禅师还南陵隐静寺》、《全唐诗》卷一百七十七《李白·送通禅师还南陵隐静寺》等补。

[2]“朗”原讹“郎”，据（唐）李白《李太白集》卷十五《送通禅师还南陵隐静寺》、《全唐诗》卷一百七十七《李白·送通禅师还南陵隐静寺》等改。

望横木湾。往昔韩潮[1]州，赋诗壮险艰。飓风真可畏，波浪没峰峦。伪刘昔营军，攘摽防蛋蛮。镌碑封瑞应，藓痕半斓斑。南邦及福地，达摩初结缘。灵机契震旦，乘航下西天。长江一苇过，葱峤只履还。渡也益复奇，一杯当乘船。大风忽怒作，巨浪高胜[2]掀。须臾到彼岸，垒足自安然。掷杯入青云，不见三四年。安得荷芦图，相从救急患。累迹巨浪侧，真风杳难攀。鲸波岂小患，浮游如等闲。仰止路行人，不辞行路难。

海潮图[3]序

余靖

古之言潮者多矣。或言如橐籥翕张，或言如人气呼吸，或言海鳝出入，皆无根据。唐卢肇著《海潮赋》，以为“日入海而潮生，月离日而潮大”，自谓极天人[4]之论，世莫敢非。予常东至海门，南至武山，旦夕候潮之进退，弦望候潮之消息，乃知卢氏之说，出于胸臆，盖有不知而作者也。

夫阳燧取火于日，阴鉴取水于月，从其类也。潮之涨退，海非增减，盖月之所临，则水往从之。日月右转，而天左旋，一日一周，临于四极。故月临卯酉，则水涨东西；月临子午，则潮平南北。彼竭此盈，往来不绝，皆系于月，不系于日。何以知其然乎？夫昼夜之运，日东行一度，月则行十三度有奇。故太阴西没之期，常缓于日三刻有奇。潮之日缓其期，率亦如是。自朔至望，常缓一夜潮；自望至晦，常缓一日潮。若因日之入海，激而为潮，则何故缓不及期，常三刻有奇乎？肇又谓：“月去日远，其潮乃大；合朔之际，潮始[5]微绝。”此固不知潮之准也。夫朔、望前后，月行差疾，故晦前三日潮势长，朔后三日潮势极大，望亦如之，非谓远于日也。月弦之际，其

[1]“潮”原讹“湖”，据民国《东莞县志》卷四十《古迹略四·寺观·附杯渡庵》收录该文改。按，韩潮州，即韩愈，因曾被贬为潮州刺史而得名。

[2]“巨浪高胜”原讹“滚滚惊涛”，据康熙《新安县志》卷十二《艺文志·记述》收录该文改。

[3]“图”原脱，据（宋）余靖《武溪集》卷三《序》收录该文补。

[4]“自谓极天人”原讹“已谓极天”，据（宋）余靖《武溪集》卷三《序》收录该文改。

[5]“始”原讹“殆”，据（宋）余靖《武溪集》卷三《序》收录该文改。

行差迟，故潮之来去，亦合沓不尽，非谓近于日也。盈虚消息，一随于月，阴、阳之所以分也。夫春、夏，昼潮常大；秋、冬，夜潮常大。盖春为阳中，秋为阴中，岁之有春、秋，犹月之有朔、望也。故潮之极涨，常在春、秋之中；涛之极大，常在朔、望之后。此天地之常数也。

昔窦氏为记，以为“潮虚于午，此候于东海者也”；近燕公著论，以为“潮生于子，此候于南海者也”。又尝闻海贾云：“潮生东南，此乘舟候潮而进退者耳。”古今之说，以为地缺东南，水归之。海贾所云，亦近之矣。今通二海之盈缩，以志其期，西、北二海，所未尝见，故阙而不记云。常候于海门，月加卯而潮平者，日月合朔，则旦而潮平；日缓[1]三刻有奇，上弦，午而平；望以前为昼潮，望以后为夜潮。此皆临海之候也。远海之处，则各有远近之期。月加酉而潮平者，日月合朔，则日入而潮平；上弦，则夜半而平；望，则明日之旦而平；望以前为夜潮，望以后为昼潮。此东海之潮候也。

又尝候于武山，月加午而潮平者，日月合朔，则午而潮平；上[2]弦，则日入而潮平；望，则夜半而平；上弦以前为昼潮，上弦以后为夜潮。月加子而潮平者，日月合朔，则夜半而潮平；上弦，则日出而平；望，则午而平；上弦以前为夜潮，上弦以后为昼潮。此南海之潮候也。

邑之潮，视武山又差一时辰。盖邑地去武山差八十里，邑潮先平，则亦先退云。

明

新建赤湾天妃庙后殿记

黄谏 翰林院学士、判广州府事

天妃行祠，海滨地皆有，而东莞则有二：一在县西百余里赤湾南山下。

[1]“日缓”原讹“月缓日”，据（宋）余靖《武溪集》卷三《序》收录该文改。
[2]“上”原脱，据（宋）余靖《武溪集》卷三《序》收录该文补。

凡使外国者，具太牢祭于海岸沙上，故谓辞沙。太牢去肉留皮，以草实之，祭毕，沉于海。永乐初，中贵张公源使暹罗国，先祀天妃，得吉兆，然后辞沙。天妃旧有庙，公复建殿宇于旧庙东南。岁久，岿然尚存。去年冬，兵科给事中王公汝霖、行人刘公泰有占城之行，泊舟庙下，于神是祷，往返无虞。出钱二万缗，托东莞吴知县于后建正殿四楹，易前殿为享堂，令巡检马善督工。刑科给事中陈公嘉猷、行人彭公盛大自满剌加国还，复发钱万缗，以相其事，不越月而成。吴君请言，记之石。善夫！惟神有灵福人，惟人以诚答神，感应之妙，捷于影响。肃书于石，俾使而辞此者，知非谄事求福也。

都宪汪公遗爱祠记

陈文辅 五羊人，评事

周文王分命召伯，循行南国，以布新政。其后人思其德，即其所尝舍止之树而爱慕之，遂作《甘棠》之诗；汉于公为廷尉，决狱平反；石庆为齐相，齐国大治。其后皆生立祠、像，而思慕之。今都宪汪公遗爱堂之建，亦犹行古之道也。公在任时，广之海隅，民无老少，被德而荷功者，皆议立生祠以报之。公闻，不许。暨公升任在朝，去广远，民思愈切，恐无以记公之功德者，乃谋立，以志不忘。佥以乡耆郑志锐、吴瑗、郑柔、龙骧等，素服乡评，推让出名，呈举当道，可之。遂以旧废乡校，聿修祠宇，民始得伸其所愿。是举也，上非好名，下非好佞，秉彝好德之良，在匹夫匹妇不忘也。

呜呼！德之在人者浅劣，则久而易忘；功之在世者菲薄，则远而莫知。今公之在广，其功德深矣，厚矣！不惟感人，且以占诸天。《书》曰："惟德动天，惟天眷德。"初，公以京职任广宪。岭之西、南，公分治之[1]。时西土德教不服，乃用兵革。而民赖存活者，以万万计。岭南会天旱，公甚忧之，

[1] 按，"岭之西、南，公分治之"，康熙《新安县志》卷十二《艺文志·记述》收录该文作"下车之初，分莅西土"，"因任之年，分治岭南"。

暨吁请，甘雨遂降，三农沾足。非德动天而何及！夫皇天眷德，随以玺书，专管海道。海多倭寇，且通诸番。濒海之患，莫东莞为最。海之关隘，实在屯门澳口，而南头则切近之。

成化三十三年，占城古来来奔，边衅遂开，而番舶相继扰攘。近于正德改元，忽有不隶贡数号为佛郎机者，与诸狡猾，凑杂屯门、葵涌等处海澳，设立营寨，大造火铳，为攻战具。占据海岛，杀人抢船，势甚猖獗；虎视海隅，志在吞并；图形立石，管辖诸番；脍炙生人，以充常食。民甚苦之，众口嗷嗷，俱欲避地，以图存活，弃其坟墓、室庐，又极凄惋。事闻于公，赫然震怒，命将出师，亲临敌所，冒犯矢石，劬劳万状。至于运筹帷幄，决胜千里，召募海舟，指授方略，皆有成算。诸番舶大而难动，欲举必赖风帆。时南风急甚，公命刷贼敝舟，多载枯柴、燥荻，灌以脂膏，因风纵火，舶及火舟，通被焚溺。命众鼓噪而登，遂大胜之，无孑遗。是役也，于正德辛巳出师，至嘉靖壬午凯还。师行而秋毫不犯，于贼舟获有囊橐，来公所者，公悉以颁赏有功，一无所预。功成，公且推让，辞曰："军旅之事，皆军士之功也，吾何与焉！"捷闻，擢升廉宪。继升江西方伯，寻授节钺，总督南部。天降甘露于治所，召入内台。

呜呼！噫嘻！惟公之德、之功，足以动天地，感鬼神。其始也，甘露应祷其中也，甘露时降，天人感应，信不诬矣。今吾广人，虽闾里啬夫，无不称快。南头之民，私相语曰："吾属非公，几左衽矣！"又尝指其童稚而言曰："若辈非公救拔，皆葬彝腹久矣！"是知公脍炙人口，溥且厚矣。民容能忘乎？祠成，郑志锐等状予以干记。予不敏，不足敷扬公之伟绩，姑记其行师救民之一节云。

重建汪公生祠记

祁敕 进士

太子太保、兵部尚书兼都察院右都御史、婺源汪公，旧尝为广东按察司副使，功德在民。既去，而思之不置，乃即南头乡社学旧址，治垣屋，为公生祠。嘉靖辛卯，东莞县尹林啓、少尹王夔，以公事至南头，顾瞻祠宇，谓弗称，乃撤而更之。前堂后寝，重门列庑，焕然一新。工讫，邑庠翟中立、乡耆郑志锐、吴瑗，谓敕受知于公，俾记其成。中立曰："屯门旧为番舶所萃，正德丁丑，西番佛郎机假以修贡，扰我边圉，狼狈蜂毒，实繁有徒，掠婴孺，屠以为膳，闻者惴恻。公时奉玺书，治海道，乃召濒海之民，激以大义，雷击飚扫，靡有孑遗，民得安堵。"志锐曰："公为统制，不事威刑。士有死事者，厚恤其家。所俘获，悉以赉下，秋毫无私。"瑗曰："屯门临不测之海，风涛险恶，寇恃火炮为长技，虐焰张甚。士或惮行，公毅然身率之。又尝仿古法为战船，百桨齐发，攻无坚阵。"中立曰："公之御寇，为人之所难为。然战胜，辄推以予下，曰：'此将校之力。'"志锐曰："公去广将十年，海寇横发，官兵屡征弗克，民不聊生，相率望生祠而泣曰：'使公而在，至此极乎！'"敕乃叙而论之曰：

自古豪杰之士，匡世济民，流声实于百祀，其材略之伟，谟画之周，卓乎不可及也。然究其本，必由于忠义之性充盛，固结于中，是以临事奋发，而功绩用成也。昔谢安淮淝[1]之捷，南轩张子称其诚与才合；富郑公折强敌而夺[2]之气，李焘谓："观便殿奏对数语，预知使事之有成。"若二子者，可谓善论豪杰者欤？公以儒发身，戎务若非素习，一旦挺身行阵，摧数百年未睹之强寇，岂偶然者哉？公生平忠义自许，剔历中外，始终一节。既而遭际圣明，掌内台，领本兵，上之任公益重，而公之图报者益深。间尝从容语敕曰："鋐受明主不世之遇，期捐躯以报，不知其他。"嗟乎！观公此言，则所以殄寇安民，而永令誉者，具得而知已。

今世之尸素玩愒、偾事病民者，岂皆材谓[3]不逮哉？爱国之念，不胜其

[1]"淝"原讹"夺"，据康熙《新安县志》卷十二《艺文志·记述》收录该文改。
[2]"夺"原讹"淝"，据康熙《新安县志》卷十二《艺文志·记述》收录该文改。
[3]"谓"原讹"力"，据康熙《新安县志》卷十二《艺文志·记述》收录该文改。

全躯保妻子之心；临小变，辄持两端，以俟成败，庸有济乎？观于公，而知古今豪杰，异世同符矣。攘彝安下，正也；一物不私，介也；优养战士，惠也；推功将校，让也；相机制胜，略也。正以立事，介以禔身，惠以劝能，让以和众，略以应变，兹固战功所由成。抑所致此者，又在公忠义之盛，当妖氛卒起，孤军力支，外无强援，内虞瘴疠，使公［稍］以生死祸福为念，将疑惧之不暇，能建此伟绩耶？故敕谓公成功有本，不诬也。

公任广宪逾十年，有事于南头，仅数月耳。昔人于名贤所莅之地，虽襜帷暂驻，犹且思之，矧亲被生成安集之恩者乎！宜邦之人建祠致敬，不能自已也。后之宦吾乡者，瞻[1]结构而兴仰止，慨然以公心为心，知有国而不知有家，知有生民之休戚，而不知有身之利害，其于天下国家也，尚庶几乎？

是役也，工费出于林尹，而少尹实勖成之，耆民郑志锐、吴瑗、吴祐、龙骥、郑柔辈皆与有劳，法宜得书。

新安经始记

何维柏 南海人，尚书

隆庆壬申夏，巡海仁山刘公还自海上，过余，述南头父老吴祚等语，曰："吾侪老且死，独子孙世沦郁陷，何由见天日！"号吁伏地，请建县治，以图保障。予曰："公何不力任，以绥厥蒸民？"公谓建置事重，惟议添一丞，少对众望。予曰："南头设海防郡贰，与守备弹压兹土，尚不能为小人依附，何有于丞？若建邑，则职专宰牧，责重拊循，约束强悍，不得肆其恶，比联良弱，有所恃以生。东莞为藩篱，会省为门户，辑迩控远，安内攘外，一举而众善得矣。昔与制府刘公、吴公创议首此，今在镇殷公亦言之备。公入，以予言探之。"翼日，公以添丞上详，因以予言质殷公。殷公曰："彼中父老意[2]若何？"公曰："万口同词，惟愿立县。"殷公曰："何公素不苟于言，父

[1]"瞻"原讹"览"，据康熙《新安县志》卷十二《艺文志·记述》收录该文改。
[2]"意"原脱，据康熙《新安县志》卷十二《艺文志·记述》收录该文补。

老且宜之，宜以建县，请令更详入。”殷公核下，即疏驰请。奉部覆允，名为“新安”。因旧城以为固，辑军民以为居，肇创邑堂学宫，诸所经营，次第就绪。公过予，稽首曰：“新安邑治，不佞承矩，迪乃有今。兹敢冀名言，以记始事。”予拜诺。

甲戌秋，公晋贰冏卿，行，复申请业挥稿。时新令倥偬未遑。冬，予应召北上，戊寅岁始归，时公已辞世。追夙议，每对新安士友言，属视篆辄代，念不及此，竟落莫负公委。丙戌岁冬，林子培过山中，语及慨然。因会吴子国光，贻书令尹丘侯。侯即与卢学谕一松、谭司训一阳，遣诸生叶大霖、吴国祯[1]奉书币敦请。予念兹土在汉隶南海郡，历晋而隋，或郡或县，旧名宝安；唐移到涌，为东莞县；明洪武间，城旧郡地，为守御千户所。南控溟渤，东西诸路，悍商番泊，翔帆日千里可至，诚岭海重镇。往昔经略疏阔，漫无防守，大都以渔樵耕种为事。而海寇负险啸聚，为内境患，不啻数十年间。今万姓有所利赖，耕凿鱼贩，得自食其力，以享室家之乐。岛外小丑，徘徊海壖，莫敢窥伺，海不扬波，境内咸藉康毗，芟彝就坦，化梗为良。曩时骁悍干盾之区，率为诗书弦歌之习。士子嗜学绩文，裒然为举首，策南宫上第，诸所敬业席珍，以需清庙之用，盖将埒东邑而上之。

是举也，两广制府殷公定其议，侍御杨公、藩臬司府协其谟，海防贰守周冕、东莞令尹董裕综其务，而决断力成之者则仁山公也。概邑士民，莫不追慕公德。今复得丘侯，加意率育，俾予得纪公事迹，以不爽幽明之谊。成美贞教，日进无疆，用备记之，以贻来者。

海道刘公去思记

陈绍儒 南海人，尚书

隆庆壬申，建设新安县。其时创议者，南冏卿仁山刘公也。新安民思而祠之。思者三：以征输讼狱者，地之近，贷诈无以私也，谓之仁；以设险

[1]“祯”原讹“正”，据康熙《新安县志》卷十二《艺文志·记述》收录该文改。

简戎者，势[1]之便，奸宄由以寝也，谓之忠；以旷谋且举者，任之力，陈修获以遂也，谓之断。断则民徯志而怀，忠则民愿愨而报[2]，仁则民乐利而悦。吁嗟！城曹城谢，城韩城朔，诗人咏之。今因所城而城新安，费罔官损[3]，役匪民劳，此刘公之仁，见于节爱者也。吁嗟！古司[4]盐都尉，一东莞场，汉隶番禺，晋、宋、梁、陈，或郡或邑，或析或徙，偏霸之经营，何纷纷也！唐、宋定县，今复因之。洪图兼荆扬，裔土而南，东莞其门户，新安其重关，生聚教诲，备御固而谁何者！此刘公之忠，见于图全者也。吁嗟！公行部之言曰："周民献数，王拜受之。岁审登耗，以祈蕃殖。嗟尔官民，井牧留屯。以熙以恬，游民顺轨，建设其长利哉。"此刘公之断，见于虑终者也。昔宋程师孟治广六年，创筑西城十二里。交寇邕州，觇罔东下。无何，召判三班院。去之日，广人立生祠焉。由[5]观刘公，异代而同功也，民思而祠之也，固宜。祠楹门庑别有记。刘公讳稳，字朝重，别号仁山，楚之鄗县人，丙辰进士，前广东海道宪副云。其铭曰：

翼翼新邑，遥遥边城。瘴雨蛮烟，丑彝游魂。云谁之愆，瘁止靡宁。伊昔戍圉，今列王封。三市攸分，百里攸同。月明刁斗，衷思融融。维藩维垣，南徼之濒。提封井井，嘉谋载陈。帝命褒之，爰召之宾。分疆控远，公则猷之。清风穆如，高祠岿而。民之攸思，与海流思。

海道刘公祠租记

吴国光 邑人，解元

新安，东莞故壤也，旧去县治一百余里，川涂修险，民之税者、役者及讼者咸苦之。正德间，伏阙请析县，弗就。隆庆壬申，海道副使刘公以戎事

[1]"势"原讹"诘"，据康熙《新安县志》卷十二《艺文志·记述》收录该文改。
[2]"愿愨而报"原讹"感激而兴"，据康熙《新安县志》卷十二《艺文志·记述》收录该文改。
[3]"官损"原讹"财伤"，据康熙《新安县志》卷十二《艺文志·记述》收录该文改。
[4]"古司"原讹"昔一"，据康熙《新安县志》卷十二《艺文志·记述》收录该文改。
[5]"由"原讹"今"，据康熙《新安县志》卷十二《艺文志·记述》收录该文改。

来，恻念民隐，慨然有分邑之议。达于两院，疏请于朝，遂即东莞所邑焉。维时邑侯吴公奉命宰邑事，区画营建，百度聿新。万历甲戌，刘公复至，进侯商确时政，敷文布泽，植法剔弊。贤愚老稚，靡不佩德熙化，冀公久莅兹土。亡何，刘公擢太仆贰卿。行，邑民相语太息，若失慈母，谋祠刘公，诣侯以请。侯曰："礼，凡有功德，在汝民心[1]，宜祠哉[2]！宜祠哉[3]！"乃率吴祚等度地建祠，且捐俸助之。数月，祠成，侯又曰："祠贵祀也，曷以祀？祀贵永也，曷以永？"时邑民困船役，鲜置船。侯令民置樵船一十舵，蠲其役，岁各量入租，以备祠用。仍定春、秋二祀，县实举焉。於戏！侯之心，民之心也。民之去思，越世如在，侯力也，则民又何以报侯哉！

重修赤湾天妃庙记

吴国光

王者主邕，梯航万国，怀柔百神，煌煌乎盛矣！余考图牒，天妃之神，自宋至我朝，累锡封号。广之有庙，建自征南将军廖永忠，敕加赐额，有司春、秋致祭。赤湾地滨大海，永乐八年，钦差中贵张源使暹罗，始立庙。又行人某使外国还，捐金，令父老吴松山等买田供祀。前后朝绅奉使，每出缗钱佐之。历岁寖久，稍就颓圮。万历八年，贰守周公以海防事至，顾瞻祠宇，低徊久之，乃集乡父老议，鸠工庀材，为鼎新计。逾四年，告成。父老谒国光记之，光曰："余小子戋戋，不娴于辞，然窃有慨于中矣。夫明有礼乐，幽有鬼神，其理一也。捍灾则祀，恤患则祀，其典钧也。余闻故老相传，神灵显海上，舟棹遇风颠危，呼祷辄应。夫圣人不语神，惧惑天下也。今显赫征异若此，其英烈之气，郁结磅礴，必且靖鲸波，除旱魃，彰善瘅恶，上之辅国，下之庇民，功德宏茂，用光帝命。虽与天壤俱敝，国家共悠久，可也。赤湾，余童子钓游所，岁时展拜。祠下西以南，俯溟海，波涛万

[1]"心"原讹"必"，据康熙《新安县志》卷十二《艺文志·记述》收录该文改。
[2]"哉"原讹"焉"，据康熙《新安县志》卷十二《艺文志·记述》收录该文改。
[3]"宜祠哉"原脱，据康熙《新安县志》卷十二《艺文志·记述》收录该文补。

顷，奔腾溯湃，慨然兴朝宗之思焉。东北眺群峰，迤逦倚伏，罗浮、梧桐，隐隐云端。四顾郁葱，令人心神怡旷。山川之奇，若彼神显赫征异又若此，宜其灵杰益彰也哉！余小子管窥之说，亦安所当？聊以备观省耳。乃若访西来本始，搜《遗经四十二章》之义，则余未之逮也。”

神姓氏出处，具见《广志》。庙之寝殿三间，堂三间，寝至堂，亘以亭；堂之前，为重檐门楼三间；堂左右为二厅；周围垣墙，楚楚翼翼。是举也，创议于贰守周公希尹。后先襄之者，则署县邓公凌云、王公维翰、前邑侯梁公大皞、今邑侯丘公体乾也，督工父老吴、郑仕才辈与有劳，并书之。祀田[1]丘亩，暨捐金姓氏，别有记。

新安儒学记

丘体乾 知县

国家计安生民者二[2]，治与教是也。抚绥振刷，兴利剔蠹，攘外庇内，治职也；兴礼化俗，淑人心，作英俊，则教之道归焉耳。新安，在汉属南海郡，晋为东官郡，迄隋改宝安县，而唐乃徙治今东莞，宝安之名易矣。邑初为东莞所城，驻士卒，备守御，宪臣贰守，时巡驻焉。民隶莞县，士游莞庠，举制科，登膴仕，清声伟绩，如郑、如吴、如邓诸公者，后先相望，皆此中士也。顾地去县远，山海不轨者时肆扰掠，编氓罔克胥匡以生，何暇修文教？万历改元，当道采父老议，以设县请于两台，得允，以奏闻，报曰：“可。”乃县之。

县因所城，而学建于东城外，其中为圣殿，旁为从祀，庑前为大成门，外为泮池，池前为棂星门，又前为屏墙，外凿月池。殿后为明伦堂，旁列两斋，又后为敬一亭，而启圣祠则在殿之东，乡贤祠则在殿之西，护以周垣。若名宦祠、省牲所、诸生号舍，尚有待而备。而两师之署，则构于东城内。

[1]“田”原讹“典”，据康熙《新安县志》卷十二《艺文志·记述》收录该文改。

[2]“二”原讹“六”，据康熙《新安县志》卷十二《艺文志·记述》收录该文改。

以万历元年十一月经始，次年三月竣事。盖自有县，而地方宁谧；自有学，而巍科峻第，岁不乏人。

岁丙戌，予奉命尹新安。甫至，谒先师，环视宫墙，见其钟梧桐之脉，位奎壁之墟；杯渡、文冈、阳台、南山诸峰，朝拥环抱，吞纳大洋。遐想厥初，相地择胜，良有见哉！顾县与学，并设有年矣，未有记也。乃请县记于大宗伯、古林何公，业已镌矣；而学记则司教卢君一松、司训谭君一阳，遣弟子员龙河辈以属予。予不文，述其原委如右，然犹欲与多士谂者。今以经义取士，士亦津津[1]然明经义，以当主司之取。迨入仕途，则举素业刍狗之，亦惑矣。夫九经，中类忠孝，实理圣贤，实事作义。倘一语戾本旨，则主司不录。是故贵其文之如经旨也。文不如经旨，品艺者将劣之。倘行不如经旨，宁不为品士者所劣乎？况今有令师，笃志励行，为多士倡，愿多士所服习者此，所演说注厝者亦此。毋以未得志而守，毋以既得志而弃，又毋初终久，暂而变，毋分文艺、践修为二致，此为真才，此为实学。出则忠孝立朝，处则忠孝范俗，俾天下后世品士者曰："新安之学之士，不可及也。"此学厥有光哉！不然，则文艺科名迥出其表表，于学无当也。多士盍勉诸！

初修《新安志》序

丘体乾

新安，在晋为东官郡，迨隋而唐，改郡而县，又改而东莞矣。此地悬隔，外警时至。国初垒城设所，以守海徼，巡以宪副，防以贰守，驻札参总。盖地关通省门户，诚重之，尚未县也。县自万历改元始。县矣，未记也。仁山刘公请于何宗伯，不佞又竟若请，镌之石。记矣，未志也。夫邑有土地，令则经之；邑有人民，令则理之；邑有鬼神，令则事之；以土毛则赋之，以俊杰则扬之，以风俗则齐之，形胜要害则守之，奸宄外警则纠之、捍之。非志，将安所纪载，以彰往考来哉？

[1]"津"原脱，据康熙《新安县志》卷十二《艺文志・记述》收录该文补。

因谋之学博卢君、谭君及乡缙绅先生、弟子员，又访之乡耆达民，佥曰：“有县十五年矣，今弗志，虑时益久，往绩益湮，稽考益艰。”不佞惕然罔敢缓，捐俸供若费，属二师以董修纂，延缙绅先生以司总裁，抡士弟子以专采辑。上稽天文，下考地理，中纪人事。志其山川封域，明疆理也；志其物产风俗，同习尚也；志其文武秩官，严职守也；志其官署黉序，资治教也；志其坛壝祠额，崇禋祀也。田赋有志，邦计重矣；礼乐有志，教化隆矣；兵刑有志，纠御赖矣；选举有志，俊髦登矣；人物有志，仰止勤矣；文艺有志，述作昭矣。以至方外、寇盗、灾异之类，兼志焉，以存故实、备稽考也。此其大概也。若夫文直而事核，义精而例明，美刺笔削，不阿不浮，祖麟经，宗古史，惩前宪后，则秉笔者之良也。不佞备员兹邑，谋厥始，乐观厥成，序之如此。

初修《新安志》序

陈果 主事，邑人

邑志，盖国史之遗，用以彰往鉴来也。《晋纪》赋，《楚纪》恶，吴、越、楚、汉之纪[1]，系以《春秋》，法戒严矣。宝安，故海邦，代有文献。自县徙到涌，声教颇逖，而载笔者往往摈之方外，湮灭无传。予壮岁与诸耆隽首议，始复县治焉。邑侯丘公始修志，以叙属不佞。予惟古者列国有史，刘氏三等，以褒善贬恶、不畏强御为上。子长号良史，仅以不虚美、不隐恶擅称，史之概可观已。宝安县治久废，民渐跛僻。以东家薄尼父，则乡评不足据；以挝翁诋五伦，则耳学不足凭。岩处奇士，中清中权，猥以放废，黜则隐逸独行者无所表于世，而雄行气使，反以浮琐传声。自非越拘挛之见，总域中之权，而欲定是非，昭实录，难矣。抑又有难焉。今寓内井疆虽殊，文献咸在，品骘者按故籍而去取之，易耳。新安未有志，而俗之好恶，又毫不可徇。苟徒雌黄信之齿颊，衮钺任其胸臆，何以附《春秋》笔削之义？兹志

[1]“纪”原讹“记”，据康熙《新安县志》卷十二《艺文志·记述》收录该文改。

也，因莞志之旧而损益综核，非徇俗任私、漫然苟非者。予喜其成，故因邑大夫之请，遂书之。

同门双节序

陈果

荣阳[1]郑氏，自宋徙宝安里，迄今推望族。有二女，适平山方氏伯仲。隆庆庚午冬，惠寇至，执二女于途，诘之曰："汝能从我乎？"二女俯地不肯行，贼怒，以刃向二女。二女厉声骂曰："贼奴！贼奴！宁死汝刃，不从汝也！"贼遂刃之，口犹啧啧，骂贼而绝。闻之者，无疏戚远迩，靡不下泪。陈子曰："吾莞值山海之变，妇女执于寇者，掳则去，赎则复回，靦然面目，恬弗之怪，未闻以节死者。今观于二女，可不谓难哉！孔子曰：'杀身成仁。'孟子曰：'舍生取义。'世之丈夫辈，童而授之，髫而习之，壮而讨论之，平居峨冠博带，高视阔步，睥睨千古。一临大节，辄乱方寸，鲜能自裁。其视二女，贤不肖何如也？二女产濒海，长深闺，目不接圣贤之书，耳不入师友之规，且当波颓风靡之会，乃见危授命，赴刃如饴，寻常丈夫，愧死万万矣。昔二窦氏骂贼投崖，古今以为美谈，辉映汗竹，今二女岂少让也？特穷乡僻谷，未获表扬，以风世俗、垂永久，有识者所为憾耳。犹幸二三耆彦，摛词振藻，流播耳目，异时观风者采其状上闻，旌厥闾，封厥墓，不将与二窦并芳也哉！"

尊经、文昌二阁记

邓文照 知县

夫经，常道也。经学不明，则彝训不饬，士多诡易，以行其私。国家广厉学宫，二百数十余年，政以俗成，道沿世革，而训彝不斁，尊经之效也。新安故僻壤，然文学之士彬彬，后先矗起，可不谓圣主道化隆盛，诸贤

[1] 按，"荣阳"，疑应作"荥阳"。

大夫德教浸灌，所施及哉！而尊经阁独缺而未备，使人不复知圣帝明王之业，固即在胶庠泮序之中也。余愀然念之，遂藉赎锾，毕力于此。时总戎李公，儒将也，亦慨然捐赀，偕邓公以爱助余。越去夏迄今，甫期年，而学博黄公至，乃协赞厥事。三阅月，而阁成，更谓余曰："经学树，文运昌，若左券然。安得表里经阁，因墉筑基，妥帝君其上，使夫经生学士，一对瞻而不能自已也，新邑其有兴乎！"余唯唯。斯义也，首彝常而策足，望孝友以适归，日与诸弟子砥励切磋其间，自新邑而达之天下，洵在是。夫两阁对峙辉映，非诸君子实纪纲之，将焉及此哉？余深幸一时同心，共济落成，而纪之如此。

李公名楷，靳州人；黄公名鹏飞，同安人；邓公名良遇，曲江人；章君讳习之，贵池人。

处士守愚陈公崇祀乡贤序

余士奇

尝思人生善行，未可枚举。赈饥活命，善莫大焉，而报亦不爽。古之人，发廪捐赀，救荒济窘，州邑之民，赖以存活，位居卿相之尊，福裨子孙之世，垂之史册，历历可考也。燕村守愚公五世孙美用，与余同举戊戌进士，观政京师，偶值薪桂粟珠，相对语曰："燕蓟如此，不知各省与余邑若何？我二人他日服官，万一遇有凶荒，为喉舌，应奏陈蠲赉；膺民社，当倡劝赈施，庶几视民饥如己饥焉。"美用曰："我二人存此心，未之行也。先高祖守愚讳让，与叔处静讳富斌，同此心，行之先矣。天顺七年，大饥，祖与叔出粟万石赈之。是时，尚未分邑，叔已载莞志，勒莞碑，受冠带，祖乃隐其名焉。"余闻之，跃然起，欣然羡，曰："好行善事，叔侄同心若是乎！宜君与尊翁别驾公甲第科名，后先继起，琼枝宝树，辉映阶墀也。"

既而谒选，美用得新安理，余得祁[1]门令。嗣后量移调补，羁縻职守，天各一方。惟余赴南刑署，美用司理抚州，于滕王阁中，得一握手道故。迄今追忆，薪桂粟珠，相对语时，屈指已逾十载。美用为户部尚书郎，请假归养。余守宁国，家人往返，仅以荒函询起居，月落屋梁，徒思颜色。兹邑大夫详请仲春丁日以守愚陈公崇祀乡贤，美用不远千里致书，命余作序。余谓公与叔同赈岁饥，叔已载志勒碑，荣膺冠带，公今崇祀，享俎豆之馨香，幸子孙之贵显，获报不爽，真堪与古之人垂之史册矣。谨序之，以扬公之善，且以复美用之命焉。

重修《新安志》序

李玄[2]知县

神庙时，海宇恬熙，唐虞不多让。自天启间，权珰播虐，寇盗蹂躏，世局一变。郡邑之间，多所更易。今上励精图治，凡经制悉返祖宗[3]之旧。诏取天下州、郡、县志，此其意将举海内之川原疆理，悉收目中，探烦简，窥利病，以大有造于元元也。新邑以海岛孤城，为穗省门户，虎头雄壮，杯渡灵奇，于以屏粤东、翰侯国，宁无当旒黈一注目乎！即迩者兵民交困鱼盐，宁无当宸衷一注念乎！乃自建治十五载，临川丘公始操笔而纪其概。虽星缠舆次、钱谷兵刑、民风文物，不无备载。然迄今五十余年，其间风景顿殊，规制递更，以文物则渐开，以善政则递起，又皆前志之所未载。如喻令烛六事议行，民至今赖之，可不亟书之，以垂有永乎！陈令谷百凡强敏，民亦至今思之，可不表之，以示不忘乎！则名宦之不可湮没也。又如陈稚老孝友推首善矣，既已碑之口，何不勒之篇也！如陈仪老廉明称能仕矣，既以光之

[1]“祁”原讹“祈”，据道光《祁门县志》卷二十《职官志一·县职官表》（清道光刻本）、《明史》卷四十《地理志一·京师》改。按，据道光《祁门县志》，余士奇于万历年间任祁门知县。

[2]“玄”原讹“元”，据康熙《新安县志》卷十二《艺文志·记述》收录该文及本志卷五《职官志一·文官表》改。

[3]“宗”原讹“宪”，据康熙《新安县志》卷十二《艺文志·记述》收录该文改。

国，何不扬之籍也！则又名贤之不可失传也。诸如此类，是皆不得以五十年后之胜事芳踪，坐漏于五十年前之旧帙荒编也。余于是捐俸，谋之两学蔡、李二公，集雅博庠友梁栋明等，访故老，收稗说，折衷而复志之。倘异时圣天子有诏，取之以附史馆之编集，则可藉手以献。至于询厥利病，按兹志而递为兴革，造福新安，以返于神庙之初，吾知后来诸公具有同心也。

重修《新安志》序 崇祯十六年

周希曜 宛陵人，知县

甚矣，治新难也！地处极炎，堞凭巨浸，纵骄语，规天条地，未易语保障抚绥也。况夫介胄文墨之龃龉，硗确斥卤之纷征，庠序之曲谨，土著之懦顽，奸宄之盘踞，前人与以因循，则恬然安堵，议改弦易辙，殊费支吾。远迩诧谓不祥，嗟嗟非常之原，黎民惧焉。齐鲁去王化未远，揆其所至，尚宜用变，况今日滨海邾莒乎！革乃得新，甚矣难言也！虽然，不难也。厥俗朴遫，风气未漓，士耻为跃冶，民亦寡所渐濡，还其生聚，予以聪明。今慧者向道，黠者革心，愿者奉公，相戒无错，趾邀天幸，五日风，十日雨，政成民和物阜，非予之力也。然而不难也。分野、舆图、形胜，天造地设，虽有神圣，不过因之。而调燮疆理以生，无能别议更张也。事关国计民依，安内御外，如理赋治兵，事之大者也。派分莞邑，赋有成额，中间飞洒，横征影射，棼如猬毛。予以单肩，苦口秃笔，时用晓譬，时用诛锄，俾生计不替，高曾分数，如判淄素，鼓舞输将，若不知为功令之烦。

往岁海氛屡薄，门户动摇，联络无恙。龙跃之捷，众心成城，余得藉以叙最，而地方不知寇盗之警。非民愚于身家也，知有君上、亲长，故不知有输将、寇盗。孔子曰：“可使由，不可使知。”其此之谓乎？三年以来，予志之已竟者，此也。若夫撤召募以安民生，迁学校以作士气，革乃得新，尚余未竟之绪。加我数年，手口尚劲，有此志，不虞无此事。即不然，持此一编，以正告后世，必有同志之人。功令方新，经营甫定，举而厝之，裕如已。一时共事，如楚随学博万君大弧，及诸生梁生栋明、邓生良玉等，皆同志声气好友，于此编藉有烈光。孝子慈孙，谨护其籍可也。是为序。

迁学题诸生册

周希曜

邑城东郊外，相传为古宝安学址，设邑之始仍之。砺山带海，诸秀矗陈，一时人文竞爽，与大国颉颃[1]。每思前人，莫云无功于学校也。其后议地当蛟蜃之窟，恐水陆寇窃发崦嵫之意智，相率而谋，入城避险，非趋吉。譬犹夜行遇虎，望门藏身，不暇问东道主人贤否也。自此人文销歇，计改后，年倍于昔，数乃得减。间有售者，微直位不显，反因而罹谤，不能不归咎于首事之议改者。古今人相去远甚至此哉！余下车，锐意兴除，学校其大端也。三年来，剔历披剥，手口拮据，事事[2]用革，革乃得新。鼎迁一举，亦革也。前代之谟烈在焉，则犹然用因也。不然，好逸恶劳，人情也，予岂辞劳之人哉！诸生之为是说者，皆一时声气友，生意甚踊跃，佥议题，助有绪，不诛求，公私乐从，而请余援笔以记。

国朝

重修《新安县志》序

李可成

今夫邑之有志，所以备文献，资掌故，供輶轩之采。虽海隅日出之邦，莫非王土，莫不星缠舆次，钱谷兵刑，悉凛正朔。其地之文物声华，民风习尚，与夫气候物产，无不可按籍而考。然作者每于编次，多所取资，以为天禄石渠之藏，二酉三箧之富，纪繁志博，于是乎取之而非也；以为遵守成宪，规画井疆，怀柔服远，于是乎取之似也，亦未尽也。志之大者，风俗

[1]“颃”原讹“顽”，据文意改。按，“颉顽”不通顺，“颉颃”意为抗衡。

[2]“事”原讹“之”，据康熙《新安县志》卷十二《艺文志·记述》收录该文改。

之淳浇，治政之沿革，贵乎因时制宜，酌损益之，而不格于所向。志者，治也，如理琴瑟然，有不调必变而更张之，所以转移风化之权于是乎在。是故由郡县达省会，由省会达京师，一邑之志成，而天下之志以成。抑自畿甸迄侯卫[1]，自侯卫迄要荒，首善之志一，而万邦之志皆一。非志之一得，所以转移者，五乡[2]从豳里之风，樊勺被岐周之化。治一而志，无不一也。

如新邑者，由东莞割分，其《旧志》犹有存者，不具论。自一迁再迁，复并于莞，则志隶于莞；复析为新，则志隶于新。今日之星野、舆图，依然如故。其间一去一留，户口之消息，钱谷之盈缩，庶政之废兴，文物民风之衰飒而待振举，不得不厘而订之。其所藉转移者，益不容缓。知县可成，于复邑之次岁庚戌秋，承乏于斯。计迁而复，几十载矣，老幼委沟壑，壮者散四方。每登高一望，荒草颓垣，即欲闻泽雁之鸣，杳不可得。岂无孑遗？虽加意招徕，颠沛难存也。于是资之牛种，辟莱开疆，教以鸠居，于茅撤土。盖越一岁，而归来仅有者。又越一岁，而归来少有者。维时县治久墟，无内外防。每朔望，集一二遗黎，勖以耕菑荒土，立谈未尝不相对欷歔泣下。盖手口荼苦，官与民均在况瘁中。尤可虑者，孤城临海，面接大洋，佛堂门为全粤门户，萑苻未靖，伏莽多虞。苟无[3]外御，何以内宁？爰诹爰度，凡城垣县治，台寨营盘，靡不捐资修葺，以捍外侮。于时，庶政可次第举也。升田赋，井疆拓矣；兴教化，弦诵起矣；崇禋祀[4]，人神和矣；饬防御，守望严矣。古人生聚教养，需二十年，此[5]特统言成效，断未有一日不兼用者。

辛亥秋八月，飓风为灾，飞石拔木，城台署舍，倾圮一空。官民又复露处，凄其万状。奉上台疏奏捐修，勉措补救，竣工在即。此供职者之愆，致天谴告。夙夜敬修者，在兹矣。壬子秋九月，蠢兹突犯。屯门之役，誓众扑

[1]“卫”原讹“尉”，据文意改。本段下同。按，“侯尉”不通顺，“侯卫”意为自侯服至卫服之地。

[2]“五”原讹“互”，据文意改。按，“互乡”不通顺，“五乡”意指国内聚落民众，《管子·立政》：“分国以为五乡，乡为之师；分乡以为五州，州为之长。”

[3]“无”原讹“非”，据康熙《新安县志》卷十二《艺文志·记述》收录该文改。

[4]“祀”原讹“祝”，据文意改。按，“禋祝”不通顺，“禋祀”为祭天礼仪。

[5]“此”前原衍“若”，据康熙《新安县志》卷十二《艺文志·记述》收录该文删。

灭，献俘者七十余徒。皆上台德威，诸下用命，亦足见向义知方之明验矣。然则新邑之治，犹洪荒草昧，风气渐开。今者岁时肇和，追呼毋扰，勤耕织，乐输将，奉教令，民性不甚相远，渐摩之久，礼乐教化，翕然向风，亦可告政成而报绩也。虽偏隅一邑，界在海滨，而辑玉颁符，来同万国。爰命太史，采风陈诗，勒成一书，昭兹来许。所谓治一而志亦一者，非耶？《诗》曰："聿求厥宁，聿观厥成。"《记》曰："观于乡而知王道之易。"又曰："移风易俗，天下皆宁。"转移之权，于是乎在，可不慎哉？

重修学宫记

张明达 知县

圣天子龙飞之十有七载，滇、黔、闽、粤，悉复底定，乃拣选良吏，与民更始。明达滥竽[1]新邑，招徕绥辑，匪敢言能，亦未得告劳也。视事初，谒先师庙，展拜于风日瓦砾之中，披榛而入，披榛而出，忸怩者久之。已而谋于众，商所以兴复之者，而皆以工费繁浩为辞。余曰："不然。夫正德必先厚生，而风俗本于教化。农桑之业荒，衣食之资缺，欲下之循分守己，不可得也。庠序而鞠于茂草，礼教而等诸弁髦，欲世之久安长治，亦未能也。夫学校者，所以适于为善之路也，而可久废乎？有志竟成，亦顾其愿力何如耳。邑虽疮痍初起，然莅兹土者，皆乐捐俸，以襄盛美。而邑中绅衿耆硕，量多寡而佽助之，酿花作蜜，集狐成裘，又何难焉！夫不可为而为之，是为扰众；得为而不为，是谓失时。且吾侪皆有栋宇室庐，以蔽风雨，而赫赫圣神，曾无片瓦半椽之蒙[2]覆，其何邑之为！"于是佥欢然额手曰："诺！"遂题名醵金，庀材集役，召匠石而程量之。

其鸠工兴筑也，自大殿始，两庑、诸祠，次第具举。孝廉邓君文蔚率族姓[3]，以修建启圣宫自任。适教谕黄君衮裳至，共襄其事。大殿深六丈，广

[1]"竽"原讹"芋"，据康熙《新安县志》卷十二《艺文志·记述》收录该文改。
[2]"蒙"原脱，据康熙《新安县志》卷十二《艺文志·记述》收录该文补。
[3]"姓"原讹"侄"，据康熙《新安县志》卷十二《艺文志·记述》收录该文改。

五丈，高二丈，中为十二楹，欂栌楔棁，窗棂轩槛，悉绘以丹。启圣宫峙于后，其深、广杀什之一，而高则相等。两庑翼而前，戟门在焉。左祠名宦，右祠乡贤。泮池深三尺许，棂星门耸然拱列，周围复以小墙环之。盖创于康熙庚申之仲冬，凡阅二十余月而后成。因进多士而勖之曰："庙貌既饬，人才蔚兴，从此科第联翩，鹏抟鹊起，盖可知已。然大典之不复，废坏之不修，为政者之责也；道德之弗知，仁义之弗讲，师儒之耻也。二三子学圣贤之学，心圣贤之心，而彝纪自迪也，名节自持也，澹泊自守也。异日者掇巍魁，升廊庙，出其生平，以立伟业，垂远猷，岂非斯道之光，而稽古之荣耶？而不然者，礼义名检之不闻，进退出处之无据，非特辱吾党，而羞当世之士。又何以俯仰宫墙，对圣贤而无愧色？则入斯门也，登斯堂也，必将趑趄局蹐，无地自容，大失今日修学之意。吾知二三子必不尔也，二三子勉乎哉！"

生员陈畴、郑友同等，赍簿题助，例得书；贡生邓枝芳、廖奇逢、原清河主簿胡天麟，督理董成，例得书。至于捐俸助金凡有功于学宫者，俱例得备书。因镌石，以垂不朽。

重修《新安县志》序 康熙戊辰

靳文谟 邑令，进士

《夏书·禹贡》《周礼·职方》《汉书[1]·地理[2]志》，九有之大，间尝于斗室半榻前；按籍而考，俨然在指顾间。今皇帝声教四讫，光天之下，莫非王土。校雠前代文献，多未及备。故十余年来，纂修通志、进绘舆图之诏，后先频颁，所以正从前之阙疑，维新耳目于一统，将轶《汉书·地理志》，而上之与《禹贡》《职方》并垂不朽。故由天下而省，由省而郡、而邑，脱一事一物、一泉一石，网罗未极其精详，皆有负圣天子修明之盛典。藐兹小

[1]"书"原脱，据《汉书》补。本文下同。

[2]"理"原讹"里"，据《汉书》改。

吏，滥膺民社，敢不夙夜祗承，时加补辑，而屑屑以钱谷簿书为能事哉！

新安，弹丸小邑也，然佛堂门诸险，砥柱大洋，较虎门尤为扼塞。景炎驻跸，忠义之苗裔多流寓焉。若大奚名胜，鱼盐物产，不胜[1]仆数。东北与东莞，及循州之归善、博罗，相错犬牙。海西南向，遥连香山、澳门，实与省会相辅车从。莞未析之先，莞志亦新志也。万历初剖符，至崇祯癸未，志亦至再而三。迨壬子岁，前县李可成会奉明诏，曾续编之，迄于今不过十有六年，而天时人事，废弃兴复，又不知几经更变矣。矧前人之纪载，安能无遗误于其间？蒙各宪急符催修，历有年所。先以新旧交替，未遑告竣。谟承乏斯土，犹怠忽以从事，其如职守何？爰议延博识名流，广搜旁及，更自手加精核，援古证今，续后承前。十余年来之文献，于此而一新。

粤稽《汉书·地理志》，政治风尚，奢俭缓急，悉载之。《周礼·职方》，详及山薮川原、男女畜扰之故。而《禹贡》，坟壤广斥，田赋贞错，以至盐絺漆丝，筱簜簵桔，齿革玑组，无不毕纪。新邑虽弹丸，何莫非其[2]遗意而窃取[3]之欤？虽然，海堧孤城，展界未久，而四顾徘徊，荒烟蔓草，依稀如故。且文物声华，尚尔有待，徒令海若山灵，笑其冷落。即欲大书特书，侈张润饰，正苦无下笔处。若夫生聚教训，加意维持，以移易其风俗，或可[4]焕然而改观。惟二三同事，与彼都人士共相勉于有成云尔。

创建文冈书院社学社田记 雍正二年

段巘生 进士，邑令

皇帝临雍释菜，崇儒重道，令天下郡县有学田者，建置社学。部臣下其事于直省，檄行郡县。郡县帖下教官，商酌查议。新安旧隶东莞，明之中叶，分为今治，故无学田。前尹丁公棠发曾建义学一栋三楹，于文庙之右，

[1]“不胜”原讹“未易更”，据康熙《新安县志》序改。
[2]“其”前原衍“本”，据康熙《新安县志》序删。
[3]“取”原脱，据康熙《新安县志》序补。
[4]“可”原脱，据康熙《新安县志》序补。

而无房舍。又其地处东郊，无城郭墙垣，以为之卫。时海疆多警，子弟视城外为畏途，竟成虚设。会裁所之议下，所官旧有官署一区，兵燹之后，已为墟矣。官斯土者，赁舍以居。前守戎张君、蔡君，先后曾购民房改造，计一十三间，展转递卖，归于今守戎徐君。徐君又别购蔡、叶各姓园屋基址，整旧增新，为椽一十有六，共二十有九间，计费白镪一百三十有四。徐君将售之于巡司周君、大使胡君，两君乃商之于余。余曰："曷让此与余，购为社学乎？"两君欣然许可，守戎亦愿自减其值，受价一百金。

于是鸠工庀材，创造一新，额之曰"文冈书院"。邑弟子员廖生九我，闻风慕义，以其家尝田五十石，捐为社田。其田土名帚管莆，原载三都二十一图五、七两甲廖亚安、廖杰祖民米四石九斗一升九合九勺零。即着原佃彭尚琏等承批输租，其彭姓所毁石壆，立命修整复旧；地丁钱粮，即予豁除。又拨四都十图刘壮华的名凤阳原入官土名屋后垄、牛路口、龙子尾等处，共租二十一石，每年约存二十石，为修整房舍之费，以五十石作社师束脩；人役工食，则有工费银拾陆两，买铺收租量给。余尚有罚修学砖银两注册，清追生息，为诸生童膏火之资。委令捕厅鲁君、巡司周君、大使胡君，与诸共事者，同稽其出入之数。嗣后文武各官不得占为衙署，租石银两不得私收颗粒分毫，当事往来不得借为传舍，以荒生童学业，有负圣天子建立社学之至意。而奋志青云之士，务期砥砺切磋，明体达用，为名世，为良臣，庶于吾道大有光也。

是役也，首其事者，巡司周君联甲、大使胡君文焕、邑庠廖生九我；勷其事者，邑庠侯生建邠、鲁生学藻、王生国斐；从后闻而乐于从事者，捕厅鲁君元臣、巡司施君宏范、明经陈君昌期、曾君于祺、黄君梦桂、曾君大元、邑庠戴生大礼、黄生梦槐、冼生瑢。其案交仓房典吏林达周收存，以后递交而下，不得遗失。并书于此。

新建凤冈书院碑文

许濬 通判，武进人

自古乡学之设，教养兼施。我国家列圣相承，数百年来，俗美风行，礼陶乐淑。虽遐陬僻壤，莫不家有塾，党有庠，凡所以广教化、育英才者，至周且备。新邑地处海滨，居民自耕渔而外，不废弦歌。故邑志载宝安书院，已久废。而城之西南隅，又有文冈书院，亦因年久倾圮，基址仅存。嘉庆壬戌岁，前邑宰王君因城内有裁汰东莞场署，乃捐俸首倡，诸绅士复合力捐输，购其地，改凤冈书院。于癸亥二月经始，丙寅春仲落成。予适承乏是邦，因思毓秀兴贤，既富方谷，为诸生谋膏火之资。随查从前有民人刘壮华等呈送田亩，详奉拨归书院，向因租谷完欠不齐，致支销多寡不一，今为之彻底清厘，除抵粮外，悉以其银归入书院应用。爰定出纳章程，开列条款，以垂永久。顾亦惟是，少有苟完，愧未尽善。后之君子莅斯土者，宜思增其轮奂，益其田畴，庶教养无穷，人文蔚起，予实有厚望焉。

重修赤湾天后庙引

孙海观 知县

粤稽典礼，御灾捍患，有功于民则祀。仰惟天后尊神，覆冒江海，奠安生民，随地效灵，代天布化，济人利物之功，莫可殚述。是以历代崇封，建庙设祀。我朝晋加徽号“敕封护国庇民灵佑显著宏仁普济群生教主太后元君”，春、秋致祭，著为令典。而新安赤湾天后庙，为省会藩篱之地，扼外洋要害之冲，护卫虎门、澳门，以作保障；汇东北诸海，以为归宿。外而占城、爪哇、真腊、三佛齐，番舶来贡，莫不经由于此，然后就岸。望海若而朝宗，荷慈航之普渡，功施丕著，中外蒙庥。往岁盗贼披猖，蔓延滨海郡邑。制府百、都督童秉钺南来，命师剿捕。维时驻辖赤湾，舟船成市，车骑如流，官弁稽首，祷祀于后。将事之日，乘风克敌，转舵登陴，士无伤残，民无瘴厉。守御三年，皆各安堵如故。惟神助顺，惟帝庸功，海氛荡平，海宇清晏。堂堂介胄，俄而影组云台；奕奕兜鍪，亦复拖绅虎帐。于是环拜阶下，愿新作庙，以答宏庥。既而官各一方，不获协力成之。兹者都督童属其事于邑，有司爰率绅耆，周视内外，栋桷摧朽，墙垣倾颓。相度基址，规画堂构，鸠工庀材，赀费万金有奇。官分余俸，力不能支，因思赤湾为洋舶往来之所必经，富商巨贾既邀神贶而享其利，必报神德而输其诚，乃偕同官，捐赀倡首，卜吉兴工，更望四方善信发施金布地之心，祈履险如夷之福。伫见万感灵旗，招摇立应，九天龙象，降格来临。允惟庙貌重新，庶得瞻依共遂云尔。

重修赤湾天后庙记

蔡学元 进士，邑人

赤湾，地滨大海，左控罗浮、梧桐之胜，右瞰虎门、龙穴之险，其地秀杰，其神灵异。凡出使外国，与占城、爪[1]哇、真腊、三佛齐诸国入贡，悉经于此。宋宣和间，给事中高允迪使高丽，中流震风，神降于樯，顿以安济。明永乐八年，中使张源出使暹罗，乃于此立庙。赤湾之有天后庙，自此始也。万历十四年，邑令王添筑大门外月池，跨以石桥，桥前为牌楼，为窗十二。崇祯八年，副总兵黎修前殿，以后殿为寝殿，大门及中殿左右各置官房。自时厥后，递有增建。

我朝顺治十三年，守备张公转饷琼海，舣舟虔祷，履险如夷，重修旧庙，旁增厢房十二，大门内增钟、鼓楼各一，环庙皆匝以墙。迄今百有六十载，中间葺而复圮者，屡矣。往岁海氛未靖，濒海郡邑，日惧伤残。制府百、都督童命师剿捕，驻辖赤湾，守御三年，士民安堵。惟神助顺，乘风克敌，丑类扫除。乃偕同官，捐俸倡首，愿新栋宇，以答灵贶。邑宰孙公复率绅耆，相度规画，诹吉于甲戌年八月，鸠工庀材，周围易以砖石，因而高前门，广内殿，黝垩堂垣，丹雘栌桷，规模式廓，视前有加。巍乎焕乎！凡以

[1]“爪”原讹“瓜”，据文意改。按，“爪哇”即爪哇国，今印度尼西亚爪哇岛。

报御灾悍患之功，而为一劳永逸之计者，非徒侈观瞻已也。方今圣天子德威遐布，幽明效职，海不扬波。向之蠢然思动者，胥就荡平，无复窃发。滨海之民，咸乐其生，因得以时仰观庙貌，祷祀益虔。此则官斯土者之力，亦生斯土者之福哉！

是役也，费动一万余金，功成二十七月。董其事者，武德骑尉蔡乾就、武举黄大鲲、解元吴懋修、贡生黄大坚、职员陈雄邦、监生郑埙、杜辉宇、生员黄大斌、吴霄、陈治平、陈大见、寿员郑琼枝，均与有劳，例得备书。

新安县志卷之二十四

艺文志三　文、诗、赞

文

宋

魁星阁上梁文

曾宋珍 进士，邑人

靖康之境，名胜所居。昔建医帝堂，乃欲医文人之俗；今增魁星阁，必有魁天下之才。祠[1]官久矣祝釐，台躔于焉有耀，辉联日月，会际风云[2]。前乎非轩，后乎非轾，上不在天，下不在田，不日而成，明星有烂。嗟世无真学，政缘三光之气分；惟宋多伟人，良以五星之奎聚。瞻言文宿，有光先朝；玉烛既调，泰阶斯应[3]。两魁应[4]，则为仲淹，为永叔，为子韶；三魁验，则如杨寘，如冯京，如何汉。有是父，有是子，张在梁前；难为兄，难为弟，陈居孙后。自诚与桂，合郡同年；师德及曾，一门两婿。此皆阴有以发胸中之光焰，所以见之于笔下之文章，彪炳声华，轩豁耳目。毋谓昔乎既往，焉知来者不如？何幸名场，有兹盛举！恍若木天之成象，顿令卤地之生辉。天

[1]“祠”原讹“词”，据康熙《新安县志》卷十二《艺文志·记述》、雍正《东莞县志》卷十一《古迹·魁星阁》等各附录该文改。

[2]按，“台躔于焉有耀，辉联日月，会际风云”，康熙《新安县志》卷十二《艺文志·记述》、雍正《东莞县志》卷十一《古迹·魁星阁》均作“保障兹为正士”。

[3]按，“玉烛既调，泰阶斯应”，康熙《新安县志》卷十二《艺文志·记述》、雍正《东莞县志》卷十一《古迹·魁星阁》均作“努目撑眉，呈露魁斗；改头换面，掀奋龙身。”

[4]“应”原讹“合”，据康熙《新安县志》卷十二《艺文志·记述》、雍正《东莞县志》卷十一《古迹·魁星阁》等各附录该文改。

子诏，状元心，谁独无此？暮雨帘，朝云栋，创见于今。多士如繁星丽空，长天共秋水一色。左蟠龙穴，右踞虎门。龟岫波澄，稳跨金鳌之背；螺州沙静，肃联玉鹭之班。合澜倒不尽之词源，笔锋扫方张之军阵。丹飘月桂，鹾烟绕百丈云梯；红涨江桃，蛎浦透三层春浪。石碑高揭，表表芳名；沙头已圆，班班仙谶。纪坤舆之毓秀，况乾象之炳灵。开荡胸襟，磨砻岁月。宇宙内事，即己分内事，虽曰君子多乎；词赋设科，与经义设科，及其成功一也。行矣紫封于玉简，快哉黄蹈于槐花。便收东隅，莫收桑榆；未挹南箕，先挹北斗。心乎爱矣，正欲与公等数辈同登；身亲见之，何必曰儿子二郎必做。欲升梁楣，敢效巴歈！

按：《旧志》载谶云："沙头圆，出状元。"

明

檄郡县立社学文

魏校 提学

广东淫祠，所在布列，煽惑民俗，耗蠹民财，莫斯为甚。社学，教化首务也，久废不修，无以培养人才，表正风俗，怵然于衷。合行委官，亲诣各坊巷，凡神祠佛宇不载于祀典，不关于风教，及原无敕译额者，尽数拆除。择其宽敞者，改建社学。仍量留数处，以备兴废举坠。其余地基堪以变卖，木植可以启造者，收贮价银、工料在官，以充修理之费。实为崇正黜邪，举一而两便者也。

禳疫告城隍文

周希曜

帝心传，犹病贻世以安；王道切，如伤求民之瘼[1]。赤子如闻疾痛，难

[1]"瘼"原讹"莫"，据文意改。按，"瘼"意为病痛、困苦、弊害，"民瘼"即民众疾苦。

逭予辜；黔黎尚有疮痍，全需神力。惟神参赞化育，表里阴阳，代大造而敷仁，固其本职；奠僻壤以长治，尤所优为。某不揣懦才，谬当餍邑，朔望与神相对，冰兢徒有此心。念连岁之丰登，一饭皆属明赐；幸郊原之宁谧，三年迄有成功。民既衔恩，予亦戴德。迩者疫魔为祟，缠染实多。死丧闻之远村，不下什伯；流行亦及城郭，未免二三。推此啼号之民，实出乱离之后。甫辞汤火，那堪问药求医；无计渔樵，忍睹儿悲妇哭。闻之酸鼻，见者寒心。讵饱暖无知，示以创艾；抑父母有过，怒及愚顽。内省无惭，吁呼实切。当此畚插如云之际，恐以病而妨农；念兹愧悔有日之余，庶几惩而得戒。沐薰请命，想上彻乎高天；福祉旁通，应下苏乎大地。或施甘雨和风而洒润，或驱迅雷疾电而除灾。不事刀圭，全消瘴疠。人登寿域，一瞬聿奏平康；世跻春台，四境咸安耕凿。不则耗斁下土，宁丁我躬。天或为予而霁威，神则何辞于溺职？言虽过激，鉴蚁忱之无他；祭则必躬，望鸾舆而至止。盥诚以将，恭祈照宥。

国朝

祭风文

李可成

曰：上天生物，风雨露雷。时维康阜，有先必开。五风应，八风和，登岁事，荐佳禾。四叙纪职，万宝告成。诚和克奏，乐只载赓。雨以润之，风以散之。伊惟和协，岂憾毕箕。昊天不吊，飓忽降斯。辛亥之次，灾祲频诒。狂飓岁发，民乃怨咨。鸣鸢卜是，爰居避兹。有云若帜，有晕如虹。断霓饮水，赤霏翔空。帝虞在麓，家相居东。飉飅烈烈，霾雾淙淙。日景潜辉，怒潮奔涛。拔木掩禾，倾垣毁宅。旁攫纷拏，霜戈电戟。靡室靡家，实逢其厄。新民何辜，频罹鞠凶。维苍谴告，引咎在躬。我王勉勉，弹琴歌风。庶司百职，惕息靖共。海滨之邑，再撤再迁。道惟致省，文用申虔。彼多受祉，兹岂徒然？惠风披拂，薰风联翩。吾民解愠，舜日尧天。飓乃不作，于万斯年。天吴海若，实逼沧溟。爰介于福，爰效其灵。既监既降，尺帛荐馨。虽休兮勿休，省春兮省秋。出日杲兮霭霭，兴雨祁兮沛泽。周乘屋兮播谷，物遂兮民稠。鲸波息兮啼鸩，龙火见兮鸣鸠。陈八蜡兮昭祀，祷六事兮致词。时雍兮风动，俗易兮风移。孚德上彻，神其鉴之。

诗

古体诗

踏[1]潮歌

唐 刘禹锡

屯[2]门积日无风飙，沧波不归成踏潮。轰如鞭石屹且摇，亘空欲驾鼋鼍桥。惊湍蹙缩悍而[3]骄，大陵高岸失岧峣。四边无阻音响调，背负元[4]气掀重霄。介鲸得性方逍遥，仰鼻嘘吸扬朱翘。海人狂顾迭相招，罽衣髽首声哓哓。征南将军登丽谯，赤旗指挥不敢嚣。翼日风回沴气消，归涛[5]纳纳景昭昭。乌泥白沙复满海，海色不动如青[6]瑶。

[1]“踏”原讹“沓”，据（唐）刘禹锡《刘宾客文集》卷二十七《乐府下》、《全唐诗》卷三百五十六《刘禹锡》等各收录该诗改。本诗下同。

[2]“屯”原讹“海”，据（唐）刘禹锡《刘宾客文集》卷二十七《乐府下》、《全唐诗》卷三百五十六《刘禹锡》等各收录该诗改。

[3]“而”原讹“如”，据（唐）刘禹锡《刘宾客文集》卷二十七《乐府下》、《全唐诗》卷三百五十六《刘禹锡》等各收录该诗改。

[4]“元”原讹“云”，据（唐）刘禹锡《刘宾客文集》卷二十七《乐府下》、《全唐诗》卷三百五十六《刘禹锡》等各收录该诗改。

[5]“涛”原讹“德”，据（唐）刘禹锡《刘宾客文集》卷二十七《乐府下》、《全唐诗》卷三百五十六《刘禹锡》等各收录该诗改。

[6]“青”原讹“琼”，据（唐）刘禹锡《刘宾客文集》卷二十七《乐府下》、《全唐诗》卷三百五十六《刘禹锡》等各收录该诗改。

食蚝

宋 梅尧臣

薄宦游海乡，雅闻静康[1]蚝。宿昔思一饱，钻灼苦未高。传闻巨浪中，碨礧如六鳌。亦复有细民，并海施竹牢[2]。采掇种其间[3]，冲激恣风涛。咸卤与日[4]滋，蕃息依江皋。中厨烈焰炭，燎以莱与蒿。委质以就烹，键闭犹遁逃。稍稍窥其户，清襕[5]流玉膏。人言啖小鱼，所得不偿劳。况此铁石顽，解剥烦锥刀。戮力效一割，功烈才牛毛[6]。若论[7]攻取难，饱食未能饕。秋风鲈鲙绿[8]，霜日持蟹螯。修靶踏羊肋，巨脔剸牛尻。盘空箸得放，羹尽釜可轑。等是暴天物，快意亦魁豪。蚝味虽可口，所美不易遭。抛之还土人，谁能析秋毫?

孝乌行，为孝子黄舒作[9]

陈琏 侍郎

嗟孝乌，尾毕逋，结巢向高树，养此黄口雏。一朝雏长羽毛舒，终日返哺呜呜呜。海滨黄孝子，相对长嗟吁。堂上有亲垂白颀，鞠育何敢忘恩劬。

[1]“静康”原讹“归靖”，据（宋）祝穆《古今事文类聚后集》卷三十五《介虫部》、《渊鉴类函》卷四百四十四《鳞介部·牡蛎二》等各收录该诗改。

[2]“亦复有细民，并海施竹牢”原讹“六复有汩民，并海施行牢”，据（宋）祝穆《古今事文类聚后集》卷三十五《介虫部》、《渊鉴类函》卷四百四十四《鳞介部·牡蛎二》等各收录该诗改。

[3]“采掇种其间”原讹“掇石种其间”，据（宋）祝穆《古今事文类聚后集》卷三十五《介虫部》、《渊鉴类函》卷四百四十四《鳞介部·牡蛎二》等各收录该诗改。

[4]“与日”原倒，据（宋）祝穆《古今事文类聚后集》卷三十五《介虫部》、《渊鉴类函》卷四百四十四《鳞介部·牡蛎二》等各收录该诗改。

[5]“襕”原讹“澜”，据（宋）祝穆《古今事文类聚后集》卷三十五《介虫部》、《渊鉴类函》卷四百四十四《鳞介部·牡蛎二》等各收录该诗改。

[6]“戮力效一割，功烈才牛毛”原讹“戮力效一饱，割切才牛毛”，据（宋）祝穆《古今事文类聚后集》卷三十五《介虫部》、《渊鉴类函》卷四百四十四《鳞介部·牡蛎二》等各收录该诗改。

[7]“若论”原讹“苦轮”，据（宋）祝穆《古今事文类聚后集》卷三十五《介虫部》、《渊鉴类函》卷四百四十四《鳞介部·牡蛎二》等各收录该诗改。

[8]“秋风鲈鲙绿”原讹“秋风思鲈鲙”，据（宋）祝穆《古今事文类聚后集》卷三十五《介虫部》、《渊鉴类函》卷四百四十四《鳞介部·牡蛎二》等各收录该诗改。

[9]按，本志收录本诗与康熙《新安县志》卷十二《艺文志·题咏》收录者多异处。

晨昏竭孝养，亲颜自怡愉。光阴不留亲已殂，白日惨澹天模糊。泪血已竭眼欲枯，亲冢之傍常结庐，高风懿行千载无。吁嗟黄生天性殊，至谊不独孝乌如。

梧桐山

祈顺 布政

梧桐山，高倚天，冬来积霜雪，雨后多云烟。山中奇植人争宝，茏葱之竹龙须草。更有梧桐栖凤凰，紫云枝叶年年好。我欲剪梧桐，掣琴献穆清，坐弹南薰歌太平。又欲召凤凰，来仪天子庭，效灵堪与龟龙并。凤兮不来梧桐老，目极空山无尽情。

参里山

祈顺

孤山崔嵬倚参里，乡曲争传黄孝子。黄生养亲慕子舆，参里之名从此始。平生志行众所知，高名直与此山齐。山前种得松柏树，犹有慈乌来夜啼。

宝山石瓮

吴中

天公造化迹莫窥，有石如瓮何神奇！山灵终古为呵护，乌获有力应难移。寻幽来此停骖久，瓮底泉声雷作[1]吼。宝山云暖松花香，疑是仙翁酿春酒。

秋日游凤凰岩[2]

郑文炳 知县，邑人

---

[1]“作”原讹“怒”，据康熙《新安县志》卷十二《艺文志·题咏》收录该诗改。
[2]按，本志收录本诗与康熙《新安县志》卷十二《艺文志·题咏》收录者多异处。

浮岚缥渺留芳迹，远隔尘寰开绝壁。烟光一片接沧溟，万仞芙蓉削天碧。奇情胜概近蓬瀛，石室玲珑紫翠盈。松风涧水调丝管，瑶草琪花照眼明。凤翔千仞周八极，一览德辉暂栖息。轩翥宁同凡鸟群，文采欲绚青山色。何时振翼五云边，梧叶秋风漫自怜。只今佳气复缭绕，丹穴应知胜昔年。登临竟日穷幽境，惊飚飒飒轻裾冷。菊丛缀玉带晴晖，古峡寒潭照秋影。徘徊展眺物华新，脚踏芒鞋破绿茵。扶筇直上飞云顶，举手不觉摩苍旻。醍醐漫倒和烟吸，带醉狂歌山鬼泣。达人对境须旷观，牛山何必空于邑。仙岩灵秀岂寻常，英髦接踵争翱翔。赓歌杂遝叶韶濩，群羡海邦多凤凰。

五言律

大奚山

祈顺

沧海波涛阔，奚山岛屿多。空中排玉笋，镜面点青螺。洞古云迷路，岩深鸟占窝。昔人屯戍后，遗迹半烟萝。

入新安喜而有感

刘稳 海道

巡行边海上，此地几经过。县治从新建，人民比旧多。风清无鼓角，夜永有弦歌。睹洛如思禹，应知迹不磨。

飓风即事[1]

周希曜

风伯嗟为厉，人传古未经。飘零纷鬼簿，安插悯鸠形。屋漏原无愧，垣颓不忍听。疾威应有意，露祷问苍冥。

[1] 按，康熙《新安县志》卷十二《艺文志·题咏》收录该诗，题作“飓异即事”，诗句亦多有异处。

捐修城垣告竣

李可成

设险当年事，迁疆日就芜。倾欹存旧垒，缔造建新图。鼓漏宵传堞，山光晓拥郛。金汤犹未恃，辑众在交孚。

莲花迳

陈岳灵 邑人

山径擘芙蓉，穿云路几重。沿崖摩两壁，叠磴走千峰。瀑响微惊雨，泉声半入松。只今幽僻地，官马亦来冲。

南山炮台 即旧南头寨地

袁嘉言 知县，江西人

古寨压惊涛，升平备六韬。危楼鸣鼓角，峭壁画弓刀。岛屿氛全敛，鱼龙静不嚣。南山山畔路，凛凛阵云高。

七言律

过零丁洋

宋 文天祥

辛苦遭逢起一经，干戈落落四周星。山河破碎风抛絮，身世浮沉雨打萍[1]。惶恐滩头说惶恐，零丁洋里叹零丁。人生自古谁无死，留取丹心照汗青。

[1]“山河破碎风抛絮，身世浮沉雨打萍”原讹“山河破碎水飘絮，身世浮沉风打萍”，据（宋）文天祥《文山集》卷十九《指南后录一》、（明）吕邦耀《续宋宰辅编年录》卷二十六《帝昺》祥兴元年戊寅十二月等各收录该诗改。

杯渡山

郑文炳

闻说禅踪此旧游，一杯飞渡渺沧洲。山前卓锡泉犹在，岩上悬枝钟尚留。石柱高标千古胜，兰花静挹四时幽[1]。登临欲觅烧丹诀，翘首层峦紫气浮。

赤湾

王士龙

海上群山控海门，古祠钟鼓自晨昏。诸彝贡篚南溟阔，万国舆图北极尊。日照琼珠明岛外，风生麟角起云根。胜游此地心逾壮，试看青萍醉一樽[2]。

祷天妃庙，喜诸生会集

刘稳

祈灵遥谒海神祠，冉冉春光欲暮时。最喜山川堪入眺，何期童冠更相随。使星虚脱乘槎远，胜日还于鼓瑟宜。作吏风尘休暇少，咏歌莫惜独归迟。

大鹏东山寺

王德昌

不到东山二十秋，西风藜杖又重游。烟霞有约山如在，岁月无私人白头。薝[3]卜花飞深院静，菩提树荫古坛幽。丹梯欲上应长啸，遥望汪洋天

[1] 按，“石柱高标千古胜，兰花静挹四时幽”，康熙《新安县志》卷十二《艺文志·题咏》收录该诗作“石柱杞檑千古胜，蕙兰莎草四时幽。”

[2] 按，“试看青萍醉一樽”，康熙《新安县志》卷十二《艺文志·题咏》收录该诗作“漫倚青萍看斗文”。

[3]“薝”原讹“檐”，据诗意改。按，“薝卜”为梵语音译，又译作“瞻卜伽”“旃波迦”“瞻波”等，义译为郁金花。

际浮。

卢山

王德昌

秀拥卢山绚彩霞，森森桃李碧交加。晴曛绝巘诸峰画，春满名园几树花。岩壑幽深殊世界，洞门迢递自仙家。游人一任[1]登临兴，莫遣云封径路斜。

驻节南头，喜乡耆吴瑗、郑志锐画攻屯门彝之策，赋此

汪鋐 尚书

辚辚车马出城东，揽辔欣逢二老同。万里奔驰筋力在，一生精洁鬼神通。灶出拨卤当秋日，渔艇牵篷向晚风。回首长歌无尽兴，天高海阔月明中。

鳌洋即景

龙河 邑人

海上何年涌巨鳌？千秋遗迹枕寒涛。石泉时挂明河落，雪乳晴飞白日高。风急沙汀惊鹤梦，烟明春岸映鱼舠。鹏搏鲲变多奇幻，对景何当赋兴豪。

官富怀古

邓孕元

野岸维舟日已晡，故宫风色乱蘼芜。百年天地留残运，半壁江山入战图。乌起古[2]台惊梦短，龙吟沧海觉愁孤。豪华终古俱陈迹，剩有忠良说丈夫。

[1]“任”原讹“展”，据康熙《新安县志》卷十二《艺文志·题咏》收录该诗改。
[2]“古”原讹“荒”，据康熙《新安县志》卷十二《艺文志·题咏》收录该诗改。

参山怀黄孝子[1]

潘楫 邑人

乔木阴森景最幽，衣冠晋代羡名流。宫离禾黍家何在？碑没苔藓[2]迹尚留。林薄飘萧啼鸟乱，参山[3]岑郁白云浮。递迁今古悲陵谷，千载芳名史册修。

嘉树亭成偶述

刘稳

海国停骖春正深，无端客思苦相侵。闲分隙地为花圃，谩倚孤亭对树林。斜日远山苍蔼合，淡烟芳草籁声沉。端居此际堪消遣，不负渊明种菊心。

南岩长丰庵

袁玉佩

境入灵岩一径通，层峦簇簇锁长丰。悬崖古色侵苔藓，返照晴光映蟒蝀。回合烟岚连海峤，逍遥钟磬落天风。坐来谁解三生话，笑忆遗函石瓮中。

吊张将军

侯琚 邑人

沧江战罢血模糊，十载从龙上鼎湖。豫让暂生酬故主，程婴忍死立遗孤。《薤歌》谁吊田公子？鱼腹空怜楚大夫。三百年来炎祚尽，海门山色旧荒芜。

[1] 按，康熙《新安县志》卷十二《艺文志·题咏》收录该诗，题作“参山”。
[2]“苔藓”原讹“尘沙”，据康熙《新安县志》卷十二《艺文志·题咏》收录该诗改。
[3]“参山”原讹“山峦”，据康熙《新安县志》卷十二《艺文志·题咏》收录该诗改。

赤湾晚眺

黄成元 邑人，知县

偶来闲步夕阳斜，拂袂新凉兴自奢。宿树鸟窥潭底影，骑牛人隔陇头霞。云归烟管遮山色，风拥湖桥走浪花。静听扣舷渔唱歇，满滩明月晒银沙。

赤湾谒天后庙

袁嘉言

庙貌光同日月昭，伶仃横锁海门潮。云随仙佩归金阙，雾卷灵旗下碧霄。岛外鲸鲵沉浊浪，空中鸾鹤舞回飙。即今万国柔怀日，重译都来奠酒椒。

七言截

龙穴洲

无名氏

洲前风起水云腥，满目波涛似雪明。欲向矶头吹铁笛，只愁海底老龙惊。

别邑父老

刘稳

父老追随两月余，临行转觉意踟蹰。茫茫云水空相忆，雁过衡阳好寄书。

官富怀古

侯琚

草舍离宫一垄丘，夕阳高照旧磵硎。许多忠魄归何处，黄叶芦花冷淡秋。

海光寺石鱼[1]

无名氏

谁将石作鯨鱼状？南汉留存[2]直至今。几度月明僧扣处，恍如斋磬振清音。

赞

晋孝子黄舒

丘体乾

厥初生民，爰有五常。厥先维何，父子之纲。百行根底，经训惟彰。只见夔夔，视膳跄跄。圣贤迹远，孝道榛荒。彼君子兮，挺自僻壤。贫而甘旨，盛暑冠裳。岂鼎而丰，岂爵而扬。生则致养，没则孔伤。负土为坟，结庐其旁。夜月哀号，大块茫茫。乌鹊绕树，虎豹潜藏。鱼也悲木，奇也履霜。律之于古，谁其雁行？佥曰曾参，庶几可方。里以参名，薰德善良。山以参名，表厥孤芳。哲人云萎，陵谷沧桑。《蓼莪》载咏，涕泗浪浪。呜呼！访故里则黍禾在望，睇故山则云树郁苍。不知者谓先生既亡矣，而知者谓先生孝久而弥光！

[1] 按，康熙《新安县志》卷十二《艺文志·题咏》收录该诗，题作“石鱼”。
[2]“存”原讹“传”，据康熙《新安县志》卷十二《艺文志·题咏》收录该诗改。

后　记

2019年10月，深圳市史志办公室与南开大学共同成立博士后创新实践基地，合作开展嘉庆《新安县志》研究。南开大学历史学院何孝荣教授团队在充分研究吸纳其他版本之所长的基础上，对古代广东新安县即今深圳、香港地区现存的两部清代方志之一——嘉庆《新安县志》进行点校。深圳市史志办公室邀请中国地方志指导小组办公室、中华书局、南开大学、深圳市文物考古鉴定所、深圳市文物管理办公室等单位的史志专家进行评审并组织修改完善。《嘉庆新安县志》点校课题由深圳市史志办公室主任杨立勋策划、统筹与审核定稿，二级巡视员黄玲、副主任王地久参与审稿，地方志处周华、黄瑞栋、张伟等同志参与课题相关工作。

方志乃一地之百科全书，涉及训典、沿革、舆地、山水、职官、建置、经政、胜迹、人物、艺文等诸多方面，包罗万象。鉴于我们学殖浅薄，疏误之处在所难免，尚祈各位专家读者不吝赐教。

《嘉庆新安县志》整理编辑委员会

2020年6月